남자는 힘이다

남자는
힘이다
ⓒ 맛스타드림 2011

초판 1쇄 발행 2011년 6월 10일
초판 14쇄 발행 2018년 8월 10일

지은이 맛스타드림
펴낸이 이상훈
편집인 김수영
기획편집 오혜영 이미아 허유진
마케팅 조재성 천용호 박신영 조은별 노유리
경영지원 이해돈 정혜진 장혜정 이송이

펴낸곳 한겨레출판(주) www.hanibook.co.kr
등록 2006년 1월 4일 제313-2006-00003호
주소 121-750 서울시 마포구 공덕동 116-25 한겨레신문사 4층
전화 02-6383-1602~03
팩스 02-6383-1610
대표메일 book@hanibook.co.kr

ISBN 978-89-8431-474-0 03690

man & power

맛스타드림 지음

맛스타드림 포스 근육 만들기 강좌

남자는 힘이다

씨네21북스

나는 이런 운동을 해왔다

애슬릿을 찾아나선 여행

힘 없는 완벽한 기술보다

힘 있는 어설픈 기술이 더 쓸모 있다. _최배달

애슬릿(Athlete)이라는 영어 단어가 있다. '운동선수'라고 번역할 수 있겠으나, 한국에서 쓰이는 말보다 그 의미가 더 넓다. 기본적인 뜻에서 파생되어 '탄탄한 근육에 지치지 않는 체력을 가진 자' '상당한 스피드에 간지 흐르는 파워를 지닌 자'라는 뜻으로도 사용된다. 단거리 선수들의 말근육과 스피드, 레슬링 및 격투기 선수들의 힘과 체력, 전쟁터에서 몸싸움을 벌이는 전사들을 그대로 빼닮은 럭비선수들의 파워와 스테미너 등에서 필자는 이 '애슬릿'을 본다.

어쩌면 필자의 오랜 여정이 애슬릿이 되기 위한 방법을 찾는 과정이었다고 해도 과언이 아니다. 남들보다 조금은 힘든 군대를 갔다 와서도 채워지지 않는 그것을 만나기 위해 필자는 무수히 많은 것들을 찾아 다녔다.

우선은 보디빌딩 운동에 제대로 매달려보기로 했다. 예전에 열정을 가지고 해본 '가락'도 있고, 애슬릿이 공통적으로 보유한 근육을 보더라도 헬스클럽에서

쇳덩이와 싸우는 것이 애슬릿이 되는 지름길이라 생각했기 때문이다. 그러나 웨이트 운동과 보디빌딩 운동은 엄연히 다르다. 일반적으로 '웨이트 운동 = 보디빌딩 운동'이라 생각하지만, 웨이트 운동이 외부 저항을 이용한 모든 운동을 지칭하는 큰 개념이라면, 보디빌딩은 수많은 웨이트 운동 가운데 하나에 불과하다. 즉 보디빌딩에 국한된 운동만 하면서 '스피드와 파워'도 같이 자랄 거라 기대해서는 안 된다. 맨몸 운동이 더 좋다는 얘기가 아니라, 스피드와 파워를 위한 웨이트 운동이 따로 있다는 말이다. 보디빌딩을 하는 동안 커져가는 근육에 만족하면서도, 초창기 약간을 제외하고는 체력과 파워가 좀처럼 쌓이지 않아서 실망했다.

그래서 장거리 달리기를 병행했다. 달리기가 모든 운동의 기본이라는 생각에, 이왕이면 달리기의 극한인 울트라 마라톤을 시작했다. 오래 잘 달리기만 하면 모든 운동을 다 잘할 수 있는 절대 체력으로 이어지지 않을까 싶어 장거리 달리기를 선택했고, 사막, 히말라야, 아마존까지 달렸다. 웨이트 운동을 단순화시킬 수 있는 훈련 개념을 배우고, 세상을 돌아다니는 재미도 있었지만, 달리기는 그냥 하나의 스포츠 그 이상 그 이하도 아니었다. 떨어지는 근력과 줄어든 근육. 분명 매일 저녁 10km 이상을 달리는데도, 아침에 버스를 따라 잡으려고 전속력으로 달릴 때 그 100m는 왜 그리 힘든지. 이 또한, 애슬릿을 향한 허기를 채워줄 수는 없었다.

뿐만 아니다. 초등학생 시절 학교 씨름 대표로 시작해 유도, 킥복싱, 검도, 복싱, 합기도 등 다양한 격투기를 배웠어도, 각각이 가진 다양한 기술훈련에 가려 핵심에 닿아 있는 숨겨진 체력의 비밀은 알기 어려웠고, 암벽등반, 요가, 국선도, 수영, 등산, 스킨 스쿠버 등 다양한 취미에서도 여전히 그 답은 보이지 않았다.

전체를 아우를 수 있으면서 가장 기본이 되는 애슬릿의 체력을 알고자 하는 긴 여행은 계속되었다. 새로운 도전들에 실패하면 실패할수록 피트니스에 대한 공부에 집착했다. 외국에서 유명한 세미나를 하면 가리지 않고 상당한 비용을 들여 참가하기도 하고, 유명하다는 책, 비밀 프로그램을 외치는 책, 필자를 '꼴리게' 하는 (체력적으로) 자극적인 제목을 가진 책 등, 피트니스 관련된 책이란 책은 시대와 국적을 가리지 않고 모으며 파헤쳐갔다. 학위나 명성에 속아 돈을 낭비하는 경우도 많았지만 진리를 안다는데야. 그만큼 알고자 하는 욕구에 목말라 있었다.

잘못된 정보 양산하는 상업성과 약물이라는 두 괴물

아이로니컬한 건 공부하는 동안 부딪힌 가장 큰 문제는 정보의 부재가 아니었다. 잘못된 정보들이 너무 많다는 것. 다 자기가 맞고 제일이라고 소리치며, 무수한 과학적 데이터를 제시하는 그 수많은 이론들이 어떻게 완전히 서로 다른 결론에 다다를 수 있는지 그 당시엔 알기 어려웠다. 그 저질 정보들에 속고 속아 너무나 먼 길을 돌고 돌아왔다.

잘못된 정보가 판칠 수 있는 이유의 정점에는 '상업성'과 '약물'이라는 두 괴물이 있었음을 그 먼 길을 돌아와서야 알게 되었다. 돈 벌겠다고 죽자 살자 뛰어드는 마케팅 귀재들 앞에, 이 분야에 처음 들어온 초보자가 어떻게 속지 않을 수 있겠는가? 설상가상으로 메인 스트림 정보가 상업성에 물들어 거짓된 정보를 양산하고 있고, 그것만 믿고 따라 한 일반인들의 실패 및 좌절을 개인의 잘못으로 돌리면서, 다시 그걸 이용해서 돈 벌어 먹는 악순환이 계속되고 있다.

마찬가지로 불법 약물 사용이 일반화되고 그걸로 멋진 근육을 만드는 사람들이 매스컴을 지배하는 요즘, 약물 사용을 전제로 한 프로그램들이 판치기 쉬운 구조가 될 수밖에 없다. 일반인들이야 챔피언이 되기 위한 과정에는 신경 쓸 이유가 전혀 없다보니, 불법이든 타고난 특이한 케이스든 만들어진 결과만 보고 동경하게 되고, 그들에 의해 잘못된 길로 들어서는 상황이 연출되고 있는 것이다.

정보의 쓰레기 속에서 보석을 찾기란 쉽지 않다. 인터넷 검색 하나면 모든 걸 볼 수 있는 현대에는, 정보의 양보다 옳은 정보를 가려내는 능력이 더 중요하다. 필자는 이를 위해 직접 부딪힐 수밖에 없었다. 가설을 세우고, 직접 몸뚱이로 부딪혀 만들어낸 프로젝트들을 하나 둘씩 지인들에게 적용해보고, 또 그것을 일반인들에게 확장함으로써 서서히 틀을 잡아갔다.

나중에야 알게 되었지만 사실 원하는 정보는 1950년 이전 책들에 다 들어 있었다. 심지어 한 외국 코치는 1930년대 이후 새로운 피트니스 정보는 없다고 말하기도 한다. 한때 필자 스스로 발견한 것인 줄 알고 내심 자랑스럽게 생각하다가, 먼저 이 길을 걸어간 거장들이 이미 아주 오래 전에 언급한 방법이란 걸 알았을 때, 실망감보다는 그런 정보들이 버려져 있고 심지어 상업적 목적으로 인해 암묵적으로 숨겨지고 있다는 사실에 답답함이 더 컸다. 개인이 평생 노력해서 알아낸 것이 이미 수많은 사상가들에 의해 깊이 있게 다뤄진 논의라는 걸 나중에 알게 되는 것만큼 허무한 일도 없다. 그래서 '거인의 어깨 위에 선다'는 말이 있는 것이다. 스테로이드 같은 약물이 만연하기 이전에 이미 수많은 거인들은 체력과 근육 만들기에 필요한 거의 모든 내용들을 완성시켜놓았다.

그걸 잘 가꾸고 다듬기만 해도 될 판에 우리는 상업성과 약물로 인한 폐해에 둘러싸여 있다. 실상 해보지도 않았거나 몇몇 특이한 집단에만 적용해놓고 자기 이론이 옳다고 거짓된 말을 늘어놓는다든지, 어렵게만 하면 전문적으로 보일 것 같으니 무조건 복잡하게만 만들어놓고 독자를 현혹한다든지, 특정 소수층 및 약물을 사용하지 않으면 효과가 없는 것들을 그럴싸하게 치장해서 파는 행위 등이 자행되고 있다. 심지어 그 반대편에 서서 옳은 소리를 했던 자조차, 자기 세력이 확장되고 화폐가 들어오기 시작하자, 자기의 신념을 버리고 잘못된 정보를 전파하는 데 온몸을 불사르는 것을 수없이 목격해왔다. 누굴 욕하랴, 복잡하고 화려해 보일수록 많은 사람들이 꼬이는 것을……

관건은 '힘' 훈련 시간을 줄이고 강도를 높여라

그러나 파랑새는 언제나 집안에 있고, 진리는 항상 단순한 법. 과거에 이미 접해본 적은 있었으나, 너무 간단하고 또 힘들어서 애써 외면했던 것들이 가장 중요했음을 자연스레 알게 되었다. 모든 체력에 앞서 기본이 되고 엘리트 선수들의 올림픽 메달 색깔까지 바꿔놓을 수 있는 최대 무기는 결국 '스트렝스(힘, 근력)'였다. 이 스트렝스가 몸의 회복과 운동의 가동 범위를 넓혀주는 유연성 운동과 함께 진정한 애슬릿이 되기 위한 가장 근본이면서 또 가장 중요한 체력이었던 것이다.

농구계의 우상(?)이자 모든 남성들의 로망인 〈슬램덩크〉의 강백호가 우리를 열광시켰던 이유가 뭘까? 만화이긴 하지만, 그의 무식한 멘탈 그 기본에는 무지막지한 힘(스트렝스)이 있었다. 힘이 좋으니 기술의 모자란 부분을 커버하고, 그 기술을 누구보다 빨리 쌓아나가게 되고, 또 결정적인 순간마다 멋진 장면을 연출했던 것이다. 그 멋진 슬램덩크도 결국은 힘이 만들어준 거고. (절대적 스트렝스와 상대적 스트렝스라는 개념에서 배우겠지만, 몸무게에 비해 힘이 강해지면 절대 느려지지 않는다. 오히려 더 빨라진다.)

　일반적으로 시행되고 있는, 횟수만 늘려 펌핑 운동에 바로 접근하는 보디빌딩은 소수의 사람들만 성공하거나 단기간에만 효과 있는 방법이다. 스트렝스를 키우는 원리부터 접근해야 중도에 실패하지 않고, 본인의 유전자가 허락하는 최대의 근육을 얻게 된다. 스트렝스 훈련을 하다보면, 시합을 앞두고 짧게는 6주에서 길게는 12주 정도만 사용되는 고볼륨 루틴을 1년 내내 해줘야 하는 것처럼 선전해대는 프로그램을 완수하기 위해 필요한 웨이트 강도가 상대적으로 얼마나 약할 수밖에 없는지를 자연스레 알게 된다.

　사실 시합 준비 때나 필요한 주 6일 프로그램이라는 것도 실제 웨이트 훈련 시간은 하루 약 1시간 정도밖에 되지 않는다. 고로 일반적으로 생각하는 하루 3~4시간 주 6일 루틴은 쓰레기 세트를 채우며 시간에 만족하는 자가 아니면 약물 사용자만 가능한 일이고, 혹 이런 방법으로 해서 근육이 커졌던 특수한 사람일지라도 훈련 시간을 줄이고 강도를 높이면 몸이 더 커지는 놀라운 경험을 할 수 있다.

　이렇게 거짓이 난무하는 현 보디빌딩계에 필자가 앞으로 펼치고픈 캠페인이 있다. 바로 '클린 보디빌딩'이다. 스테로이드가 만연한 이 시대에 진정한 챔피언은 외부에서 주는 상으로 정해지는 게 아니라, 약물 없는 정직한 방법으로 몸을 키워나가고, 그것으로 건강을 돌보며 자기만족을 얻는 자라는 걸 알리고 싶다. 미래에 제3의 피해자들이 생겨나지 않기 위해서도 반드시 필요하다.

머신보다 프리 웨이트

　이쯤에서 비밀 하나 공개. 필자에게 가장 도움이 된 책을 묻는 사람들이 많은데, 서슴지 않고 노자의 〈도덕경〉이라고 말하겠다. 잘난 척하려는 의도 단 2%.

나머지 98% 진심이다. 너무나 많은 정보 속에서 갈 길을 잃었을 때 노자의 한마디 한마디를 적용시켜 정보를 분류해나가면 백발백중이었다.

'less is more' '머신보다는 프리 웨이트' '운동에 걸맞은 휴식'은 물론, 최고의 컨디셔닝을 키우기 위한 가장 강력한 방법론인 '인터벌'의 진가를 알아본 것도, 그의 아이디어에서 가져온 것이다. (인터벌이란 용어도 '휴식의 인터벌'에서 나왔다.)

있음(운동)만 볼 수 있는 우리에게 없음(휴식)을 알려주고, 인위적인 것(머신)보다는 자연스러움(프리 웨이트)이 훨씬 더 뛰어남을 강조하고, 그리고 화려함보다는 단순함을 좇으라고 말했던 그의 사상은 그냥 책에 머물러 있는 아름다운 시적 언어가 아니다. 그의 철학을 기준 삼아 분류한 모든 정보들은, 사람들에게 적용하면 적용할수록 점점 그 가치를 더해갔다.

프리 웨이트밖에 사용할 수 없는 ─ 인간의 자연스런 움직임을 그리는 ─ 역도는 파워를 장착시켜주었고, 3차원적인 동작이 가능한 그 프리 웨이트로 시행한 스쾃 동작은 2차원 동작만 연출되는 스미스 머신으로는 흉내도 낼 수 없는 보조근 및 안정근의 발달을 가져온 것은 물론 부상까지 줄여주었다. 또한 아무리 노력해도 근육이 커지지 않던 사람에게 휴식만으로 근육이 단번에 커지는 신비를 경험하게 해주었다.

시간당 강습료가 가장 비싸기로 유명한 한 코치가 미식축구 프로 선수들을 찾아가서 취한 조치가 양질의 잠과 휴식이었다는 사실을 알고 있는가? 그 비싼 돈을 내고서 얻은 충고가 잠과 휴식이다. 돈이 아깝다는 게 아니다. 반대로 뭔가 복잡한 훈련 루틴을 제시해서 권위를 세우려고 하지 않았던 그의 솔직함에 찬사를 보낸다.

이번 책엔 없지만, 앞으로 쓸 글의 하나인 동양 운동의 가장 기본도 '아무것도 하지 않음'이다. 그 아무것도 하지 않음이 동양 운동의 핵심 중 하나이며, 필자가 모든 운동에 앞서 강조하는 광의의 유연성 개념도 결국은 이것을 통해 몸의 편안함을 획득하고, 또 그것을 잘 활용해서 운동 동작의 가동 범위 및 회복력 증가를 도모하는 것이다.

선 휴식, 후 훈련

명심해라. 세상에서 가장 완전한 휴식이 있어야 세상에서 가장 빡센 훈련이 가능하다. '음'과 '양'의 조합. '유연성이라는 음'과 '스트렝스라는 양'의 완벽한 조합이 있어야만 부상 없이 더욱 파워풀한 애슬릿에 다가설 수 있다.

요즘 유행하는 운동들을 보면 다시 복잡해지고 있는 것 같아 아쉽다. 처음엔 실전 운동을 앞세우고 등장했더라도, 사람들이 모여들면 또다시 그 기본이 흐트러질 수밖에 없다. 새롭고 신기한 걸 항상 보여줘야만 돈을 번다는 걸 아는 업자들의 심정을 모르는 바 아니다. 그러나 그 화려함에 속아 기본을 잃어버리고 또 먼 길을 돌아가야 하는 초심자들을 보면 안타까운 건 어쩔 수 없다.

우리가 아는 최고의 파이터 최배달은 흰띠로 훈련하다 점점 더러워지면 검은띠가 되고, 다시 훈련을 거듭하면 검은띠가 벗어져 흰띠가 된다고 말하며 '기본의 중요성'을 설파했다. 그가 실전에서 가장 많이 사용했을 뿐만 아니라, 가장 강하고 가장 빠르고 또 가장 어렵다고 칭했던 기술도 화려한 돌려차기나 날라차기가 아니라 단순히 팔을 내지르는 '정권치기'였음을 알아야 한다. 그는 평생을 훈련하고 나서도 아직 이 정권치기에 미숙하다고 말했다.

같은 맥락으로 '남자는 힘'이라는 누구나 알고 있는 단순한 명제만 믿고 아무 생각 없이 접근했더라면, 누구보다 빨리 이 애슬릿에 가까이 갈 수 있는 방법론

을 깨쳤을 텐데, 어설프게 좀 안다고 복잡하고 희한해 보이는 것만 찾아 다니다
세월을 헛되게 낭비했다.

효율적 '몸 만들기' 위한 피트니스 가이드북

애슬릿을 찾아 다닌 지난 여정을 돌이켜볼 때마다, 배낭 여행 마니아인 필자
로서는 항상 아쉬운 것이 하나 있다. 여행지에서는 방향을 잃었을 때나 곤경에
처할 때마다 언제나 곁에서 도와주는 가이드북이라는 '도우미'가 있어 큰 도움
을 받았는데 피트니스계에는 그런 것이 없다는 것. 여행 가이드북이 있으면 그
어떤 힘든 여행지도 거뜬히 이겨내고, 수많은 즐거운 추억들을 만들고 또 무사
히 돌아올 수 있다. 아무런 정보 없이 새로운 곳을 가기란 쉽지 않다. 물론 그런
여행도 한 번은 해보고 싶고, 또 그렇게 하면 더 많은 것을 얻을 수 있겠지만, 시
간이 무한정 많지 않은 우리 일반인들에게는 요원한 꿈일 뿐이다. 이런 우리에
게 여행 가이드북이란 짧은 시간에 많은 것을 안전하게 경험하게 해주고, 즐거
운 곳 위주로 찾아 다닐 수 있게 도와주니, 그 어떤 여행 소지품보다 소중한 존
재다.

그.래.서

여러분만큼은 필자처럼 피트니스 여행에서 헤매지 않기를 바라는 마음에서
이 책을 썼다. 아직도 잘못된 정보로 인해 어둠 속을 빠져 나오지 못해 답답해하
고 있는 사람이라든지, 안전한 정보가 있어야만 여행을 떠나는 완벽형 인간들에
게 더 효과적이고 효율적으로 건강 및 체력 향상과 관련된 결과물을 얻게 하기
위해서다. 더도 덜도 말고, 홀로 떠나는 오지 여행에서, 먼저 그 길을 걸어간 선

배가 '피트니스 여행 가이드북' 하나 만들었다는 생각으로 이 책을 읽어주면 정말 감사하겠다.

2011. 봄

맛스타드림

contents

프 롤 로 그

004 ·········· 나는 이런 운동을 해왔다 애슬릿을 찾아나선 여행

제1장 | 웨이트 운동을 시작하기에 앞서

020 ······ **유산소 운동과 무산소 운동** 체력이란 무엇인가 (상)

030 ······ **미친(MAD) 5대 체력** 체력이란 무엇인가 (하)

040 ······ **stay motivated** 폐인들 몸짱 만들기

　　　　exercise tip 029 타바타 인터벌

제2장 | 힘과 파워를 기르자

054 ······ **시작하는 웨이트맨들을 위해** 두 가지만 기억하라, 들어올리고 밀어올리고

066 ······ **시작했던 웨이트맨들을 위해** 스콰트, 턱걸이, 딥으로 다시 깨어나라

078 ······ **모든 운동의 왕, 스콰트** 스콰트를 배워보자

090 ······ **미는 힘, 당기는 힘_벤치 프레스, 데드리프트, 스콰트** 파워리프팅 part 1

100 ······ **남자는 힘! 힘을 길러라** 파워리프팅 part 2

110 ······ **궁극의 파워를 위한 역도 운동** 클린 앤 저크, 스내치

122 ······ **전화번호부를 찢어볼까?** 악력에 대하여

　　　　exercise tip 062 데드리프트와 밀리터리 프레스 루틴 / **074** 매직 넘버 5

　　　　075 풀오버 / **076** 덤벨 한 팔 스내치 / **120** 클린 앤 저크

14

Lesson | 빅머슬 7을 배워보자

134 백 스쾃 / **136** 프론트 스쾃 / **138** 오버헤드 스쾃

140 데드리프트 / **142** 스티프 레그 데드리프트 / **144** 벤치 프레스

146 밀리터리 프레스 / **148** 바벨 로우 / **150** 무게 턱걸이 / **152** 무게 딥

제3장 | 몸짱이냐 힘짱이냐

156 ------ 스트렝스의 중요성과 3가지 헤비

172 ------ 빅머슬 7

180 ------ 워밍업 세트에 관하여

190 ------ 빅머슬 7 + 맛스리

200 ------ less is more

206 ------ 초보자용 빅머슬 7 + 슈퍼 삽질 근육 버전

216 ------ 펌핑 근육 키우기

222 ------ 펌핑 5-10-30 프로그램

230 ------ 펌핑 근육 제조기 DTP 프로그램

238 ------ 스테로이드에 필적하는 근육 증폭기 휴식과 회복의 중요성

information tip **176** 특정 부위 발달을 위한 운동법

225 싱글 세트 vs. 멀티 세트

contents

제4장 | 보디빌딩의 전설 슈퍼 스콰트

252 ...... 왜 슈퍼 스콰트인가?

260 ...... 영원한 진리, 하드 워크 · 개선 · 지속

270 ...... 초간단 슈퍼 스콰트 루틴

278 ...... 정체기에 필요한 발달 운동 비교적 적은 훈련 및 더블 발달

제5장 | 맨몸을 이용한 훈련

290 ...... 특수부대 체력을 길러보자

304 ...... 맨몸 지구력 훈련

314 ...... 맛스타 드림 서클 맨몸 스트렝스 훈련 part 1

326 ...... 맨몸 운동 '개선' 방법_보조 힘 줄이기 맨몸 스트렝스 훈련 part 2

338 ...... 쪽팔리지 않게

exercise tip 311 미는 운동 플렌체 / 313 당기는 운동 프론트 레버

제6장 | 부상과의 전쟁

348 ...... 근육 불균형을 해소하라

360 ...... 아프면 주물러라

372 ...... Back to the Back 길항근을 기르자

제7장 | 단순함에 대하여

382 ...... 단순함에 대하여

394 ...... 움직임 없는 운동, 아이소메트릭 정지의 힘

414 ...... 대리 운동

426 ...... 힘을 잃은 그대에게 긴장, 호흡, 회전력 그리고 코디네이션

　　　　　exercise tip　424 버피

　　　　　information tip　392 횟수와 세트에도 적용하는 단순함의 원리

부록 | 운동 프로그램

438 ...... 애슬릿 프로그램

450 ...... 동네 헬스장 최고의 근육 성장 프로그램

458 ...... 하루 5분 파워 프로그램

　　　　　에 필 로 그

466 ...... 먼 길을 달려온 당신 축하드린다

468 ...... 지금 알고 있는 걸 그때도 알았더라면

471 ...... 추천의 글

472 ...... 감사의 글

제1장

웨이트 운동을
시작하기에 앞서

!

"달리기와 사이클, 그리고 수영을 빨리 하면 무산소 운동이 되고, 반대로 웨이트 훈련을 하더라도 가벼운 웨이트를 사용해서 장시간 운동하면 이것 또한 유산소 운동이 된다. 즉 운동의 종류에 따라 무산소, 유산소 운동이 구분되는 것이 아니라, 같은 운동을 했더라도 얼마만큼 하드하게 했는지가 그 차이를 만들어낸다."

- 유산소 운동과 무산소 운동 체력이란 무엇인가(상)
- 미친(MAD) 5대 체력 체력이란 무엇인가(하)
- stay motivated 페인들 몸짱 만들기

유산소 운동과 무산소 운동

체력이란 무엇인가 (상)

오래 걷는 것, 오래 서 있는 것, 오래 앉아 있는 것, 오래 누워 있는 것, 오래 보는 것,

오래 듣는 것 등은 모두 수명을 손상시킨다. _〈동의보감〉

어느 선수를 닮고 싶은가? 마라톤 선수보다 로켓처럼 튀어나가기 위해 움츠리고 있는 단거리 선수들의 몸이 훨씬 멋있다는 데는 모두 동의할 것이다.

이봉주와 심권호 중 누가 더 셀까? 물론 종합격투기로 붙는다면 무조건 심권호이겠다만, 여기서 말하려는 건 전체적인 체력 관점이다.

요즘 마라톤 열풍이다. 운동 좀 시작하려고 주위에 조언을 구하면 '마라톤이

건강엔 최고다' '살 빠지는 데도 특효약이다' 등 마라톤 예찬이 끊이질 않는다. 게다가 마라톤 하는 사람들이 체력도 가장 뛰어나다는 인식을 가지고 있다. 과연 그러한가? 이 부분을 이야기하기 위해 우선 체력에 대한 개념 정의가 필요하다. 브루스 에반스와 짐 코레이, 두 명의 코치에 의해 분류된 체력의 10가지 정의를 먼저 인용해보겠다.

체력의 10가지 정의

1. 지구력 Cardiovascular and Respiratory endurance

2. 스테미너 Stamina

3. 스트렝스 (힘. 근력) Strength

4. 유연성 Flexibility

5. 파워 Power

6. 스피드 Speed

7. 코디네이션 (협응력) Coordination

8. 어질리티 (민첩성) Agility

9. 밸런스 (균형) Balance

10. 정확성 Accuracy

각 항목을 자세히 알 필요는 없다. 사실 너무 장황하게 분류했고 겹치는 부분들도 있어서, 필자는 5개로 새롭게 정리했는데(하편 내용 참조) 필자의 방법론이 훈련 중요도 순위까지 알게 해줘서 훨씬 효과적이다. 그냥 다양한 체력들이 존재한다는 것으로만 이해하라.

여기서 우리가 알 수 있는 건 여러 가지 체력이 존재함에도 불구하고, 첫 번째 체력의 정의, 즉 '지구력'에 너무 치중한다는 것이다. 각각은 연관성이 있으면서 또한 별개의 능력임에도 굉장한 지구력 소유자는 다른 모든 분야에서도 뛰어날 것이라고 짐작한다. 그러나 마라톤 선수의 수직 점프력과 상체 파워는 다른 선수들에 비해서 현저히 낮다는 것은 이미 알려진 사실이다. 장시간의 유산소 운동은 무산소 운동 능력을 감소시키기 때문이다.

달리기는 유산소, 웨이트는 무산소?

유산소와 무산소. 구분하기 쉬워 보이면서도 애매한 부분이 있기에 잠시 살펴보도록 한다. 흔히 에너지를 사용한다는 입장에서 보았을 때 인간이 사용하는 에너지 형태는 3가지로 말할 수 있다. 포스파겐(phosphagen), 글리코리틱(glycolytic), 옥시데이티브 패스웨이(oxidative pathway)인데 편의상 각각 P, G, O로 사용하도록 하자.

P는 순간적으로 엄청난 파워를 동원할 때 방출되는 에너지로, 약 10초 미만으로 지속되는 신진대사이고, G는 중간 정도의 파워를 동원할 때 사용되는 에너지로, 수 분 동안만 지속되는 신진대사이며, O는 가장 낮은 파워를 동원해 수 분 이상 지속할 때 사용되는 에너지라 보면 되겠다. P와 G는 무산소 운동, O는 유산소 운동으로 볼 수 있다. G는 실제 유산소가 맞지만, 우리가 일반적으로 생각하는 가벼운 유산소와는 다른 하드한 유산소이므로, 편견을 깨기 위해서 무산소 쪽으로 붙여서 설명하겠다.

유산소 운동과 무산소 운동은 완전히 다르다기보다는, 어느 한 가지 위주의 에너지 시스템이라고 생각하면 편리하다. 달리기로 따지면 100m, 200m, 400m

를 무산소 위주의 운동, 1600m 이상을 유산소 위주의 운동으로 볼 수 있다.

　여기서 전문가들조차 잘 모르고 헷갈리는 아주 중요한 테마 하나를 짚고 넘어가자. '달리기, 사이클, 수영은 유산소 운동이고, 웨이트 트레이닝은 무산소 운동'이라고 무조건 단정 짓는 것이다. 과연 그럴까? 달리기와 사이클, 그리고 수영을 빨리 하면 무산소 운동이 되고, 반대로 웨이트 훈련을 하더라도 가벼운 웨이트를 사용해서 장시간 운동하면 이것 또한 유산소 운동이 된다. 즉 운동의 종류에 따라 무산소, 유산소 운동이 구분되는 것이 아니라, 같은 운동을 했더라도 얼마만큼 하드하게 했는지가 그 차이를 만들어낸다. 이걸 알아야 유산소 운동 신봉론자들이 "난 웨이트 훈련은 무산소 운동이라서 싫어요"라는 말을 할 때 그 말의 헛소리성을 지적해줄 수 있다.

　우리가 잘 아는 축구, 야구, 농구, 테니스, 복싱, 종합격투기, 암벽 타기 등 거의 모든 운동은 유산소보다 무산소 위주의 운동이라 보면 된다. 표를 확인해보자.

	지방 감소	근육 감소	스피드, 파워, 힘 증가	다른 모든 스포츠 능력 증가	유산소 능력 증가	무산소 능력 증가
무산소 운동	○		○	○	○	○
유산소 운동	○	○			○	

(참고: crossfitsap.co.kr)

　위의 표에서 알 수 있듯이 무산소 운동의 장점은 유산소 운동보다 훨씬 많다. 또한 생각과는 달리 무산소 능력은 유산소 능력을 감소시키기는커녕 더욱 강화시킨다는 것을 알 수 있다.

무산소 운동으로 유산소 능력을 향상시킨다

그 대표적인 예로 마라톤에서 기록을 앞당기기 위해 꼭 해야 하는 인터벌 훈련을 들 수 있다. 인터벌 훈련이란, 일정 거리를 아주 빠른 속도(무산소)로 뛰고 천천히 달리기를 일정 횟수 반복하는 훈련이다. 무산소 운동을 통해 유산소 능력을 향상시키는 대표적인 훈련 방법이다.

유명한 인터벌 훈련 중 하나로 야소라는 사람이 창안한 '야소 800'이라는 것이 있다. 원리는 간단하다. 800m 달리기를 10번 반복해서 (빨리 달리는 중간엔 그 달린 시간만큼 천천히 달리는 것이 포함된다) 가장 많이 나온 기록을 체크한다. 가장 오래 걸린 시간이 예를 들어 3분이었다면 실제 마라톤에서 3시간이 걸리며, 2분 59초라면 2시간 59분 걸린다는 이론이다. 보기에는 황당한 이론 같지만 실제 주위 여러 사람들이 실행해본 결과 거의 마라톤의 실제 기록과 비슷하게 맞는 걸 봤을 때 꽤 신뢰할 만한 이론이다.

여기서 우리가 알 수 있는 것이 결국 짧은 거리를 좀더 빨리 달릴 수 있을 때 긴 거리도 빨리 달릴 수 있다는, 즉 무산소 능력이 유산소 능력을 증가시킨다는 점이다. 물론 마라톤이 장거리 달리기이기 때문에, 평소 장거리 달리기 연습 없이 무조건적인 짧은 거리의 빠른 훈련만으로는 목표를 달성하기가 쉽지 않다. 그러나 주말만이라도 1~2번의 장거리 달리기를 꾸준히 실행한다는 전제하에, 평일에는 짧은 거리를 최대한 빠르게 달리는 무산소에 가까운 인터벌 달리기만 해도 마라톤 풀코스에서 좋은 성적을 거둘 수 있다.

반대로 아무리 매일매일 장거리 달리기 훈련을 하더라도, 빨리 달리는 연습을 하지 않는다면, 실제 마라톤 경기에서 좋은 성적을 거두지 못하게 된다. 실제로 10km 주자로 활동하다가 처음으로 참여한 마라톤 대회에서 우승하는 선수도 많이 있으며, 마라톤 풀코스를 다섯 번도 채 달리지 않고 세계적인 마라톤 대회에서 우승하는 선수도 있다. 이는 풀코스보다 짧은 거리에서 강력한 달리기로 스피드를 올려놓은 결과다. 일례로 한 번도 스피드 스케이팅 10,000m를 완주해본 경험이 없는데 2010년 벤쿠버 동계올림픽에 참가해서 곧바로 금메달을 딴 이승훈 선수가 있다. 거짓말 같지만 충분히 가능한 이야기다. 그는 이미 쇼트트랙 선수로서 단거리를 충분히 달려서 스피드를 쌓아놓고 있었기 때문에, 거기다 지구력 훈련만 몇 번 더해 좋은 성적으로 완주할 수 있었다. 스피드와 파워에 비해 지구력은 상대적으로 키우기 쉽기 때문이다.

필자도 울트라 마라톤과 산악 마라톤을 하면서, 장거리 완주보다 단거리 기록 단축이 훨씬 힘들다는 것을 알 수 있었다. 100km를 완주하는 것보다 5km를 15분 안에 들어오는 것이 더욱 힘들다는 이야기다. 이와 관련된 설명을 위해 잠시 필자가 인도 여행 갔을 때 이야기를 해보자. 인도의 시내 교통수단 중 주요한 것이 릭샤다. 오토바이를 개조해 만든 '오토 릭샤'와 자전거를 개조해 만든 '사이클 릭샤'가 있는데, 필자는 더 저렴하고 재미있을 것 같아 사이클 릭샤를 주로 애용했다. 사이클 릭샤 운전사가 자전거 모는 솜씨는 서커스를 방불케 한다. 그 많고 많은 자동차, 오토바이와 사람들을 피해서 긴 거리를, 그것도 맨발로 전혀

오토 릭샤

사이클 릭샤

힘들어하는 기색 없이 1년 365일 자전거만 모는 사람들이다. 훈련 양으로만 보면 분명히 랜스 암스트롱을 압도하는 사이클 선수가 나와야 하는데 그렇지 않은 이유는 뭘까? 그들은 다량의 유산소 운동에서만 뛰어날 뿐이고 암스트롱처럼 각종 인터벌이 포함된 무산소 운동을 하지 않았기 때문이다.

지금은 없어졌지만 카약, 산악자전거, 트래킹, 수영 등으로 500km 이상을 경주하는 에코 챌린지 같은 초장거리 레이스에서 우승하는 선수들의 훈련 루틴을 봐도 평일에는 무산소 위주 훈련이 많다. 스포츠는 물론 우리의 일상생활 또는 서바이벌 상황에서는 장시간의 유산소 능력보다는 일정 이상의 유산소 능력에 상당한 무산소 능력이 결합한 체력 조건이 가장 알맞기 때문이다.

예를 들어 형사가 범인을 쫓아가는 상황을 그려보자. 범인이 빨라서 초반에 100m만 앞서 가더라도 그를 따라 잡을 수 없다. 혹 건물이 없고 비교적 시야가 트인 곳일지라도 상대방이 눈에 띄게 앞서 가버리면 포기하게 되는 것 또한 사람의 심리이다. 만약 따라 잡았다 하더라도 문제는 더 심각해진다. 이젠 체포과정에서 격투기가 필요로 하는 무산소 힘이 발휘되어야 할 때인데 잘못하다간 당하기 쉽기 때문이다. 우리 일상생활도 마찬가지. 우리가 살아가면서 10km 이상을 뛸 일이 언제 있겠는가? 필자도 종종 뛰곤 했던 여의도에서 천호대교 한강변 왕복 길이는 거의 40km이다. 거의 서울을 두 번 가로지르는 길이인데 마라톤을 하지 않으면 평생 뛸 일이 없는 거리이다.

장시간 유산소 운동은 근육을 희생시킨다

복싱코치들이 훈련시킬 때 흔히 저지르는 실수 중 하나가, 선수들에게 장시간 유산소 운동을 하게 하는 것이다. 무조건 많이 하면 좋지 않을까 싶어 그러는 모양인데 앞의 도표에서도 알 수 있듯 장시간 유산소 운동을 하면 지구력은 높일 수 있지만 스피드와 파워, 그리고 근육을 희생해야 한다.

미국의 유명한 특수부대 네이비 실의 6개월 훈련 중에도 각 단계마다 4마일(약 6.4km) 달리기 테스트를 하면서 단거리 기록을 높이지만 가장 긴 장거리 달리기 훈련은 15마일(약 24km)이며 그것도 전체 훈련 기간 동안 한 번밖에 하지 않는다. 특수상황과 서바이벌 상황에 뛰어난 특수부대 훈련의 대부분은 10km 미만의 유산소 훈련과 다량의 무산소 훈련으로 이루어져 있다고 보면 된다.

오해의 소지가 있어 덧붙이자면, 마라톤 그 자체를 사랑하는 사람이 마라톤에 전념하는 건 전혀 문제될 게 없다. 오히려 특수부대나 마라톤처럼 '초지구력'이 필요한 분야는, 그 특성에 맞는 훈련을 많이 해줘야 한다. 그리고 무산소 운동이 전반적인 체력을 키우는 데 더 효율적이고 쓸모가 많다는 의미이지, 유산소 운동이 나쁘고 하면 안 되는 운동이라는 뜻도 아니다. 체력이 부족한 완전 초보자가 처음 운동할 때는 유산소 운동에 기댈 수밖에 없고, 중급 이상이 되더라도 유산소 운동을 보조 운동으로 삼아 원하는 목표를 가속화시킬 수 있다. 특히 고도비만 환자의 경우에는 유산소 운동을 병행하는 것이 좋은 처방이 되기도 한다. 그러나 '장거리 유산소 운동이 건강에는 최고'라든가 혹은 '이 운동을 하게 되면 다른 스포츠까지 잘하게 되겠지'라는 희망을 가지고 유산소 운동만 실컷 하는 사람들은 그러한 접근이 잘못되었다는 것을 알아야 한다.

또한 무산소 운동이라고 하면, 헬스클럽에서 일반적으로 하는 단순 보디빌딩식 운동들만 생각하는데, 이것도 대단히 잘못된 인식이다. 보디빌딩은 웨이트 트레이닝의 한 조각일 뿐이다. 그보다 훨씬 더 실전적이고 광범위한 웨이트 운동들이 존재하며, 필자가 말하는 무산소 운동도 주로 그러한 것들이다. 여기다 앞에서 설명한 인터벌 달리기 훈련 같은 무산소 훈련을 결합해주면 더욱 더 완벽한 운동으로 나아갈 수 있다.

다음 장에서 필자가 정립한 5가지 체력의 요소에 대해 설명하겠다. 이것들만 잘 알고 응용한다면 모든 체력들을 통합해서 볼 수 있는 눈이 생기고 자신의 부족한 면을 바로 개선해나갈 수 있게 된다. 또한 운동 순서가 정해지기 때문에 당장 무엇부터 해야 하는지를 알게 된다. 특히 올림픽 선수를 꿈꾸는 사람이라면 정독을 요한다.

유산소와 무산소 능력을 한꺼번에 키우는
타바타 인터벌

일본의 이주미 타바타 박사가 엘리트 선수들을 상대로 연구해서 찾아낸 인터벌 훈련 중 하나로, 일명 타바타 인터벌이라고 한다. 20초 동안 빠르게 움직이고 나머지 10초를 쉬는 훈련을 8번 반복해 도합 4분간 최대한의 효과를 끌어낸다. 세간에 알려진 것처럼 만능의 효과를 발휘하는 훈련은 아니나 잘 응용하면 꽤 좋은 결과를 얻을 수 있다. (모든 운동에는 특수성이 있다. 하나의 인터벌이 다른 종류의 인터벌 훈련에서 오는 효과를 모두 대신한다는 건 절대적으로 불가능하다.) 무엇보다 무산소 운동의 중요성과 효과를 짧은 시간에 이해하는 데 좋은 운동이라 생각한다. 이 방법은 여러 부분에서 적용할 수 있지만 우선은 맨몸 스콰트부터 시작해본다. (스콰트 방법은 80p 참조) 10km 정도는 쉽게 뛰던 사람도 이 운동을 4분 하고 난 후엔 절뚝거리고 있는 생소한 자신을 목격하게 될 것이다.

[시행 방법]

1. 맨몸 스콰트 최대한 반복 20초 + 휴식 10초
2. 맨몸 스콰트 최대한 반복 20초 + 휴식 10초
3. 맨몸 스콰트 최대한 반복 20초 + 휴식 10초
4. 맨몸 스콰트 최대한 반복 20초 + 휴식 10초

5. 맨몸 스콰트 최대한 반복 20초 + 휴식 10초
6. 맨몸 스콰트 최대한 반복 20초 + 휴식 10초
7. 맨몸 스콰트 최대한 반복 20초 + 휴식 10초
8. 맨몸 스콰트 최대한 반복 20초 + 휴식 10초

미친(MAD)
5대 체력 체력이란 무엇인가 (하)

더 무겁게, 더 빠르게, 더 오랫동안. _맛스타드림

   상편에서는 체력에 대해 우리가 잘못 알고 있는 상식을 깨는 시간을 가졌다. 하편에서는 더 구체적이고 효과적으로 집약된 체력 요소들을 설명하도록 하겠다. 감히 단언하건데, 이것을 잘만 이용하면 당신이 잠재적으로 가지고 있는 체력을 최대한 상승시킬 수 있는 '최고의 비밀 병기' 가 될 것이다. 앞으로 여러분들이 어떤 스포츠를 선택하더라도 이 병기는 당신이 최고의 강자가 되게 만들어주는 필살기이자, 또 어떤 체력 대결을 하더라도 절대 지지 않게 당신을 도와주는 '셀프 코치' 역할을 하게 될 것이다.

MAD 5대 체력

   필자의 영어 이름 MAster Dream에서 앞 ma와 뒤의 d에서 따왔는데, 말 그대로 '미친 5대 체력'으로 받아들여도 된다. 계속 맛스타란 말을 앞에 붙여 쓰기가

민망해서 생각해낸 고육지책이니, 앞으로 MAD란 말 붙으면 알아서 필자가 개발한 내용이라 짐작하시라.

이 '미친 5대 체력'은 수많은 책들을 보고 난 뒤 나온 결과물이다. 실로 위대했던 옛 거장들의 영감들을 조합한 것이니 믿고 따라도 좋다. 주로 서양 장사들로부터 얻은 지식이나, 그 내용들의 핵심을 파악하고 각각의 연결 고리를 발견하게 해준 건, 다수의 동양 서적들이었다. 동양의 이름 모를 거장들에게도 박수를.

체력발달 순서는 굉장히 중요하다. 무작위로 이 훈련했다 저 훈련했다가는 실력도 상승하기 어렵고 조금 자라나더라도 금방 정체기에 빠진다. 체력의 성격에 맞게 분리해서, 더 체계적으로 체력을 쌓아가야만 엘리트에 도달할 수 있다. 앞 장에서 소개한 '체력의 10가지 정의'는 다양한 체력이 있다는 것을 환기시켜준다는 점에서는 좋은데, 그 체력 중에는 거의 구분하기 어려운 비슷한 개념도 있고(예를 들어 스피드는 민첩(agility)을 포함할 수 있고, 정확성도 그 의미가 애매하다) 무엇보다 체력 중요도의 순서가 없기 때문에 본격적으로 뭘 해보려고 하면 망망대해를 나선 것과 같은 느낌을 주는 단점이 있다.

미친 체력은 그 의미도 단순하지만, 앞서 말한 모든 10가지 체력 요소를 포함하고 있고 그 우선순위가 명확하기 때문에, 부족한 부분을 곧바로 진단할 수 있을뿐더러 또 어디부터 무엇을 처방해야 할지를 단번에 알 수 있게 해준다.

1. 유연성

몸의 유연성이 가장 먼저 꼽히는 데는 몇 가지 이유가 있다.

1) 운동을 효과적으로 해나갈 수 있게 기본적인 몸 상태를 만들어준다.

쭈그려 앉기도 힘든 유연성으로 스콰트를 하는 건 뻘짓 중에 뻘짓이며, 팔을 머리 위 수직으로 뻗을 수도 없는 사람이 비하인드넥 프레스(바를 머리 뒤쪽 어깨에 얹고 수직으로 들어올리기)를 하는 것은 어깨 부상을 환영하는 행위이다. 뭘 하고자 하더라도 제대로 시작하기 위해서라면 기본적인 유연성을 갖춰야 한다.

2) 운동 효과 증폭

그 동안 크게 무리 없이 운동했던 사람일지라도 유연성 운동으로 가동 범위를 더 키우고 그로 인해 동작이 부드러워지면 과거보다 더 효율적이고 더 효과적인 훈련을 할 수 있다. 어설픈 동작으로 낑낑대던 오버헤드 스콰트를, 매끄러운 동작을 구사하면서 집중할 수 있다고 생각해봐라.

3) 부상 방지 및 회복력 증가

몸의 불균형이란 결국은 근육 유연성의 불균형이다. 심리적 요인에서 기인했든 내장의 문제에서 기인했든 그 원인은 다양할 수 있으나, 어쨌든 마지막에 나타난 현상은 올바르지 않은 근육 때문이다. 모든 근육들이 원래의 탄성을 가지고 있다면 문제될 일이 전혀 없다. 즉 유연성 운동으로 불균형을 제거하면 부상당할 확률이 상당 부분 줄어든다는 말이다.

또한 회복력 증가는 모든 스포츠 선수들의 꿈이다. 보약 먹고, 스테로이드 맞는 이유가 뭐겠는가? 힘을 증가시키려는 의도도 있지만, 다른 한편 회복력을 증가시켜 더 많은 훈련을 할 수 있도록 하기 위함이다. 이 모든 것을 가능케 해주는 것이 유연성이다.

유연성을 키우는 운동 – 태양예배 자세

예로부터 내려오는 멋진 동양 운동들이 많이 있기는 하다만, 여기서는 가장 기본적이면서 효과는 아주 뛰어난 운동 하나만 소개한다.

태양예배 자세

따지지 말고 미친 듯이 해라. 아무 생각 없이 많이 하라는 말이 아니라, 한 동작 한 동작에 심혈을 쏟고 가동 범위를 조금씩 늘리려고 해보란 말이다. 늘릴 때는 조급하게 하지 말고 서서히 '개선'해라. 언젠가 필자가 이렇게 침 튀기며 이 운동을 강조하던 이유를 알 날이 올 것이다. 만약 이 운동을 제대로 한다면 당신이 겪는 부상의 90%는 예방 가능하다.

2. 스트렝스

유연성에 이어 가장 먼저 생각해봐야 되는 체력 요소다. 그 중요성은 더 이상 말이 필요 없을 정도다. 파워를 가져다주는 데 있어, 가장 획득하기 쉽고도 제일 충직한 요소다.

스트렝스는 '절대적 스트렝스'와, '상대적 스트렝스'가 있으며, 스포츠 종류에 따라 더 신경 써야 하는 게 따로 있지만 둘 다 중요하다. 그러나 그 중, 무슨 일을 해도 잘하는 전방위적인 전사가 되고 싶다면 '상대적 스트렝스'에 더욱 매진하라. 대부분의 스포츠, 또는 특별한 장애물 경기를 하더라도 '상대적 스트렝스'가 센 사람이 이긴다. 멋진 몸매를 유지하면서 더 뛰어난 퍼포먼스를 보여주는 것도 상대적 스트렝스고, 새로운 운동에 손대기만 하면 두각을 나타내는 것도 상대적 스트렝스다. 그렇게만 한다면 ①멋지고 쎄끈한 근육 ②애슬릿의 간지 ③스포츠에서의 승리 라는 빛나는 세 가지 열매를 모두 손에 쥘 수 있다.

3. 스피드

기초를 다져놓은 스트렝스에 스피드 훈련이 가해지면 파워로 변모한다. 우리가 열심히 운동하는 이유는 단 하나다. '파워'. 다 이것 얻자고 하는 짓 아니더냐.

스트렝스를 쌓는 것도, 거기다 스피드 훈련을 덧붙이는 것도 이 궁극의 '파워'를 얻기 위해서다. 더 무겁게 들었으면 이제 더 빠르게 하는 훈련을 포함하라. 스피드 훈련에 대한 자세한 설명은 다음 책에 소개하고 여기서는 그 운동 종류만 밝힌다.

1. 외부 웨이트를 이용한 스피드 훈련: 역도성 운동(스내치, 파워 스내치, 클린, 파워 클린, 하이 풀 등), 메디슨 볼 훈련 등.

2. 자기 몸을 이용한 스피드 훈련: 초단거리 스프린트, 플라이오메트릭 등.

　이 운동들은 파워 훈련으로 볼 수 있으나, 스피드로 보고 응용하게 되면 전체를 보는 시야가 더 넓어진다.

4. 단기 지구력

　30분 이하의 근지구력 훈련 및 컨디셔닝 훈련에 필요한 체력을 말한다. 여러분들은 이 책을 통해 다양한 컨디셔닝(천천히 하는 유산소 훈련이 아니라, 거의 무산소에 가까울 만큼 숨차게 밀어붙이는 체력 훈련) 및 근지구력 훈련들을 배우게 될 것이다. 30분 이하의 운동으로, 당신이 일상생활에 필요한 건강과 체력은 모두 다 얻을 수 있다. 더 체력을 상승시키고 싶고 진정한 프로페셔널로 가고 싶으면, 앞의 3가지 체력 요소에 더 충실하고, 다시 이 단기 지구력 훈련으로 돌아온다.

5. 장기 지구력

　철인3종경기나, 1시간 이상 넘어가는 특수부대 PT에 필요한 체력을 말한다. 일반인들에게는 최고로 보이는 이 체력은 사실상 가장 마지막에 위치한다. 근본이 되는 체력이라기보다는, 개별 스포츠에 더 특화된 체력이라 볼 수 있다. 특화된 체력일수록 그와 비슷한 운동을 더 많이 해줘야 하기 때문에, 장기 지구력 훈련을 하고픈 자는, 본인이 참가하고자 하는 스포츠와 관련된 훈련을 직접적으로 많이 해주는 게 좋다.

그러나 부상 방지 및 이 스포츠 순위를 높이기 위해서도, 앞의 1~4번의 체력을 향상시키는 운동을 병행해주는 게 더 좋다. 대신 1~4번 운동을 메인에 두지 말고 서포트 형식으로 같이 해라. 마라톤 대회에 나가는 사람이 웨이트만 잡고 있거나 컨디셔닝 운동만 하고 있는 것만큼 멍청한 짓도 없고, 또 반대로 더 효율적이고 효과적으로 만들어주는 다른 운동 체력도 있는데 그걸 아예 무시하는 것만큼 안타까운 것도 없다. (주로 1, 2번 체력 위주로 병행한다면 큰 도움이 될 것이다.)

실전 – MAD 체력기르기

이상과 같이 '미친 5대 체력' 각각의 요소에 대해 간단하게 요약해봤다. 이제 이 방법을 이용해서 실제로 어떤 식으로 적용할지, 하나의 예를 통해 알아보자.

스쿼트 푸시 프레스(SPP) 50회 반복하는 걸 잘하고 싶은 사람이 있다고 가정하자. 어떻게 훈련해야 할까? 일단 SPP 고반복은 컨디셔닝이자 근지구력에 속하니 미친 체력 중에 '단기 지구력' 파트라고 볼 수 있다. 이때는 무조건 그것보다 더 근본이 되는 미친 체력으로 돌아가서 보면 된다.

첫 번째 유연성 운동을 체크하자. 몸 근육의 균형은 맞는지? 가동 범위는 충분한지? 다음 훈련을 빡세게 하기 위한 회복 운동은 제대로 되고 있는지?

그리고 두 번째 스트렝스를 체크한다. SPP는 프론트 스쿼트와 푸시 프레스를 합친 동작이다. 푸시 프레스의 스트렝스 동작은 밀리터리 프레스이므로, 결국 '프론트 스쿼트'와 '밀리터리 프레스'의 스트렝스를 올리는 데 힘써야 한다는 것

스쿼트 푸시 프레스(SPP) — 프론트 스쿼트 자세에서 시작한다. 스쿼트 바텀(bottom) 자세로 내려가 폭발적으로 일어나면서 그 스피드 그대로 푸시프레스로 이어진다. 컨디셔닝 훈련에 알맞은 운동이다.

을 알 수 있다. 당신이 사용하고자 하는 SPP 무게가 40kg인데, 현재 프론트 스쿼트 맥스 무게가 50kg이라고 가정하자. 여기서 스트렝스 훈련을 통해 이 프론트 스쿼트를 100kg까지 올린다면? 바벨을 공중부양시킬 만큼 그 무게가 깃털처럼 느껴질 것이다.

　세 번째로 스피드 훈련. 여러 가지 훈련이 있지만 여기서는 SPP를 닮은 (스쿼트 자세를 빼면 푸시 프레스)푸시 프레스를 채용한다. 밀리터리 프레스 훈련을 열심히 해서 그 무게가 올라갔다면 자연 푸시 프레스 무게도 올라가 있을 것이다. 이 푸시 프레스로 강력한 스피드 연습에 집중한다. 여기까지 마치면 온몸에 파워가 맴도는 걸 느끼게 된다.

　이제 마지막으로 단기 지구력인 컨디셔닝 운동에 들어간다. 다음 기회에 자세히 설명하겠지만 컨디셔닝을 키우는 데 가장 좋은 운동은 '인터벌 달리기'다. 이 운동을 정확한 계산을 통해 매주 강도를 올리게 되면, 당신의 심폐 능력은 하늘 높은 줄 모르고 치솟을 것이다.

가만 보니 뭐 하나가 빠졌다는 걸 알 수 있다. 테스트를 하고자 하는 종목이 SPP인데 이걸 안 쓰면 되겠나? 단기 지구력부터는 스포츠에 특화된 운동이 중요하다고 했으니, 테스트 하고자 하는 운동과 그 개수에 맞게 특화해서 훈련해야 한다.

50회 테스트가 목표라고 해서 무조건 훈련 때마다 SPP 50개를 쉬지 않고 하라는 말은 아니다. 테스트와 똑같은 훈련은 가끔씩만 하고 평소에는 세트로 몇 개씩 나눠서 연습하도록 한다. (세트로 나누면 중간에 충분히 쉬기 때문에 전체 횟수는 올라갈 수 있다.)

자, 위의 예에서 볼 수 있듯 이렇게 MAD 5대 체력을 순서대로 밑에서 위쪽으로 줄을 세워놓고 기초부터 하나하나 다져 올라가게 되면, 당신이 원하는 어떠한 테스트 종목도 그 능력을 최고로 끌어올릴 수 있다.

테스트와 관련된 운동만 한다고 그 테스트 능력이 올라가는 건 아니다. 금방 한계에 부딪힌다. 참고로 위의 분석에서 봤듯이 SPP 같은 경우 컨디셔닝 운동에 알맞기 때문에 그 중요도에서는 SPP 능력을 키우기 위한 기초 운동들보다 떨어진다. 즉 프론트 스쿼트나 푸시 프레스보다도 훨씬 못한 운동이다. 더 숨차다고 무조건 더 좋은 운동이라고 생각하는 버릇을 들이지 말기 바란다.

당신이 스포츠에 종사하는 운동선수라도 마찬가지다. MAD 미친 5대 체력을 이용하면 어디가 부족하고 또 어디에 너무 치우쳐 있는지 대번에 알아차릴 수 있고, 그러면 스스로 개선점을 찾아나갈 수 있을 것이다. 즉 '미친 5대 체력'을 이용해서 그 핵심 체력부터 다시 접근하면, 부족한 부분이 무엇인지 또 뭘 해야 하는지를 곧바로 알 수 있게 된다.

　이제 정리하자. 'MAD 5대 체력'을 통해 피트니스의 전체적인 큰 그림을 그려 봤다. 그 중 스포츠 퍼포먼스 향상에서 가장 중요한 건 파워고, 그 파워를 키우기 위해 가장 중요한 것은 스트렝스라는 것도 알게 됐다. 또, 스트렝스는 근육을 최대치로 키우는 키워드다. 여러분이 어떠한 위치에 있거나 또 어떠한 관심 분야를 가지고 있더라도 이 스트렝스를 놓치고는 절대 '큰 놈'이 될 수 없다.

　'MAD 5대 체력'을 이용해서 피트니스의 큰 틀을 관망하고 모자라는 각각의 체력들을 채워나가되, 언제나 스트렝스를 유심히 바라보는 버릇을 들여라. 진정으로 미친 체력을 원하는가? 그렇다면 유연성을 담보한 다음 이것을 기억해라. 언제나 더 무겁게(스트렝스), 더 빠르게(스피드), 그리고 더 오랫동안(단/장기 지구력).

stay motivated 폐인들 몸짱 만들기

제대로 집중하면 6시간 걸릴 일을 30분 만에 끝낼 수 있다.

만약 그렇지 못하면 30분이면 끝낼 일을 6시간 해도 끝내지 못한다. _아인슈타인

    폐인들이 넘쳐나는 세상이다. 움직이기 귀찮아하고, 힘든 것 싫어하는 사람들이 늘어가면서, 체력과 처진 가슴들이 덩달아 밑으로 밑으로 가라앉고만 있다. 수많은 이들로부터 "이제는 사람답게 살고 싶다, 방법을 알려달라"는 요청을 받아왔고, 똥침도 체력이 좋아야 아프게 놓을 수 있다는 평소 필자의 철학을 실현하고자 이 글을 쓰게 되었다.

    필자만의 신조 3가지를 공개하고 시작해보자.

1. keep my integrity

2. stay motivated

3. enjoy challenges

한국 토종이, 굳이 되지도 않는 영어로 갈겨놓은 이유는, 저렇게 영어로 써야 다양한 해석이 가능해 여러 가지로 우려먹을 수 있기 때문이다. 'Integrity'만 하

더라도 사전적 의미보다는, '인간으로서 꼭 해야만 하는, 스스로에게 부끄럽지 않은 그 무엇' 정도로 필자는 생각하고 있다. (신조는 신조일 뿐 절대 실생활에서 실현 못 하고 있는 부분이다.) 군대에서 쓰는 'honor' 정도의 사제성 표현이 아닐까?

실력 '뿌룩'나기 전, 잽싸게 본론으로 넘어가서, 필자가 강조하고 싶은 것은 바로 두 번째 신조인 모티베이션이다. 동기부여, 자극, 유도 정도로 해석되는 이 모티베이션은 외국 특수부대 관련 글을 읽다보면 몇백 번을 마주치는 가장 중요한 용어다. 혹독한 훈련을 이겨내는 것은 체력만 가지고 되지 않는다. 무슨 일이 있어도 포기하지 않고 해내겠다는 마음가짐이 있어야 한다.

미국 특수부대 네이비 실 훈련에서는 체력이 좋은 운동선수 출신들도 많이 탈락한다. 반대로 체력은 별로지만, 묵묵히 정신력으로 버티는 애들이 끝까지 가는 경우도 있다. '훈련을 포기하지 않게 하는 것은 체력이 아니라 마인드다'라는 한 네이비 실 훈련생의 인터뷰가 이 모든 것을 시사해준다.

서양에서는 몸과 마음을 따로 놓고 보지만, 동양에서는 두 개를 같은 결로 본다. 즉 몸이 아파서 찾아가는 의사와 정신에 문제가 있어 찾아가는 의사가 다르다는 것은 동양적인 시각에서는 이해할 수 없는 일이다. 한의학에서는 사람의 감정 표현 하나하나에 우리 몸의 장기가 영향을 받는다고 생각한다. 예를 들어 화를 자주 내면 간이 나빠진 건 아닌지 확인해야 한다는 것인데, 이런 감정 변화, 즉 정신적 변화로 인해 우리 몸이 변할 수 있는 것이다. 요즘에는 연구를 통해 마음이 몸의 통증에 미치는 영향이 절대적이라는 결과가 곳곳에서 확인되어서, 그것을 적용하는 서양의사도 점점 늘어나고 있다.

마찬가지로 체력이 제아무리 좋아도 마음이 활기차거나 동기부여가 되지 않으면, 성공하지 못하고 중도포기하게 된다. 간단히 생각해보자. 군대에서 훈련

받는 도중에 여친이 변심했다는 소리를 들었다면, 훈련이 제대로 될 수가 없지만, 내일부터 휴가라 생각하면 힘든 훈련도 룰루랄라 받게 되는 것과 같다.

운동을 할 때뿐만 아니라, 인생을 열심히 살아가는 데도, 모티베이션이 가장 핵심 요소이다. 모티베이션만 가지게 되면 나머지는 저절로 해결되기 때문이다. 그래서 필자도 모티베이션이 없을 때는 시간을 많이 들여서라도 일부러 만들어내고 유지하려 애쓴다.

나는 이소룡의 실전근육을 갖고 싶다, 아니 가져야 한다

모티베이션을 만들고 유지하는 데는 여러 가지 방법이 있을 수 있다. 개인의 선호도에 따라 다르지만, 때로는 유치한 방법도 효과가 있다. 예를 들어 자신이 좋아하는 영화 속 캐릭터가 되기 위해 정진하는 것이다. 〈본 시리즈〉의 제이슨 본이나, 〈G.I. 제인〉의 교관, 혹은 〈다이하드〉의 주인공 캐릭터 등을 생각하고 체력 단련에 임할 수 있다. 본인이 생각하는 캐릭터를 각인하고, 힘들 때마다 그들의 멋진 모습을 그리면서 모티베이션을 유지하면 효과를 볼 수 있다. 또한 시합에 나가는 것도 아주 좋은 모티베이션 중 하나다. 시합 날짜가 잡히면, 아무래도 평소와는 다른 마인드로 훈련에 임하게 되고, 시합 결과에 상관없이 크게 성장할 수 있다.

아놀드 슈워제네거도 마찬가지. (약물 사용에 대한 부분은 분명 문제가 있으나) 그가 보디빌딩에서 정상의 자리에 오를 수 있게 했던 것은 다름 아닌 모티베이션이었다. 자신의 우상 레그 팍의 가슴을 보며 그는 이렇게 생각했다고 한다. "나는 그와 같은 가슴을 원했다. 아니 나는 그것을 가져야 했다." 뭐 대충 이런 말이었는데, 그 절실함으로 인한 동기부여가 그를 세계적인 스타로 올려놓은 것이다.

이런 동기부여는 초보자에게도 가장 중요한 부분이다. 초보자들은 그 어떤 프로그램을 써도 지속적으로만 하면 초창기에 효과를 많이 보기 때문이다. 대부분 중도포기하거나 열심히 하지 않아서 그렇지, 어떤 운동을 해도 모티베이션만 가지면 거의 성공한다.

몸짱을 만드는 방법은 너무나 쉽고 많다. 다만 실행하는 의지를 갖기 어려울 뿐이다. 그래서 모티베이션 없이는 아무것도 되지 않는다. 운동하는 시간은 하루 1시간이지만 음식을 자제해야 하는 시간은 23시간이다. 무슨 일이 있어도 타협하지 않겠다는 정신자세가 있어야만 가능한 일이다.

'나는 이런 동기부여에 자질이 없다'고 생각하는 사람들. 너무 어렵게 생각하지 마라. 인지만 못 했을 뿐 누구나 가지고 있다. 게임에 미치면 모든 것들이 그것의 연장선으로 보이고, 여행을 사랑하면 배낭 멘 사람만 봐도 가슴 설레는 일을 겪어봤을 것이다. 그보다 쉬운 예는 짝사랑하는 사람이 생겼을 때다. 모든 생각이 거기에 있고, 모든 관심이 그 사람에게로 향하며, 죽음을 불사하는 정열을 누구나 가지게 된다. 필자는 한 사람을 미칠 듯이 사랑해본 적 있는 사람이라면, 누구든지 위대한 영웅이 가진 열정을 똑같이 가질 수 있다고 본다. 사람들은 스스로를 과소평가하는 경우가 많은데, 사랑을 위해 쏟는 열정만큼 더 큰 것은 없다. 그 정도의 모티베이션이면, 대통령도 될 수 있는 것이다. 누구나 가지고 있으나, 끌어내기가 힘들 뿐이다.

이런 모티베이션을 가진 사람들을 위해서 아래 정보를 덧붙이겠다. 분명히 이야기하지만, 모티베이션 없이는 어떠한 프로그램도 소용이 없다는 것을 알아야 한다.

지속적인 변화가 발전을 가져온다

요즘 피트니스 세계에는 정보가 넘쳐난다. 과거에는 우리가 못 먹어 문제였는데 요즘은 너무 먹어 병에 걸리듯이, 정보가 없어서 문제가 아니라 넘쳐나서 문제다. 옥석 가려내기가 힘들기 때문이다. 옥석 구분을 더 힘들게 만드는 것이, 열심히만 하면 무엇을 하든 일단 효과를 본다는 것이다. 그러니 효과적인 운동을 가려내기가 더 어려워진다. 비효율적임에도 불구하고 처음에 효과가 있었으므로 그 상식을 그대로 끌고 가는 경우가 많기 때문이다.

피트니스 강사가 마음먹고 당신의 몸을 망치려고 하지 않는 이상, 강사의 지도를 받으면 당연히 몸짱이 되기 쉽다. 자세, 영양 등 여러 가지 요인이 있겠으나, 필자는 모티베이션을 제일 앞에 둔다. 일단 돈은 냈으니 절실하고, 또 옆에서 강사가 독려하고 있는데, 열심히 하지 않을 수 없다. 힘들다고 집에 가서 매일 얼굴 부을 때까지 라면 몇 개씩 끓여 먹거나, 중간에 포기하지 않으면, 당연히 성장이 이루어진다.

그 모티베이션을 제외했을 때 근육 운동에서 가장 중요한 것은 '뽈노 이론'이다. 똑같은 포르노를 여러 번 보고 자극을 유지할 수 없는 것과 마찬가지로 지속적인 '변화' 없이는 발전이 어렵다는 것이다. 어떤 프로그램이든 그것에 적응하고 익숙해지는 시점까지만 유효하다는 것을 항상 기억하라. 그러나 어떤 것을 메인으로 삼고 어떤 것을 부가적인 것으로 삼을지는 알아야 한다. 예를 들어 실력이 늘면 다양한 방법의 일환으로 스쿼트를 부분 반복으로만 하는 방법을 쓸 수도 있으나, 기본은 풀 스쿼트를 해야 하듯이. (〈모든 운동의 왕, 스쿼트〉 편 참조할 것. 80p)

TV에서 보디빌딩 해설을 하시는 분이, 보디빌더의 몸 정도 되려면 매일 4~5

시간 운동해야 하며, 일반인은 너무 힘드니 하루 1시간만 하라고 하는 걸 들었다. '하루 1시간 하는 니덜은 절대 저런 몸을 못 가진다'는 뉘앙스를 팍팍 풍기면서. 필자는 그 말을 듣자마자, '아니 얼마나 쉬엄쉬엄 운동을 하면 마라톤 선수들 훈련 시간이랑 비슷할 수 있지?'라 생각했다. 슈퍼 스쿼트 하나만이라도 해봐라.(260p 참조) 단 10분도 안 되는 시간이지만 제대로 하면 그 다음부터는 운동하고 싶은 마음이 생기지 않는다.

'나의 운동량은 몇 시간이다'라는 정보는 우리에게 아무것도 알려주지 못한다. 달리기하는 사람은 알겠지만 10km를 천천히 뛰는 것보다 5km를 최대 속도로 뛰는 것이 훨씬 힘들다. 특히 10km 뛰면서 중간중간 신문 보고 음료수 마시고 2시간 채운다고 생각하면, 실제 운동량은 더더욱 줄어든다.

겉모양에 현혹되지 마라. 시간은 하나의 요소이지 전부가 아니다. 키와 체형을 고려하지 않은 몸무게가 어떠한 정보도 줄 수 없는 것과 같다. 작은 키에 ET틱한 배를 가진 70kg이 근육질에 체지방이 거의 없는 80kg에게 "너는 몸무게 많이 나가니 살 빼는 게 좋아"라고 말할 수 있나?

빡시게, 45분×주 3일 운동이면 충분

필자는 근육을 만드는 운동을 보통 6주 단위로 주기화를 하는데, 어떤 사람을 데리고 오든 짧게는 6주, 보통 12주 혹은 18주, 체지방이 꽤 있어도 24주면 모두 다 몸짱으로 만들어준다. 당근 '뿔노 이론'에 입각해서 6주마다 약점을 체크해서 새로운 프로그램을 접목시킨다.

새로운 프로그램마다 조금씩 다를 수 있지만, 보통 요구되는 시간은 일주일에 평균 3~4시간이다. 잘못 본 것 아니다. 하루가 아니라 일주일에 평균 3~4시간이다. 근육만을 위한 운동이 아니라 컨디셔닝 향상과 실전적 능력 향상을 위한 실전 운동도 합한 시간이며, 그것도 초창기 몇 주는 일주일에 1시간 30분 정도밖에 하지 않을 때도 있다.

그리고 오로지 근육 자체만을 위한 훈련은 일주일에 2~3일 그리고 하루에 평균 45분 정도 한다. 평균적으로 우연찮게 45분이 나왔지만, 그 이유가 근육 생성을 막는 코티졸 호르몬이 분비되는 시점 어쩌고 저쩌고 때문에 쪼잔하게 시간 맞추고 하는 것이 아니다. 너무 힘들어서 더 이상 하기 힘들기 때문이다. 1시간 이상 하는 날은 오히려 더 쉬운 날이다. 힘든 훈련을 하는 날엔 30분만 해도 몸이 탈진한다. 즉 힘들게 시키면 하고 싶어도 몇 시간씩 할 수 없다는 것이다. 그건 고급자, 초보자의 수준 문제가 아니다. 초보자가 10kg을 들면 고급자는 100kg을 들고 하면 되는 것이다.

필자, 해외 울트라 마라톤 참여를 위해 하루에 4시간 이상을 운동한 적이 있다. 회사 생활과 병행했기에 시간 내는 게 힘들었지, 운동 강도만 놓고 보면 그 이후로 또 다른 경기에 참여하기 위해 매일 1~2시간 강도 높은 훈련을 했을 때보다 오히려 더 쉬웠다. 30분 이상 넘어가면서도 몇 시간을 더 할 수 있는 기력이 남아 있다면, 필자는 이렇게 말하겠다. "대강대강 운동하지 말고 제발 빡시게 해라."

필자에게 트레이닝을 받았던 사람이, 배우는 도중 휴가 기간이 겹쳐 지리산에 갔다 왔는데, 지리산 10시간 오르는 것보다, 필자랑 30분 하는 운동이 더 힘들고 다리에 자극이 크다고 했다. 장시간 훈련으로 오는 빡셈과 피로는 또 다른 문제인지라, 더 힘들다는 말은 그대로 받아들일 수 없다 치더라도, 다리에 더 자극이 왔다는 말은 분명 맞는 말이다.

그럼 몇 시간씩이나 운동을 할 수 있는 이유는 뭘까? 크게 두 가지로 볼 수 있다. 하나는 약물 사용, 다른 한 가지는 체지방을 빼주는 유산소 운동을 하고 있는 것이다. 스콰트나 데드리프트 같은 근육 생성에 가장 중요한 운동들을 제대로 하면 30분도 채우지 못한다. 억지로 쉬엄쉬엄 하면 시간은 늘릴 수 있겠으나, 근육 만드는 것은 시간이 핵심은 아니다. 즉 오랜 시간 운동한다는 말은, 기본적인 운동들의 무게를 낮춰서 쉽게 한다거나, 혹은 기본 운동 후 나머지 시간을 작은 근육 운동들을 쓸 데 없이 몇십 세트씩 하면서 시간을 낭비하는 것이다.

저강도 고반복 세트는 근지구력＋유산소 운동

세트가 많아지면 당연히 강도는 줄어들게 되어 있다. 스콰트를 5세트 하는 것보다 10세트 하는 것이 더 힘들다고 누구도 말할 수 없다. 또한 팔 운동을 중점적으로 한다고 해도 필자가 시행하는 프로그램을 사용하면 5일에 한 번, 30분이면 충분하다. 이러한 고반복 세트를 통한 시간 늘리기는 근지구력 향상과 더불어 유산소 효과를 발휘해 체지방을 없애주는 것이다. 체지방과 관련해서는 다음 사진을 보자.

오른쪽이 10kg 정도 무게가 적게 나간다. 하지만 체지방을 제거하고 나면 몸무게가 줄었음에도 불구하고 몸이 오히려 더 커 보인다. 이소룡도 가슴을 제외하고 그 이상 근육 키우기는 정말 힘든 체격이다. 그렇지만 대단한 데피니션(definition, 근선명도)을 자랑하기 때문에 멋져 보이는 것이다. 이소룡이나 권상우 같은 경우는 근육을 거대하게 키우기는 힘들어도 지방이 적은 탓에 멋져 보인다는 장점이 있다. 사실 타고난 체지방이 적은 마른 사람을 몸짱으로 만들기가 더 쉽다. (너무 마른 사람은 다른 문제다.)

사람들이 착각하는 것 중 하나가, 일단 벌크를 키워놓고 이렇게 생각하는 것이다. '와! 여기서 지방만 제거하면 정말 멋진 몸이 될 텐데……' 불행하게도, 완전 초보자가 아니고서는 약물이나 유사 약물의 도움 없이, 근육을 키우거나 혹은 유지하면서 동시에 지방만 제거한다는 것은 너무너무 힘들다. 만약 거기서 지방을 없애려 하면 많은 양의 근육 감소를 경험해야 되는 것이다. 반대로 체지방이 적으면 근육은 잘 자라지 않더라도, 일단 생기기 시작하면 근 데피니션으로 인해 몸짱처럼 보이게 된다.

세트 수를 늘리고 시간을 늘림으로써 유산소 효과로 체지방을 빼는 게 완전 무의미한 것은 아니다. 그러나 그 방법만이 근육을 가장 빠르게 키워준다는 생각은 버려야 한다. 체지방 제거 효과와 근육 성장 효과를 구분해야 하는 것이다. 또한 체지방 제거가 유산소로만 가능한 것은 아니듯, 꼭 그 방법만 써서 할 필요도 없는 것이고. 사실 체지방 제거는 먹는 것이 가장 중요하기 때문에 체육관 밖에서의 관리가 더 중요하다. 필자가 모티베이션이 중요하다고 계속 강조하는 것도 이 이유에서다. 다 좋다. 고반복을 해서 유산소적 효과를 주고, 자주 체육관을 들락거려서 근육 상승보단 주로 지방 감소로 인해 몸이 멋져 보이게 만드는 사람들. 이해하겠다. 어차피 2~3일 만에 할 수 있는 것들도 잔머리 좀 굴려 강도 조절하게 되면 6일로 늘릴 수도 있으니…….

그러나 필자가 정말로 태클 걸고 싶은 게 하나 있다. 그렇게 많은 양을 훈련해야만 꼭 프로 보디빌더 같은 몸이 되고, 하루에 1시간 미만으로는 절대 그런 몸을 가질 수 없다고 말하는 심보다. 시간과 훈련 양을 들먹이며 프로선수들을 일반인들과 구분하려 하고, 약물 사용은 철저히 숨기면서 보충제가 요술인 양 거짓말을 해대고, 거기에 돈 쓰게 만드는 술수. 어차피 최홍만 같은 체격은 운동으로 따라잡을 수 있는 것이 아니다. 게다가 원래 큰 놈들이 약까지 써대는 걸 훈련량의 효과라 주장하고, 그것이 상업화와 맞물려 들어가고 있다.

거의 일주일에 한 번 꼴로 운동했던 멘츠와 매일 몇 시간씩 훈련을 소화한 아놀드는 훈련량의 스펙트럼에서 극과 극에 서 있는 사람이다. 둘 다 약물을 사용한 것 빼고는 거짓말을 했다고 보지 않는다. 문제는 두 명의 이론이 다 맞다면 과연 어느 쪽을 따라야 하는가다. 필자는 중간쯤에 있지만, 양으로만 때우려는 경향이 현대 헬스계의 주류인 만큼, 휴식이 중요시 되는 반대편 쪽으로 좀더 기울어져 있다.

문제는 효율성이다. 몸짱을 만들어주는 강사들은 무조건 더 시키고 싶어한다. 책임감이 느껴지면, 일단 더 많은 양 쪽에 투자하고자 하는 것이 인지상정이다. 필자도 처음엔 그랬다. 운동 시간을 줄이려면 자신감이 필요하다. 오랜 시간 훈련하게 만드는 것은 어렵지 않다. 그냥 시키면 되니까. 그러나 효율적으로 필요한 것만 짚어서 하는 것이 훨씬 더 어렵다.

분명히 일주일에 3시간 정도로 충분히 몸짱을 만들 수 있는데, 왜 시간 낭비를 시키며, 보충제까지 사 먹게 해 돈을 낭비시키는가. 특수부대 체력이라든지 스포츠 능력 향상을 위한 체력은 다른 문제일 수 있다고 하나, 몸 만드는 것은 분명 집중력과 충분한 휴식이 최우선이다.

물론 시합이 있다거나 하는 이유로 1년에 몇 주는 고반복적으로 자주 할 수 있다. 그러면 몸이 더 좋아짐을 느낀다. 이유는 간단하다. '뽈노 이론'. 변화를 줬기 때문이다. 그러나 이 방법 역시 마찬가지로 얼마 있지 않아, 더 이상 통하지 않게 된다. 익숙해질 때까지만 성장하는 것이다.

보디빌딩 잡지를 보고 있으면, 1년 내내 높은 볼륨(세트×횟수)을 자주 하는 것만이 보디빌더의 몸을 만드는 방법으로 착각하게 만들지만, 기본은 고강도 집중 훈련과 휴식이고 주기화를 통해 가끔 볼륨으로 충격을 주는 방법을 쓰면 되는 것이다.

우리에게 필요한 건 지속 가능한 근육!

그리고 매일 몇 시간씩 운동하는 것에는 또 다른 문제가 있다. 몸을 만들어본 사람은 알겠지만, 몸은 만드는 것도 어렵지만 유지하는 것이 더 어렵다. 필요에 의해 몸은 만들었지만 그 상황이 끝나고 나면 너무 지겨워서 모티베이션을 잃어버리게 된다. 일주일에 3~4시간만 해도 몸을 만들 수 있는 사람과 하루 3~4시간을 꼬박 훈련해야 하는 사람을 비교해보라. 언제까지 그 모티베이션이 지속될 수 있을지. 사진첩을 만들기 위해 하루 5시간씩 운동했다는 배용준도, 자기는 앞으로 더 이상 몸 만드는 일은 없을 것 같다고 했다. 지겨움으로만 기억되는 훈련을 누가 계속할 수 있겠는가.

그리고 모델이나 탤런트가 아니고서는 1년에 한 번만 몸짱이 된다는 것은 의미가 없다. 우리가 원하는 것은 본질적으로 지속적인 근육을 가지는 것이다. 그것도 펌핑으로 부풀려놓은 근육이 아니라, 실전적 근육이면 더 좋지 아니한가.

일주일에 2~3일만 운동하는 것이 단지 초보자에게만 해당되는 것은 아니다. 유명한 보디빌더이자 볼륨 훈련의 선봉장 중 한 명 이었던 빌 펄의 책을 봐도 휴식의 중요성을 언급하면서 고급자를 위한 프로그램 빼고는 모두 일주일에 3일만 운동하는 것으로 되어 있다. 그리고 일주일에 6일 하는 고급자 프로그램도 실제로 이 프로그램을 할 수 있는 사람은 모든 보디빌더 중 5%도 안 된다고 강조했다. 스스로 볼륨을 중요시한 보디빌더임에도 이런 말을 한 것이다.

(아직까진) 손가락도 까닥 하기 싫은 폐인인 만큼, 이번 장은 보기 편하게 간단히 요약해주겠다. 먼저 모티베이션을 가지고 유지하도록 최대한 노력하라. 그것 없이는 아무것도 할 수 없다. 그 다음! 기본적이며 중요한 운동을 최대한 집중해서 하라. 나머지는 다 부수적이다. 우유 박사 아인슈타인 말대로 제대로 된 30분이 어설픈 6시간보다 낫다.

마지막, 다시 한번 강조한다. stay motivated 하라.

제2장
힘과 파워를 기르자

!

"근육 운동만 한다고 제대로 근육이 자라나지는 않는다. 근육을 키우는 것은 물론 평생 운동으로서 웨이트에 재미를 붙이고 실전에 적용하기 위해서는, 먼저 스트렝스(힘, 근력)를 키우는 방법에 접근하도록 해야 한다."

- 시작하는 웨이트맨들을 위해 두 가지만 기억하라, 들어올리고 밀어올리고
- 시작했던 웨이트맨들을 위해 스콰트, 턱걸이, 딥으로 다시 깨어나라
- 모든 운동의 왕, 스콰트 스콰트를 배워보자
- 미는 힘, 당기는 힘 벤치 프레스, 데드리프트, 스콰트_파워리프팅 part1
- 남자는 힘! 힘을 길러라 파워리프팅 part2
- 궁극의 파워를 위한 역도 운동 클린 앤 저크, 스내치
- 전화번호부를 찢어볼까? 악력에 대하여

시작하는 웨이트맨들을 위해

두 가지만 기억하라, 들어올리고 밀어올리고

똑같은 일을 비슷한 방법으로 계속하면서

나아질 것을 기대하는 것만큼 어리석은 일은 없다. _아인슈타인

　이 장은 웨이트 운동을 막 시작하려는 완전 초보자들을 위해 마련했다. 기초를 알아야 응용이 되고, 처음부터 길을 제대로 가야 올바른 발전이 있는 법. 완전 초보자를 위한 강좌라지만, 운동을 해온 날짜로만 중·고급이라 말할 수 있는 분들, 즉 잘못된 방법으로 오랜 기간 만족할 만한 성장을 보지 못한 사람들에게도 도움이 된다.

　웨이트를 시작해보려는 사람들이 보통 처음 하는 것이 덤벨(아령) 구입이다. 사긴 샀는데……. 아는 건 이두(알통)를 돋보이게 하기 위한 컬 동작(아령을 잡고 팔꿈치를 굽혔다 폈다 하는 것)밖에 없고, 이것도 며칠 하다 이내 시들해지고 만다. 안 그래도 좁은 방을 더 좁히는 데 한 몫 하는 덤벨은, 심심할 때 발로 이리 저리 굴려보는, 발 마사지 기구로 전락한다. 몇백만 원짜리 빨래걸이 신세가 되는 트레이드밀(러닝머신)보다는 나은 상황이라 자위하면서, 이젠 제대로 운동 한번 해볼

까 생각하고 찾는 게 헬스장이다. 그러나 이런 저런 이유로 의욕을 상실하고 중간에 그만두는 경우가 대부분이다. 한참 후 TV에 나오는 몸짱들을 보고 자극 받으면, 또 다시 한 달 운동권 끊고, 다시 시들해지고, 새해가 오면 또 끊고……. 이런 지루한 과정을 계속 반복하게 된다. 그러다 결국에는 스스로의 인내와 의지력에 실망하고 좌절과 포기를 일삼는데, 뭐, 괜찮다. 너무 실망할 필요는 없다. 주위를 보라. 몸 좀 되는 사람들이 몇 명이나 되는지.

미디어에 비춰지는 사람들만 보다보니 몸 좋은 사람들이 많은 것 같지만, 실제 알고 보면 남들에 비해 원래부터 타고난 군살이 적어 근육이 드러나는 사람 빼고는 별로 많지 않다. 맨몸 확인이 가능한 수영장에 가보면 실상을 더욱 잘 알 수 있다. 지방을 빼기 위해 온 사람들이 많다는 걸 감안하더라도 과연 정상인의 몸매가 뭔지 헷갈리게 만드는 분위기에다가, 심지어 강사까지 그 분위기를 더하는 경우도 종종 있으니……

해서 처음부터 너무 욕심내지 말고, 필자가 말하는 대로 찬찬히 따라오기 바란다. 한번 몸짱 된다고 영원한 몸짱도 아니고, 몸매를 유지하기 위해서는 어차피 평생 웨이트를 해야 하기 때문에, 흥미를 붙이지 못하면 아무 의미가 없기 때문이다. 재미가 있어야 운동을 계속 할 수 있고, 효율도 높으며, 그 성장에 또 자극 받아 계속적인 발전이 가능한 것이다. 혹 갑빠(가슴 근육)와 이두근을 빨리 키워서 뭇 여성들의 시선을 끄는 것에만 사로 잡혀 이 책에서 '갑빠와 사랑에 빠진 이두' 같은 루틴을 기대한 분들이라면, 감 잘못 잡았다.

근육보다 힘이 먼저

웨이트를 다루는 각종 매체 및 잡지들의 가장 큰 문제 중 하나가 바로 근육 크기, 그것도 부위별 근육 크기에만 집중한다는 점이다. 이런 것들이 초보자들을 잘못된 길로 몰아넣는 주범이다. 필자는 방향을 달리한다. 근육 운동만 한다고 제대로 근육이 자라나기도 힘들다. 근육을 키우는 것은 물론 평생 운동으로서 웨이트에 재미를 붙이고 실전에 적용하기 위해서는, 먼저 스트렝스(힘, 근력)를 키우는 방법에 접근하도록 해야 한다.

보디빌딩으로 키운 근육들이 실전 스포츠에서 별 효력을 발휘하지 못한다는 비난은 일선 운동 코치들에 의해 계속 지적되어왔다. (어차피 근육의 크기로만 승부하는 보디빌딩에 실전능력을 요구하는 것 자체가 잘못된 일이긴 하다.) 이러한 지적들은 그렇지 않아도 근육이 생기지 않는 완전 초보자들에게 웨이트 운동에 더더욱 흥미를 잃게 만들고 있다.

그러나 근육이 아니라 스트렝스를 키우게 된다면, 그 성장을 보는 자체로도 즐거운 일이고, 또 거기서 얻은 힘과 체력들을 실전에 사용하게 되면 즐거움은 배가된다. 게다가 그렇게 길러놓은 힘이야말로 근육량을 키우는 가장 빠른 길이라는 것을 깨닫게 되면, 이제 웨이트는 더 이상 고행이 아닌 기쁨으로 바뀌게 된다. 근육이 크다고 힘이 더 좋은 건 아니다. 반면 힘이 좋으면, 마음먹고 방향을 조금만 선회해도 근육을 쉽게 키울 수 있다. 실례로 역도만 줄창 하다가, 근육 크기에 집중하면서 횟수와 세트를 달리하고 다이어트에 힘쓰니 일반인들이 2~3년 걸려서 얻을 만한 근육을 2~3개월에 얻었다는 미국 풋볼 코치도 있다. 또한 힘을 위한 운동 방법은 훈련 후에도 항상 몸이 프레시한 상태를 유지하게 만들어주기 때문에 의욕상실도 덜하면서 운동을 재미있게 만든다.

각종 머신은 잊어라

그럼 본론으로 들어가서. 헬스장에 그 많고 많은 머신과 프리 웨이트를 보면서 무슨 운동을 해야 할지 모르는 완전 초보자들에게, 필자는 딱 두 가지 운동만 권한다. 바로 '데드리프트'와 '밀리터리 프레스'이다. 아! 이 얼마나 간단하냐?

데드리프트

밀리터리 프레스

이 두 가지 운동만 제대로 해도 헬스클럽에 있는 다른 어설픈 기구 모두로 운동하는 효과 이상을 거둘 수 있다. 해서 집에 공간만 있다면 사실 헬스클럽에 굳이 갈 필요도 없다. 특히 데드리프트나 역도를 허용하지 않는 헬스클럽이라면, 이유는 더 확실해진다.

말 나온 김에 완전 초보자들이 경험하게 되는 헬스클럽 분위기에 대해 좀더 읊어보자. 헬스클럽에 처음 가는 초보자는, TV에서 주인공이 새 마음을 먹고 웨이트 운동 시작했다고 하면 항상 보여주는 '펙덱 플라이' 같은 기구나 좀 만지작거리며 시작한다.

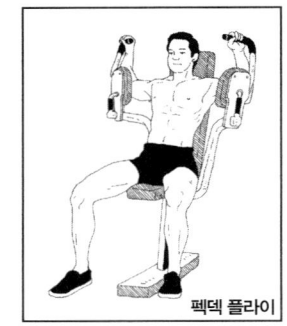
펙덱 플라이

헬스클럽 강사들도 가르쳐준다는 게 고작 각종 머신 사용법이며, 그나마 프리웨이트라고 가르치는 게, 덤벨 들고 하는 '트라이셉트 킥백'쯤 된다. 이 운동들을 하고 펌핑에 의해 부푼 자기 근육에 처음엔 만족할지 모르겠지만, 그 이후 일련의 과정들은 말 안 해도 자신들의 경험으로 잘 알리라 본다. 데드리프트 좀 가르쳐 달라면 – 솔직히 자기도 정확한 자세를 모르면서 – 무조건 위험하니 안 된다고만 그럴 거고(개인적으론 당신의 몸이 위험하다는 말이 아니라, 바벨과 체육관 바닥이 위험하다고 말하는 게 아닌가 한다), 그래도 고집하면 온갖 이론을 들어, 그런 것 필요 없으니 머신 운동으로 충분하다고 이해시킬 거다.

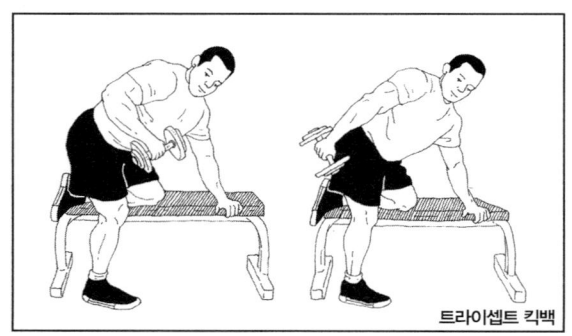
트라이셉트 킥백

진리는 단순하다. 복잡한 기구와 이론은 복잡한 것 이상의 어떠한 가치도 없다. 이름도 외우기 힘든 상업적 목적의 기구들은 차라리 그 기구를 배달해주는 사람들의 몸만 좋아지게 할 뿐이다. 쉽게 생각하라.

- 물건을 바닥에서 들어올리고: 데드리프트
- 또 머리 위로 올리고: 밀리터리 프레스

이뿐이다. 이 운동들은 그 원시성에서도 느낄 수 있듯이 웬만한 근육들을 거의 다 쓴다. 또한 실전적이다. 나중에 좀더 고급 코스인 역도 같은 운동에 쓰이는 힘을 기르는 데도 탁월하다. 만약 헬스클럽에 갔는데 빈 바(bar)나 나무봉을 가지고 데드리프트나 스쿼트를 먼저 가르쳐주지 않는다면, 효리나 나영이가 다니지 않는 이상 빨리 그만두라고 말하고 싶다. 할머니들도 화분이나 밥상 들고 돌아다니는데, 젊은 사람에게 빈 바나 나무봉이 위험하다고 안 가르쳐주면 더 이상 할 말 없다. 이런 헬스 강사 집엔 사과 박스 하나라도 도착하면, 서로 위험하다며 가족 중 누가 옮겨야 할지로 고민하지 않을까 싶다.

그럼 이 두 가지 운동은 어떠한 장점을 가지고 있을까? 먼저 데드리프트부터 보자. 데드리프트는, 물건을 땅에서 들어올리는 아주 자연스런 일상생활의 동작으로, 남녀노소 누구나 평소 취하는 행동이다. TV에서 너무 무거운 무게를 들어올리는 스트롱맨들의 모습만 보다보니 위험한 걸로 생각하지만, 누구든지 쉽게 할 수 있으며 또한 해야만 하는 운동이다.

자세한 동작 설명은 140쪽을 참고하고, 여기서는 우선 그 움직임의 중요성에 대해 설명하겠다. 데드리프트는 그 자세를 보면 알겠지만 하체 운동이자 온몸 운동이다. 다리를 굽힌 상태에서 펴는 힘으로 웨이트를 들어올리므로 다리를 강화시키며, 또 밑에서 위로 당기는 운동이므로 등을 강화시킨다. 그뿐인가? 자세를 제대로 잡으면 허리도 강화시키고, 배에 힘을 주니 복근 강화에도 좋으며, 무게가 실린 바를 움켜잡으니 악력에도 더할 나위 없이 좋다. 다리에 힘이 없으면 허리 부분에 하중이 많이 실리므로, 무게를 들기도 힘들뿐더러 들어서도 안 된다. 개개인의 현 상태를 고려해 데드리프트 무게를 조정하고 서서히 무게를 높여나가는 것으로 다리 힘을 키워야 한다.

이번엔 밀리터리 프레스를 알아보자.

데드리프트에 이어 밀리터리 프레스가 필수 운동으로 꼽히는 이유는, 데드리프트로 유일하게 키우지 못하는 미는 힘을 밀리터리 프레스가 길러주기 때문이다. 현재 헬스클럽 최고의 운동이자 미는 힘의 상징으로 자리잡은 벤치 프레스의 한계는 나중에 다시 언급하도록 하겠다.

벤치 프레스에 비해 밀리터리 프레스가 갖고 있는 장점은 그 실전성과 더불어 바벨만 있으면 뒷마당에서도 할 수 있는, 간단하면서도 실용적인 운동이라는 것이다. 물론 벤치 프레스는 가슴근육을 키우는 데 상당히 유용하다. 그러나 몸 전체의 밸런스와 몸통의 힘 그리고 나중에 역도에 필요한 힘의 전이를 고려하면 밀리터리 프레스의 가치가 월등하다. 때문에 옛날 장사들의 우선순위에는 밀리터리 프레스가 항상 앞에 있었다.

반복하지만, 직립보행하는 인간은 두 발로 서서 물건을 집어올리고 (데드리프트), 가슴에서 머리 위로 올리는 (밀리터리 프레스) 이 두 운동만으로도 실전적인 근육들은 거의 다 키울 수 있다. 또한 이 두 운동의 변형된 종류도 너무나 많아서 (예: 데드리프트-스모 데드리프트, 스티프 레그 데드리프트, 한 다리 데드리프트 등등), 제대로 자세만 익히고 나면 마음껏 응용하면서 다양화시킬 수 있다.

이 두 가지 운동만 제대로 해도, 웨이트에 자신도 생기고 앞으로 뭘 해야 할지도 저절로 알게 된다. 실력이 늘면 스쿼트를 해줘도 좋고, 정 갑빠에 미련을 버릴 수 없다면 벤치 프레스를 포함시킬 수도 있다.

몇 년에 걸친 훈련을 통해 데드리프트를 200kg 이상으로 올렸다고 상상해보자. 이름도 알 수 없는 수많은 기구들과 단순관절 운동들이 얼마나 우습게 보이는지 스스로 경험하게 될 것이다. 또한, 한 번 보기만 해도 그 원리나 시행방법들을 쉽게 알게 될 것이다.

실패지점 없이, 하다 만 듯 찜찜한 정도로
데드리프트와 밀리터리 프레스 루틴

그럼 이 두 가지 운동의 루틴에 대해 알아보자. 수도 없이 많은 루틴들이 있지만, 필자는 오랫동안 그 효과를 인정 받아온 '5×5 시스템'을 먼저 권한다. 한 운동당 5세트×5회를 시행하는 것으로, 어떻게 하느냐에 따라 운동이 매우 쉬울 수도 있고, 또한 반대로 아주 힘들 수도 있다. 주의할 점은 실패지점 없이, 그리고 훈련 직후에도 집에 갈 힘조차 없지 않게, 항상 몸 컨디션이 좋은 상태까지만 밀어붙이는 것이다. 하나도 더 반복할 수 없을 만큼 힘들게 고반복으로 운동하던 사람들에겐 볼일 보러 갔다가 그냥 나온 것 같은 찜찜함이 들겠지만, 그게 포인트다.

고중량 저반복 긴 휴식

필자 한때 데드리프트 200kg 고지를 향해 달릴 때 190kg을 넘지 못하고 계속 정체한 적이 있었다. 일단 근육 운동을 했다 하면, 최소 10회 이상 반복을 통해 근육이 으스러질 때까지 밀어붙이는 게 익숙했던 때다. 저반복의 찜찜함이 싫어 근육 곳곳에 쏴한 통증이 들 때까지 밀어붙였다. 또한 휴식시간을 줄임으로써 근육 성장에 꽤 도움을 받은 적도 있었던 터라, 왠지 세트 중간중간에 오래 쉬고 있으면, 그 찜찜함이 더했다.

공부를 통해 고중량 저반복 및 긴 휴식의 중요성을 알면서도, 옛날 버릇을 고친다는 건 쉬운 게 아니었다. 그러다 허리가 좀 좋지 않아 2주일 이상 데드리프트를 쉬고 몸이 가뿐한 상태에서 혹시나 하는 마음에 고급자들이 주로 한다는 딱 1회씩 여러 세트 하는 싱글즈를 해보았다. 50kg으로 3번 정도 반복 워밍업 뒤에 100kg-1회, 150kg-1회, 180kg-1회 하고 난 뒤, 쉬는 시간을 더 늘리고 190kg을 당겼더니…… 거짓말처럼 웨이트가 딸려 올라왔다. 옛날 스테로이드 이전 시절, 스트롱맨들의 훈련이 얼마나 효과적인지 절실히 알게 되는 순간이었다.

그 이후로도 필자뿐만 아니라 필자가 직접 가르쳤던 사람들의 경험을 통해서, 고중량 저반복으로 중간중간 충분한 휴식을 취하는 연습이 힘을 기르는 데 가장 효과적인 훈련이란 결론을 내릴 수 있었다.

특히 초보자들은 자세를 잡는 데만도 상당한 시간이 걸리므로, 저반복(처음 할 때는 가벼운 무게로 실시) 시행하는 게 몸에 자극을 느끼면서 정확한 자세를 잡는 데도 훨씬 유리하다.

5×5 시스템

5×5 시스템을 훈련하는 데도 여러 가지 방법이 있다. (워밍업 세트에 관하여 180p 참조) 5세트 모두 다 힘들게 할 필요는 없고, 3세트 정도는 정확한 자세로 워밍업 정도의 무게(워밍업 세트)로 해주고 나머지 2세트만 무거운 무게(본 세트)로, 집중해서 웨이트 본 세트 훈련을 하면 된다.

그러다 몇 달 지나면, 자세도 잡히고 무게도 늘게 되면서 자연히 횟수가 3회 2회 그리고 종국에는 1회까지 내려갈 수도 있다.

데드리프트와 밀리터리 프레스는 그 변형만 하더라도 무수히 많다. 변화에 적응하고 익숙해지면 다시 변화를 주는 주기화 이론을 적용해서 훈련한다면 이 두 가지 운동만으로도 몇 년동안은 성장하는 데 문제가 없을 것이다.

스트렝스(힘)를 위한 운동은 매일 할 필요가 없다. 뇌에서 느끼는 피로는 외부로 느끼지 못하는 것까지 포함한다. 그래서 고중량 훈련은 엘리트 선수가 아닌 이상 매일 한다고 좋은 것도 아니다. (엘리트 선수라고 모두 다 매일 하는 것도 아니지만) 일주일에 3일 혹은 2일만 하되, 굳이 매일 하고 싶으면, 강도의 조절이 필수적이라 하겠다.

그리고 힘을 기르기 위해선 조금이라도 무게를 더 올리려고 노력하는 게 중요하니, 주기화 중간에는 강도를 낮추더라도 장기간에 걸쳐서는 무조건 무게가 계속 올라가야 함을 유의해야 한다.

[두 가지 운동과 병행하면 좋은 덤벨 스윙]

힘을 키우는 것도 좋은데 나는 땀 좀 흘리면서 심폐기능도 향상시키고 지방도 빼고 싶다고 생각하는 사람에겐, 덤벨로 운동이 가능한 덤벨 스윙을 권한다. 고반복으로 하게 되면 절대 쉽지 않은 운동이며, 힙(hip)파워에도 좋고, 악력에도 좋으며, 무엇보다 유, 무산소 지구력 향상에 효과적이다. 이 운동은 몸 상태를 봐가면서 강도는 달리하되 일주일에 3번 할 수도 있고 매일 할 수도 있다.

10분 혹은 5분만('만'이라는 조사를 붙이기가 거시기 할 정도로, 최선을 다한다면 절대 만만치 않은 시간이다)이라도 시간을 정해놓고 횟수의 기록을 깨겠다고 덤벼봐라. 어설프게 달리기만 하는 것보다도 더 힘들며, 머신으로 1시간 동안 운동하는 것보다 유산소 능력 향상에도 더 효과적이다.(스윙 운동은 케틀벨로 하는 것이 더 효율적이다. 케틀벨이 없는 경우 덤벨로 대신한다.)

[고급자들을 위한 데드리프트 팁]

어떤 이론이라도 특정 상황, 행하는 사람, 혹은 수준 따라 예외는 존재한다. 필자가 그때그때 다 설명하지 아니함은, 괜히 필요 없는 사람들이 욕심을 부려 부상에 이를 수 있기 때문이며, 또한 이것저것 모든 예외적인 부분을 다 설명하면서 넘어가면 끝이 없기 때문이다. 중요한 건, 필자가 말하고자 하는 핵심을 파악하고 응용하는 것이 되겠다.

데드리프트에 있어서, 고급자들에게 필요한 예외 상황이라는 건, 허리를 아치형으로 데드리프트 하는 것이 아니라, 반대로, 허리를 둥글게 해서 데드리프트를 하는 것이다. 초보자들은 무조건 피해야만 하는 자세다.

케틀벨 스윙

덤벨 스윙

허리 힘이 발달한 고급자들만이 이 자세를 일반적인 아치형 허리 모양의 데드리프트와 병행함으로써 좀 더 실전적인 힘을 기를 수 있다.

허리를 둥글게 굽혀서 하는 데드리프트는 돌이나 드럼통, 또는 샌드백 같이 그립을 잡기에 불편한 모양의 물건을 드는 힘을 키우는 데 필수적이다. 돌처럼 모양이 일정치 않고 세로 폭이 큰 물건의 중심에 다가가 려면, 어쩔 수 없이 몸의 중심에서 멀어지고 허리가 굽는 자세가 나오게 된다. 둥근 허리 데드리프트는 이 걸 대비하는 훈련으로, 처음엔 가벼운 무게의 바벨부터 시작해서 이후 무게를 높여가고, 맥주통이나 샌드 백 등을 병행해 시행할 수 있다.

다시 한번 강조하지만, 이것은 무조건 고급자들을 위한 팁이며, 초보자들은 무조건 허리를 아치형으로 하 고 동작을 시행하길 바란다.

시작했던
웨이트맨들을
위해 스쾃, 턱걸이, 딥으로 다시 깨어나라

내가 스쾃트를 좋아하는 이유는 그 운동 자체를 좋아해서가 아니라

그 결과에 항상 만족하기 때문이다. _폴 앤더슨

    필자는 특수부대에 관심이 많다. 정신력뿐만 아니라 그들의 체력 훈련이 주 관심사이다. 사실 필자가 사단장 정도만 되어도 개인적으로 보강시키고 싶은 운동이 여럿 있을 만큼 훈련 내용에 완전히 만족하는 건 아니지만, 열악한 조건에서도 뿜어대는 열의 하나로 출중한 체력을 만들어나가는 특수부대원들은 정말 자랑스럽다.

    필자 맘대로 '밀리터리 PT 5대 운동(MPT 5)'으로 명명한 운동이 있다. 바로 턱걸이, 딥, 팔굽혀펴기, 윗몸일으키기, 맨몸 스쾃트 이 5가지다.

    모두 맨몸으로 할 수 있는 운동이고 언제 어디서나 누구나 쉽게 접할 수 있는 운동인지라, 운동을 해본 적 없는 완전 초보자들에게는 근육 및 체력 향상에 좋다. 또한, 고반복으로 하게 되면 근지구력 효과까지 누릴 수 있어서 중급자 이상인 사람들에게도 좋다. 특히나 이 5가지 운동의 변형된 동작만 하더라도 그 수를

딥

헤아리기 힘들 정도로 많기 때문에 이 기본적인 5가지 운동을 마스터하는 것은 굉장히 중요하다.

스콰트는 풀 스콰트가 기본

일반적으로 스콰트란 말을 들으면 처음 생각하는 것이, 무시무시한 바벨을 등에 지고 앉았다 일어나기를 반복하는 웨이트 운동일 것이다. 그러나 따지고 보면 MPT 5대 운동에도 스콰트가 버젓이 들어 있듯, 스콰트는 웨이트 운동이기 이전에 맨몸으로 하는 운동이다. 잘 생각해보라, 데드리프트는 웨이트 없이는 아예 시도할 수도 없지만, 스콰트는 맨몸으로도 할 수 있는 운동이다.

턱걸이나 딥이라 하면 당연히 맨몸으로 하는 운동을 생각하고, 몸에 자기 체중 이상의 무게를 달고 하면 '무게(웨이티드) 턱걸이' '무게 딥'이라고 부른다. 같은 이치로, 스콰트 하면 일명 '맨몸 스콰트'라 부르는, 자기 몸으로만 하는 스콰트가 먼저 생각나야 한다. 그리고 '무게 스콰트'라고 하면 보통 우리가 생각하는 바벨을 등에 지고 하는 웨이트 운동이 머리에 떠올라야 하는 것이다.

맨몸 운동이 웨이트 운동보다 앞선다고 말하려는 게 아니다. 제대로 된 웨이트 운동이 아닌 이상은 맨몸으로 하는 운동이 낫겠으나, 실전적인 웨이트 운동을 병행한다고 가정했을 땐, 둘 다 똑같이 열심히 해야 하는 자기만의 영역이 있는 것이다. 만약 추가로 웨이트나 다른 사람을 몸에 달고 무게 턱걸이를 하는 사람을 본다면 정말 대단하게 생각할 것이다. 그냥 해도 하기 힘든 턱걸이인데 몸에 외부 무게를 달고도 시행하니 존경해 마지않게 된다. 그와 똑같은 시선을 스쾃트에게도 주면 된다. 쌀가마니를 여러 개 지고 하든, 바벨을 지고 하든, 200kg 이상의 무게를 지고 하는 '무게 스쾃트'의 능력은 대단한 것이며, 또한 목표로 삼고 시도해볼 만하다.

'풀 스쾃트'도 마찬가지다. 그냥 스쾃트라 하면 풀 스쾃트가 생각나야 한다. 하프(1/2)나 쿼터(1/4) 스쾃트는 부분적으로 움직이는 다양한 스쾃트 중의 하나로 생각해야 함에도 불구하고, 하프 스쾃트를 오리지널 스쾃트로 상정하고, 풀 스쾃트를 말할 때 '풀'이라는 단어를 붙여야만 하는 데는 분명 문제가 있다.

필자가 여기서 새삼 운동과 관련된 단어 정리를 다시 해보려고 하는 것은 아니다. 비록 있는 말을 그대로 쓰더라도 개념정리는 확실히 해야 운동을 보는 시야가 트이는 것이다. 이런 개념정리가 안되면 풀 스쾃트가 특별한 운동이며 심지어 위험하다는 생각까지 가질 수 있다. 그리고 이런 생각들로 인해 헬스클럽에서는 아직도 하프 스쾃트를 스쾃트의 정석으로 줄기차게 가르치고 있는 것이다. (스쾃트라는 말이 어차피 무게 스쾃트의 의미이니 그냥 스쾃트로 쓴다. 턱걸이와 딥도 이번 장에서는 무게 턱걸이와 무게 딥의 의미를 대신한다.)

제대로 된 자세와 호흡법을 유지하면서, 무게를 갑자기 올리는 과욕만 부리지

쿼터 스콰트 —— 하프 스콰트 —— 풀 스콰트 ——

않으면, 풀 스콰트를 해서 다치는 경우는 거의 없다. 필자도 웬만한 운동 다 해보고 부상도 많이 당해봤지만, 풀 스콰트를 해서 다친 경우는 한 번도 없었다. 차라리 이보다 덜 터프해 보이는 운동들을 하다가 어이없이 다치는 경우를 경험하면서 '정확한 자세'와 '긴장감'이 훨씬 더 중요한 요소라는 것을 알게 됐다. 그래서 스콰트를 할 때는 일단 무조건 풀 스콰트를 기본으로 하고 가끔씩 다양성 및 새로운 방법으로서 부분 스콰트(하프, 쿼터 등)를 해나가야 한다. 혹 풀 스콰트로 내려갈 때 유연성 부족으로 인해 허리가 둥글게 굽는 사람들은, 억지로 그 이하로 내려갈 필요는 없다. 이런 사람은 유연성 연습을 해서 가동 범위를 넓히는 것이 먼저다.

스콰트와 턱걸이와 딥이 만났을 때

이제 스콰트의 실전성과 근육 성장에 대해 알아보자. 먼저 스콰트가 얼마나 좋은 운동인지 잘 말해주는 실례를 소개하겠다. A씨는 필자를 만나기 전에 약

2년 반 정도 웨이트 운동을 했다고 했다. 다들 그러하듯이 벤치 프레스 무게 올리는 데만 집중적으로 열을 올렸고, 그 덕분에 자기 몸무게 약 100kg에 벤치 프레스 110kg 정도까지는 들 수 있었다. 그러나 몸은 항상 불편하고 어떨 땐 통제가 힘들 정도로 부대끼며, 급기야 술 먹을 때는 증세가 더 심해져 좋아하는 술도 많이 못 먹을 정도였다. 스쾃트에 대해 물어봤다. 솔직히 같이 운동하는 사람들과 은연중에 벤치 프레스로만 경쟁하다보니 거의 시행할 생각도 못 해봐서, 약 60kg 정도 가능하다고 했다. 전형적인 헬스클럽 기형인의 형태였는데, 필자는 그에게 딱 세 가지 운동만 시켰다. 스쾃트와 턱걸이, 그리고 딥.

그는 고등학교 체력장에서도 점프해야 한 번 할 정도로 턱걸이는 하나도 못 했고, 필자를 처음 만날 당시에도 턱걸이에 대한 열등감과 동경심을 같이 가지고 있었다. 그럼에도 불구하고, 못하니 쪽 팔려서 더 안 하게 되고, 그나마 남들에게 자랑할 수 있는 벤치 프레스만 줄기차게 하면서 나머지 시간에는 머신 운동을 하던 그였다. 벤치 프레스가 몸에 나쁜 운동은 절대 아니다. 좋은 운동이지만 헬스클럽에서 역할이 너무 과장되어 있어서 더 중요한 운동의 앞길을 가리는 게 문제일 뿐이다.

스쾃트와 턱걸이 운동의 실전성과 엄청난 효과에 대해 강의한 뒤, 제대로 된 스쾃트 자세를 가르쳐주고 스쾃트 프로그램을 짜주었다. 스쾃트는 일주일에 두 번만 했는데 운동 끝나고는 전화를 통해 그날의 상태 및 변화를 얘기하고, 간단한 상담을 했다. 변화는 불과 3개월 만에 일어났다. 드디어 스쾃트의 묘미를 알겠다는 것이었다. 온몸에 힘이 넘치고, "그 동안 죽어 있던 세포 하나하나가 깨어나는 것 같다"고 했다. 스쾃트를 하기 전에는 그 강도 때문에 약간은 무서워지지만 어떻게 하든 주어진 프로그램대로 끝내고 나면, 몸과 마음이 너무 상쾌할

뿐만 아니라 다리는 물론 온몸에 힘을 주었을 때 예전에는 느낄 수 없던 강력함이 느껴진다고 했다.

턱걸이도 마찬가지였다. 중간 점검 때 만나보니 팔을 완전히 내리지는 않고 어설프게 6개 정도를 할 수 있었는데, 그의 몸무게를 볼 때는 상당한 숫자였다. 그 자신도 턱걸이를 할 수 있는 자기 자신이 대견하고 운동이 너무너무 재미있다고 했다.

3개월 동안 이 두 개(주로 스쿼트와 턱걸이) 운동으로, 웨이트 운동에 대한 그의 생각은 완전히 바뀌었다. 머신 운동은 장난감 같아서 눈에 들어오지도 않고, 턱걸이만 하다가 아주 오랜만에 헬스클럽에 있는 풀랫다운 머신을 잡아봤는데 거기에 꽂혀 있는 모든 무게를 다 들어올렸다고 했다. 한 가지 안 좋은 점이 무게를 다 꽂으니 내릴 때 소리가 나서 남들 눈치 보이는 것이라고 농담할 정도였는데…… 턱걸이와 비교하니 운동 같지도 않아서 더 이상 하지 않는다고 했다. 몸무게도 약 5kg 정도만 줄었는데 주위에서 90kg도 안 되게 볼 만큼 지방이 빠지고 거의 근육만 붙었다. 또, 중간중간 딥을 해서인지 3개월 동안 벤치 프레스는 한 번도 하지 않았는데도, 줄어든 벤치 프레스 무게가 5kg 정도밖에 되지 않는다고 놀라워했다. (줄어든 5kg도 10일 만에 다시 회복했다.)

운동을 넘어 실전성까지

앞장 '시작하는 웨이트맨들을 위해'를 읽고 나서, 데드리프트와 밀리터리 프레스를 하면서 힘뿐 아니라 근육도 키우고 싶은데 어떻게 해야 하느냐고 묻고 싶은 사람들이 많을 것이다. 데드리프트와 밀리터리 프레스만 해도 당연히 힘과 근육을 충분히 키울 수 있다. 여기서 좀더 근육에 욕심을 낸다든지 아니면 정말 몸에 근육이 잘 붙지 않는 체질의 사람들은 앞서 말한 스콰트와 턱걸이 운동을 공략해주면 된다.

사람 근육의 대부분은 다리와 등에 있기 때문에, 이 부분만 잘 운동해도 몸짱이 되는 데는 전혀 문제가 없다. 특히나 스콰트는 단순히 다리 운동이 아니라 온몸 운동이며 몸에 근육을 키우는 호르몬 펌프 역할을 한다. 때문에 이두, 삼두, 가슴 등 어느 부위를 키우고 싶든지 스콰트를 꼭 끼워넣어야 하고 제일 신경 써서 해야 한다.

실제 옛날 장사들의 근육 운동에는 가슴 키우는 루틴뿐만 아니라 팔 근육 키우는 루틴에도 스콰트가 포함 되어 있었다. 옛날 장사들 사이에 유명한 말이 있다. "스콰트를 제외한 모든 운동을 다 합친 것보다 스콰트 운동 하나로 얻는 근육이 더 많다" 좀 과장된 면이 없진 않겠으나 크게 틀린 말도 아니라고 본다. 앞에서 예를 든 A씨도 스콰트에 신경 쓰느라 상체 운동을 옛날에 비해 그렇게 많이 하지 않은 것 같은데도 와이셔츠가 터질 것 같아 옷을 새로 사야 할 만큼 상체도 엄청 커졌다고 했으니.

이렇게 좋은 스콰트에다가, 등은 물론이고 전체적인 상체 운동인 턱걸이까지 포함하면 정말 무적이다. A씨의 경우, 워낙 몸무게가 많이 나가서 무게 턱걸이를 할 필요가 없었지만, 몸무게가 적게 나가는 사람은 고반복 턱걸이와 더불어 몸에 무게를 달아서 하는 무게 턱걸이를 같이 하면, 다리와 등의 근육을 키울 수 있다. 그리고 무엇보다 중요한 게 스콰트와 턱걸이를 통해 실전성을 기를 수 있다는 점이다. 구소련의 군사 체력 전문가에게 강력한 특수부대원의 조건이 무엇이냐고 물었을 때, 그는 망설임 없이, 튼튼하고 강력한 다리와 등을 지닌 사람이라고 말했다. 스콰트와 턱걸이만으로도 건실한 특수부대원이 되는 데 부족함이 없다는 말이다. 여기다 고반복 딥과, 무게 딥까지 포함해주면, 좀더 많은 근육과 근력 및 실전성을 키울 수 있다.

요약하자. 완전 초보자들은 데드리프트, 밀리터리 프레스를 해준다. 이 운동만 해도 무게가 무거워질수록 충분한 효과를 거둘 수 있다. 그에 더해 근육의 발달에 목적을 두거나 다양한 운동을 통해 좀더 실전성을 보충하고 싶다면, 스콰트(+풀오버), 무게 턱걸이, 무게 딥을 포함하면 된다. 그리고 유, 무산소 심폐기능과 근지구력에 관심이 있다면, 덤벨 스윙 또는 덤벨 한 팔 스내치를 해준다.

이것도 복잡하면 좀더 요약한다. 나는 정말 근육이 안 생기는 체질이다, 나는 지금껏 오랫동안 근육 운동을 해왔지만 근육이 조금 생기다 더 이상 자라지 않는다, 아무리 운동해도 실전에 약하다. 이런 사람들은 스콰트와 무게 턱걸이를 해라.

명심해라! 스콰트만이 희망이다.

힘과 근육을 동시에 키우는
매직 넘버 5

루틴에 대해 말하자면, 5×5 시스템을 먼저 권한다.

보통 '5회 반복'을 힘과 근육을 같이 키울 수 있는 매직 넘버로 본다. 즉 5회를 반복하면 힘과 근육 모두를 키울 수 있다는 것인데 좀더 힘에 치중하고 싶으면 무게를 더 올리고, 횟수는 더 줄이면 된다. 5세트 가운데 2세트를 워밍업 세트, 그리고 본 세트를 3세트로 할 수도 있고, 또 3세트를 워밍업 세트로 하고 나머지 2세트를 본 세트로 할 수 있다.

워밍업 세트는 본 세트보다 적은 무게를 선택해서 점차 무게를 올려가며, 본격적인 본 세트를 위해 몸을 적응시키는 세트고, (5×5 시스템에서) 본 세트는 거의 5RM (최대 5회를 들고 6회는 못드는 무게)에 접근하는 무게로 5회 반복하는 걸 말한다. 이렇게만 하고 나도, 몸에 남는 힘이 거의 없을 정도겠지만, 여기서 하나 플러스 하고 싶은 운동이 있으니, 풀오버 되겠다.

커진 가슴을 더 키워주는
풀오버

옛날 장사들은 스콰트할 때 거의 습관적으로 풀오버 운동을 번갈아가며 했다. 10RM(repetition maximum, 한번 들어올릴 수 있는 최대 무게)의 무게로 1세트×20회의 무지막지한 '슈퍼 스콰트'를 (265p 참조) 끝내자마자 바로 가벼운 무게로 풀오버를 해주는 루틴이다. 이는 스콰트 운동 도중 가쁜 호흡으로 커진 가슴을, 풀오버라는 운동으로 그 크기를 더 키워준다는 의미이다.

검도를 할 때나 인간이 몽둥이를 들고 위에서 내리치는 모습에서 볼 수 있듯, 풀오버는 인간의 자연스런 동작을 본딴 실전적인 운동이다. 다만 주의할 것은 너무 무거운 무게로 하게 되면 손목에 무리가 갈 수도 있다. 가벼운 무게를 들고 고반복을 해도 충분히 효과를 볼 수 있기 때문에, 꼭 무거운 바벨이 아니고 웨이트 원판만 들고 해도 괜찮다. (나중에 익숙해지면 무게를 올리도록)

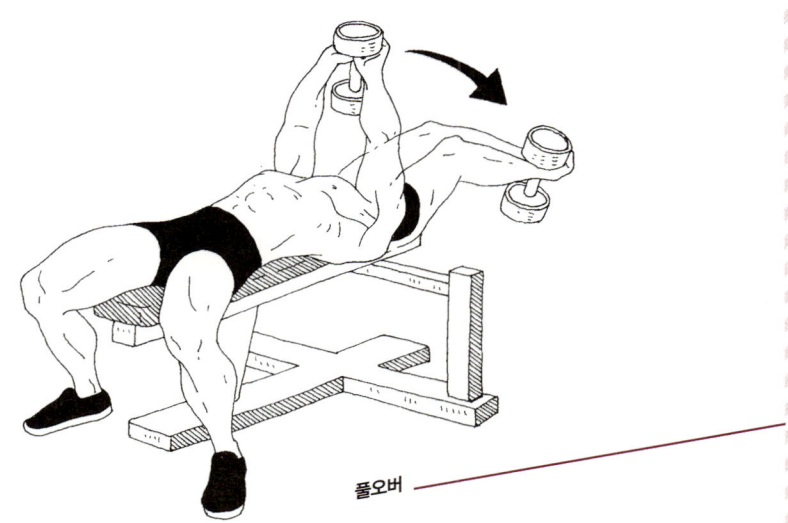

풀오버

심폐기능, 무산소 능력 향상
덤벨 한 팔 스내치

유, 무산소 능력 향상에 뛰어난 운동 하나를 소개하겠다. '덤벨 한 팔 스내치'인데, 덤벨을 들고

한 팔로 행 파워 스내치를 하는 동작이다.

덤벨 한 팔 스내치는 덤벨 스윙과 더불어 짧은 시간 내 적은 무게의 웨이트로도 단번에 숨차

게 하고 체력을 상승시켜주는 매우 강력한 운동이다.

힙의 수직 파워가 더 여실하게 필요한 한 팔 덤벨 스내치는, 심폐기능 향상 및 무산소 지구력

뿐만 아니라, 펀치력은 물론 각종 스포츠의 적용 능력에 있어서도 굉장히 좋은 운동이다.

10분을 잡고 기록을 내기 위해 도전해보라. 여성은 15kg 덤벨, 남성은 25kg 덤벨로 오른팔,

왼팔 번갈아가면서 총합 200회를 1차 목표 삼아 해보면, 자신의 달라진 체력 및 기타 스포츠

적용성에 (특히 종합격투기처럼 컨디셔닝과 근지구력을 요하는 운동) 깜짝 놀랄 것이다.

덤벨 스내치 ────
다리를 폭발적으로 펴면서, 팔 힘이 아닌 다리 힘으로 들어올린
다고 상상한다. 전체 가동 범위에서 덤벨은 최대한 몸에 붙인다.

오버 트레이닝을 경계하라

'좋은 코치 딜레마'라는 게 있다. 이는 미국의 역도 올림픽 코치를 역임했던 코치의 사례를 통해 잘 알 수 있다. 그는 경험적, 이론적으로 역도훈련의 가장 적당한 일수는 일주일에 평균 3일 정도라고 생각했다. 그러나 6일 동안 그리고 하루 종일 훈련을 시킬 수밖에 없는 이유는 일주일에 3~4일만 일하는 코치를 고용할 단체는 없기 때문이었다. 이는 많은 것을 시사한다. 몰라서 잘못 가르치는 것도 문제지만, 자기 이익 혹은 주위의 여러 이익 세력들에 의해 알면서도 최선의 방법을 채택하지 못하는 것이 더 문제다. 이보다 더 큰 문제는 이러한 잘못된 내용들을 일반인 혹은 경험 없는 코치들이 아무 생각 없이 그대로 답습한다는 점이다.

생각해보라. 종합격투기 평균 경기 시간이 20분인데 오전에 전력을 다해 싸우고 나서, 그날 오후 혹은 그 다음날이라도 똑같은 힘과 파워로 싸울 선수가 어디 있는지. 우리 몸은 단 20분이라도 전력을 쏟고 나면, 최소 며칠은 쉬어주거나 가벼운 운동을 해줘야 회복된다. 하루 6~8시간 열심히 운동한다고 해도, 실상은 강도가 상대적으로 낮은 운동이거나 아니면 특정 스포츠의 스킬 연습이지, 강력한 하드 워크 체력 훈련을 하루 몇 시간씩 그리고 일주일에 6일 이상 할 수는 없다. 최고 강도로 매일 몇 시간씩 억지로 시키게 되면 오버트레이닝으로 인해 의욕 상실은 물론 체력과 실력은 더 후퇴하게 되고 결국엔 부상의 위험에도 노출된다.

우리는 성공하는 선수들 뒤로, 훌륭한 자질을 갖춘 많은 선수들이 부상이나 실력저조로 사라져간 경우를 인식하지 못한다. 그들도 대부분 자기의 의지박약 탓만 하다 쓸쓸히 퇴장한다. 오버트레이닝 혹은 자기와 잘 맞지 않는 프로그램 때문일 수도 있다는 것을 모른다고 생각하면 안타까움이 더한다. 물론 모든 코치들이 다 실력 없다는 말은 아니다. 다만 오로지 선수들의 의지력에만 모든 것을 돌려버리는 일은 없어져야 한다는 말이다.

모든 운동의 왕, 스콰트

스콰트를 배워보자

스콰트를 하지 않는다면, 당신은 절대

당신의 무한 잠재력에 도달할 수 없을 것이다. _폴 앤더슨

아무 기구도 없을 때 할 수 있는 가장 효과적인 운동을 하나 고르라고 한다면, 필자는 주저하지 않고 스콰트를 선택할 것이다. 'The King of All Exercises'(모든 운동 중 왕)라고도 불리는 스콰트는 그 동작의 자연스러움과 기능성으로 인해 옛날부터 모든 장사들의 주요 운동으로 자리잡았다. 현재까지도 보디빌더, 스트롱맨은 물론 일반 운동선수들도 꼭 해야만 하는 필수운동이다. 이는 스콰트의 메커니즘을 보면 쉽게 이해할 수 있다.

재활과 엘리트 선수들 훈련 전문가인 폴 첵은, 직립보행을 하는 사람 몸으로 만들어내는 자연스러운 움직임을 7가지로 설명했는데 다음과 같다.

1. Squatting (스콰트, 쪼그려앉기)

2. Lunging (런지, 돌진)

3. Bending (구부리기)

4. Pushing (밀기)

5. Pulling (당기기)

6. Twisting (비틀기)

7. Gait (walking/jogging/running) (걷기/조깅/달리기)

즉, 스쾃트는 어느 운동 천재가 만들어낸 것이 아니라, 인간의 자연스러운 동작을 그냥 운동으로 옮긴 것에 불과하다. 아래 그림을 보면 더 잘 이해할 수 있다.

우리는 원시시대부터 스쾃트 동작을 너무나 자연스럽게 행하여왔으며 그걸로 생계를 유지하고 건강도 지켜왔다. 또한 우리 인간이 직립보행을 한다는 점은 곧 모든 스포츠에서 다리 힘의 역할이 절대적임을 말해주며, 땅을 직접 딛고 있는 다리가 힘이 있어야 모든 파워를 자유자재로 구사할 수 있다는  의미다. 달리기를 하든 높이뛰기를 하든 다리 힘이 받쳐주어야 실력발휘가 가능하다. 축구는 말할 것도 없고, 상대편 선수와 몸을 부딪치면서 서로의 몸을 미는 (벤치 프레스 동작을 상기시키는) 미식축구만 하더라도 인간이 땅에 발을 딛고 있는 한, 미는 팔과 몸을 지탱해주는 모든 힘은 다리에서 발생한다.

그러나 스쾃트는 단순한 다리 운동이 아니다. 운동잡지의 칼럼니스트로 활동한 존 맥콜의 말을 빌리면 무거운 무게로 스쾃트를 하면 다리뿐만 아니라 무게를 받치고 있는 몸통 부위 전체가 굵고 튼튼해지므로 몸 전체 운동이 된다고 한다. 필자의 경험상 몸통이 굵어지는 것까진 잘 모르겠으나, 온몸에 힘이 들어가고 한순간도 긴장을 늦출 수 없어서, 단순 레그 프레스와는 비교할 수 없을 정도로 훨씬 거칠고 힘들다. 즉, 스쿼트를 하는 동안은 다리는 말할 것도 없고 온몸이 하나가 되어 작동을 하는 느낌을 가질 수 있다. 백번 양보해서 스쿼트가 다리만 자극하는 운동이라 할지라도 다리 운동 효과 면에선 어떤 운동보다 앞선다고 할 수 있다.

그럼 본격적으로 스쿼트 동작으로 들어가자.

스쿼트 자세

맨몸 스쿼트 자세를 바로 잡아두면 무게 스쿼트를 하는 건 별로 문제가 되지 않으므로 맨몸 스쿼트 연습을 기준으로 이야기를 풀어나가겠다.

먼저 다리를 어깨 넓이로 벌리고 발끝을 약간 밖으로 향한다. 절대 고개를 숙여서는 안 되며 시선은 정면에 둔다. 가슴을 펴고 복근에 힘을 주면서 허리를 아치형으로 유지한다. 엉덩이를 약간 뒤로 해서 밑으로 잡아당긴다. 분명히 잡아당긴다고 이야기했다. 그냥 내린다와 똑같은 말처럼 들리겠지만, 전혀 다른 느낌이다. 한번 실험해보면 뭔가 더욱 더 능동적인 느낌을 가질 수 있다. 그런 다음 일어나는 자세에선, 힙을 힘차게 펼치면서 트렁크 부분을 앞으로 강하게 쳐낸다. 조금 민망한 자세이긴 하나 힙파워에는 효과 만점이다.

이 모든 게 어려운가. 정확한 자세교정을 원하는 사람들에게는 오버헤드 스쿼트를 권장한다. 스쿼트 자세를 교정하는 데 오버헤드 스쿼트만큼 괜찮은 게 없다.(자세는 138p참조) 물론 처음엔 무조건 빈 바(bar)로 연습하라. '나 스쿼트 100kg 이상 하니까 한 50kg 정도는 문제없겠지' 하다가는, 중심 못 잡고 넘어져서 사람들한테 있는 쪽 다 팔고 관장한텐 욕먹기 딱 좋은 운동이다. 이 운동을 하다보면, 스내치 자세에 포함되어 있는 오버헤드를 하는 역도 선수들이 얼마나 유연하고 힘센 사람들인지 새삼 다시 보이게 된다.

맨몸 스콰트

어디까지 앉을 것인가: 풀 스콰트가 기본, 최소한 패러럴

대부분 보디빌딩 잡지에서는 스콰트를 할 때 허벅지가 바닥과 평행을 이루는 지점 이하로 내려가면 안 된다고 가르친다. 허벅지 상부를 바닥과 수평 이하로 내리는 풀 스콰트(full squat)는 무릎에 통증을 유발하고 부상을 야기하기 쉬우므로 무릎에서 수평선을 그었을 때 힙이 무릎보다 더 올라가 있는 지점까지만 몸을 낮추는 방법을 추천하고 있다. 물론 보디빌더에 따라서 풀 스콰트를 선호하는 사람들도 있으나 아무래도 주류라고 볼 순 없다.

풀 스콰트가 무릎에 안 좋으니 하프 스콰트를 해야 한다는 것은 수십 년 전 어느 학자 한 명의 이론에 의해 비판도 없이 너도 나도 따르게 된 어이없는 병폐로, 사실 따지고 보면 별로 신빙성도 없다. 미국 스포츠 학계에서도 명확한 근거 논문이 없다고 하고, 그 당시 상황을 잘 알고 있는 사람도 그 실험 자체가 굉장히 졸속이었다고 전한다. 게다가 그 이후로 풀 스쿼트가, 문제는커녕 무릎의 안정성에 기여한다는 이론들이 수없이 나오고 있는데도, 한번 굳어진 편견은 쉽사리 깨지지 않고 있다.

200kg 이상으로 풀 스쿼트 하면서도 무릎에 전혀 이상이 없는 역도선수들을 보더라도 풀 스쿼트의 위험성은 하나의 가설일 뿐, 정설로 보기는 힘들다. 극단적으로 풀 스쿼트가 위험할 수 있다 치더라도 그 효과를 봤을 땐 충분히 위험을 감수할 만한 가치가 있으니 절대 멀리하면 안 된다.

평소 인간들이 보이는 모습을 봐도 풀 스쿼트가 훨씬 더 자연스럽다. 인간이 평소 쭈그리고 앉아 있는 모습이나, 엄마가 아이를 업을 때, 혹은 바닥에 누웠다가 일어날 때 등, 풀 스쿼트는 인간의 실생활 동작 속에서 너무나 자연스럽게 볼 수 있는 모습이다.

사실 모든 생물체 중에서 의자를 사용하는 동물은 인간밖에 없다. 의자가 인간을 약하게 만들었다는 이론도 속속들이 나오고 있다. 쉬운 예로, 재래식 화장실과 수세식 좌변기를 비교해보자. 내가 아는 한 뚱뚱한 친구는 인류 역사상 가장 위대한 발명품 중의 하나가 수세식 좌변기라고 칭찬을 마다하지 않는다. 물론 그 친구가 재래식 화장실에서 쭈그리고 앉아서 다리를 번갈아가며 올렸다 내렸다 땀 흘리는 모습을 생각하면 이해 못 할 바도 아니다. 그러나 인간 본연의 풀 스쿼트가 아닌 어정쩡한 자세는 내장을 제대로 자극하지 못해서 변비를 불러온다고 한다. 수세식 좌변기를 대중화시킨 1800년대 말과 1900년대 초에 변비환자가 엄청나게 증가했다는 통계가 이를 잘 증명하고 있다. 이 이론을 반영이라도 하듯 미국의 어떤 회사는 아래 사진과 같이 기구를 좌변기에 설치함으로써(좌변기 위에서 쭈구리고 변을 볼 수 있게 만든 장비) 변비를 고칠 수 있다고 광고하기도 한다.

이뿐만 아니라 평소 의자 사용의 남용으로 인해 다리 힘이 점점 약해져서 몸 전체가 약해지는 것은 물론 남자에게 가장 중요한 제3의 다리 능력까지도 후퇴했다는 분석까지 나오고 있다. (실제로 스쿼트를 하면 정력이 강해진다.) 이는 인간의 자연스러운 동작에 집중한 운동이 가장 효과적이고 실전적인 결과를 낳는다고 굳게 믿고 있는 필자에게는 너무나 당연한 이야기이다.

풀 스쿼트는 인간 본연의 자세

즉, 스쿼트 운동을 할 때는 볼일을 보다가 만 것처럼 어정쩡한 자세까지만 내려오는 것이 아니라, 깊숙이 내려오는 풀 스쿼트 위주로 해야 하며, 풀 스쿼트가 정 힘들다면 패러럴 스쿼트까지는 내려가야 한다. 이는 단순히 근육을 키우는 동작에만 집중하는 것이 아니라 힙의 수축과 펼침을 극대화해서 몸의 파워를 키우기 위한 동작을 하라는 말이다. 다리와 힙이 만나 접히는 부분에서 수평선을 그었을 때, 이 지점이 무릎 높이보다 더 내려가야 효과적인 힙의 수축이 이루어질 수 있으며, 그래야만 근육 키우는 것을 넘어서서 스포츠에 적용할 수 있는 몸을 만들 수 있다.

필자 프로야구 인기 포수 중 한 명인 홍모 선수가 운동하는 것을 본 적이 있다. 그는 벤치 프레스 실력은 평범했는데, 그에 비해 스쿼트 실력은 실로 놀라웠다. 체육관에 있던 스쿼트용 올림픽 플레이트를 모두 채우고도 파워풀하게 스쿼트

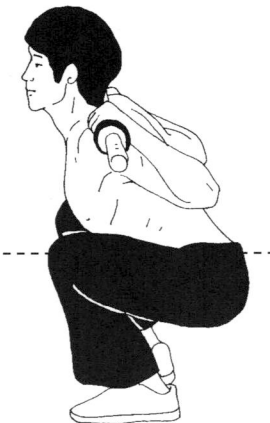

다리와 힙이 만나 접히는 부분이
무릎보다 내려가야 한다

를 했다. 계속 쭈그리고 앉아 있는 포수에겐 당연히 다리 힘이 필수라서 스콰트
를 열심히했을 텐데, 어쨌든 스콰트로 인해 길러진 튼튼한 다리와 힙의 파워 덕
에, 그 후 프로의 세계에 나가서도 포수로서의 성공뿐만 아니라, 타격 능력 또한
그렇게 뛰어날 수 있었다고 본다.

　모래 위에 아무리 튼튼한 집을 지어봐야 의미가 없다. 반대로 다리를 튼튼히
해서 기초만 다져놓으면 그 다음부터는 그 어떤 운동도 '누워서 죽 먹기' '앉아
서 식은 떡 먹기'라 할 수 있다.

　역도 챔피언이었으며 한때 최고의 장사로 불렸던 폴 앤더슨도 스콰트를 각별
히 사랑했다. 그는 나이 들어서도 항상 스콰
트로 몸을 가꾸었다. 그를 생각하면 가장 먼
저 떠오르는 것이 1160파운드(약 522 kg)에 육
박하는 스콰트 실력이다. 당시로는 상상하기
도 힘들 만큼의 무게를 들어올린 것이다. 그
는 특히 순회공연 때에는 머리 위에 수많은

폴 앤더슨

여자들을 태우고 스쿼트를 해내는 것으로 사람들의 시선을 사로잡았다.

한편 보디빌딩 잡지에서 스쿼트할 때의 주의점으로, 옆에서 봤을 때 몸이 내려가는 동작에서 무릎의 끝에서 발가락 앞쪽 끝으로 수직선을 그었을 때 무릎이 발끝보다 앞쪽으로 나가면 안 된다고 가르친다. 특별히 문제 삼을 만한 이야기는 아니나 일부 사람들은 몸의 구조상 이를 지키기가 힘들다. 뒤로 넘어지지 않게끔 누가 앞에서 당겨줘서 정강이가 수직으로 유지되도록 하는 게 가장 안전한 스쿼트 중 하나가 될 수 있으나, 그러한 짓을 계속해줄 사람도 없고 또한 그런 자세에서는 등 위에 무게를 효과적으로 올릴 수도 없다.

그냥 최대한 발뒤꿈치에 무게를 싣는 자세를 고수해서 스쿼트 자세 내내 발뒤꿈치와 바닥 사이로 종이 한 장 들어갈 만한 틈도 주지 않으면 된다. 이 자세에서 허리를 세우고 가슴을 펴서 허리 모양을 아치형으로 유지하면서, 엉덩이만 약간 뒤로 빼주면서 내려가면 무릎이 앞으로 나오고 싶어도 불가능하다. 이렇게 했는데도 무릎이 발끝보다 앞으로 나오는 몸의 구조를 가졌다면, 정확한 자세이니 별로 신경 쓸 필요 없다. 이 또한 유연성 운동을 병행해 서서히 더 안정적인 자세로 가려는 노력을 같이 해야 한다.

일상의 파워를 키워주는 스쿼트

그럼 스쿼트 연습으로 얻을 수 있는 장점은 어떤 것이 있을까?

첫째, 역도의 무게를 올리는 데 필수적인 힘을 길러준다. 클린 운동을 보면 알겠지만 프론트 스쿼트로 마무리 된다. 미국 올림픽 코치 중 한 명이 국제 역도경기가 끝나고 1등부터 3등까지 평소 프론트 스쿼트 무게를 물어본 결과, 각각 그 순서대로 메달을 딴 것임을 알고 자기 선수들에게 프론트 스쿼트 훈련을 중점적으로 시켜서 크게 성공을 거두었다고 한다.

둘째, 스포츠 적용뿐 아니라 일상생활에서도 너무나 유용하다. 등산을 갔다가도 배낭을 걸어둘 만한 곳이 없는 공중화장실을 사용해야만 하는 난감한 상황에서도, 배낭 메고 볼일 보는 일이 전혀 두렵지 않게 된다. 무게 나가는 자기 애인이 항시 자기를 업어달라 조를까봐 두려워하는 하체 빈약 남성들도 평소 스쿼트 연습만 열심히 해놓으면, 업다 넘어져서 애인 밑에 깔려 굉장히 쪽팔리게 되는 상황도 피할 수 있게 된다.

또한 무엇보다 잦은 다리 부상으로 고생하는 사람에게 스쿼트의 효과는 아주 뛰어나다. 혹자는 '스쿼트를 하면 무릎에 부상 입기가 더 쉬운 거 아니냐?'라고 반문하는데, 잘못된 정보다. 마라톤하는 사람들이 가장 많이 입는 무릎 부상 예방을 위해서도, 무릎을 강하게 잡아주는 대퇴사두근을 스쿼트로 단련해야 한다. 그래야 부상을 덜 입게 된다.

재미있는 건 하프 스쿼트처럼 내려오다 마는 스쿼트가 풀 스쿼트보다 부상 비율이 더 높다는 것이다. 이는 햄스트링/둔근과 대퇴사두근을 균형 있게 자극하는 풀 스쿼트에 비해, 하프 스쿼트만 했을 때는 햄스트링/둔근의 개입이 적어 무릎의 안정성이 떨어지게 되기 때문이다.

같은 맥락으로 데드리프트를 하면 허리를 다치기 쉽지 않느냐는 질문을 받는데, 아이로니컬하게도 심장에 위험할 수도 있는 달리기가 결국 심장을 강하게 하듯이 데드리프트 자체가 허리를 강하게 하는 운동이고, 마찬가지로 스쿼트가 결국 무릎을 강하게 하는 운동이다. 그러니 처음부터 너무 무리하지 말고 서서히 강도를 높이면서 정확한 자세로만 운동하면 확실하게 부상 방지 효과를 볼 수 있을 것이니 도전을 너무 두려워하지 말길 바란다.

스콰트와 스미스 머신

헬스장에서 스콰트를 머신으로 하는 사람들을 만나면 참으로 안타깝다. 다른 운동도 그렇지만 특히 스콰트만큼은 정말 프리 웨이트로 하길 바란다. 스미스 머신에서 스콰트하는 걸 보고 있으면, 저런 자세를 취하고도 부상을 당하지 않는 게 신기할 정도다(통계적으로도 스미스 머신으로 하는 스콰트가 부상이 훨씬 더 많다). 기계가 사람의 자연스러운 움직임을 따라와야지 어떻게 사람이 기계의 직선 움직임에 몸을 맞추어야 하는지 이해할 수가 없다.

최근에는 바(bar)에 전자 센서가 달린 줄을 연결해서 손을 떼면 저절로 멈추는 머신 개발에 성공했다고 한다. 프리 웨이트와 똑같이 일정 궤적이 없는 이 기계가 앞으로 피트니스 시장을 점령할 거라고 강조하는 머신 회사들을 보면서, 옛날에 틈만 나면 프리 웨이트를 욕하던 그들의 모습들이 잠시 떠올라, 처음 그 기사를 봤을 때 웃기지도 않았다.

헬스장에 스콰트 랙이 없다면, 차리라 맨몸 스콰트를 열심히 하는 것이 더 효과적이며, 이걸로 자극이 오지 않으면 한 다리 스콰트로 발전해가라고 권고하고 싶다.

맨몸으로 하는 스콰트에 회의적인 사람들도 많지만, '유산소 운동과 무산소 운동이냐' 편에

파워 랙

소개했던 타바타 스콰트만 하더라도, 처음 하는 사람들은 다음날 제대로 걷지도 못할 만큼 힘든 운동이다. 맨몸으로 하는 운동은 웨이트 훈련과 또 다른 '근지구력 향상 효과'를 가지고 있으니, 바벨 스콰트를 하면서도 맨몸 스콰트를 꼭 병행해주길 바란다.

밸런스·복근 힘·유연성을 기르는 한 다리 스콰트

그냥 끝내려 했는데 뭔가 서운한 듯하니 기똥찬 거 하나 더 설명하고 끝내련다. 위에서 간단히 말했지만, '한 다리 스콰트'라는 게 있다. 말 그대로 한 다리로 스콰트하는 건데, '이게 뭐가 대단하냐'고 되묻는 사람한텐 그냥 한번 해보라고만 말하고 싶다. 필자 스콰트 100kg 이상 하는 사람들에게 처음 한 다리 스콰트를 시켰을 때, 그 어느 누구도 단 1회를 성공시키지 못했다. 한 다리 스콰트는 힘만 가지고 되는 것도 아니고 밸런스와 복근 힘, 유연성 등이 모두 필요한 운동이기 때문이다.

또한 반대로 이 운동을 하면 이 모든 것들을 강화시킬 수 있단 얘기니 굉장한 운동이 아닐 수 없다. 집에 바벨 없다고 너무 좌절하지 말고 지구력을 위해서 맨몸 스콰트를, 힘을 위해서는 한 다리 스콰트를 열심히 연습해라. 물론 힘들 테지만 그 효과는 확실히 보장한다. 구소련 특수부대들도 정기적으로 했던 운동이다. 그리고 이 운동이 너무 쉬워지면 손에 물건을 들고 무게를 높이도록.

한 다리 스콰트

스쿼트의 종류

패러럴 스쿼트 허벅지 뒷부분이 아닌 '앞부분'이 바닥과 평행을 이루는 지점 − 이 지점에선 힙과 다리가 만나 접히는 부위가 무릎보다 위치상 낮아진다 − 까지 내려오는 것.

풀 스쿼트 패러럴 스쿼트보다 더 내려가면 풀 스쿼트(패러럴 스쿼트를 포함한다고 볼 수도 있음).

딥 스쿼트 허벅지 뒷부분이 종아리와 닿을 때까지 깊이 내려가는 스쿼트.

부분 스쿼트 패러럴 스쿼트보다 힙이 더 올라온 스쿼트는 모두 부분 스쿼트다. 즉 하프 스쿼트와 쿼터 스쿼트도는 전부 '부분 스쿼트'의 일종이며, 굳이 위치상 분류하자면 하프 스쿼트 깊이는 허벅지 앞부분이 아닌 뒷부분이 바닥과 평행을 이루는 지점쯤이 되고, 쿼터 스쿼트는 하프 스쿼트와 완전히 일어난 탑 자세의 중간 지점쯤의 깊이다.

● Note | 딥 스쿼트, 풀 스쿼트, 패러럴 스쿼트, 하프 스쿼트, 쿼터 스쿼트 등 스쿼트와 관련된 용어도 많고 이 용어의 정의에서도 혼선이 많다. 필자는 위과 같이 규정한다.

필자는 최소 패러럴 스쿼트까지는 내려가야 한다고 보며, 그 밑으로 더 내려갈 때는 허리의 아치 자세가 풀어지지 않는 지점까지여야 한다. 이는 곧 개인의 유연성에 따라 최대한 내려가게 시키는 깊이가 달라질 수 있다는 의미이며, 당연히 유연성이 따라주지 않는데 억지로 깊이 내려갈 필요는 없다. 때문에 가동 범위를 늘려주는 유연성 운동을 프로그램에 꼭 포함해야만 한다.

미는 힘,
당기는 힘

벤치 프레스, 데드리프트, 스콰트
_파워리프팅 part 1

사람 몸에서 가장 강한 근육은 뇌이다. _닥터 바니 그로버

앞장에서 근육을 키우기 위해선 힘을 먼저 키워야 한다는 것을 배웠다. 이제 그 힘의 대결만을 위한 파워리프팅을 통해 스트렝스 키우는 방법을 알아보자. 사실 파워리프팅은 3가지 운동에 한정되고, 각종 보조장비 사용 및 중량을 많이 들 수 있는 자세에만 치중된다는 단점이 없지 않으나, 그래도 유일하게 힘만을 다루는 스포츠이기 때문에 이를 응용하면 많은 것을 배울 수 있다.

시작하자. 가장 강한 근육이 '뇌'라고 말했다. 이와 관련된 간단한 예가 있다. 오른쪽과 왼쪽 다리 사이에는 연결 조직(인대나 뼈 등)이 없는데 왜 무용수들이 선보이는 '옆으로 다리 찢기'가 안 될까? 여러 중요한 이유 중 하나는 평소에 항상 똑같은 보폭으로만 움직이다보니 그 이상이 되었을 때, 뇌에서 강한 부정의 메시지를 보내 근육이 수축하면서 가동 범위를 방해하기 때문이다. 이처럼 뇌가 우리 몸에 끼치는 영향은 절대적이다.

우리는 뇌의 지시를 받고 살아간다. 직접 지시를 내릴 수 있는 근육도 있고 심장이나 주요 장기처럼 우리가 직접 지시할 수 없는 근육들도 있다. 이 모두가 우리 몸 또는 뇌 스스로 자기 보호차원에서 만들어놓은 기능인데(심장을 우리가 조정해서 멈춰버리면 큰일 나듯이), 우리 몸은 우리가 알고 있는 기능 외에도 너무나 많은 잠재력을 가지고 있다.

보통 사람은 자기가 가지고 있는 근력을 40%밖에 쓰지 못하고, 일류급 선수라도 70% 정도밖에 쓰지 못한다고 한다. 퍼센티지의 정확성을 떠나서 확실한 건 우리가 가진 힘을 평소 다 쓰지 못한다는 얘기다.

믿거나 말거나 흔히 접했던, 차 밑에 깔린 아이를 구하기 위해 엄마가 차를 들어 올렸다는 이야기나, 힘 얘기는 아니지만 미국 특수부대 네이비 실과 미해병 특수 수색대에서만 받는, 군에서 가장 힘든 훈련인 '지옥주'(Hell Week 1주일 동안 3~4시간만 잠을 재우고 계속 훈련)도 인간이 평소에 사용하는 체력의 10배 이상 잠재력을 가지고 있다는 스포츠과학을 증명하는 사례이다. 또한 인간이 알지 못하는 미지의 영역에 대한 가능성을 잘 보여주고 있다.

우선 힘을 이끌어내는 방법을 배우기 전에, 이것과 착각하기 쉬운 보디빌딩에 대해 먼저 알아보겠다. 필자는 약 7년 동안 보디빌딩식 운동을 했더랬다. 나름 타고난 체격이 있어서 남들이 부러워할 만한 근육을 가지게 됐으며, 사람들을 가르치는 일도 했다. 그런데도 뭔가 부족하다는 느낌을 계속 지울 수가 없었다. 근육은 분명 커졌는데 실생활에 적용할 때는 제 역할을 못하고 부대끼는 그 느낌. 그러다가 본격적으로 외국서적들을 공부하게 됐고, 그러면서 발견한 것이 파워리프팅과 역도였다.

파워리프팅 – 미는 힘/당기는 힘

사람들이 근육 운동을 어렵게 생각하는 경향이 있는데, 실상 '미는 힘(PUSH)'
과 '당기는 힘(PULL)'만 생각하면 된다. 이 두 가지만 머리에 담아두면 모든 게
간단해진다. 상체를 이용해 미는 운동을 하면 '가슴, 삼두(흔히 말하는 알통의 뒤의
근육), 어깨'가 발달하고, 당기는 운동을 하면 '등과 이두(알통)'가 발달한다. 또한
하체를 이용해서 미는 운동을 하면 대퇴사두근(허벅지 앞부분), 당기는 운동을 하
면 햄스트링(허벅지 뒷부분)이 발달한다.

그럼 파워리프팅이란 무엇이냐? 위에서 말한 미는 힘과 당기는 힘의 대명사
격인 '벤치 프레스' '데드리프트' '스쿼트' 3가지 운동을 가지고 누가 가장 많은
무게를 들어올리는가 테스트 하는 것이다. 즉, 누가 힘이 더 센지 묻는 것이다.

이 3종목은 미는 힘과 당기는 힘 모두를 포함하고 있다. 벤치 프레스는 상체의
미는 힘이며, 데드리프트는 상체의 당기는 힘(물론 하체 힘도 포함)이고, 스쿼트는
하체의 미는 힘이다. (다리 전체를 발달시키는 것이 '스쿼트'이기 때문에 상체의 ①미는 힘 ②
당기는 힘 ③스쿼트 힘, 이 3가지로 압축해서 봐도 된다.)

다시 말해, 위의 3가지 운동만으로도 거의 모든 근육 운동이 가능하다는 이야
기다. 완벽을 기하기 위해선 밀고 당기는 방향을 좀더 세분화하면 된다. 예를 들
어, 벤치 프레스처럼 앞으로 미는 것이 아니라 위로 밀면 '밀리터리 프레스'라
불리는 운동이 되고, 평행봉에서 자기 몸을 밑에서 위로 밀어올리면 '딥'이라는
운동이 된다.

당기는 운동도 마찬가지다. 바벨을 잡아 다리를 폄과 동시에 당겨 올리는 건
데드리프트이고, 팔을 아래로 늘어뜨렸다가 수평으로 당기는 운동은 로우, 팔을
위로 뻗어 자기 몸을 당겨 올리면 턱걸이가 된다. 이 당기는 운동들은 등과 이두

를 위한 운동이므로 역삼각형 등을 원하는 사람들은 이 당기는 운동들을 열심히 해야 좋은 성과를 이룰 수 있다.

바벨 로우

단순관절 운동 vs. 다중관절 운동

보디빌딩 용어에는 '단순관절 운동'과 '다중관절 운동'이 있다. 동작을 할 때 관절을 하나만 사용하는 운동은, '단순관절 운동'이고 두 개 이상 사용하면 '다중관절 운동'이 된다. 즉 벤치 프레스나 턱걸이를 할 때처럼 어깨관절과 팔꿈치 관절 등 두 개 이상의 관절이 사용되는 것은 다중관절 운동이고, 프레스다운처럼 팔꿈치 관절 하나만 사용한다면 단순관절 운동이다.

다중관절 운동은 컴파운드(compound) 운동이라고도 하고 단순관절 운동은 고립 운동이라고도 하는데, 이 개념이 중요한 이유는 다중관절 운동이 실전에서 능력을 발휘하기 때문이다. 우리의 일상생활에서 일어나는 모든 운동들은 – 물건을 들어올리든, 던지든, 밀든 간에 – 거의 다 다중관절 운동이라고 보면 된다. 즉, 다중관절 운동만이 가장 실용적이고, 실전적이면서, 기능적인 운동으로 작용하는 구조를 가지고 있다. 앞에서 말한 파워리프팅 3종목도 당연히 다중관절 운동이다.

단순관절 운동은 이와는 반대편에 서 있다. 트라이셉트 킥백처럼 팔꿈치 하나만 움직이는 동작을 봐라. 일상생활에서 그 같은 동작을 취할 일이 언제 있겠는가? 심형래의 슬랩스틱 코미디처럼 팔을 뒤로 뻗어 뒤에 있는 사람을 때리는 상황 아니면 나올 일이 없다.

이 설명에 도움을 주고자 비실전적, 비실용적, 비기능적인 중심에 있는 머신부터 알아보자. 헬스장에 가보면 각종 머신들로 가득 차 있다. 다들 프리 웨이트(바벨, 덤벨, 케틀벨)보다 쉽고, 안전하다는 생각에서 머신으로 운동한다. 그러나 머신은 안전하지도 않을뿐더러 실생활 적용에 큰 도움이 되지도 않는다.

머신과 프리 웨이트 둘 다 운동해본 사람은 같은 무게라도 프리 웨이트가 더욱 리프팅하기 힘들다는 걸 느낀다. 왜냐하면 머신은 고정되어 있어서 계속 같은 궤적으로만 움직여 크게 힘들지 않지만, 프리 웨이트는 고정된 궤적이 없어서 할 때마다 다른 루트를 그리게 되며, 그 때문에 흔들리는 웨이트를 잡아주느라 다른 보조근육이 많이 사용되기 때문이다.

여기서 중요한 포인트는, 우리의 일상생활에서는 머신처럼 고정되어 똑같은 궤적을 따르는 일은 존재하지 않는다는 것이다. 해서 움직임을 잡아주는 보조근육들이 협동해서 운동하는 프리 웨이트가 – 머신으로 운동 할 때 빼고는 존재하지 않는 – 머신 운동보다 실전적인 면에서 훨씬 앞서게 된다.

또한 머신 사용이 많아지게 되면 근육끼리의 상호작용 없이 특정 근육만 발달하기 때문에 일상생활을 할 때 밸런스 부조화로 다치는 경우가 더 많아진다.

실전성 없는 단순관절 운동

단순관절 운동도 마찬가지이다. 우리 몸은 유기적으로 연결된 하나이지 여러 개로 나뉘어 따로 놀고 있지 않다. 편의상 말하기 쉽게 모든 근육을 각각의 이름으로 분류해놓았지만 뇌의 관장 아래 다들 상호작용을 통해 작동하고 있다. 그것을 무시하고 삼두근을 키우기 위해 프레스다운만 열심히 해댄다면 삼두근 자체는 커 보일 수 있으나 일상생활에서 전혀 사용하기 힘든 따로 노는 근육이 된다. (근비대만이 목적이라면, 고급자로 갈수록 단순관절 운동을 포함시킬 수는 있다. 그렇더라도 다중관절 운동이 중심에 있어야 한다.)

'노가다' 아저씨에게 들은 재밌는 이야기가 있다. 혼자서는 각각 100kg짜리 돌을 들 수 있는 사람 둘이, 함께 들면 150kg 들기가 힘들다고 한다. 이는 하나가 전체로 작용하지 않고 각각 행동하게 될 경우 시너지를 잃게 되는 것으로, 한 몸에 있는 근육끼리도 같이 협응하지 못하면 100%의 능력을 다 발휘하지 못하게 되는 것과 마찬가지이다.

보디빌딩 훈련과 웨이트 훈련은 무엇이 다를까

보디빌더들의 근육은 일반인들이 생각하듯 정말 무의미한 근육일까? 겉보기만큼의 힘을 지니지 않았을 뿐, 전혀 힘을 못 쓰는 근육은 아니다. 다만 보디빌딩이라는 건 단순관절이든 머신이든 간에 최대한 근육만 크게 만들면 되는 것이다 보니, 스포츠와 일상생활의 적용이라는 측면에는 큰 의미를 두지 않는다.

하지만 200kg 이상 스쿼트와 데드리프트를 하는 엘리트 선수들은 다르다. 일단 엘리트 선수 대부분은 운동 목록에 파워리프팅 선수들이 하는 3가지 운동을 규칙적으로 포함시키고 있으며, 생각 있는 보디빌더일수록 머신보다 프리 웨이트에 치중한다.

문제는 그들을 보고 따라하는 일반인들인데 프리 웨이트와 같은 운동은 엘리트 선수들이나 하는 것이라고 치부해버리고, 머신이나 단순관절 같은 간단한 운동만 하다가 '보디빌딩은 스포츠나 일상생활에 전혀 적용이 되지 않는 근육'이라고 오해해버리는 것이다.

물론 보디빌더들이 필요 이상의 근육으로 인해 몸이 둔해져서 적당한 크기의 파워 근육을 가진 100m 단거리 선수들보다 느리고, 근육 크기를 지향하는 운동 때문에 파워리프트와 역도를 하는 스트롱맨들보다는 힘이 없어서 지탄을 받기도 한다. 하지만 일반인들보다는 확실히 강력하고 터프한 사람들임은 틀림없다.

웨이트에 대한 속설 중 하나가, 실생활에서 사용하는 기구를 가지고 운동하면 일명 '노가다 근육'이 생겨서 몸에 좋지만, 바벨이나 덤벨과 같은 쇳덩이를 이용한 웨이트 훈련을 하면 몸이 둔해진다는 것이다. 그러나 이는 팔굽혀펴기를 할 때 비료푸대를 등에 올리고 하면 빨라지며, 똑같은 무게의 바벨을 등에 올리고 팔굽혀펴기를 하면 근육이 둔해진다는 말밖에 되지 않는다.

사실 태릉선수촌에 있는 선수들 중에서 웨이트 운동을 하지 않는 사람들은 거의 없다. 또한 세상에서 가장 빠른 100m 단거리 선수들이 얼마나 웨이트 훈련을 열심히 하는지 안다면 참으로 웃기는 얘기라는 걸 알게 될 거다. (물론 스포츠 선수들이 중점적으로 하는 웨이트 훈련은 일반적인 보디빌딩 운동과는 차이가 있다.)

웨이트 훈련의 정의는 일반인들이 생각하는 것 이상으로 아주 방대하다. 평소에 우리가 헬스장에서 마주하는 머신과 단순관절 운동만을 웨이트 훈련의 전부라고 생각하면 안 된다. 지금 설명하는 파워리프트와 다음에 설명할 역도 같은 운동들도 잘 모르면서 무조건 웨이트 운동의 무용성을 이야기하면 선무당임을 자청하는 짓이다. 즉, 잘못된 운동 종목을 선택, 잘못된 방식으로 훈련을 해서 실용적이지 못한 것이지, 웨이트 자체의 문제는 아닌 것이다.

근육이 너무 커질까 염려하는 건 오버다

'나는 이소룡 같은 근육이 좋지, 보디빌더 같이 너무 근육이 커지는 것은 싫다'고 말하는 사람이 많다. 이처럼 보디빌더 근육과 비교하는 대상으로 이소룡 근육을 많이 언급한다. 그러나 이는 '마이클 조던 같이 농구 잘하기는 싫고 딱 허재만큼만 잘하고 싶다'고 이야기하는 것과 다를 바가 없다.

왜냐면 – 근질과 기능적인 면을 제외하고 근육 크기만으로 봤을 때 – 이소룡 근육 크기도 보디빌더들이 다들 한번 거쳤던 크기이지, 그걸 건너뛰고 갑자기 근육이 커진 것은 아니기 때문이다. 육안으로 느낄 수 있는 이소룡과 보디빌더 근육의 가장 큰 차이는 데피니션(definition, 근 선명도)이다. 이 데피니션 때문에 아무리 근육이 많아도 근육맨으로 인정 못 받을 수 있고, 반대로 근육이 아무리 빈약해도 데피니션만 좋으면 몸짱으로 인정받는 경우도 생긴다.

데피니션을 결정짓는 2가지 요소는 다음과 같다.

① 근육을 뒤덮고 있는 지방량의 차이: 아놀드가 오리털 파카를 입고 있으면 그가 근육맨인지 아닌지 아무도 모른다. 근육이 생긴다고 지방이 저절로 다 없어지는 것이 아니기 때문에 따로 운동과 영양학으로 지방을 빼주는 노력이 필요하다.

② 근육의 수분 차이: 육포의 결이 그냥 고기보다 훨씬 선명한 이치와 같다.

보디빌더들은 시합 전 수분제거를 위해 각자의 노하우를 가지고 열심히 노력한다.

흔히들 팔굽혀펴기 같이 몸의 무게만을 이용한 운동을 해야만 이소룡 근육을 가질 수 있다고 말하는데 그건 이소룡 근육을 무시하는 꼴밖에 되지 않는다. 그러니까 프로선수들처럼 죽어라 훈련해도 – 그 근질과 기능성을 제외하고 – 이소룡 근육의 크기를 가지기는 정말 힘드니(특히 그의 등 근육) 지레 근육이 너무 커지면 어쩌나 하는 쓸데없는 걱정 말고 그냥 열심히 운동만 하시라.

보디빌딩과 관련해서 하나 더 얘기하고 싶은 것은 바로 '펌핑'이다. 운동을 갓 하고 났을 때 몸이 빵빵해지고 약간은 둔해지는 듯한 느낌을 말하는데, 연예인이나 모델 들이 무대에 나가기 전 팔굽혀펴기를 순식간에 해대는 게 이 순간적인 펌핑을 얻기 위해서다. 그런데 이 펌핑은 오랜 기간 지속되는 것이 아니다. 순간적인 부풀림 현상을 가지고 웨이트 트레이닝하면 둔해진다고 하는데, 그 펌핑 느낌을 하루 종일 가지는 사람은(오랜만에 운동해서 아프거나 결리는 느낌 빼고) 당신 스스로를 기특하게 생각해라! 당신은 세상에 없는 별난 유전자를 타고난 사람이니까.

웨이트 운동은 그 종류가 많으며, 보디빌더들이 지향하는 것은 근육이지 근력이 아니다. 해서 몸은 크되, 그 몸무게만큼의 힘은 가지지 못하는 것이다. 그와는 달리 주로 힘을 키우고 거기서 부산물로 근육을 얻는 사람들이 파워리프터들이다. 이런 파워리프터들처럼 스트렝스(근력, 힘)를 키우기 위해서는 근육 자체도 중요하지만, 주로 뇌 및 중추 신경계의 도움을 많이 얻어야 한다. 파워리프팅처럼 스트렝스에 치중하는 훈련을 해줘야 스포츠 및 일상 적용은 물론 근육 키우는 데도 실패하지 않게 되니 실전과 근육 모두를 원하는 사람들은 이를 잘 이해하도록 노력해야만 한다. 이와 관련된 자세한 내용은 3장 '몸짱이냐 힘짱이냐'(154p)를 참조하시라.

남자는 힘! 힘을 길러라 파워리프팅 part 2

근지구력과 힘은 다른 문제

수년 전에 팔굽혀펴기를 1,000개 이상 한다고 TV에 나온 꼬마가 있었다. 프로그램의 재미를 위해, 평소 웨이트를 열심히 하는 건장한 대학생 4명 정도와 맞붙은 것으로 기억하는데, 물론 결과는 4명이 한 명씩 돌아가면서 지칠 때까지 팔굽혀펴기를 끝내도 결국 꼬마 혼자 하는 횟수의 반도 채우지 못했다.

그때 필자 이런 의문이 들었다. 그 꼬마의 노력과 지구력은 정말 대단한데, 만약 저 꼬마의 등에 50kg 정도의 사람이 올라앉는다면 팔굽혀펴기를 과연 몇 개나 할 수 있을까? 나머지 4명의 건장한 청년들이 비록 지구력에서는 졌다 하더라도 그들의 벤치 프레스 능력을 봤을 때는, 사람을 등에 태우고 하는 시합에서는, 4명 중 한 명만 시합을 하더라도 충분히 그 꼬마를 이길 수 있다고 생각했다. 아무리 지구력이 강하다고 해도 힘(스트렝스)은 다른 문제이기 때문이다. 이해하기 쉽게 빈 콜라캔을 들었다 내렸다 100번 하는 사람을 생각해보라. 다들 그의 인내력과 지구력엔 경외를 표할지 모르나 누구도 그를 힘세다고 생각하지 않는다. 허나 기름이 가득 차 있는 큰 드럼통 하나를 번쩍 들어올리면, 단 한 번일지라도 그를 강호동 급으로 보게 된다.

　헬스장에서도, 이러한 경우를 많이 볼 수 있다. 운동할 때 가벼운 무게를 가지고 아무 생각 없이 무조건 많이만 반복하는 것인데, 지구력 향상에는 도움이 될지 모르나 힘이나 근육을 기르기 위한 목적이라면 별로 성과를 보지 못한다. 그 꼬마의 경우도 시각적으로는 근육을 거의 볼 수 없었으며, 그 TV 프로그램에서도 직접 병원까지 가서 근육량을 조사했지만 별로 많지 않은 것으로 판명났다.

　반대로 너무 무게를 올리는 데만 집착한 나머지, 다른 중요한 요소들을 소홀히 해도 문제가 된다. 자세를 올바르게 하지 않고 반동 및 편법으로 리프팅한다든지, 전체 가동 범위로 움직이지 않고 부분적으로만 움직이는 경우(고급자들이 일부러 부분 운동을 해주는 경우를 빼고) 등이다. 그렇게 운동하면 남에게 과시하는 데는 성공할지 모르나 근육을 키우는 데는 별 재미를 못 본다.

　위의 현상은 '저항'과 '자극'이라는 용어로 설명할 수 있다. 근육이 커지는 메커니즘은 근육이 자극을 받아 파괴된 뒤, 운동을 하지 않고 쉬는 시간에 몸에 흡수된 단백질을 이용하여 복구되면서 커져나가는 것이다. 즉, 근육은 자극을 받지 않으면 자라지 않는다.

　100 kg의 무게를 들더라도 반동을 주거나 부분적으로만 운동하면 50 kg 정도밖에 되지 않는 저항만 받을 수 있고, 단 60 kg을 들더라도 제대로 운동하면 60 kg 전체 무게를 다 이용한 운동이 된다.

　스트렝스(힘) 또한 마찬가지다. 얼마만큼의 무게를 드느냐의 문제가 아니라 실제 몸이 느끼는 저항과 자극이 얼마인지가 중요하다. 스트렝스(힘)＝저항, 자극, 긴장도다. 즉, 더 많은 힘을 얻기 위해선 실제의 저항과 자극을 키워가야만 한다. 그래서 만약 그 꼬마가 지구력이 아니라 힘과 근육에 집중하고자 했다면, 일반적인 팔굽혀펴기를 계속하기보다는 다리를 책상 위로 점점 높여가든 아니면 '물구나무 팔굽혀펴기'나 '한 팔 팔굽혀펴기'를 해 저항과 자극을 높여야 했다.

이처럼 우리가 힘을 기르기 위한 운동을 할 때는 항상 이 고저항과 고자극, 고긴장도를 생각해야만 한다. 고급자들이야 평소 무게에 대한 뇌의 인식이 있기 때문에 가벼운 무게로도 일정 정도 무겁게 인식하게끔 훈련할 수 있으나, 일반인들은 실제 무게를 가지고 최대한 그 무게를 몸으로 인식하게끔 훈련해야 한다.

저항, 자극이라는 공통점 말고, 힘을 기르는 파워리프팅 유의 운동과 근비대 목적인 보디빌딩 운동에서 근본적으로 다른 점이 있으니, 그건 다름 아닌 단련시키려는 타깃이다. 근비대가 생명인 보디빌딩은 근육의 힘보단 근육 크기 자체만을 키우는 것이 중요하지만 힘을 기르는 파워리프팅식 운동은 근육의 밀도와 힘은 말할 것도 없이 인대(뼈와 뼈를 잇는 조직), 건(뼈와 근육을 잇는 조직), 그리고 뼈 강화와 뇌의 잠재력 개발이 더 중요하다.

물론 보디빌딩 운동도 어느 정도 인대, 건, 뼈를 강하게는 하지만 아무래도 근비대 쪽으로 목적이 치우쳤기 때문에 힘을 목적으로 하는 파워리프팅만큼 인대나 건을 강하게 하진 않는다. 반대로 파워리프팅 운동이 보디빌딩 운동보다 앞서면 장기적으론 최고의 근비대 효과를 누릴 수 있지만, 벤치 프레스, 데드리프트, 스쿼트 이 3가지 운동만 가지고 완벽한 근육발달을 가져올 수는 없다. 완벽한 근육발달을 위해서는 빅머슬 7 운동을 포함시켜주고 나중에는 펌핑근육 운동도 첨가해야 한다. (빅머슬 7 운동은 132p 참조)

또한 근비대는 절대 양질의 음식 섭취 없이 이루어지지 않는다. 근육 발달에 영향을 미치는 요소로 운동과 영양을 최소 50:50으로 보는데, 심하게 이야기하는 사람은 영양 80 : 운동 20 을 적용하는 경우도 있을 만큼, 운동 전과 운동 후 탄

수화물과 단백질 섭취가 이루어져야 소기의 목표를 달성할 수 있다.

위급한 순간에 차를 들어올린 어머니 얘기를 다시 떠올려보자. 아이를 구하기 위해 차를 들어올렸다는 이야기가 사실인지는 모르겠다. 하지만 그것이 충분히 가능하다고 생각되는 이유는, 사람은 위험한 상황을 대비해서 잠재적인 힘을 비축하고 있기 때문이다. 물론 함부로 자주 사용하다보면 인대나 건의 파열 등 인체에 무리가 생기기에 뇌에서 강한 저지를 보내지만 위급한 순간에는 그 잠재력을 발휘할 수 있다.

평소 인대와 건의 강화 없는 무조건적인 잠재력은 끌어내기도 힘들지만 부상 또한 당하기 쉽기에, 평소 훈련을 통해 단련해놓는 것이 중요하다. 그러므로 그 무게를 들어도 안전하다는 인식을 뇌가 가지도록, 일반적인 훈련에서 조금씩 비슷한 상황을 연출하면서 뇌의 잠재력과 더불어 실제 무게에 몸이 적응되게끔 인대와 건을 강화시켜야 한다.

이는 다리 찢기에도 통용되는데 강제로 다리를 찢다가는 몸이 다칠 가능성이 커지므로 조금씩 천천히 가동 범위를 늘려가며, 다리 찢는 상황을 자주 연출시킴으로써 뇌를 편안하게 하고 그 상태가 문제없다는 것을 인식시키는 것이 중요하다. ('몸짱이냐 힘짱이냐' part 1. '개선'의 원칙 참조 165p)

힘을 위한 파워리프팅

그럼 위의 내용을 바탕으로 좀더 자세하게 힘 기르는 방법을 세트(set)와 횟수(reps), 세트 사이 쉬는 시간, 실패지점 3가지를 중심으로 보디빌딩과 비교하면서 알아보자.

1) 세트set 와 횟수reps

최적의 세트와 횟수를 찾기란 쉽지 않다. 보디빌더나 파워리프터, 스트롱맨들의 훈련 루틴을 보면 다들 제각각이며, 또한 자기 루틴에도 변화가 많다. 이 '변화'란 말 자체가 최적의 세트와 횟수이며, 근육을 키우고 힘을 기르는 데 가장 핵심적인 것이 되겠다. 그렇다면 변화란 무엇인가.

①무게를 올리는 것뿐 아니라 무게를 일시적으로 낮추는 것도 일종의 변화로 인한 자극이 될 수 있으며 ②1주일 동안 쉬는 것도 변화이고, ③계속 변화하는 운동만 하다가 일정 기간 똑같은 운동을 변화 없이 하는 것도 일종의 변화가 되겠다. 사람 몸은 변화에 의해서만 자극을 받게 되기 때문에 독자들은 항상 새로운 변화를 모색해야 한다. (반대로 원칙 없이 너무 자주 변화를 주는 '변화만을 위한 변화'는 오히려 독이 되므로 주의해야 한다. 특히 매일매일 새로운 것을 하기보다는 최소 몇 주 정도는 일정한 패턴을 유지하면서 무게를 올려줘야 발전할 수가 있다.)

그러나 이 변화란 대전제 아래에서도 과거 엘리트 선수들의 훈련 루틴에서 공통점을 찾을 수 있었으니 보디빌딩부터 살펴보면, 근육을 크게 만드는 세트와 횟수는 워밍업이 포함된 '4~5세트' / '8~15회'가 가장 많은 것으로 밝혀졌다. 즉 가벼운 무게로 무조건 쉴 새 없이 계속 해준다고 해서 근육이 생기지 않는다.

그럼 힘을 위한 파워리프팅은?

그 전에 운동 용어 '1RM'(Repetition Maximum)이라는 말을 알아보자. 이것은 딱 한 번 들 수 있는 무게를 말한다. 당신이 100kg으로 단 한 번만 스쿼트할 수 있다면, 스쿼트 1RM이 100kg라는 의미다. 마찬가지로 50kg을 가지고 스쿼트 10회가 가능하다면 당신의 스쿼트 10RM은 50kg이 된다.

1RM의 중요성을 알아보자. 예를 들어, 자기 아이가 트럭에 깔렸다고 가정하

자. 그 상황에선 티코 10번을 들 수 있는 힘보다 트럭 1번을 들어올리는 힘이 있어야 아이를 구할 수 있다. 즉 위험한 순간에 처했을 때 근지구력이 필요한 경우가 있는 반면 위 예처럼 스트렝스(근력)가 절대적인 경우가 있다. 그래서 1RM을 키우는 것이 큰 의미를 가진다.

필자, 암벽등반할 때 쓰던 안전벨트를 이용하여 몸에 바벨 플레이트 60kg을 달아서 턱걸이를 2개 한다. 이는 액션 영화에서처럼 주인공이 절벽에 매달리고 그 주인공 몸에 여자가 같이 매달려 있는 경우, 필자 몸에 매달린 여자의 몸무게가 60kg 이하라면 살아날 가능성이 크다는 말이다. 이는 역시 고반복의 턱걸이보다는 단 한 번의 스트렝스(무게 턱걸이)가 중요한 예를 보여준다.

위의 내용들을 보면서 독자들은 이미 힘을 기르는 운동의 횟수에 대해서 눈치챘을 것이다. 한 번의 힘을 쓰는 1RM을 키우는 것이 관건이므로 횟수를 1회에 가깝게 최대한 줄이는 것이 키포인트라는 것을. 그럼 얼마만큼 줄여야 할까?

대부분의 파워리프트와 역도선수들의 훈련 루틴을 보면 워밍업을 제외하면 6회 이상 반복하는 경우는 드물고-어떤 주기화 운동을 하고 있느냐에 따라 다르지만-사이클 후반에 가면 보통 3회 이상도 잘 하지 않는다.

차를 들어올린 어머니 이야기에서도 알 수 있듯이 동일한 상황 연출이란 다름 아닌 실제 그 무게로 1번 들 수 있는 힘에 가까워지려는 노력이라 볼 수 있다. 상황에 따라 일정 이상의 볼륨이 필요할 경우가 있는데, 이럴 때에는 횟수는 저반복으로 유지하고 세트만 올려서 전체 볼륨을 조정하는 것이 바람직하다.

'무거운 무게를 이용하면 너무 위험한 게 아니냐?'라는 생각을 하는 독자들이 많을 줄로 안다. 물론 때에 따라 위험할 수도 있겠지만, 볼펜 하나 들다가도 다칠 수 있는 것이 우리 몸이다. 데드리프트를 한다고 생각해보자. 자세를 제대로 취하면, 자기 능력에 비해 너무 무거운 무게를 들때 아예 다리가 펴지지 않는다. 다시 말해 우리가 들 수 있는 무게를 들면 들리는 것이고, 너무 무거우면 움직여지지 않는 것이다. 흔히 무거운 무게를 들어올리는 것이 부상의 위험을 높인다고 생각하는데, 오히려 부상은 계속적으로 가벼운 무게를 많은 횟수로 들다가 지치고 자세가 흐트러져서 발생하기 쉽다. 즉 무거운 무게를 사용하더라도 반복횟수만 적게 한다면 자세에 있어서 집중력을 높일 수 있고, 그럼으로써 부상의 가능성을 줄일 수 있게 된다.

2) 세트 사이 쉬는 시간

보디빌딩은 세트 사이에 쉬는 시간을 줄일 것을 강조한다. 사실 필자도 옛날에 단순히 이 세트 사이 시간을 줄이는 것만으로 근육 형성에 많은 도움을 받았다. 그 전엔 신문도 보고 얘기도 하면서 쉬엄쉬엄 한두 시간을 채웠는데, 나중에 전략을 바꿔 쉬는 시간도 거의 없이 약 3, 40분만 '빡세게' 운동을 하니 훨씬 더 좋은 결과를 얻었다.

그러나 힘을 기르는 운동은 다르다. 호흡이 정상으로 돌아오고 힘이 충분히 다시 돌아올 때까지 쉬어줘야 한다. 파워리프팅은 무거운 중량을 다루는 만큼 우리 뇌와 몸이 절대 피로를 느끼지 않게 해야 하며 다시 시작할 때도 똑같은 집중력을 가지기 위해선 충분히 쉬어줘야 한다. 쉬는 시간은 사람마다, 또한 초·중·고급자마다 다 다르지만, 보디빌딩은 보통 30초에서 1분 정도(때때로 2, 3분), 파워리프팅은 5분까지 쉬어줘도 무방하다.

3) 실패지점

실패지점이란 한 번만 더 반복하면 바벨에 깔려 죽을 것 같은, 더 이상 반복할 수 없이 최대 횟수까지 했을 때 근육이 실패하는 지점을 말한다. 물론 보디빌더들도 오버트레이닝을 염려하여 운동할 때마다 실패지점에 다다르는 건 아니나 근비대(특히 펌핑 근육)를 위해선 가끔씩 해주어야 한다.

그러나 파워리프팅은 다르다. 강조하지만 몸과 뇌가 느끼는 피로도를 최소화해야 한다. 즉 실패지점 1~2회 전에 그만두는 것이다. 그래야 더 이상 피로를 느끼지 않으며 다음 세트나 다음날에도 무리 없이 최대한 힘을 발휘할 수 있는 것이다.

대다수 사람들은 최대한 실패지점을 이끌어내서 기분 좋은 근육통이 느껴져야만 운동을 한 것처럼 생각한다. 그러나 이는 근육이 젖산을 형성해서 불편하게 느껴지는 것 그 이상 그 이하도 아니다. 오히려 인대나 건 쪽에 부상을 입을 수도 있으므로 최대한 실패지점을 억제하도록 노력해야 한다.

주기화 이론 따라 강약조절

이제 어떻게 운동해야 할지 감이 좀 잡히시는가? 혹시나 필자처럼 이해력이 느린 독자들을 위해 현대 스포츠의 가장 중요한 테마 중 하나인 '주기화(periodization) 이론'을 통해 다시 한번 종합하여 설명한다.

고대 그리스에 '밀로'라는 장사가 있었다. 그는 아주 어린 송아지를 데려와 매일 그 송아지를 들었다고 한다. 송아지는 계속 자랐고, 나중에 큰 소가 된 이후에도 밀로는 그 소를 들 수 있었다고 한다. 〈소림사〉란 영화에서도 이와 비슷한 이야기를 볼 수 있다. 어린 중이 작은 나무를 키우면서 매일매일 지날 때마다 그 나무를 뛰어넘었고, 결국은 그 나무가 크게 자란 후에도 쉽게 뛰어넘을 수 있었다.

과연 그게 가능할까? 이 이론대로라면 우리는 못 들어올릴 물건이 없으며, 못 넘을 높이가 없다. 그러나 정확한 이유는 몰라도 인간은 계속적으로 저항을 올리면 어느 순간 성장이 반대 방향으로 가게 된다는 걸 발견했다. (세상의 원리가 다 이와 같은 게 아닌가 싶다.) 다시 말해 2, 3보 전진했으면 1보 후퇴를 해야만 계속적으로 앞으로 나갈 수 있단 얘기다. 이를 토대로 나온 것이 주기화 이론이다. 주기화 이론은 현대 스포츠에서 이에 따라 훈련하지 않는 종목이 거의 없을 정도로 모든 스포츠에 광범위하게 쓰이고 있다.

내용은 간단하다. 마라톤을 예로 들어보자. 훈련 시작부터 시합까지 이르는 전체 트레이닝 기간을 매크로사이클(macrocycles)이라 부른다. 약 4개월에서 6개월로 구성되는 1개의 매크로사이클은 또다시 4~8주 정도로 지속되는 여러 개의 메조사이클(mesocycles)로 다시 분할되고, 이 1개의 메조사이클은 또 다시 1주 정도의 마이크로사이클(microcycles)로 나뉜다.

단계마다 각각의 특성이 있으며, 이 사이클이 끝난 후 5, 6주 정도 회복기를 가진 후 다시 또 다른 마라톤 시합을 준비하는 것이다. 어느 선수도 1년 365일 강한 정신력을 가지고 훈련에 임할 수 없으므로, 강약을 조절한 주기화를 통해 결국 시합하는 날 모든 힘을 쏟아부을 수 있게 조정한다.

파워리프팅이나 스트롱맨 훈련도 이와 마찬가지이며 앞에서 실패지점을 피하라고 한 이유도 시합날 단 한 번, 진정한 실패지점을 맞기 위해서다. (가끔씩 자신의 향상 정도를 체크하기 위해 훈련기간 중 실패지점을 경험할 수 있다.)

초보자들은 아직 잠재력이 많기 때문에 좀더 빠른 성장을 기대할 수 있고 실패지점으로 더 많이 갈 수는 있으나, 엘리트로 갈수록 성장이 느리므로 실패지점을 더 조심해야 한다. 또 실력이 늘수록 단 몇kg을 늘리기 위해 상당기간을 소비할 수도 있다는 것을 알아야 한다.

지금까지 파워리프팅 중심으로 힘을 기르는 방법을 알아보았다. 글을 읽으면서 어느 정도 눈치 챈 분도 있겠지만, 사실 이름이 파워리프팅이지, 정작 향상시키는 것은 파워(power)가 아니라 힘(strength)이다. 그러므로 정확하게 이야기하면 파워리프팅이 아니라 힘 리프팅이라는 용어가 적절하다.

정리하자. 밖으로 보이는 근육이 풍부한 근육맨들이 힘도 좋을 것이라는 선입견을 우선 배제해야 한다. 보디빌딩과 파워리프팅이 추구하는 목적 및 훈련 방법은 다르며, 힘을 위한 훈련을 해야 실제 스포츠를 할 때 실망하지 않게 된다. 보디빌딩 훈련만 하다가는 열심히 했는데도 뭐가 잘못됐는지 모르고 좌절하기 싶다. 심지어 보디빌딩을 원하는 사람들도 그 분야에서 성공하기 위해 먼저 힘과 관련된 훈련 방법을 쓰는 게 좋다. 스트렝스가 바탕이 되어야 장기적으로 최고의 성과를 이룰 수 있기 때문이다.

남들이 뭐라고 해도 남자는 힘이다. 힘을 길러라.

궁극의 파워를 위한
역도 운동 클린 앤 저크, 스내치

땅으로부터 다리를 통하고

허리를 통하고 등을 통해서 파워를 얻는다. _이소룡

올림픽 기간은 행복한 순간의 연속이다. 필자는 개인적으로 대중적인 인기를 한 몸에 받고 있는 축구나 야구를 별로 좋아하지 않는다. 트랙 앤 필드(단거리 달리기, 창던지기, 멀리뛰기, 장대높이뛰기 등), 역도, 체조, 복싱, 카약, 조정 같은 종목을 즐겨본다. 올림픽 정신 '더 빨리, 더 높이, 더 힘차게(Citius-Altius-Fortius)'에 부합하는 원초적이면서 파워풀한 종목들을 더 좋아한다. 자주 듣다보니 무뎌진 감이 없진 않지만 이 세 가지 정신은 정말 멋지다. 이는 엘리트 선수에게 필요한 모든 능력을 표현하고 있으며, 특히 트랙 앤 필드 경기들은 이 모든 것이 녹아 들어간 최고의 스포츠라고 생각한다.

단거리 달리기 선수가 이 세상에서 가장 빠르며, 높이뛰기 선수가 이 세상에서 제일 높이 뛰며, 멀리뛰기 선수가 이 세상에서 가장 멀리 뛴다. 이 얼마나 명쾌한가. 세상에서 가장 빠르고, 높이 뛰고, 멀리 뛰는 사람들이 모여 그중 1등을

가리고, 기록을 경신해나가는 것이다. 그 때문에 올림픽 창시자는 육상에서 메달이 가장 많아야 한다고 주장했으며, 나중에 수영에서 종목이 늘어나자, 육상도 일부러 종목을 늘려야 했다.

파워와 스피드

자, 그럼 이번에는 위에 말한 운동을 잘하기 위한 가장 중요한 요소, 파워와 스피드를 설명하는 시간을 가져보자. 대부분의 스포츠와 일상생활에서 가장 중요한 체력 요소라면 단연코 스피드와 파워를 들 수 있다. 보는 이로 하여금 흥분을 자아내기에 충분함은 물론 승패를 결정 짓는 요건이기 때문이다.

축구나 야구만을 좋아하고 스피드와 파워의 결정체인 육상을 별로 좋아하지 않는 사람을 위해 육상을 즐기기 위한 하나의 방법을 가르쳐주겠다. 단거리 달리기에서 막판 스퍼트를 주의해서 보는 것이다. 100~400m는 말할 것도 없고, 800m 달리기 올림픽 결승전을 상상해보자. 각 선수들이 마지막 한 바퀴를 남겨 놓고 최선을 다해 치고 나가기 시작, 점점 그들의 몸이 폭발하기 시작한다. 정말 세계에서 난다 긴다 하는 선수들의 경합에서 마지막 100~200m를 남겨두고 파워와 파워끼리 맞붙어서 조금씩조금씩 따라잡는 그 에너지는 어느 종목보다 더 큰 오르가슴을 준다. 그 조금씩 따라잡는, 남보다 조금 더 나은 파워, 그걸 감상한다면 모든게 새롭게 보일 것이다.

그럼 파워란 무엇일까? 앞장에서 파워리프팅은 실제 힘리프팅이라고 말했던 걸 기억하시는가. 즉 속도가 없는 개념이 힘이라면, 파워는 속도가 포함된 개념이라 보면 된다. 공식으로 표현하자면

POWER = FORCE(STRENGTH) × VELOCITY(SPEED) 되겠다.

위 공식에서 보듯이 힘에 스피드가 따라줄 때에만 파워의 공식을 완성시킬 수 있다. 그럼 이 두 가지를 한꺼번에 끌어올릴 수 있는 운동은?

이걸 알기 위해 몇 년 전 한 TV프로그램에서 실시한 실험 이야기를 먼저 해야겠다. 역도선수, 레슬링선수, 배구선수, 농구선수 등을 불러놓고 수직 점프 능력(몸의 파워를 측정하는 중요한 테스트)을 측정한 적이 있었다. 대부분 사람들은 농구선수와 배구선수가 이길 걸로 생각했는데 필자의 예상대로 역도선수, 레슬링선수가 1, 2위였고, 배구선수와 농구선수가 3, 4위였다. 그 자리에 부른 사람들의 능력이 각각일 수도 있어서 여러 명의 선수들을 찾아가서 평균을 냈지만 역시 결과는 마찬가지였다. 즉 역도선수들의 파워가 가장 뛰어났다.

용상(clean and jerk)과 인상(snach)으로 구성된 역도는 파워와 스피드가 필요한 모든 종목 선수들이 훈련에 도입하면 극강의 효과를 볼 수 있는, 최고의 파워풀한 운동이자 모든 스포츠에서 기본이 되어야만 하는 필수 운동이다. 주위에 혹시라도 역도를 하는 친구가 있다면 무슨 수를 써서라도 배워놓으시라.

파워와 스피드가 중점인 트랙 앤 필드 운동선수들만 보더라도 이 역도운동에 엄청난 에너지를 쏟아붓는다. (이는 외국의 경우이고, 아직 한국에선 어떤지 잘 모르겠다.)

역도는 일견 쉬워 보여도 너무나도 복잡해, 역도 프로선수들마저도 기술의 발전은 있을지언정 마스터하기는 불가능하다고 할 만큼 어려운 운동이다. 그래서 처음에 제대로 된 기술로 배워놓지 않으면 나중에 고치고 발전하기 더 힘들어질 수 있다.

클린 앤 저크와 스내치

그럼 본격적인 역도에 대한 얘기 그리고 어떻게 파워를 분출시키는지 차근차

근 알아보자.

역도는 용상(클린 앤 저크)과 인상(스내치)으로 나눌 수 있다. 각각은 '세계에서 가장 파워풀한 리프트' '세계에서 가장 빠른 리프트'로 이름 붙은 만큼 파워풀하고 스피디한 운동이다. 여기서는 주로 클린

2008 올림픽 역도 금메달리스트 이란의 레자 자데.

앤 저크, 또 그 중 클린 위주로 이야기하겠다.

클린 앤 저크는 말 그대로 클린과 저크를 합쳐 놓은 걸 말한다. 클린은 땅에서 바벨을 들어올려 가슴에 올려놓고 일어서는 과정까지를 말하며, 저크는 그 상태에서 다리를 벌리면서 머리 위로 바벨을 들어올리는 모습을 생각하면 된다. 여기서 클린 동작을 자세히 보면 언뜻 생각나는 게 있을 것이다.

그렇다! 데드리프트와 스콰트를 합쳐놓은 것이다. 물론 그 동작의 전환과정에서 생겨나는 파워가 주 포인트이긴 하지만 데드리프트의 힘과 스콰트의 힘 없인 고중량의 클린을 다루기는 불가능하다.

필자 처음으로 클린 운동을 시작했을 때 벤치 프레스를 140kg까지 했다. 그래서 반 정도 무게인 70kg으로 운동하면 되겠지 생각하고 덤볐다가 큰코다쳤다. 나중에 알았지만 100kg 클린을 하고 싶으면 스콰트와 데드리프트를 그 2배, 즉 각각 200kg 정도는 할 수 있어야 힘을 쓸 수 있었다. (역도 기술이 올라갈수록 그 간격은 점차 좁아진다.)

헬스클럽에선 최고의 자랑거리인 벤치 프레스가 클린 같은 고급운동을 해내는 데는 그다지 큰 도움이 되지 않는다. 물론 등과 반대되는 가슴 근육 발달에 도움을 주므로 부상방지의 기능은 있겠으나 실전적인 면에선 스콰트와 데드리프

트가 훨씬 더 앞선다.

좀더 알아보기 쉽게 파워출력 측면을 보면, 벤치 프레스는 엘리트 기준으로 파워를 415W만큼 발산한다. 데드리프트와 스콰트가 900W 정도로 더 우수하나, 클린은 무려 3,413W의 파워를 출력한다. 벤치 프레스에 비하면 정말 엄청난 파워다.

이 파워 출력과 더불어 클린 앤 저크를 자세히 보면 일상생활에서 하는 일과 너무나 닮아 있다. 시멘트나 비료 포대를 제자리에서 허리까지 들어올리고 나르는 일은 데드리프트 운동 및 파머스 워크('쪽팔리지 않게' 338p 참조)와 흡사하지만, 물건을 차에 올리거나 어깨 위로 걸칠 때는 알게 모르게 어설프나마 클린 동작을 흉내내게 된다. 이건 필자가 항상 강조하는 실용, 실전적 운동형태와 너무나 잘 맞물려 있다.

파머스 워크

즉, 시멘트 포대를 들어올리는 사람들이 보디빌더들보다 실전에 더 뛰어난 이유도, 그들이 클린 앤 저크의 변형 동작을 했기 때문이다. 클린 앤 저크 운동을 해보면 몸의 구석구석에 자극 받지 않는 근육이 없다. 모든 것이 한 동작으로 이뤄지는 만큼 몸을 전체적으로 자극하는 운동이라, 온 근육이 협응해서 살아 숨쉬게 만들어준다.

아마추어와 프로를 나누는 기준, 힙파워

그럼 과연 파워는 어디서 어떻게 생성되기에 역도 운동이 그렇게 강점을 가질까? 필자 고등학교를 졸업하고 복싱을 2년 정도 했는데 그때마다 어떻게 펀치를 강화시킬 수 있을까 고민했다. 그리고 군대 다녀와서는 본격적으로 헬스클럽에 다니면서 파워를 얻기 위해 무던히도 열심히 운동하고 공부하다 발견한 것이 바로 힙(또는 힙 조인트)이다.

종합격투기 붐이 일기 전, 이쪽 분야에 앞서 가신 한 무도인이 종합격투기에 대해 책을 쓴 적이 있었다. 물론 책의 내용은 훌륭했으나 한 가지 공감이 가지 않는 부분이 있었는데 펀치 파워를 증가시키는 부분이었다. 그는 기존 운동을 비판하면서 프론트 바벨 레이즈를 해야 펀치가 강해진다고 설명했다. 뭘 하더라도 조금씩 도움이야 되겠지만 말 그대로 몸통은 캐치하지 못한 이론이랄까?

프론트 바벨 레이즈

다음은 유명한 토미 코노의 그림이다. 그림을 보면 알겠지만, 힙(hip)에서 파워가 생성되어 온몸으로 펴져나가는 것을 나타내고 있다. 즉 파워는 힙에서 시작해서 사지로 뻗어 나가는 것이다.

흔히들 투수가 어깨 힘으로 던진다고 생각한다. 하지만 어깨 운동을 열심히

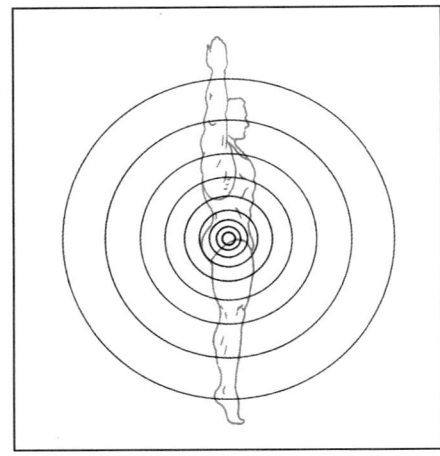

힙파워

하면 어느 정도 도움은 되겠지만 절대로 엘리트 선수만큼 던질 수는 없다. 역도 운동으로 힙에서 파워를 출력시키는 훈련을 하면 훨씬 빠른 공을 던질 수 있다. 육상 운동에서 창던지기, 멀리뛰기 등도 마찬가지며, 요즘 유행하고 있는 종합 격투기 펀치나 몸의 파워를 향상시키고 싶어도 이 역도 운동을 이용하면 큰 도움이 된다. 이 힙의 파워 차이가 아마추어와 프로를 나누는 기준이 된다. 아마추어들이 항상 프로 엘리트 선수들의 운동능력을 부러워하며 어떻게 그러한 능력을 키울까 고심하는데 힙파워 운동에 집중하면 된다.

물론 쉽지는 않다. 사실 이 힙의 파워가 자연스럽게 나오기까지 적게는 3년, 많게는 5년 이상의 꾸준한 힙운동이 필요하다. 주위의 엘리트 선수들 중에서도 "나는 힙의 파워 그런 것 모른다." 말하는 이들이 있는데 2가지 경우로 보면 된다. 그들의 운동에 알게 모르게 힙파워 운동이 포함된 경우, 이도 아니면 아직 개발할 잠재력이 무한한 경우.

파워를 키우는 저반복, 컨디셔닝을 향상시키는 고반복

세계에서 가장 파워풀한 사람 중 하나는 역도선수다. 물론 진정한 힘의 강자를 가리는 세계천하장사대회 사람들 즉 스트롱맨들을 무시할 수는 없지만 순간 파워 면에서는 역도선수들의 손을 들어주는 게 맞다. 바벨 자체가 파워를 출력하기에 가장 알맞게 만들어져 있기 때문이다.

그럼 역도선수들의 운동 횟수는 어떻게 될까? 5~6회 이하의 고중량 저반복이 주를 이룬다. 보통은 운동초반에만 그렇고 나중에 실력이 증가하면 3회 이상은 잘 하지 않는다. 역도대회 자체가 가벼운 무게로 누가 많이 하는가를 따지는 것이 아니라 가장 무거운 무게로 단 한 번의 파워를 누가 잘 쓰느냐로 승자를 결정하기 때문이다.

또 이 역도 운동의 묘미 중 하나는 적정 무게로 고반복하는 데도 있다. 물론 최대 힘과 파워를 쌓기 위해서는 고중량 저반복으로만 운동해야 하나, 컨디셔닝 운동을 위해서는 고반복 역도 운동을 이용할 수 있다. 자기 몸무게보다 약간 무거운 바벨로 20개 이상의 클린 앤 저크를 반복할 수 있다면, 정말 어디 가서 '저 체력하나만은 끝내 줍니다'라고 재수 없게 말해도 크게 욕먹을 일은 아니다.

클린 앤 저크를 고반복으로 하면 일반적인 보디빌딩 운동으로 인한 근육의 실패로 오는 느낌과 더불어 단거리 달리기를 하고 난 뒤에 오는 숨이 끊어질 듯한 느낌까지 동시에 받을 수 있다. 마라톤 같은 달리기에 익숙한 사람들이 웨이트 트레이닝을 하면 심폐기능이 떨어지는 느낌 때문에 달리기에만 집착하는 경향이 있는데 고반복 클린 앤 저크를 하고 나면 생각이 달라질 것이다.

특히나 마라톤에 빠진 사람들의 특징이 수많은 부상에도 불구하고 다른 대체할 만한 운동이 없어서(사이클과 수영이 있지만 만족도가 약하다) 어쩔 수 없이 달리기 연습만 고집하는 경우가 많은데 이를 위한 확실한 대체 운동으로 쓰일 수 있다. 대체 운동으로만 그치는 것이 아니라 달리기 능력을 훨씬 더 상승시켜줄 것이다.

다만 주의할 점이 있다. 역도의 저반복 운동과 고반복 운동은 메커니즘이 완전히 다르다는 점이다. 파워를 성장시키기 위해 역도 저반복 운동을 선택했다면, 바벨보다는 케틀벨 고반복을 이용해서 컨디셔닝 및 근지구력을 향상시키도록 한다. 그렇게 해야 역도 저반복 연습에서 배운 타이밍 및 밸런스 능력을 손실하지 않는다.

클린 앤 저크를 배워보자

이 역도 운동은 그 복잡성으로 인해 운동 연습을 할 때 부분적으로 떼어내서 연습을 많이 한다. 취약한 부분을 강화시킴으로써 전체를 강화시킬 수 있으며, 또한 부분 운동만으로도 충분히 훌륭한 운동이 되기 때문이다.

데드리프트와 스콰트는 말할 필요도 없이 중간 전환부분에 해당하는 파워 클린(클린 동작에서 풀 스콰트 부분을 생략하고 쿼터 스콰트로 대신함) 또는 행 파워 클린 연습만 하더라도 역도 자체가 아닌 다른 운동 향상 능력이 목표인 선수들에게는 상당한 운동이 된다.

TV에서 태릉선수촌에서 레슬링선수들이 웨이트 운동하는 모습을 봤을 것이다. 역기를 들고 서서 무릎에서 가슴까지 빠른 속도로 올렸다 내렸다 힘들게 반복하는 운동이 바로 행 파워 클린이다. 이소룡 또한 자기의 웨이트 트레이닝 루틴에 항상 파워 클린을 포함시켰다. 그 실전력을 아는 사람들은 다들 역도 변형 운동 하나쯤은 그들의 훈련 안에 넣고 실전력을 쌓아왔다는 말이다.

필자가 이 역도 운동을 강조하고, 꼭 해보라고 하면 헬스클럽의 관장들이 싫어

한다고 하소연하면서 대체 운동을 물어보는 사람들이 많이 있는데 달리 대체 운동이 없다. 그러니 파워 클린이나 행 파워 클린을 해서라도 꼭 자기 훈련 루틴에 포함시키도록 한다.

　이 운동을 눈으로 봐서는 잘 모르겠지만, 바벨의 움직이는 형태는 직선으로 위로 올라가는 수직이 아니라 보통 S자 모양의 궤적을 그리게 된다. 이는 머신으로는 절대 불가능한 운동이다. 왜 머신이 한계를 지니는지 확실히 알게 해주는 대목이기도 하다.

　이제 그림과 더불어 클린 앤 저크 동작을 설명하겠으나 정말 수박 겉 핥기 식이라는 걸 미리 이야기한다. 힘과 파워를 다루는 대부분의 잡지에서도 매달 역도의 기술을 설명하는 수많은 기사가 있을 정도로 기술 설명이 복잡다양하며, 그 훈련 방법의 다양성은 끝이 없을 정도이기 때문이다. 또한 글로 설명할 수 있는 부분은 한계가 있기 때문에 우선은 대략적인 감만 잡으시고, 제대로 배우고자 하는 사람은 삽짐(www.crossfitsap.co.kr) 같은 특수 체육관을 찾길 바란다.

[클린 앤 저크]

● 다리를 제자리 점프 할 때만큼의 넓이로 벌린 상태에서 무릎을 구부리고 엉덩이를 낮추며 어깨넓이보다 더 넓게 바를 잡는다. 어깨는 약간 바 앞에 있고 등은 아치형을 이뤄야 한다.

● 땅을 힘껏 밟으며 밀기 시작, 바벨이 무릎 높이에 다다를 때까지 등은 여전히 아치형을 이루면서 시작과 똑같은 각을 유지한다. 등과 복부는 리프트 내내 힘을 주며 바가 무릎을 지날 때까지 여전히 각을 유지한다. 바벨이 무릎을 지날 때 어깨를 올리면서 바를 최대한 다리에 가까이 한다. 몸을 펼치면서 쉬러그 동작을 취하고 점프를 시작한다.

● 바벨은 여전히 몸 근처를 유지하다 재빨리 바 밑으로 몸을 낮추면서 스쿼트 자세를 취한다.

● 스쿼트를 마치고 저크를 하기 위해 손 위치를 조절한다.

● 등과 복부에 힘을 주면서 다리를 굽힌다. 어깨가 힙과 발 위에 오도록 한다.

● 다리를 강하게 펴면서 바를 머리 위로 향한다. 다리를 벌리면서 몸을 바 밑으로 내린다.

● 다리를 모으면서 동작을 완료한다.

전화번호부를
찢어볼까? 악력에 대하여

손은 인체의 축소판이다. _수지침 〈상응요법론〉

　오래 전 유명한 보디빌딩 잡지에서 '자동차를 들어올리고 전화번호부를 마구 찢어버리는 괴력을 갖고 싶은가?'라는 주제를 다룬 기사를 보았다. 거기선 그 괴력을 위한 운동으로 벤치 프레스를 위시한 각종 보디빌딩 운동들을 소개했는데, 필자 그 기사를 보고 입가에 흐르는 야비한 비웃음을 억제할 수 없었다. 과연 벤치 프레스 같은 운동으로 전화번호부를 찢을 수 있을까? 안타깝게도 벤치 프레스를 1,000 kg 한다고 해도 전화번호부를 찢을지는 미지수다.

　왜냐? 그 힘은 다른 어떤 힘도 아닌 바로 그립(grip)의 힘으로 결정되기 때문이다. 그립 힘이란 손아귀 힘을 말하는 것으로, 언뜻 씨름 선수들이 터프함을 과시하기 위해 가끔씩 선보이는 '손으로 사과 부수기'만을 떠올리겠지만, 그 힘은 그립의 여러 힘들 중 한 가지일 뿐이며, 그것 말고도 우리가 집중해야 할 그립들이 몇 가지 더 있다.

그립 힘에는 사과 부수기와 같이 손으로 쥔 물건을 쥐어 쫘버리는 '으깨는 그립', 엄지손가락과 다른 네 손가락 사이에 물건을 쥐고 들어올리는 힘인 '집게 그립', 데드리프트나 턱걸이에서 무게를 지탱하는 힘인 '버티는 그립' 그리고 '손목 힘과 전완근의 힘'이 있다. 각각의 그립은 서로서로 겹치면서 도움을 줄 수도 있으나 또한 각각 다른 힘으로 존재한다.

즉 으깨는 그립을 잘한다고 해도–약간의 도움은 되겠으나–집게 그립은 완전 초보 수준일 수 있으며, 아무리 데드리프트를 잘한다고 해도 으깨는 그립은 약할 수가 있다. 아래의 표에서 알 수 있듯이 각 엘리트 선수들의 그립 수준으로 봤을 때도 그립만 전문으로 연습한 사람이 아니고서는 다들 각자의 약점들을 가지고 있다.

	으깨는 그립	집게 그립	버티는 그립	손목, 전완근
그립 마스터	상	상	상	상
스트롱맨 선수	상	하	상	상
역도 선수	중	하	상	중
파워 리프터	중	하	상	중
프로 팔씨름 선수	상	상	중	상
전문 암벽 등반인	중	상	상	중

(출처 ironmind.com)

각각의 그립에 대한 훈련방법을 소개하기 전에, 왜 우리가 그립의 힘에 집중해야 하는지에 대해서 먼저 짚고 넘어가자.

필자, 몸으로 하는 웬만한 운동들은 한 번씩 배워봤는데, 그러다 문득 외적인 힘보다 내적인 힘을 강조하는 동양의 운동이 궁금해져서 국선도를 몇 달간 배운 적이 있다. 국선도를 배워본 사람은 잘 알겠지만 대략 3가지 부분으로 나눠서 운동한다. 첫째, 몸에 있는 각종 혈들을 마사지함으로써 몸 전체의 기를 순환시켜주고 다음으로 요가 동작과 비슷한 체조를 하고, 마지막 단전호흡으로 마무리한다. 그런데 체조 동작이 요가와 비교해 가장 다른 점이 있었으니, 거의 모든 동작에서 손가락을 세우고 바닥을 지탱하면서 버티는 힘을 기르는 것이었다. 마지막에는 손가락 팔굽혀펴기도 했고……

그땐 왜 그런 운동을 해야 하는지 알 수 없었으나, 지금 돌이켜 생각해보면 그건 몸 전체의 힘을 기르기 위한 훌륭한 수련이었다. 수지침은 손을 장기 하나하나와 대치되는 구조로 보면서 거기에 맞는 치료를 한다.

즉 손 자체가 하나의 작은 몸을 형성하고 있으므로 손을 단련하면 몸 전체를 단련하는 효과가 있는 것으로 볼 수 있다. 기체조를 하는 이들 중에선 손을 쥐었다 펴기를 반복하는 것이 몸을 굽혔다 폈다를 반복하는 효과를 볼 수 있다고 하여 몇백 개씩 반복하는 사람도 있다.

이처럼 손의 힘은 단순히 손 자체의 힘뿐만 아니라 몸 전체의 힘을 단련시키는 역할을 한다. 이는 최초의 서양 장사들 출신의 대부분은 대장장이였다는 데에서도 그 유래를 찾아 볼 수 있다.

예전에 어떤 TV 프로그램에서 팔씨름 경기를 그냥 했을 땐 시합에서 졌다가, 다른 손으로 옆에 있는 애인의 손을 꼬옥 잡고 하니 이기는 것을 본 적이 있다. 이것 역시 손아귀 그립의 힘이 몸 전체 힘을 증강시키는 경우를 보여주고 있다.

옛날 장사들은 자기들만의 덤벨을 만들어서 집에서 연습하는 경우가 많았다.

현대에도 각자 본인이 원하는 덤벨 및 바벨을 주문 제작해서 스트롱맨들이 모인 자리에 가지고 나와 한 손으로 데드리프트 하면서 힘자랑을 하는 경우가 종종 있는데, 재밌는 사실은 어떤 덤벨은 무게가 채 100kg도 나가지 않음에도 불구하고 그 힘센 스트롱맨들 중 리프팅하는 사람이 몇 안 된다는 것이다.

그 이유는 바로 덤벨 손잡이의 두께 때문이다. 너무 두꺼운 나머지 한 손으로 다 감싸쥘 수가 없어서, 단순히 데드리프트 같은 리프팅 힘만 가지고는 답이 안 나오고, '집게 그립' 힘도 강화시켜야 들 수가 있는 것이다. 즉 덤벨의 손잡이가 얇으면 들어올리는 '버티는 그립'만으로 가능하지만 손잡이가 두꺼워 질수록 엄지손가락과 다른 네 손가락 사이가 멀어지면서 집게 그립의 형태가 되기 때문에, 이 힘을 따로 연습하지 않으면 쉽지가 않다.

유명한 '토마스 인치 덤벨' 같은 경우도 무게는 172파운드(약 78kg)에 불과하지만 손잡이 지름은 60mm나 된다. 그리고 이를 본 따서 만든 226파운드(약 102kg)의 밀레니엄 덤벨이라는 것도 있다. 유명한 스트롱맨들이 이런 덤벨들에 수없이 도전했지만, 상기와 같은 이유로 여태껏 제대로 들어올린 사람은 거의 없다고 알려져 있다. (이와 관련된 악력을 단련시키는 기구로 '롤링 썬더'라는 게 있다. 한 팔

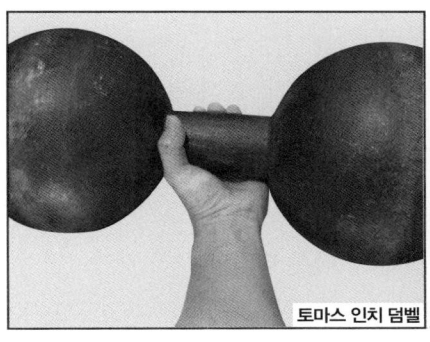

토마스 인치 덤벨

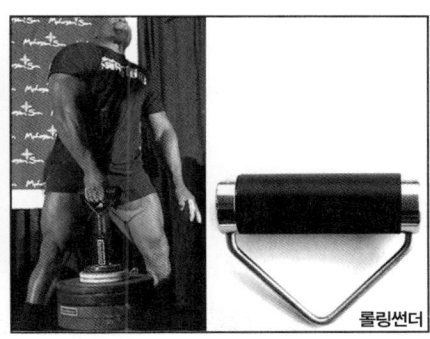

롤링썬더

로 데드리프트를 할 수 있는 기구인데 손잡이 두께가 두꺼워서 리프팅하기가 쉽지가 않고, 그래서 악력 발달에 탁월하다. 이 기구로 세계적인 선수들이 서로 경합을 벌이는 시합을 하기도 한다. www.speedandpower.co.kr에서 구입 가능)

그럼 이런 그립의 힘을 가지게 되면 어떠한 장점이 있을까? 〈글레디에이터〉라는 영화를 본 적이 있는가. 전쟁장면이 실제 전쟁 같아서 상당히 인상 깊었는데, 주인공이 말에 칼을 여러 개 싣고 다니면서 적을 내리치다 나무에 꽂히면 다시 새로운 칼을 뽑아 휘둘러대는 게, 더욱 사실적인 모습을 부각시켜주었다. 필자, 이를 보면서 느낀 게 '저 주인공이 실제 인물이라면 정말 그립의 힘이 장난이 아니겠구나'였다. 큰 칼을 뽑아서 휘두르고 나무에 꽂고, 말에서 떨어져 다시 큰 칼을 들고 싸우려면 체력도 중요하지만 그립의 힘이 필수적이다. 영화 〈코난〉에서 아놀드가 무시무시한 큰 칼을 휘두를 때도 손아귀 힘은 절대적이다. 우리 모두는 아놀드의 큰 갑빠에 매료되어 당연한 것처럼 느꼈지만, 실제 큰 칼을 휘두르는 대부분의 힘은 손아귀 힘에서 나온다.

모르는 사람들은 웨이트 트레이닝을 하면 당연히 그립 힘이 좋아지지 않겠나 생각하지만, 위의 표에서도 알 수 있듯이 그립들 사이에서도 다른 종류의 그립 힘은 서로 적용되기 힘들고 아무리 벤치 프레스를 무겁게 해도 따로 연습하지 않으면 손아귀 힘은 절대 좋아지지 않는다.

우리 몸은 직립보행으로 인해 손을 자유자재로 쓸 수 있게 되면서 엄청나게 많은 일을 할 수 있게 되었다. 모든 일은 손에서 시작한다고 해도 과언이 아니다. 조금만 생각해보면 주위에서 일어나는 모든 일, 즉 노가다 혹은 일상생활, 서바이벌 상황에서 손아귀의 힘은 거의 절대적이며, 다른 힘이 아무리 뛰어나다 하더라도, 모든 힘의 마지막 접촉점인 손아귀의 힘과 지구력 없이는 아무 일도 할 수 없게 된다는 것을 알 수 있다.

스트롱맨 경기 중에서 두 팔로 무거운 기둥이나 내리막길에서 자동차를 붙잡고 버티는 게임이 있는데 물론 다른 힘들도 중요하지만 제일 중요한 힘은 바로 그립의 힘인 것이다.

필자 대학 시절 안 해본 아르바이트가 거의 없는데, 그 중 기억에 남는 것이 오토바이 타고 술과 안주를 배달하는 일이다. 그때 오토바이 뒤에 한가득 술과 안주를 싣고 운전해서 나르고 난 뒤, 물건을 등에 지고 계단을 오르내렸는데 이때 다른 힘은 별로 필요 없어도 손아귀만은 제대로 버텨줘야 무거운 짐도 쉽게 옮길 수 있다는 걸 절감할 수 있었다.

흔히들 역기 드는 힘과 시멘트 포대 나르는 힘이 다르다고 이야기하는데 지금까지 파워리프팅과 역도를 언급한 장을 제대로 읽고 실천한 사람들은 그립 강화 훈련만 따로 해주면, 훨씬 더 '노가다스러운' 힘을 가질 수 있다.

사실 똑같은 무게라도 바벨을 드는 것보다 돌을 드는 것이 더 힘들다. 울퉁불퉁하게 생겨 무게 중심을 확보하기 어려운 점도 있지만, 돌은 벌어지는 손가락의 힘으로 버텨야 하기 때문이다. 그렇다고 바벨이 쓸모없다는 말이 아니다. 어쨌거나 모든 스트롱맨들이나 장사들도 바벨로 훈련을 하고, 또한 바벨을 많이 드는 사람이 결국은 더 무거운 돌을 들 수 있는 잠재력도 커지니 둘 다 연습을 해야 한다.

그립의 힘이 좋아지면 괴력을 선보일 수 있다. 전화번호 책을 찢는 것은 말할 것도 없고 굵은 철심 또한 거침없이 휠 수 있다. 사실 강철 철심을 휘는 힘은 그립의 힘이 대부분이라고 해도 과언이 아니다. 강철 한쪽은 공구로 잡고, 반대쪽만 손으로 잡고 휜다고 생각해보자. 훨씬 쉽게 강철을 구부릴 수 있을 것이다. 강력한 그립이 차력사를 만드는 데 얼마나 결정적인 역할을 하는지 잘 보여주는 예다. 어떤 스트롱맨은 '남들에게 자랑할 수 있는 가장 효과적인 힘이 그립 힘'이라고 얘기했는데, 미래의 차력사를 꿈꾸는 자들은 꼭 가슴에 담아둬야 할 말이다.

자, 이제는 본격적으로 각각의 그립 힘에 대한 훈련 방법을 설명하겠다. 다시 한번 이야기하지만 각각의 훈련은 서로의 경계를 뛰어넘어 서로 도움이 되는 경우도 있고 전혀 상관없는 경우도 있다. 예를 들어 손목과 전완근 힘은 어떤 훈련을 하든 서로 조금씩 영향을 받지만 집게 그립 같은 경우는 엄지손가락으로 집게 훈련을 따로 하지 않는 이상 단련하기 어렵다.

1. 으깨는 그립

대표적으로 손아귀 힘 하면 생각나는 그립으로, 손으로 물건을 움켜쥐고 부수는 힘을 생각하면 된다. 사과를 반으로 쪼개면 연애를 잘한다는 말이 있는데 아예 사과 전체를 으깨버리는 힘을 생각하면, 연애는 물론 명랑까지 가는 데도 전혀 문제가 없음이겠다.

대표적인 훈련으로는 펜치와 철사와의 만남이다. 펜치로 철사를 잘게 자르는 훈련이다. 난이도는 철사의 굵기로 조절하면 된다.

또 다른 방법은 펜치와 수건과의 만남이다. 사실 레슬링 선수들이 주로 하는 밧줄타기가 으깨는 그립에는 정말 최고인데, 밧줄을 구입하고 설치해야 하는 어려움으로 인해 쉽게 대신 할 수 있는 훈련으로 고안된 것이다. 수건을 철봉에 걸치고 펜치로 수건을 잡고 턱걸이를 한다. 힘들면 그냥 수건만 잡고 하는 턱걸이부터 시작하시라.

그 다음 수많은 악력기 매니아들을 생산한, 세계적으로 가장 유명한 CoC 악력기(일명 캡악력기) 훈련이다. (www.speedandpower.co.kr에서 구입 가능)

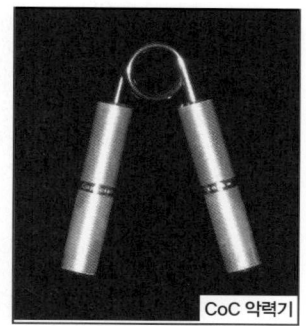

이건 체육사에서 파는 악력기처럼 여러 번 반복할 수 있는 나약한 도구가 아니다. 일반적인 악력기는 근력보다는 여러 번 반복해서 지구력을 키우기 위한 것인바, 몸 전체 힘을 키우는 데는 크게 도움이 되지 않는다.

필자가 말하는 악력이란, 스트렝스(근력) 즉 한 번에 가할 수 있는 힘이 얼마인지를 알아보는 것으로써, 바로 이 CoC(캡악력기)야말로 단 한 번의 클로스(쥐는 것)를 하느냐 못 하느냐를 테스트하고 훈련할 수 있는 강력한 도구다. 만약 캡악력기 NO 3(숫자가 올라감에 따라 강도도 올라감) 이상의 악력기를 클로스하게 되면, 세계적인 악력 마스터들과 당당히 어깨를 나란히 하는 영광을 누리게 된다.

최근 소방서와 경찰 특공대에서도 이와 같은 한 번의 악력을 측정하는 테스트를 도입했다는데 아주 현명한 조처라 사료된다.

2. 집게 그립

이 그립은 정말 많은 사람들이 빼먹기 쉬운 그립인데, 그립 훈련에 꼭 집어넣어야 한다. 말 그대로 엄지손가락과 나머지 네 손가락 사이에 물건을 쥐고, 집게처럼 들어올리는 그립이다. 아무리 으깨는 힘이 강하다 할지라도 따로 연습하지 않으면 집게 그립 힘은 초보수준에 머물 수밖에 없다.

연습 방법으로 가장 손쉬운 것은 바벨 플레이트를 한 손으로 집게처럼 집어서 올리는 것이다. 강도를 높이기 위해 플레이트의 무게를 올리는 가장 쉬운 방법이 있다. 그것보다 더 어려운 것은 플레이트를 두개 이상 겹쳐서 올리는 것이다. 그냥 로우 훈련처럼 플레이트를 겹쳐서 잡고 당길 수도 있고 해머컬(바벨 플레이트를 집게 그립으로 쥐고, 팔꿈치를 접었다 폈다 하는 동작)을 하면서 다양하게 훈련할 수 있다.

이 그립과 더불어 버티는 그립을 '개선' 측정하면서 서서히 키워 나가기 가장 좋은 도구로는 앞에서 설명한 '롤링 썬더'가 있다.

3. 버티는 그립

흔히 보디빌딩 사이트에서 손아귀 힘 기르는 방법을 물어보면 운영자들이 제일 많이 대답해주는 게 바로 이 버티는 그립인데, 지금껏 설명해왔지만 이건 여러 가지 그립 중 하나이기 때문에 다른 그립 훈련도 같이 해야 된다는 것을 꼭 알아야 한다.

버티는 그립은 말 그대로 데드리프트나 턱걸이 할 때 버티는 그립이다. 훈련 방법으론 그냥 데드리프트와 턱걸이를 열심히 해도 되고, 인공 암벽등반에서 볼 수 있는 다양한 홀더에 매달려서 버티는 힘을 길러나갈 수도 있다. 또한 스트롱맨 대회에서 항상 빠지지 않는 파머스 워크라는 경기처럼 무거운 바벨을 들고 걸어 다니는 훈련을 병행하면 아주 좋은 성과를 볼 수 있다.

4. 손목과 전완근

이 그립은 따로 운동할 수도 있고 앞의 그립 훈련들 중 고급 훈련들을 하게 되면 저절로 운동이 되기도 하는데, 이와 관련된 근육 단련 및 악력 전반에 아주 좋은 운동이 있어서 하나만 설명하고 끝내겠다.

'리스트 롤러'라는 것으로, 우리 말로는 '추감기'라고 한다.

언젠가 TV에서 이소룡의 절권도 사범이 나와서 이소룡이 이 훈련을 자주 했다면서 막대기에다 바벨 플레이트를 줄로 매달아서 손으로 감아 올렸다 내렸다 반복하는 걸 보여줬다. 출연자 중 한 명이 이건 어떤 훈련인가를 물었을 때 사범의 말이, '주먹을 칠 때처럼 손을 쥐었다 폈다를 반복하면서 펀치를 강화시키는 훈련'이라 얘기했는데, 물론 완전 틀린 말은 아니겠지만 사실 이 운동의 핵심은 그립 힘을 강화시키는 것이다. 이소룡은 그립 힘의 강화가 손뿐 아니라 몸 전체를 강화시키는 훈련임을 잘 알고 있지 않았나 싶다.

이상으로 그립의 중요성과 각각 훈련 방법에 대해 살펴보았다. 더욱더 고급스런 훈련 방법도 있으나 위에서 설명한 것만 잘 응용하더라도 충분히 원하는 결과를 가질 수 있으니 열심히 훈련하길 바란다.

[악력에 대하여]

악력은 자신이 가지고 있는 힘에서 더 큰 힘을 증가시켜주는 것이지 초능력을 만들어주는 것이 아니다. 골프공을 손에 쥐고 멀리뛰기를 하면 기록이 현저히 늘어나는 것이 방송에 나온 적이 있다. 바로 악력의 중요성을 말해주는 것인데, 문제는 처음에 4m였던 기록을, 골프공을 쥐는 것으로 4m 50cm로 기록을 더 늘렸다고 해도, 처음부터 5m 뛴 사람을 이길 수는 없다. 그렇지만 또한 5m를 뛴 사람도 악력을 이용해서 자기 능력을 더 향상시킬 수 있으니 악력 훈련은 아주 중요한 것이다.

마찬가지로 팔씨름을 할 때도 자기보다 힘과 기술이 현저히 뛰어난 사람을 악력 단련만으론 당연히 이길 수가 없다. 그러나 그 어느 누구도 악력의 발달을 통해 자기가 원래 가지고 있던 힘에서 또 다른 힘을 플러스시킬 수는 있으니 절대 무시할 수 없는 것이다.

!

3장 '몸짱이냐 힘짱이냐'를 시작하기에 앞서 힘을 기르는 데 필수 운동인 빅 머슬 7을 배워보자. 빅 머슬 7을 활용해 스트렝스와 실전력을 갖춘 포스 근육을 만드는 방법과 포스 근육을 바탕으로 한 펌핑 근육 생성하는 법을 알아보도록 하겠다.

약물 사용 없이 'sarcomeric' 발달로 이소룡 같은 격투기 몸은 물론, 각종 스포츠에도 살아 숨 쉬게 만들어주는 것은 기본, 자세 만빵에다, 간지 쫙쫙 빨아주고, 탄탄하고 쌔끈한 데다가 섹시하기까지 하며, 언제든지 펌핑으로 부풀려 단기간에 원하는 만큼 몸을 키울 수도 있는 근육을, 필자는 우리 식 용어로 '개포스 작살 근' 일명 '개작근' 이라 칭한다. 좀더 순화된 대중적인 용어론 '포스 근육' 이라고 부를 수 있다.

이 근육이야말로 우리 모두가 지향해야 할 근육이며, 또한 중간에 헤매지 않고 제대로 된 길로 우리를 인도해줄 구세주다. 당근 이는 오직 근력 향상을 통해서만 가능하다. 해서 진정한 근육을 만들려는 이들은 위의 모든 것을 이해하지 못해도 좋으니, 아래 한 문장만이라도 기억해라.

"근력 (스트렝스) 향상을 통해 '포스 근육'을 쌓는 길만이, 장기적으로 본인 근육의 유전자 한계까지 다다를 수 있는 가장 빠른 지름길이며, 스포츠 적용에서도 마지막에 웃는 승자가 될 수 있다"는 사실을.

오늘이 당신 인생에서 힘이 가장 약한 날이기를 진심으로 빌어본다.

빅 머슬 7을 배워보자

"빅 머슬 7 (big muscle seven, BM7)"의 종류는 다음과 같다.

1. 스쾃트

2. 데드리프트

3. 벤치 프레스

4. 밀리터리 프레스

5. 바벨/덤벨 로우

6. 무게 턱걸이

7. 무게 딥

빅머슬 7 운동들은 전부 큼직큼직한 '기본'적인 운동들로서, 이것만 열심히 해도 거의 온몸을 자극한다. 자, 먼저 빅 머슬 7에 속하는 각각의 운동법을 배워보도록 하자.

백 스쿼트

스쿼트는 단순히 다리 운동이 아니다. 온몸 운동이며 몸의 근육을 키우는 호르몬 펌프 역할을 한다. 때문에 이두, 삼두, 가슴 등 어느 부위를 키우고 싶든지 스쿼트를 꼭 끼워 넣어야 하고 제일 신경 써서 해야 한다.

웨이트를 조금씩 올리면서 '개선'해나가며 하드워크 하면 온몸이 단단한 근육으로 채워질 것이다.

옛날 장사들 사이에 유명한 말이 있다.

"스쿼트를 제외한 모든 운동을 다 합친 것보다 스쿼트 운동 하나로 얻는 근육이 더 많다"

● 다리를 어깨 넓이로, 발은 옆으로 약 15~35도 정도 벌리고 선다.

②

③

● 엉덩이를 밑에서 누군가 잡아당기는데 버티면서 끌려간다는 느낌으로 텐션을 유지하면서 내려간다. 스콰트 전체 가동 범위 동안, 절대로 발뒤꿈치가 바닥에서 떨어져서는 안 된다. 위에서 내려다봤을 때 무릎과 발끝은 같은 선상에 있어야 한다. 허벅지 선이 발선을 그대로 따라 나가야 한다. 즉 무릎이 발라인 안쪽이나 바깥쪽으로 꺾어서는 안 된다.

● 유연성이 허락하는 한, 허리의 아치형이 풀리지 않는 지점까지 최대한 내려가서 반동 없이 바로 올라온다. 고관절이 무릎보다 낮아야 한다. 옆에서 봤을 때, 스콰트가 진행되는 전 구간에서 바(bar)의 위치는 발 길이(발가락에서 뒤꿈치까지 거리)를 벗어나지 않는다.

프론트 스콰트

프론트 스콰트는 허벅지 전면에 부하가 많이 걸리므로 후면에 부하가 많이 걸리는 스티프 레그 데드리프트와 결합하면 모든 다리 근육이 완벽하게 발달하게 된다. 그리고 백 스콰트에만 치중한 사람들은, 프론트 스콰트를 백 스콰트 무게의 최소 80% 정도는 해줘야 무릎 부상을 줄이는 데도 좋다는 것을 꼭 알아야 한다.

프론트 스콰트는 올바른 스콰트 자세를 잡는 데도 많은 도움을 준다. 프론트 스콰트를 할 때 백 스콰트 동작처럼 엉덩이를 너무 뒤로 빼고 허리를 숙이면서 내려가려고 하면, 무게가 쏠려서 앞으로 넘어질 수 있다. 상체가 수직에 가깝게 내려가지 않으면 실행하기 힘들며, 고로 치팅(속임수)의 가능성도 줄어든다.

● 등이 아닌 몸 앞쪽에 랙(rack) 자세로 바벨을 받치고 있는 것과, 상체가 좀더 수직으로 세워지는 것을 제외하고는 백스콰트와 동작은 거의 같다.

● 팔꿈치와 가슴을 최대한 위로 올려서 상체와 복부를 타이트하게 유지한다. 몸 전체에 긴장이 풀리지 않게 조심한다.

● 옆에서 봤을 때, 프론트 스쿼트가 진행되는 전 구간에서 바(bar)의 위치는 발 길이(발가락에서 뒤꿈치까지 거리)를 벗어나지 않는다.

오버헤드 스콰트

정확한 자세교정을 원하는 사람들에게 권한다.
처음엔 무조건 빈 바(bar)로 연습하라. 무게가
가벼우면 자세가 좀 잘못되어도 통제가 가능하
기 때문에 큰 무리 없이 넘어갈 수 있지만, 중량
이 많이 올라가면 조금만 자세가 흐트러져도 그
부하가 크게 작용하기 때문에 중심을 잡으려 애
쓰다 특정 부위에 무리가 가기 쉽다. 이 운동을
하다보면, 스내치 자세에 포함되어 있는 오버헤
드를 하는 역도선수들이 얼마나 유연하고 힘센
사람들인지 새삼 다시 보이게 된다.

● 팔을 머리 위로 올리고 팔꿈치를
완전히 락아웃(lock out)시킨다. 팔꿈
치가 뒤로 돌아갈 정도로 바를 강하
게 머리 위로 밀어준다.

● 밑으로 내려갈수록 팔을 머리 위로 계속 뻗어서 팔꿈치가 굽어지지 않도록 한다. 전체 가동 범위에서 어깨는 쉬러그 자세(어깨를 으쓱 올린 모양)를 유지한다.

● 옆에서 봤을 때, 프론트 스쿼트가 진행되는 전 구간에서 바(bar)의 위치는 발 길이(발가락에서 뒤꿈치까지 거리)를 벗어나지 않는다.

데드리프트

데드리프트는 하체 운동이자 온몸 운동이다. 다리를 굽힌 상태에서 펴는 힘으로 웨이트를 들어 올리므로 다리를 강화시키며, 또 밑에서 위로 당기는 운동이므로 등을 강화시킨다. 자세를 제대로 잡으면 허리도 강화시키고, 배에 힘을 주면 복근 강화에도 좋으며, 무게가 실린 바를 움켜잡으니 악력에도 더할 나위 없이 좋다. 다리에 힘이 없으면 허리 부분에 하중이 많이 실리므로, 무게를 들기도 힘들뿐더러 들어서도 안 된다. 개개인의 현 상태를 고려해 데드리프트 무게를 조정하고 서서히 무게를 높여나가는 것으로 다리 힘을 키워야 한다.

자기 몸무게만큼 들면 보통, 자기 몸무게 두 배만큼 들면 잘함, 자기 몸무게 세 배만큼 들면 매우 잘함이다. 자세를 제대로 익히기 전까진 최대한 가벼운 무게로 실시하시라.

①

● 바벨의 바(bar) 위치를 새끼발가락 바로 위가 되도록 바에 다가 선다. 정강이를 최대한 바에 붙인다고 생각하면 된다. 어깨는 수직으로 바(bar) 약간 앞에 위치한다. 뒤에 있는 의자에 앉는다고 생각하고 엉덩이를 뺀다. 가슴을 펴고 복근에 힘을 준다.

● 팔은 당기는 것이 아니라 어깨에서 고정되어 무게를 지탱한다는 느낌을 가진다. 다리로 바닥을 밀면서 들되 모든 무게는 발뒤꿈치에 있다고 생각한다. 상체(머리에서 엉덩이까지)의 각도는 바가 무릎을 지나기 전까지 그 각도를 유지해야 한다.

● 전 과정에 걸쳐서(특히 내릴 때) 머리는 전방 혹은 약간 위를 주시한다. 머리를 숙이면 허리가 굽어 힘을 쓰지 못하고 허리 부상 확률도 높아진다.

스티프 레그
데드리프트

스티프 레그 데드리프트는 컨벤셔널 데드리프트

보다 무릎을 더 펴고 시작한다. 그래서 엉덩이 시

작점이 높으며, 햄스트링, 엉덩이, 척추기립근 등

강화에 아주 탁월하다. 프론트 스쿼트와 쌍을 이

루면 완벽한 다리 근육 프로그램을 만들 수 있다.

초보자들은 가동 범위를 줄여서 하고, 고급으로

갈수록 허리가 일정 부분 굽어질 때까지도 내려

간다. 마찬가지로 허리가 강해진 고급자는 무릎

을 완전히 펴고도 시행할 수 있다.

● 컨벤셔널 데드리프트보다 무릎을
더 펴서 시작한다. 그래서 엉덩이 시
작점이 높으며 햄스트링 쪽을 많이
자극한다.

②

● 가슴과 허리의 긴장이 풀어지지 않
도록 주의하며 바를 들어올린다.

③

● 전 과정에 걸쳐서 머리는 전방 혹
은 약간 위를 주시한다.

벤치 프레스

벤치 프레스는 대표적인 미는 운동으로 가슴 근육을 키우는 데 아주 좋다. 다른 빅머슬 7 운동과 병행하여 온몸의 근육을 균형 있게 발달시키는 것이 필요하다.

● 등과 발을 바닥에 단단히 붙인다. 등이 벤치에 견고히 붙어야 흔들림이 없고 온몸을 타이트하게 유지할 수 있다. 발 또한 바닥과 확실히 붙어 있어야 드라이브를 걸어 벤치 프레스 중량 향상에 도움을 줄 수 있다.
벤치 랙에서 바를 들어올린다. 밑으로 잡아당기듯 서서히 가슴 하부로 내려온다. 이때 겨드랑이 각도는 약 60도가 된다.

● 바가 가슴에서 쉬지 않도록 주의한다. 가슴을 약간만 터치하고 위로 올리되, 반동이 없어야만 한다. 어깨는 쉬러그 하지 않도록 주의한다.(누운 자세에서 어깨를 머리 쪽이 아닌 발 쪽으로 내린다.) 미는 느낌이 잘 잡히지 않을 때는 팔꿈치로 올린다는 생각을 한다.

밀리터리 프레스

벤치 프레스에 비해 밀리터리 프레스가 갖고 있는 장점은 그 실전성과 더불어 바벨만 있으면 뒷마당에서도 할 수 있는, 간단하면서도 실용적인 운동이라는 것이다. 밀리터리 프레스는 가슴 근육을 키우는 데 상당히 유용하며, 몸 전체의 밸런스와 몸통의 힘을 키우는 데 월등하다. 직립보행하는 인간은 두 발로 서서 물건을 집어올리고(데드리프트), 가슴에서 머리 위로 올리는(밀리터리 프레스) 이 두 운동만으로도 실전적인 근육들은 거의 다 키울 수 있다.

● 다리를 어깨 넓이로 벌리고 서서 가슴을 위로 올려서 상체와 복부를 타이트 하게 만든다.

● 바가 머리를 지날 때 턱을 붙여 머리는 약간 뒤로 보내고, 바도 머리 앞에서 약간의 호를 그리며 지나가게 한다. 최대한 얼굴과 붙여서 바가 지나가게 하고, 그 뒤 머리를 다시 앞으로 내민다.

● 팔을 펴고 팔꿈치를 완전히 락아웃한다. 전체 동작에서 상체, 복부뿐만 아니라, 하체까지 온몸을 타이트하게 유지해야 한다. 위에서 보았을 때 바(bar)의 위치는, 발 바깥을 벗어나지 않는다.

바벨 로우

벤치 프레스나 팔굽혀펴기 같은 수평으로 미는
동작을 과도하게 하는 사람들의 경우 로우 운동
처럼 수평으로 당기는 운동을 같이 해주면 전
체 근육의 밸런스를 잡아주어, 부상 예방에 상당
한 효과를 발휘하게 된다. 또한 전체 등 근육에
서 턱걸이로만 완전히 커버하지 못하는 부분도
같이 자극해줘서 근육 발달에도 더 좋은 영향을
미치니, 턱걸이 하는 날에 병행하거나 혹은 다른
날에 따로 시도하면 많은 도움이 된다.

● 허리에 아치형을 유지하고 복부를
타이트 하게 해서 허리가 꺾이지 않
도록 조심한다.

● 바를 배쪽으로 당긴다. 마지막에
등을 한번 수축해 준다. 팔꿈치가 너
무 옆으로 펴지지 않도록 조심한다.

무게 턱걸이

아무런 도구 없이 간단히 할 수 있는 최고의 상
체 운동 하나를 고르라고 한다면 무조건 턱걸이
다. 턱걸이는 팔과 가슴, 등을 골고루 자극해 당
기는 근육을 발달시킨다. 다른 당기는 운동에는
없고, 유독 턱걸이에만 가슴 근육의 자극을 확실
히 느낄 수 있다. 사람의 근육 중 2/3 이상을 차
지하는 게 다리와 등 근육이다. 스콰트와 더불어
무게 턱걸이를 해주는 것이 근육량을 늘리는 데
최고라고 할 수 있다.

● 여러 그립을 이용할 수 있다.(일반그립(레귤러 그립), 좁은 그립(클로스 그립), 넓은 그립(와이드 그립)) 힙 벨트 또는 각종 끈을 이용해서 몸에 외부 중량을 단다. 팔꿈치를 완전히 펴고 시작한다.

● 반동 없이 서서히 당기면서 올라간다. 턱이 바 위에 올라갈 때까지 당긴다.

무게 딥

무게 딥은 상체 근육을 키우는 데 효과가 있다. 벤치 프레스와 겨루어봐도 절대 뒤지지 않는 운동이다. 점진적으로 무게를 올려나가면 상체 근육 성장 효과는 다 볼 수 있다.

전설적인 보디빌더 모리스 존슨은 무게 딥을 애용해서 52인치의 가슴과 19인치 팔을 키웠다고 한다. 당연히 무게를 많이 올렸을 경우에만 해당하며, 허리에 벨트를 차고 한다고 가정했을 때 처음에는 50kg을 목표로 하고 나중에 100kg까지 올리도록 노력한다.

①

● 무게 턱걸이와 마찬가지로 몸에 외부 웨이트를 단다. 팔꿈치를 완전히 펴서 락아웃 상태에서 시작한다.

②

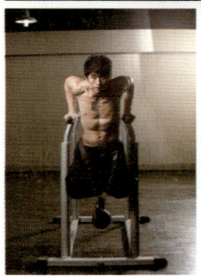

● 밑으로 서서히 내려가고 팔꿈치에 무리가 오지 않는 가동 범위까지 최대한 내려 간다. 반동을 주지 않고 위로 올라온다. 가슴에 자극을 더 주고 싶으면 상체를 약간 앞으로 숙이고, 삼두근에 자극을 더 주고 싶으면 몸을 수직에 가깝게 세워서 반복한다.

제3장
몸짱이냐
힘짱이냐

!

"몸짱이 되기 위해선 몸짱을 목표로 해서는 안 되고, 힘짱이 되기 위해 전력투구해야 한다. 즉 힘짱을 목표로 하다보면 몸짱은 자연스럽게 저절로 이루어진다."

- 스트렝스의 중요성과 3가지 헤비
- 빅머슬 7
- 워밍업 세트에 관하여
- 빅머슬 7 운동+맛스리
- less is more
- 초보자용 빅머슬 7+슈퍼 삽질 근육 버전
- 펌핑 근육 키우기
- 펌핑 5-10-30 프로그램
- 펌핑 근육 제조기 DTP 프로그램   휴식과 회복의 중요성
- 스테로이드에 필적하는 근육 증폭기

스트렝스의 중요성과 3가지 헤비

몸짱이냐, 힘짱이냐 part 1

매 세트 스콰트 랙으로 다가가기가 두렵지 않다면,

당신은 충분한 무게를 들고 있는 것이 아니다. _맛스타드림

  죽기 전에 멋진 몸 만들어보려는 것이 소원인 여러분들! 그러나 막상 운동 좀 해보려면 닥치게 되는 여러 고충들! 필자 역시 모르는 바 아니다. 필자가 과거에 알았던 어떤 사람은 스미스머신으로 벤치 프레스를 부분 반복으로만 깔짝대고, 제자리 서서 45도 위로 덤벨을 올리는 해괴한 레이즈를 괴성 질러가며 쏴대는 데도 엄청나게 좋은 상체를 지니고 있었다. 짐작하겠지만 그에게 상체 발달 비밀을 물어보면, 다 필요 없고 스미스머신 벤치 프레스만 죽어라 하라고 한다. 허리에 좋지 않다고 스콰트는 하지도 않고, 몸이 무거워서 턱걸이는 못 한다고 하며, 턱걸이 대신 풀랫 다운은 하는데, 몸무게 이빠이 실어서 몸으로만 잡아당기고, 어깨엔 각종 가오 다 넣고 체육관을 헤집고 돌아다닌다.

  이런 그림이 완성되려면, 다음과 같은 사람도 필요하다. 그런 사람들 옆에 붙어 부러운 눈으로 쳐다보며, 뭔가 비결이라도 하나 떨어질까 싶어, 항상 근처를

어슬렁거리는 그런 안타까운 분들 말이다. 위와 같은 풍경은 웬만한 체육관에 다녀본 사람들에게는 참으로 익숙한 것일 게다. 일단 이런 분들에게 필자가 가장 먼저 들려주고픈 말이 있다.

"걍 신경 꺼라."

남들이 뭘 하는지는 전혀 중요하지 않다. 참고사항, 그 이상 그 이하도 아니다. 사람 몸은 모두가 다 다르기 때문이다. 훈련 방법이 비효율적이더라도, 원래 하드웨어가 좋은 사람은 잘 자라게 되어 있다.

예를 들어, 100% 최적의 훈련 방법을 쓰는 사람의 몸이, 50% 효율적인 방법과 좋은 유전자를 갖춘 사람보다 못할 수도 있는 것이다. (약물 먹은 사람은 말할 것도 없고) 어쩔 수 없다. 한계를 받아들이고 거기서 최선을 다하는 것. 즉, 당신의 유전자가 허용하는 한도 내에서 최고를 뽑아내는 일, 그것이 멋진 거다. 그냥 받아들여라.

실례로 어떤 사람은 종아리 운동을 거의 한 적이 없음에도 원래부터 좋았다고 한다. 그러니 어떤 방법으로 운동하더라도, 더 좋아지더라는 것이다. 자기보다 전체적으로 몸이 더 좋은 사람이 자기에게 와서 종아리 키우는 방법을 물었다지만, 알 턱이 있나.

사실 모른다고 진실을 말하면 양반이고, 보통은 뻘쭘하니 몇 마디 충고를 해주게 된다. (이게 익숙해지면 나중에는 가르치듯 말한다.) 그러면 또 듣는 사람은 철석같이 믿게 되고…… 뭐 이런 비효율 프로세스가 계속 이뤄지고 있다.

필자는 몸을 만드는 방법을 많이 알고 있다. 어떤 방법은 단기간에 좋은 몸을 만들 수도 있고, 또 어떤 방법은 단시일 내에는 변화가 없는 것 같지만, 장기적으로 더 큰 성과를 거두는 것들도 있다.

즉, 방법이야 무궁무진한데, 어떠한 방법이 가장 효율적이고 만족도도 높으며, 장기적으로도 가장 큰 성과를 가져오는지 알아야 결국엔 대성한다는 점이다. 누구에게나 성공을 가져다주는 방법, 모든 사람들에게 100%의 효율을 가져다주며, 각 개인의 유전적 한계치 최대한도에 다가가도록 해주는 방법을 살펴보도록 하겠다.

우선 원하는 만큼 근육을 키우게 해주는 모든 훈련 방법들은 다음과 같은 세 가지 큰 법칙을 담고 있어야 한다.

3가지 헤비(heavy)

1. 헤비하게 훈련하고

2. 헤비하게 쉬어주고

3. 헤비하게 먹는 것

위 세 가지 헤비만 잘 따르면 당신 잠재력이 허용하는 한도 안에서 최대한의 몸을 만들 수 있다. (체지방이 잘 쌓이는 사람은 헤비하게 먹더라도 종류를 잘 선택해야 한다.)

헤비하게 쉬는 것은 필자가 항상 강조하는 중요한 원칙이고, 헤비하게 먹는 것은 영양학 분야인지라 여기선 다루지 않겠다. 사실 근육을 키우는 데 있어서는, 이 두 가지 헤비가 훈련하는 것보다 더 중요하지만, 이번에는 훈련에 관련된 내용으로만 국한되는 만큼 헤비하게 훈련하는 것에 대해서만 말한다.

헤비하게 훈련하라는 말은, 여러 가지로 해석 가능하지만, 필자는 스트렝스, 즉 힘 기르는 훈련을 하라는 뜻으로 썼다. 진정 몸짱이 되고 싶다면 이것을 꼭 기억해야 한다.

"몸짱이 되기 위해선 몸짱을 목표로 해서는 안 되고, 힘짱이 되기 위해 전력 투구해야 한다. 즉 힘짱을 목표로 하다보면 몸짱은 자연스럽게 저절로 이루어진다."

진정한 부자들은 돈을 좇지 않는다고 한다. 돈만 바라보다보면 단기적인 욕심에 의해 부화뇌동해서, 기본적인 법칙도 잊어버리게 되고, 결정적일 때 실패하기 쉽지만, 자기가 좋아하는 일을 찾아 열정을 쏟고 열심히 하다보면 부는 자연스럽게 찾아온다는 말이다.

마찬가지로 몸짱 그 자체를 추구하다보면, 시야가 좁아져 여러 가지 문제점에 봉착하게 되고 그로 인해 실패할 확률도 커지지만, 힘짱을 위해 힘쓰다보면 가장 확실하게 몸짱을 만들 수 있다. 특히나 장기적인 관점에서 가장 효율적이며 다양한 긍정적인 효과를 주는 최고의 방법이다.

스쿼트, 벤치 프레스, 데드리프트 3종목의 기록만 다루고, 단지 무게를 더 올리기 위한 자세만을 추구하는 파워리프팅을 가지고 힘(스트렝스) 전체 분야를 일반화할 수는 없지만, 이해의 편리상 이를 가지고 힘짱의 의미를 좀더 설명해보겠다.

우선 실제 보유하고 있는 근육량과 밖으로 보이는 근육량의 차이를 알아야 한다. 큰 예로 보디빌더보다 스모선수가 근육량이 더 많다. 몸짱이라는 것은, 실제 근육량에 상관없이, 밖으로 보이는 근육량에만 따라 승패가 나누어지기에, 단순히 근육을 키우는 방법만 가지고 말하면 큰 길을 잃기가 쉽다.

그래서 첫째, 근육을 키우는 방법과 둘째, 지방을 제거하는 방법으로 나누어 바라봐야 한다. 그래야 더 정확한 개념을 파악할 수 있다. 쉽게 얘기해서 운동으로 근육을 키우는 걸 생각하고, 영양학을 통해 지방을 빼는 걸 생각해야 더 정확한 정보로 접근할 수가 있다.

파워리프터도 마찬가지. 제일 무거운 무게를 드는 파워리프터가 체급이 높다 보니, 파워리프터라는 이미지가 지방덩어리로 인식돼서 그렇지, 체급 낮은 파워리프터들 보면 끝내주는 몸짱들이 많다.

사람의 몸이란 게 체중이 올라갈수록 약물 없이는 지방 제거가 힘들기 때문에, 딱히 보이는 근육에 신경 쓸 필요 없는 파워리프터들은 뚱뚱해 보인다. 그러나 사실 그들이 보유하고 있는 근육량은 보디빌더와 맞먹거나 그 이상인 경우도 많다. 근육 하나하나에 목숨 걸며 근육 훈련을 따로 하는 것이 아니라, 오로지 근력만을 추구하는 그들이 근육을 많이 얻는다는 것은 중요한 점을 시사한다.

물론 스트렝스에 집중하지 않아도 근육을 만들 수는 있다. 많은 보디빌더들이 쓰고 있는 방식들을 이용하면 된다. 선피로 기술을 쓰기도 하고, 아주 느리게 반복하면서 자극을 늘리기도 하고, 자이언트 세트, 컴파운드 세트, 드랍 세트, 강제 반복 등등을 사용한다. 하지만 이런 방법들을 쓰다보면, 가장 중요한 '힘'을 놓치게 된다. 보디빌더들은 몸무게에 비해 근력이 약해서, 리프팅 무게가 상대적으로 낮을 수밖에 없다. 심지어 많은 이들이 비교적 적은 무게로 몸을 만들 수 있는 걸 자랑으로 삼기도 하고, 주위 사람들이 무게 많이 드는 걸 말리기까지 한다.

위의 방법들이 다 필요 없다고는 말하지 않겠다. 그러나 기본을 놓치게 되면 한참을 돌아가게 되고, 더 심한 경우 그런 방법으론 평생 성공하지 못하는 사람들도 많다는 점을 명심해야 한다. 또한 몸이 잘 받쳐줘서, 위의 여러 가지 방법을 통해 근육을 쌓았더라도, 문제는 발생한다. 힘을 통해 쌓은 근육과는 질적으로 다르기 때문이다.

저반복을 통해 스트렝스를 훈련하는 것은 실제 근섬유의 크기를 키우는 사코메릭(sarcomeric) 발달이 일어나지만, 보디빌더처럼 고반복 펌핑 위주로 하는 운동은 주로 근세포 주위의 단백질 구조를 둘러싸고 있는 공간을 키우는 사코플라스믹(sarcoplasmic) 비대가 일어난다. 당근 후자의 근비대는 스포츠에서 덜 실용적이게 된다.

서서히 무게를 올려나가라

이소룡의 근육은 크기만 본다면, 더 커지는 과정에 있는 근육맨들과 차이가 없는 게 사실이다. 그러나 이소룡이 가진 실전력 플러스, 그의 완벽한 근 섬세도를 똑같이 모방하려고 하는 사람은, 필자가 지금 말하는 방법을 사용해야 한다. 그래야 그와 똑같은 근육에 도달할 수 있다. 스트렝스 훈련과 실전 훈련의 결합을 통해야만, 더 나은 질감의 근육을 가질 수 있다는 소리다.

힘짱이 되면, 근질 좋은 몸짱은 부수적으로 따라오거니와, 실제 생활에서나 스포츠에서 확연한 실력 증가를 가져올 수 있다. 또한 스피드와 파워가 중점이 되는 스포츠에서 파워 생성에 큰 축을 담당하고 있는 스트렝스의 중요성은 지대하다.

힘짱이 목표가 되면 머리 아픈 이론들이 다 필요 없어진다. 복잡한 생각 없이 조금이라도 무게를 더 올려 운동하려고 노력하면 되기 때문이다. 다만 인간의 신체란 게 항상 무게를 올릴 수 있는 일을 허용하지는 않기 때문에, 여러 가지 수많은 방법들이 동원되어야 한다.

그러나 그것도 어느 정도 수준에 있는 사람들에게만 적용되는 말이고, 완전 초보자들은 너무 빨리 무게에 욕심 내지 말고 서서히 무게를 올려나가는 데만 집중해라. 인내심을 가지고 장기적으로 서서히 올려나간다면 일정 기간 동안은 원하는 수준까지 올릴 수 있다.

혹 저반복 위주로 구성된 스트렝스 훈련만 하면, 모든 근섬유들이 다 자극되지 않아서 효과가 없는 것이 아니냐, 라고 의문을 가지는 사람이 있을 수 있다. 상당 부분 맞는 말이다. 사람마다 (빠르고, 느린) 근육의 구성 비율이 다르고, 스트레스에 대한 반응과 적응 체질이 다른 고로, 횟수에 대한 반응도 다 다르다. 즉 횟수 범위에 대해 일반적인 작용 원리는 있지만, 개인에 따라 횟수에 반응하는 결과가 다른 것은 사실이다. 어떤 사람은 싱글(1회)에도 몸이 잘 자라는 반면, 어떤 사람은 최소 5회 이상은 해줘야 자라는 경우가 있다.

그러나 저반복에 근육이 많이 자라지 않는 사람이더라도, 꾸준히 힘짱 훈련을 해주면, 근신경이 발달하고 건과 인대의 체계가 잡히기 때문에, 나중에 횟수를 조금만 바꿔줘도 금방 몸은 자라니 걱정할 필요가 없다. 대신에 펌핑과 실패지점, 근육 부위에만 초점을 맞춘 운동으로는 그 반대 상황이 힘들다.

이걸 가장 잘 설명하는 이야기가 있다. 한 보디빌더와, 스트렝스 코치가 스콰트 무게로 내기를 한 적이 있었다. 역도와 파워리프팅만 한 이 코치는 백 스콰트 800파운드, 프론트 스콰트 600파운드를 할 수 있었는데, 그의 보디빌더 친구는 최대 무게가 200파운드 정도 적었다고 한다.

내기는 400파운드에서의 고반복이었는데, 이 스트렝스 코치는 15회를 해, 20회를 성공한 보디빌더에게 졌다고 한다. 그 코치는 몇 년 동안 고반복이라곤 해본 적이 없었기 때문이다. 화가 난 그 코치는 단 몇 주의 고반복 연습 뒤에 다시 내기를 신청했고, 그 보디빌더가 다시 400파운드로 20회를 할 때, 그는 500파운드를 가지고 20회를 성공했다고 한다.

이 이야기는 어떤 방법은 다른 방법으로의 이전이 용이한 반면, 그 반대의 방법은 그렇지 못하다는 것을 잘 말해준다. 프리 웨이트를 잘하는 사람은 같은 무게의 머신도 잘할 수 있지만, 머신을 잘하는 사람은 같은 무게의 프리 웨이트를 못하는 원리를 생각하면 쉽게 이해할 수 있다.

반복하지만 경기 나갈 사람이 아니라면, 파워리프터처럼 무게만을 올리기 위한 자세를 기본으로 해서 중량 올리는 건 권하지 않는다. 그런 방법으론, 근육을 아예 기를 수 없다는 건 아니지만, 좀더 안전하고 균형감 있게 키우기 위해선, 정자세와 전체 가동범위를 이용해서 스트렝스를 쌓아나가는 것이 더 좋다.

앞으로 설명하는 필자의 이론을 잘 이해할 수 있도록 미리 독자들에게 꼭 하고픈 말이 있다. 이것을 알고 있으면 여러분들이 웨이트 분야뿐만 아니라, 앞으로 어떠한 길을 걷더라도 거짓에 현혹되어 길을 잃거나 헤매는 일은 발생하지 않을 것이다.

"진리는 거기까지 다다르기가 어렵고 그 실천이 어려운 것이지, 진리 자체는 어렵지 않으며 어려운 것은 또한 진리가 아니라는 것."

몸짱 힘짱이 되기 위한 훈련 원칙: 하드 워크와 개선

'헤비하게 훈련'하는 것에 대해 자세히 알아보자. 영양과 휴식을 제외하고 오직 훈련에 있어 염두에 둬야 할 다양한 법칙 중 크게 3가지 정도를 다루어봄으로써 그에 대한 해답을 찾게 해주겠다. 헤비와 관련된 내용을 좀더 자세히 알려주는 것이라 생각해도 좋다.

1) 하드 워크(hard work)
한국말로 '빡셈'과 가장 근접하다.
의미가 큰 단어인지라, 여러 분야에서 구미에 맞게 사용되지만,
①고강도의 의미로서 웨이트를 무겁게 리프팅하는 것

②컨디셔닝 훈련처럼 힘들게 몰아붙이는 것

둘 다 의미한다.

'강도'는 영어로 'Intensity' 라고 하는데, 이는 힘들게 훈련하는 것과는 다르고 오로지 무게에 따라서만 정해지는 말이다. 무슨 말인고 하니, 극단적으로 100kg로 100번 하는 것보다 150kg으로 1번 한 것이 더 고강도 훈련인 것이다. 전자의 경우는 고강도라고 표현하기보다는, 그냥 '아주 열심히' 또는 '강력하게 (intensive)' 훈련했다고 말한다. 즉 강도가 높고 낮음은 오로지 웨이트 무게에 따라 결정된다. 그래서 '고강도 훈련'이라 해석되는 히트(High Intensity Training) 같은 경우도, 엄밀히 말하면 정확한 용어 사용은 아니다. 2번의 의미로 고강도라는 말을 굳이 사용하지 말라고는 않겠으나, 피트니스에 대한 이해도를 높이기 위해서는 두 가지 의미를 구분해서 볼 수 있어야 한다.

어쨌든 하드 워크, 즉 빡셈은 무겁게 하는 것과 강력하게 훈련한다는 것, 두 가지 경우 모두 사용 가능하며, 모든 훈련에서 지켜야 할 가장 중요한 원칙 중 하나다. 어떤 프로그램을 하고 또 어떤 운동을 선택했는지 따지기에 앞서, 진정으로 빡세게 훈련했냐 아니냐가 더 중요하다는 말이다.

강도를 얘기하는 김에 중요 포인트 하나. '강도와 볼륨은 반비례한다.'

보통 쉽게 착각하는 것 중 하나가, 근육을 키우려면 '볼륨(세트×횟수)을 높임과 동시에 빡세게 운동해야 한다'고 믿는 것이다. 그러나 이는 불가능하다. 하나를 제대로 하기 위해서는 다른 하나는 희생되어야 한다.

예를 들어 마라토너 이봉주가 마라톤 전 구간에서는, 일반인들이 그냥 100m만 달린 기록보다 더 빠를 수는 있겠지만, 이봉주 개인의 100m 기록으로 마라톤 전 거리를 뛰는 건 불가능하다.

즉 다른 사람들에 비해 아무리 무거운 무게를 들고 훈련할 수 있는 사람이 있다 할지라도, 그 사람 능력 내에서만 비교했을 때, 볼륨이 높아지면 리프팅 무게는 줄어들 수밖에 없다.

쉽게 얘기해서 한 사람이 10번 들 수 있는 10RM과 1번 들 수 있는 1RM 무게가 같을 수 없다는 말이다. 이로써 볼륨이 높은 볼륨 훈련은 강도를 희생한 '저강도 훈련'이라는 점을 알 수 있다.

웨이트 훈련을 할 때는 항상 이 '하드 워크' 법칙을 기억하고 적용하려고 노력해야 한다. 좋은 프로그램이면서 하드 워크가 없는 것보다, 안 좋은 프로그램이라도 하드 워크가 있는 프로그램이 더 긍정적인 결과를 가져다주기 때문이다.

2) 개선(改善, CANI)

이 단어는 변화심리학의 최고 권위자인 앤서니 라빈스의 책에서 볼 수 있다. 카이젠('개선'이란 의미의 일본어)이라는 단어를 소개하며, 이것이 일본을 경제 대국으로 이끈 개념이라 설명하고 있다. '무역수지를 개선할 때' '생산 라인을 개선할 때' '개인적인 인간관계를 개선할 때' 등, 모든 분야에서 이 카이젠을 적용시켜, 점진적으로 발전했다는 것이다.

매일 조금씩 꾸준히 개선하다보면 장기적으로 누구도 예상하지 못했던 수준의 향상을 가져온다는 것이다. 영어에는 똑같이 대응하는 단어가 없어, 그가 직접 CANI(constant and never-ending improvement)이란 단어를 만들어냈다.

실제로 웨이트 훈련 분야에서도 '카이젠'이라는 말을 쓰며, 워크아웃(workout)마다 아주 소량의 무게라도 올려서 장기적으로 큰 변화를 가져오는 의미로 사용한다. 점진적인 과부하와 비슷한 말 같지만, 그냥 무게 증가가 아닌 아주 소량으로 개선시키는 걸 강조한다는 점에선 약간의 차이가 있다. 이것은 특히 초보자들이 새겨들어야 할 내용이다. 무게를 올리더라도 조금씩 올려나가야 한다.

스트렝스 향상 훈련에는 다양한 방법들이 사용되고, 단계가 올라갈수록 적절한 방법을 적용하는 것이 쉽지만은 않지만, 초보자들은 복잡한 것 생각하지 말고 오로지 이 '개선' 원칙만 생각해서, 아주 조금씩만 무게를 올려나가도 일정 선까진 상당히 좋은 효과를 볼 수 있다.

만약 성급한 마음에 무게를 너무 빨리 올리게 되면 어떻게 될까? 부상위험이 증가하는 것도 큰 문제겠지만, '정체기'를 빨리 만나게 된다. 서서히 개선시켜 나갔더라면, 그 이후에도 장기간에 걸쳐 꾸준한 발전이 있었을 것을, 무지와 단기간의 욕심으로 인해 짧은 기간 안에 무게를 빨리 올리다보니 금세 정체기를 맞게 되는 것이다.

초보자들의 초반 무게 급상승은 자세 향상과 신경시스템 개발에 따른 것인데, 이를 착각한 나머지 그만큼의 성장률로 계속 무게를 올려나가게 되면 장기적인 문제에 부닥친다. (아주 초기 단계에서 무게를 일정 정도 빨리 상승시키는 건 인정한다.) 이로 인해 웨이트에 대한 흥미를 잃게 되는 것은 말할 것도 없다.

토끼를 이긴 거북이의 우화를 항상 생각해라. 꾸준히만 한다면 일주일에 단 0.5~1kg만 올리더라도 나중에는 아주 큰 성과를 얻게 된다. 정체기도 최대한 늦게 맞이할 수 있으니 장기적으론 결과가 더 좋은 것이다. 해서 1kg 미만의 가벼운 원판들이 있는 체육관에서 훈련하면 아주 큰 도움이 된다.

1kg이라고 하니 우스워 보이는가. '시작하는 웨이트맨을 위하여'에 나온 루틴을 따른다고 생각해보자. 데드리프트를 일주일에 2번만 하고, 매 워크아웃 1kg씩만 올렸다고 가정해도 – 20kg 빈 바로 시작했을때 – 2년이 지나면 220kg이

넘는다. 주위에 이만큼 드는 사람이 얼마나 있는지 확인해봐라.

3) 지속/일관성 (consistency)

'진득하게' '꾸준히' 한 우물만 파라는 의미다. 위에서 말한 '개선'과 더불어 설명이 가능한 법칙이다. '강한 놈이 오래가는 것이 아니라, 오래가는 놈이 강하다.' 는 한 영화의 대사처럼 꾸준한 놈 절대로 못 이긴다.

이것을 두 번째 개선의 원칙과 결합해서, 인내심을 가지고 지속적으로 무게를 조금씩 올려나간다면, 가장 빠른 기간 내에 당신 유전자 한계에 다다르게 될 때까지 근육을 키울 수 있다.

이는 또한 한 가지 프로그램을 일정 기간 이상(약6주)은 일관성 있게 지속해줘야 한다는 의미도 담고 있다.

매일매일 다른 훈련을 하는 사람들이 있는데 이런 방법이 버라이어티 해서 즐거울지는 모르나, 체계적으로 계획해서 몸에 자극을 주고 그 자극에 반응해서 몸을 발달시키는 시스템을 제공하지 못하기 때문에 일정 이상으로 체력을 발달시키는 것은 불가능하다.

잘 기억해라. 위의 3가지 법칙에 공통적으로 적용되는 정말 중요한 원칙이 있다. 어떤 프로그램, 어떤 운동을 하더라도 올바른 자세가 전제되어야 한다는 것. 특히 스콰트나 데드리프트 같은 운동은 몇 번의 연습으로 마스터할 수 있는 운동이 아니며, 무게가 올라가면서도 장기적으로 자세 체크가 필요한 운동이다. 이 같은 주요 동작은 스트렝스 코치나 역도 코치로부터 배우면 정말 많은 도움이 된다.

훈련 빈도

훈련 빈도는 결국 회복력에 달려 있다. 팔굽혀펴기를 100회 할 수 있는 사람이 매일 10개씩만 한다고 가정해보자. 이런 방식으로 훈련한다면 효과는 없어도 당근 매일 훈련할 수 있다. 그래서 단순히 '일주일에 며칠을 훈련해야 한다'보다는 일주일 전체의 시간과 강도, 그리고 한 워크아웃의 운동 개수 및 전체 횟수 등과 같은 측면에서 살펴볼 필요가 있다.

필자는 일주일에 평균 3~4시간 훈련으로 원하는 근육을 충분히 만들 수 있다고 본다. 평균적인 시간이기에 주기화에 따라 1~2시간만 할 때도 있고 5~6시간 할 때도 있지만, 일반적인 경우 일주일에 3~4시간이면 충분한 시간이다.

'빅머슬 7'(스쿼트, 데드리프트, 벤치 프레스, 밀리터리 프레스, 로우, 무게 턱걸이, 무게 딥)을 가지고 이야기를 풀어보자.

약물 없이 인간이 회복 가능한 능력을 알려면 어떻게 해야 할까? 가장 쉬운 것이, 약물 사용 이전의 초창기 보디빌더들을 보면 된다. 보디빌더들에 따라 약간씩 다르고, 그리고 각 단계에 따라 다양하게 훈련했다지만, 공통점이 있다. 대부분은 '전체 몸 루틴'을 일주일에 3번 했다는 것이다. 빅머슬 7의 모든 운동을 한 번의 워크아웃(workout)에 전부 다 시행해서, 온몸 전체를 한 번씩은 다 자극하는 루틴을 '전체 몸(whole body) 루틴' 또는 '풀 바디(full body) 루틴'이라고 한다.

특히나 보디빌더들 중에서 힘이 뛰어나 장사라고 소문이 자자했던, 스트렝스 훈련 위주로 몸을 키운 챔피언들은 하나같이 일주일에 3번 루틴이 기본이었다. 그러나 그들의 유전적 뛰어남을 생각한다면, 우리는 2번만 할 수도 있다. 물론 스스로를 낮추어 보라는 말은 아니다. 만약 당신이 젊고 재능 있는 사람이라면 3번도 할 수 있다. 또, 반대로 나이가 있거나 회복 수준이 떨어지면 워크아웃 중간 휴식일을 하루 혹은 며칠 더 늘려서 2주일에 3번만 할 수도 있다. 특히 덩치가 작은 사람이 덩치가 큰 사람보다 회복이 더 빠르고 그리고 상체는 하체보다 더 빨리 회복되는데, 이러한 중요 내용들을 많이 알고 있으면 더 완벽한 프로그램을 만들 수가 있다.

전체 몸 루틴을 제대로 빡시게 했다면 일주일에 2번만 해도 된다. 즉 빅머슬 7 운동을 일주일에 두 번 반복하는 것이다. 당근 휴식 날짜를 중간에 길게 둬야 하기에 '월요일 한 번, 목요일 한 번' 같은 스케줄로 잡는다.

만약 ① 각 워크아웃 강도를 '강, 약, 중'으로 변화시키거나, ② 강도가 비교적 낮은 운동들 위주로 구성된 하루 만들기, 또는 ③ 하루를 정해서 자세 연습과 동시에 고반복 훈련을 한다든지 하면서, 전체적으로 약간의 변화를 준다면 일주일 3일도 가능하다. 강, 약, 중처럼 워크아웃 운동 강도를 다양하게 가져간다면 '강하게 하는 날'만 지난 워크아웃 최대 무게보다 더 중량을 올려서 스트렝스를 늘린다는 목표를 가져야 한다.

일관성 있게 강조한다. 근육에 마음을 뺏기지 마라. 프로그램을 통해 내 스트렝스가 과거보다 더 나아져서 힘짱이 되고 있는지가 중요하다.

2번의 전체 몸 루틴을 반으로 나눠서 4일 훈련을 할 수도 있다. 주기화를 통한 변화이거나, 더러 신경시스템 적응이 느린 사람에게 사용할 수도 있는 루틴이다. 만약 4일을 하더라도 2일에 할 수 있는 양을 두 번으로 나눠서 하는 것이므로, 한 번의 워크아웃 훈련량은 반으로 줄어들어야 하는 것이 기본 원칙이다. 일반적인 분할 루틴처럼 부위를 나눴다고 해서 부위별 운동 개수가 많아지고 세트 수가 커지는 개념이 아니다.

덜 훈련하고 더 집중하라

그러나 모든 운동이 같은 회복력을 가지는 것은 아니기 때문에, 스쿼트나 데드리프트처럼 아주 큰 운동이 아닌 경우는 한 번 더 반복할 수 있으며 이에 따라 전체 양은 조금 더 늘어날 수도 있다.

또다시 정신을 뺏기지 말고 기억해야 할 것은, 많이 쪼개고 나눠서 여러 번 훈련해서 훈련량과 빈도를 늘리는 것이 항상 더 효과적이라는 것이 아니다. 그보단 어떻게 하면 회복력을 높여 스트렝스를 높이느냐에 초점을 맞추어야 한다. 다른 날 다른 운동을 하더라도, 근육이란 완전한 고립이 없기 때문에, 한번 시도해보고 만에 하나 큰 운동의 스트렝스를 올리는 데 악영향을 미치게 된다면 빈도를 줄여야 한다.

모든 경우의 수를 다 빼고 아주 단순하게만 말해주기를 원한다면, 일주일 2~3일을 기본으로 하고 특수한 경우 일주일에 1번 혹은 4번을 한다고 보면 된다. 완전 초보자들도 일주일 3일만 하면, 충분히 자세연습과 더불어 장기적인 발전이 충분하다.

더 자주 한다고 좋은게 아니다. 오히려 힘만 빠지고 의욕도 줄어들어 근육이 퇴보할 수 있다. 만약 워밍업 세트 혹은 훈련 마지막에 자세 연습을 시킨다든지, 하루를 잡아 가벼운 무게로 여러 번 반복시키는 방법을 쓰면 3일 안에 원하는 만큼의 성과를 충분히 뽑아낼 수 있다. 그리고 완전 초보자들은 꼭 훈련을 한다는 개념보다 자세 연습이 메인이고, 그에 따른 훈련 효과는 부수적이라는 마인드로 몇 주 정도 해주는 것도 괜찮다.

어차피 제대로 프로그램을 짜게 되면 처음에는 쉬운 것 같아도 일정 기간 이상 넘어가면 갑자기 힘들어지는 무게를 만나게 된다. 너무 조급해할 필요 없다.

필자가 가르쳐본 경험에 비춰볼 때, 일주일 3일 정도로만 가르치게 되면, 훈련자들이 부담도 없고 재미있어 해서 중도 탈락 없이 끝까지 가게 되는 큰 장점이 있었다.

문제는 많은 사람들이 착각하는 것 중 하나가, 초보자 때는 3일만 하다가 고급자가 되면 일주일 6일을 해야 한다고 믿는 것이다. 그러나 아이러니컬하게도 고급자로 갈수록 무게가 늘어나서 뇌에서 받는 피로감이 커지기 때문에, 오히려 빈도가 줄어든다. 반대로 훈련 빈도일이 늘어나는 경우도, 운동량 또는 운동 개수가 늘어나는 것이 아니라 '같은 양'의 운동을 여러 날에 배분하는 것이다. 강도가 올라가니 세트 사이에 쉬는 시간이 많아져 운동 개수가 적더라도 훈련 시간은 1~2시간 정도 걸릴 수 있다. 그게 아니면 강도가 올바르지 않아, 일명 '쓰레기 세트(강도 낮은 훈련 세트)'만 채워넣어서 시간만 늘리고 있는 것이다. 그 쓰레기 세트가 도움은 되지 않더라도, 다행히 아무런 나쁜 영향만 끼치지 않는다면 크게 상관없겠다만 회복력 저하로 인해 근육 생성을 방해하는 경우엔 정말로 억울해진다. 덜 훈련하고 더 집중하면 100을 키울 수 있는 사람이, 더 많은 시간을 낭비하고도 80을 키운 것을 보고 좋아하는 걸 보면 어떻게 판단해야 될까?

자주 그리고 많이 훈련해서 얼마나 몸에 펌핑이 잘되는 걸로 발전여부를 판단하지 마라. 일주일에 2~3번이라도 계속 스트렝스를 쌓아 가고 있다는 것이 가장 중요하다.

빅머슬 7
몸짱이냐, 힘짱이냐 part 2

　헬스클럽에서 볼 수 있는 일반적 풍경을 살펴보자. 헬스장에 몇 번 가고 나서부터, 으레 그러하듯 갑빠를 키우기 위해 벤치 프레스를 시작하게 된다. 완전 초보자이다보니, 그 동안 개발되지 않았던 신경시스템이 발달하면서, 무게도 빨리 올라간다. 중량이 증가하니 재밌고, 그러다보니 매일 운동한다. 그리고 무게 증가만큼 일정 부분 근성장도 동반된다. 그러다 어느 순간부터 무게에 정체가 오기 시작한다. 그 중량의 증가는 자세가 몸에 익고 근신경 발달로 인한 것이지, 매일 똑같은 운동을 반복하는 방법의 우수성 때문은 아니기에……

　무게가 더 이상 올라가지 않지만, 상관없다. 원래 목적도 아닐뿐더러, 우리에게는 펌핑으로 인한 만족감이 있기 때문이다. 운이 좋아 주위에 '무게 올리는 데 치중하고, 그러기 위해서 더 많은 휴식을 하라'고 충고하는 사람이 있더라도 자기 이야기는 아닌 양 그냥 흘려 넘긴다. "아니 지금까지 방법으로 벤치 프레스도 100kg까지 오고, 이만큼 갑빠도 나왔는데 다른 방법을 쓰라고?" 특히나 각종 잡지에서 긴 시간 고 볼륨 트레이닝만 주야장천 강조하고 있으니, 더 열심히하지 않은 자기를 반성하면서 오히려 더욱더 많은 시간을 훈련에 매진하게 된다.

그러나 의욕이 넘치는 것도 하루 이틀! 노력에 비해 성과가 적다보면 육체적 정체기보다 더 무서운 정신적 정체기까지 겪게 된다. 무게에 신경 쓰지 않은 지도 오래, 이런 저런 방법을 쓰고 열심히 하는데도 몸에 별 차이가 없으니 즐거울 리가 없다. 또 펌핑으로 몸을 평가하다보니, 하루 이틀 쉬고 나면 어째 몸이 더 줄어든다는 느낌을 받는다. 열 받기 시작한다. '아니 그 동안 쉬지 않고 한 게 얼마인데, 조금 안 한다고 이렇게 쉽게 없어지나?' 쫓기는 마음에 또 다시 펌핑 훈련에 열중한다. 항시 몸이 부풀어오르는 걸 눈으로 확인해야 마음이라도 안심되니까. 그러나 이 펌핑 느낌을 몸만들기 핵심으로 오해하기 때문에 많은 문제가 발생한다는 걸 모른다. 과도한 펌핑 훈련이 스트렝스 향상에 부정적인 영향을 미치게 되고, 마음이 쫓기다보니 충분한 휴식도 취하지 않고 매일매일 운동하게 되기 때문이다.

그러다 어느 날 평소 들던 무게로는 시행할 의욕이 없어서, 훨씬 가벼운 무게로 고반복을 시도해보는데, '요거, 느낌이 오기 시작한다.' 변화를 통해 오는 단시간의 성장인지도 모르고 다음과 같은 생각하게 된다. '그래 바로 이 방법이야! 이것이 근육 만들기의 비밀이었군!' 또 몇 주는 효과를 본다. 그러나 그것도 얼마 있지 않아 한계를 맞게 된다. 이제는 더 이상 무게를 올리는 데는 관심도 없고, 새로운 비밀 루틴만 찾아 헤맨다.

한번씩 근육잡지에서 화려한 문구로 유혹하는 새로운 프로그램이나, 유명한 보디빌더가 즐겨 하는 프로그램이라고 선전하는 걸 보면 의욕이 솟아 잠시 시도하더라도, 그때뿐. 또 다시 제자리로 돌아간다. 이런 정체기가 길어지다보면 결국엔 웨이트에 대한 흥미가 떨어지고 지금까지 만든 몸을 그냥 유지하는 선만 지켜나간다. 위의 내용은 힘짱이라는 목표를 잃어버리고 근육 그 자체만을 좇게 되면, 얼마나 오랜 기간 방황할 수 있는지를 여실히 보여주고 있다.

몸짱보다는 힘짱으로의 전력투구 할 것을, 다시 한번 마음에 잘 담아두시길 당부하면서, 앞서 살펴본 근육발달을 가져다주는 필수 운동 모음인 '빅머슬 7'의 활용법을 알아보자. 빅머슬 7 운동들은 전부 큼직큼직한 '기본'적인 운동들로서, 이것만 열심히 해도 거의 온몸을 자극한다.

종아리, 전완근, 승모근 등 따로 더 해주면 좋은 것들도 분명 있으나 이것은 빅머슬을 해주고 나중에 생각해봐도 된다. 한꺼번에 너무 많은 걸 고려하면 복잡해져서 핵심을 놓치게 되고, 전체적인 근비대를 놓고 봤을 땐 이 빅머슬 7을 따라올 운동들은 없으므로, 위의 7가지 큰 운동의 무게를 올리는 데만 집중해도 크게 무리가 없다. (체육관을 떠나, 집에서 시간 날 때 '복근과 악력 훈련'을 따로 해주면 좀 더 완벽한 프로그램에 접근할 수 있다.)

언제까지? 사람마다 조금씩 차이가 있긴 하지만, 대략 평균적으로 몸무게 150%로 스쿼트 18~20회를 하거나, 몸무게 200%로 데드리프트를 8~10회 정도 할 수 있을 때까지다. 그 이후면, 디테일에 신경 쓸 수 있다. 디테일 운동들이 다양하고 복잡하긴 해도, 위의 조건이 충족되고 나면 스스로 해답을 찾을 수 있으니 걱정할 필요 없다. 이미 전과는 완전히 다른 바디 프레임을 소유하게 되니, 마음만 먹으면 원하는 부위를 금방 상승시킬 수 있다.

혹, 훈련에서 고반복을 잘 사용하지 않는 사람들은 아래의 두 가지 기준을 따른다.

먼저 '300-400-500 시스템'이다.

1RM 기준으로 벤치 프레스는 300파운드(약135kg), 스쿼트는 400파운드(약180kg), 그리고 데드리프트는 500파운드(약225kg)까지 기록을 세우는 것이다. 이

정도까지 중량 증가가 이뤄지고 나면 다양한 보디빌딩 고급 방법들을 사용해도 부상의 위험이 낮고, 뿐만 아니라 효과도 스트렝스가 크지 않은 사람들과는 비교할 수 없을 정도로 빠르다.

두 번째는 위와 같이 정해진 일정한 무게가 아니라, 사람 몸무게에 따라 알아보는 방법이다. '벤치 프레스 무게 : 자기 몸무게 150%, 스콰트 무게 : 자기 몸무게 200%, 데드리프트 무게 : 자기 몸무게 250%'

사실 형평성(?)을 생각한다면, 절대적인 무게보다 두 번째 방법처럼 개인의 몸무게로 따져보는 것이 더 정확할 수는 있겠다. 그러나 일정 무게를 정해놓고 다른 사람들과 같은 조건으로 경쟁하는 맛도 무시할 수 없다. 실생활에서도 사람의 체격에 따라 어드벤티지를 주는 상황도 거의 없으므로 더더욱 그러하다.

그래서 필자가 주로 선호하는 스트렝스 훈련 1차 목표는 다음과 같다.

'스콰트, 데드리프트, 벤치 프레스를 합한 값 500kg'

개인 몸의 구조에 따라 스콰트와 데드리프트 중 시행하기 더 편한 것이 있다. 해서 꼭 어떤 한 종목을 얼마만큼 해야 한다는 강제 없이, 그냥 3가지를 다 합한 값을 적용한다. 보기도 깔끔하고 기억하기도 쉽다.

한 호주 경찰 특공대에서도 총합 500kg 이상을 리프트하는 대원을 강한 남자의 기준으로 보고, 이를 달성한 사람들 이름을 칠판에 적어놓아 스트렝스 훈련에 대한 모티베이션을 높인다고 한다.

이처럼 빅머슬 7 운동들을 먼저 생각하고 이 운동들의 스트렝스를 쌓는 데 모든 노력을 퍼붓는 것이 근육 만드는 가장 빠르고 올바른 방법이라는 것을 항상 기억하라.

특정 부위 발달을 위한 **운동법**

살다보면 예기치 않은 일이 발생할 때가 있다. 여러 가지 연유로 인해, 프로그램 중간쯤이라도 디테일에 신경 써야 할 때가 생기기도 한다. 예를 들어 여친과의 수영장 약속이 몇 달 후에 잡혀 있다든지, 꼭 이기고 싶어하는 친구와 팔 두께 경쟁을 앞두고 있을 때 등이다. 물론 앞서 말한 방법만으로도, 충분한 디테일이 갖춰지는 사람들이 많다. 하지만 개인에 따라 좀더 터치를 해주면 좋은 사람들도 있다.

이런 사람들에게는 보통 3가지 방법을 쓴다.

첫 번째는 위에서 말한 기본 운동을 무겁게 하고 나서, 탑 무게 세트에서 운동을 끝내는 것이 아니라, 무게를 낮춰서 좀더 가벼운 무게로 몇 세트를 더 해주는 '백오프 세트'를 1~2세트 덧붙여 주는 것이다. 예를 들어 스콰트 100kg으로 2세트×5회를 하고 난뒤, 70~80kg 무게를 가지고 약10회 정도 고반복해주는 것을 말한다. 이렇게 하면 몸에 여러 가지 자극을 줄 수 있어서 다양한 근섬유를 자극할 수 있게 된다.

중요한 건, 무겁게 하는 운동과 가벼운 무게로 하는 기본 운동을 한 워크아웃에 같이 하더라도, 근육 발달에 기여하는 방법론에서는 서로 다른 개념이라는 것을 알아야 한다. 이를 인지하고 훈련 방향을 잡아야 장기적으로 잘못된 샛길로 빠지지 않게 된다.

요즘 유행하는 두 번째 방법은, 모든 운동이 끝나고 난 뒤 10분 정도만 자기가 원하는 운동을 마지막에 덧붙여 하는 것이다. 단순관절 운동만 하든 오로지 팔 운동만 하든, 어떤 운동을 하더라도 상관없이 자기가 하고자 하는 운동을 짧은 시간에 빡세게 한다. 이런 방식을 쓰면 특별히 많은 시간을 할애하지 않고도 원하는 성과를 얻을 수 있다.

위에서 설명한 특정 부위 및 펌핑 근육 향상을 위한 방법들은 '빅머슬 7 운동의 스트렝스 향상'이라는 대전제를 훼손하지 않는 상황에서만 시행해야 한다.

약간의 방해는 인정하지만, 무게 올리는 데 방해가 된다는 것이 확인되면, 곧바로 그 운동량을 줄이든지 아예 하지 않는 게 낫다. 그보다는 주기화에 맞춰 나중에 원하는 부위만을 위한 프로그램을 따로 집중적으로 해주는 방법을 이용하길 바란다.

굉장히 중요한 포인트 하나. 좋은 운동이라면 무조건 이것저것 많이 섞어 하려는 마인드와 항상 싸워라. 아무리 좋은 것이라도 필요 이상으로 많이 붙여놓으면, 도움이 되기는커녕 전체를 더 망치게 된다. 괜히 '과유불급'이라는 말이 있는 게 아니다.

짜장면과 짬뽕이 아무리 맛있어도 서로 같이 비벼놓는 것이 최상의 맛이 아님은 잘 알 터. 하물며 짬짜면처럼 완전히 분리시켜놔도, 그것이 각각의 두 가지 음식의 판매량을 넘지 않는 이유를 잘 생각해봐라.

이제 여러분들이 많이 궁금해하는 세트와 횟수에 대해 알아보자.

먼저 세트와 횟수만으로 모든 문제가 해결되는 것이 아니라는 것은 알고 시작해야 한다.

어떤 방식으로 운동하느냐(올바른 자세, 올바른 무게 선택, 적절한 빡셈, 휴식, 템포 차이, 시행 방법 등)에 따라 똑같은 세트와 횟수를 하더라도 결과는 많이 달라질 수 있기 때문이다.

그래도 다른 모든 조건이 같다면, 저반복이냐 고반복이냐에 따라서, 그 '사용 무게'는 물론 '에너지 시스템'도 달라지게 되고, 나중에 결과에서도 큰 차이를 가져오게 하는, 가장 중요한 요소 중 하나임에는 틀림없으므로 꼭 살펴봐야 한다.

수많은 방법이 있다만, 대체로 쉽고 잘 정리되어 있어서 필자가 추천하고 싶은 표가 하나 있다.

바로 '프리레핀 차트'다.

이는 러시아에서 수년 동안 수많은 리프터들을 관찰하면서 스트렝스를 키우는 데 최고로 적합한 세트와 횟수를 찾아낸 차트다. 과학이라는 이름을 달고, 노인들이나 평생 훈련 한번 해본 적도 없는 사람들을 토대로 연구 결과를 적당히 만들어내거나, 상업적 목적으로 돈 받고 나온 결과가 아닌, 실전에서 나온 수치라 아주 유익하다.

[프리레핀 차트]

%	세트당 횟수	적정 전체 횟수	가능한 볼륨 범위
55~65%	3~6	24	18~30
70~80%	3~6	18	12~24
80~90%	2~4	15	10~20
90~99%	1~2	7	4~10
100%	1	1~2	1~2

위의 표를 보는 방법은 다음과 같다. 만약 최대 무게의 85%를 가지고 훈련한다고 가정하면, 표에서 보듯이 '적정 전체 횟수'는 15회가 된다.

여기서 세트당 횟수를 4회로 선택했다면 약3~4세트만 리프팅 해야 하며, (4회×3세트는 전체횟수가 12회고, 4회×4세트는 16회가 되기 때문에) 만약 세트당 횟수를 2회만 하기로 선택했다면 7~8세트를 할 수 있는 것이다.

즉 전체 횟수를 보고, 거기에 맞는 횟수 범위 중에서 하나를 정하게 되면, 세트는 저절로 나오게 된다. 좀더 복잡하게는 세트당 횟수를 다르게 하는 방법도 가능하다. (예 : 1세트×4회, 2세트×3회, 3세트×2회 등) 어떤 다양한 조합을 쓰든 세트당 적정 횟수를 가지고 전체 횟수만 맞추면 된다. 적정 전체 횟수라고 적혀는 있지만, 필자 경험상 우선 '가능한 볼륨 범위' 내에서 가장 아래쪽에 있는 양부터 실시해 보는 것이 더 좋다. (85%일때 10회) 대부분의 사람들은 아무리 자제시켜도 (강도를 희생시켜서) 볼륨을 많이 하고자 하는 욕망이 우선하기 때문이다.

[올바른 스트렝스 향상을 위하여]

우리나라에서는 제대로 된 스트렝스 코치가 드물고, (외국에서는 스트렝스만 가르치는 코치가 따로 있다.) 일반인들도 웨이트라 하면 보디빌딩으로만 생각하다보니, 스트렝스 훈련을 해야 되는 사람마저도 보디빌딩 종사자에게 배우는 사례가 있다. 그러나 서로 완전히 다른 분야이니 스포츠로 전이가 용이한 근력을 원한다면 스트렝스 전문 코치를 찾아야 한다. 마치 똑같은 바벨을 사용한다는 이유만으로 역도를 보디빌딩 트레이너한테 배울 수 없는 것과 같다.

특히 고급에서 엘리트로 갈수록 오버트레이닝의 창이 아주 좁아지게 되기에 더더욱 그러하다. 예를 들어 7세트는 언더트레이닝, 8세트는 적정, 9세트는 오버트레이닝이 될 수 있는데, 오버트레이닝에 대한 지식이 거의 없는 보디빌더에게 이를 맡긴다면 스트렝스 성장을 맛보기 힘들어진다. 그리고 성장 상황에 맞게 지식 많고 실력 있는 코치가 제대로 처방을 해주어야 정체기 없이 꾸준히 발달할 수 있다. (국내에는 스트렝스 및 역도를 주로 가르치는 체육관이론 삽짐이 있다. speedandpower.co.kr)

완전초보자도 스트렝스 코치들에게 직접 배우는 게 제일 좋으나, 그게 힘들면 어떤 방법을 쓰든 일단 자세만이라도 제대로 배우도록 노력한다. 그리고 나서 여기서 필자가 말하는 방식을 적용해보길 바란다.

워밍업 세트에 관하여

몸짱이냐, 힘짱이냐 `part 3`

앞서 배운 프리레핀 차트, 5×5 시스템에 대해 더 자세히 살펴보고 빅머슬 7을 이용한 프로그램을 알아보자.

워밍업 세트 개념

5×5 시스템을 보자. 5회를 다섯 번 반복(5세트)하는 이 방법에 대한 한결같은 반응은 다음과 같다. '이 정도만 해도 돼요?' '너무 적지 않나요?' '쉬워서 자극이 오지 않는 것 같아요.' 등. 필자는 반대로 5세트×5회를 보면 먼저 두렵다는 생각부터 든다. 5회로 2~3세트만 해도 힘들어 죽겠는데 5세트까지 하려면 정신 바짝 차려야 하니까. 왜 이런 말이 나오게 되었을까? 이는 워밍업 세트에 대한 개념이 부족하기 때문이다. 적정 강도로 운동하지 못하는 것도 역시 워밍업 세트에 대한 이해 부족과 관련 있다.

일반적으로 몸을 푸는 워밍업과, 특정 운동을 하기 전에 그 운동을 가벼운 무게로 시행하는 워밍업 세트는 의미가 완전히 다르다. 워밍업이 제자리 자전거, 줄넘기, 혹은 팔굽혀펴기를 하는 등 간단하게 몸을 푸는 것이라면, 워밍업 세트는 그날 하고자 하는 운동을 아주 낮은 무게부터 시작해서 서서히 무게를 올리는 것을 말한다.

스쿼트를 한다고 가정하자. 무게가 낮을 경우엔 그냥 맨몸 스쿼트 몇 번 하거나 빈 바(20kg)로 몇 회 가볍게 워밍업 세트를 하고, 원래 계획하고 있던 무게로 바로 도전하면 된다. 그러나 예를 들어 200kg 정도의 아주 높은 무게로 훈련해야 하는 사람은, 그 무게로 올라가기 전까지 여러 번의 워밍업 세트를 필요로 하게 된다. 즉 원래 훈련하고자 계획하고 있던 무게(자극을 받을 수 있는 적정 강도)까지 올라가기 위해서는, 몸이 그 무거운 무게에 적응하기 위한 다수의 워밍업 세트가 있어야 되는 것이다. 그렇지 않으면 본래 가지고 있던 능력보다 한참 가벼운 무게로 운동하게 된다.

그래서 모든 웨이트 운동 세트는 '워밍업 세트 + 본 세트'로 구성되어 있다. 본 세트 무게가 많지 않거나 또는 단순화를 위해, '워밍업 세트 1~2세트 정도는 포함한다.'라고 암묵적으로 정하고 특별한 설명 없이 넘어갈 수는 있겠지만, 정확한 프로그램을 독자들에게 소개할 때는 반드시 워밍업 세트가 몇 세트 포함되었다고 따로 명시해놓아야 한다. 그렇지 않으면 거기에 적힌 모든 세트는 전부 다 본 세트(워크 세트라고도 함)라고 보면 된다.

그러나 고유명사처럼 원래 시행하는 방법이 정해져 있는 특정 프로그램 및 시스템은 다를 수가 있다. 예를 들어 '5×5시스템', '5-4-3-2-1 시스템(5회-4회-3회-2회-1회로 반복하는 것)' '싱글즈(1회 싱글을 여러 번 반복하는 것)' 등은 때로 이 프로그램에 워밍업 세트가 포함되기도 한다. 그럴 때는 총 5세트에서 몇 세트까지가 워밍업 세트고 그걸 제외한 나머지 세트가 본 세트인지를 말해주는 부가적인 설명이 붙는다.

본 세트는 어떻게 훈련해야 하는가

워밍업 세트 패턴에 대해 자세한 걸 알아보기 전에, 그럼 본 세트는 어떤 식으로 훈련해야 하는지 먼저 살펴보자. 조금씩 무게를 올려가면서 하는 방법도 있으나, 원래는 동일한 무게로 정해진 세트를 모두 다 하는 것이 정석이다.

예를 들어 오늘 워크아웃(훈련)이 3세트×5회라고 가정하자. 그럼 '최대 무게 (1RM) 80% 무게로 3세트×5회'처럼 일관성 있게 운동해야지, 70% 무게에서 5회 했다가, 85%로 5회 했다가 또 75%로 5회 하는 등, 일정하게 정해진 무게 없이 서로 다른 영역으로 왔다 갔다 넘나들게 되면, 몸에 혼란을 일으켜 최대한의 훈련 효과를 이끌어낼 수 없게 된다. 그래서 본인의 최대 무게를 잘못 알았거나, 생각지 못한 컨디션 등락으로 인해 약간의 무게를 조정하는 것이 아니라면 본 세트는 전부 같은 무게로 해야 한다.

특정 무게를 예로 들어서 다시 풀이해보자. 오늘 워크아웃에서 운동하고자 하는 것이 스콰트고, 사용하고자 하는 무게가 100kg이며, 세트와 횟수는 3세트×5회라고 하자. 그럼 100kg까지 도달하기 위해선 먼저 그보다 낮은 무게를 이용해서(예: 50~80kg) 워밍업을 여러 세트 하고 난 뒤, 본 세트 3세트는 전부 다 100kg을 가지고 한다.

여기서 우리는 중대한 사실을 알게 된다. 우리가 잘 알고 있고 널리 사용하고 있는 피라미드 방식의 본 세트는, 실상 마지막 1세트밖에 되지 않는다는 것. (다양한 피라미드 운동 구조가 있지만) 기본적인 피라미드 세트 구조는 전부 '가장 무거운 무게로 시행하는 마지막 본 세트 하나 + 그 외 전부 워밍업 세트'로 구성되어 있다.

본 세트보다 가벼운 워밍업 세트가, 전체 볼륨을 늘려줘서 몸에 자극을 주는 데 한몫 하기는 하나, 실제로 그 훈련 효과는 마지막 본 세트의 강도와 볼륨에 의해 결정된다. 뿐만 아니라, 추후 훈련 스케줄도 그 본 세트의 볼륨과 강도에 근거해서 설계되어야 한다. 즉 본 세트가 장기적인 훈련의 질을 결정하며, 힘짱으로의 목표도 이 본 세트를 기준으로 달려가야 한다.

그럼 '스쾃 1세트×5회'라고 적힌 루틴이 있으면 어떤 식으로 훈련해야 할까?

특별히 1RM의 몇% 무게라고 정해주지 않으면, 5~7회 정도면 더 이상 못할 것 같은 무게(5~7RM)로 하면 된다.

그 무게가 30kg 정도밖에 되지 않으면, 맨몸 스쾃으로 1~2세트 워밍업을 하고 나서 바로 하거나, 또는 빈 바(20kg)로 워밍업 세트를 먼저 1번 하고는 곧바로 30kg×5회를 하고 마칠 수 있다.

그런데 그 무게가 100kg이라면? 그 무게로 운동하기 위해서는 몸이 적응되게끔 워밍업 세트를 여러 번 해야 하고(예: 20kg×10회 50kg×8회, 70kg×5회, 90kg×3회) 마지막 세트로 본 세트 100kg×5회를 한다.

이 말인 즉, 프로그램에는 "스쾃 1세트×5회"라고 적혀 있더라도, 본 세트 무게가 높은 사람은 실질적으로는 피라미드 구조의 워밍업 4세트를(위의 예에서만 4세트지 항상 4세트로 정해진 건 아니다.) 먼저 해야 한다는 것이다.

이는 곧 지금까지 1세트가 적다고 했던 사람들도 정작 본인들은 한 운동당 1세트만 해왔다는 것을 의미한다. 여러 번의 본 세트로 구성된 '다중 세트(멀티 세트)'가 좋은지, 아니면 한 번의 본 세트로 이루어진 '단 세트(싱글 세트)'가 좋은지는 다음에 다시 설명하겠지만(225p 참조), 어쨌든 여러분들이 가장 많이 사용하는 피라미드 세트도 따지고 보면 멀티 세트가 아니라 싱글 세트라는 것이다.

단지 차이점이라면 피라미드 세트는 무게가 올라갈수록 횟수가 줄어들지만,

1세트×5회 프로그램에서는 마지막 워밍업 세트 횟수가 본 세트 횟수(5회)보다 더 적다는 것이다.(예: 1~2회) 이유는 알다시피 워밍업에서 모든 힘을 다 쏟아붓지 않고 에너지를 남겨놓기 위함이다.

자기도 모르는 사이에 워밍업 세트를 하게 만들어준 점에서는, 피라미드 세트에 그 의미가 있을지 모르나, 본 세트에 대한 의식 부재와 그 전 워밍업 세트에서 과도한 힘 빼기로 인해 탑 세트의 장점을 잘 살리지 못한다는 단점도 가지고 있다. 또 한편으로는 피라미드 세트로 운동했더라도, 마지막 본 세트에서 최선을 다하지 않았다면 워밍업 세트만 하다가 끝낸 걸로 볼 수도 있다.

워밍업 세트 시행 방식

이제 워밍업 세트를 하는 방법에 대해 알아보자. 워밍업 세트를 시행하는 가장 기본적인 원칙은 본 세트에 사용하려는 무게가 높을수록 더 많은 세트를 해야 한다는 것이다. 그리고 개인의 특성에 따라, 운동 종류에 따라 다양한 워밍업 세트 조합을 만들 수 있다. 여기서는 크게 2가지 종류로 나눠서, 그와 관련된 방법들을 하나씩만 알려주도록 하겠다.

첫 번째는 워밍업 세트를 너무 많이 하면 힘을 잃어 본 세트에서 실력이 떨어지는 사람들이며, 두 번째는 워밍업을 많이 해야 본 세트에서 실력이 발휘되는 사람들이다. (나이가 많은 사람은 두 번째 방법을 이용한다.)

워밍업을 많이 하면 본 세트에서 실력이 떨어지는 사람들을 위한 세트

첫 번째 경우 사용할 수 있는 워밍업 세트 패턴은 50%×8~10회, 70%×3~5회, 90%×1~2회이다. 퍼센티지는 당일 본 세트에서 사용하고자 하는 무게의 %

이다. 100kg이라고 한다면 첫 워밍업 세트는 50kg이 된다.

개인 능력과 본 세트 무게에 따라 다르긴 하지만, 50%에서 70%으로 넘어갈 때는 보통 1~2분 정도 쉬어주고, 70%~90%로 넘어갈 때는 3~5분 정도 쉬어준다. 무게가 올라갈수록 쉬는 시간이 더 늘어난다. 이 정도의 세트도 많다고 생각하는 사람은 첫 워밍업 세트로(60~80%) 5회 정도 하그 그 다음 80~90% 정도로 1~2회 하고 난 뒤 바로 본 세트로 넘어갈 수도 있다.

이와는 반대인 사람이면서 본 세트의 무게가 너무 높은 경우에는 – 90% 무게와 본 세트의 무게 차이가 너무 많이 나기 때문에 – 퍼센티지를 올린 워밍업 세트를 하나 더 포함시키거나, 마지막 워밍업 세트와 본 세트 무게 차이의 한계를 정해놓을 수도 있다.

예를 들어 200kg으로 본 세트를 하려는 사람은, 90%의 무게가 180kg이나 되어도, 본 세트와 20kg이 차이 나기 때문에 다소 부담스러울 수 있다. 이런 사람들은 마지막 워밍업 세트와 본 세트의 차이를 15kg 미만으로 둔다는 규칙을 세우고, 본 세트와 무게 차이가 적은 여분의 마지막 워밍업 세트를 하나 더 포함시킨다.

그리고 가장 많은 무게를 사용하는 스콰트/데드리프트와, 다른 운동들과는 당연히 워밍업 양에서 차이가 나게 되며, 또 한 워크아웃에서 첫 운동이 끝난 뒤에는 몸이 어느 정도 적응되었기 때문에 그 다음 운동부터는 워밍업 세트가 줄어들 수도 있다는 것도 알아둬야 한다.

좀더 많은 워밍업을 필요로 하는 사람들을 위한 세트

10%×20회, 30%×10회, 60%×5회, 80%×3회, 90~95%×1회

첫 번째 예에서도 보았듯 무게가 많거나, 위 패턴만으로 충분히 워밍업이 되지 않는 사람은 언제든지 중간에 여분의 워밍업 세트를 포함시킬 수 있다.

그리고 원래 워밍업 세트를 적게 해야 더 좋은 성적을 보였던 사람이라도, 나중에 최대 무게 1RM이 올라감에 따라 방법을 바꿔야(워밍업 세트를 더 많이 하는 방법) 더 좋은 성과를 얻을 수 있는 경우도 있으므로 과거의 방식만 고집하지 말고 항상 다양하게 살펴봐라.

5×5 시스템 워밍업 세트로 분석하기

자! 그럼 이 내용들을 토대로 5×5 시스템을 분석해보자.

사실 이 5×5시스템은 보기보다 까다롭다. 위에서 말했듯, 원래 세트와 횟수의 조합에서는 본 세트만 말하는 법인데, 5세트×5회에는 워밍업이 숨어 있는 경우도 있기 때문이다.

물론 5세트×5회를 전부 다 본 세트로 할 수도 있다만, 그건 초급이나 중급 초반 정도에만 가능하며 무게가 높아지고 나면, 웬만한 사람 아니고는 5세트×5회를 전부 본 세트로 하기가 힘들고 그만큼 한다고 더 좋은 것도 아니다.

프리레핀 차트(178p 참조)를 보면 더 잘 알 수 있다. 이 차트에 나온 볼륨은 전부 본 세트다. 만약 80~90%의 무게로 스쿼트할 계획을 세웠다고 가정해보자.

5회를 한다고 정했을 때(횟수는 2~4회지만 설명을 위해 5회를 사용) 그 표에서 가능한 볼륨을 보면 2~4세트다. 가능한 전체 볼륨이 10~20회이므로 5로 나누어보면 2~4세트가 나온다는 것을 알 수 있다.

즉 스트렝스 훈련을 할 때 5세트×5회를 전부 다 본 세트로 하게 되면 너무 많은 볼륨이 된다는 것을 알 수 있다. 안 그러면 강도를 65% 이하까지 낮춰야 한다.

그래서 초보자가 아니고서는 5세트까지 할 필요도 없으며, 또한 무게가 더 올라가게 되면 세트는 더 줄어들게 된다. 프리레핀 차트에 나오듯이 2~4세트만 할 수도 있고, 또 나중에 실력이 더 올라가면 1세트만 할 수도 있다.

보다 알기 쉽게 5세트×5회를 워밍업 세트와 본 세트 조합으로 분리해서 나올 수 있는 패턴의 경우의 수를 보자.

1. 본 세트 5세트

2. 워밍업 세트 1 + 본 세트 4

3. 워밍업 세트 2 + 본 세트 3

4. 워밍업 세트 3 + 본 세트 2

5. 워밍업 세트 4 + 본 세트 1

이와 같이 다섯 가지 조합이 나온다.

1번 경우에도 워밍업 세트가 4세트 정도 필요한 사람이라면, 실제 시행하는 모든 세트는 9세트(워밍업 세트 4세트 + 본 세트 5세트)가 될 수도 있다. 또 3번처럼 워밍업 세트를 2번 하고자 하는 방법이라도, 개인적으로 많은 워밍업을 해줘야 더 실력 발휘가 되는 사람이 워밍업 세트를 3세트를 더 포함시켜주게 되면 결국 전체 세트는 8세트(워밍업 세트 5세트 + 본 세트 3세트)가 된다.

쉬워 보이는 프로그램이지만, 워밍업 개념이 없는 사람들에게는 이렇게 복잡해 질 수 있는 것이다. 그래서 5×5 시스템이나 위에서 설명한 또 다른 시스템처럼 시행 방법이 원래 정해진 것이 아니면, 본 세트만 써놓거나 그게 아니면 그 세트들을 하는 방법을 부가적으로 꼭 설명해놓아야 헷갈리지 않으며 제대로 된 훈련을 할 수가 있다.

결국 워밍업 세트는 무게를 높여나가면서 서서히 몸이 적응하게 도와줘서 본 세트를 강하게 할 수 있게 만드는 데 도움을 주는데, 이걸 제대로 하지 않아서 그동안 고강도 저볼륨의 쓴맛(?)을 보지 못한 훈련자들이 많았던 것이다.

'어떻게 하면 운동 가짓수를 늘리고 볼륨을 많이 할까로 고민하지 말고, 반대로 어떻게 하면 운동 가짓수 및 세트를 더 줄여나가면서, 본 세트의 무게를 더 올려나갈까' 에 집중하는 것이 중요하다.

[HIT(히트) 훈련]

매일 운동하는 방식이 아니라면, 무조건 히트라고 생각하는 사람들이 많다. 그러나 히트는 볼륨 훈련과 가장 대척점에 서 있는 한 가지 훈련방법일 뿐이며 그 중간에는 무수히 여러 가지 방식들이 존재한다.

볼륨 트레이닝만이 보디빌딩의 상식이라는 대중들의 선입견을 깨는 데는 상당히 유리하고, 가끔 사용하면 좋은 내용들도 분명히 있으나, 너무 익스트림한 내용들이 많아 기본 프로그램으로 추천할 대상은 아니다.

최적의 훈련 여건이 되지 않는 상황에서만 사용하도록 한다. (동네 헬스장 최고의 근육 성장 프로그램 450p 참조)

히트의 아버지로 불리는 아더 존슨의 책을 보면 잘 알 수 있다.

그는 1세트만 시키면서 각종 강력한 방법들(예: 강제반복, 네거티브 등)을 동원해 근 실패를 이끌어내는 데만 초점을 맞추고 있지, 힘 키우는 것을 주된 이슈로 강조하지 않는다. (언급은 하지만 키워드는 아니다.) 그리고 여러 대의 머신을 번갈아가며 서킷 방식으로 짧은 시간에 돌리는 방식을 사용함으로써, 그가 주인이던 노틸러스 머신과의 상업적 야합이라는 비난 또한 벗어 날 수 없었다. 특히나 그는 일주일 전체 훈련 시간을 최대 90분에서 나중에는 급기야 30분까지 줄인다.

고급자로 올라갈수록 훈련을 더 빡세게 하고 드는 중량이 높은 만큼 시간이 줄어들어야 한다는 데는 공감하지만 일주일에 30분은 적은 시간이다. 짧고 빡세게 훈련한다는 취지는 좋으나, 빡셈의 다른 의미인 '무게로서의 진정한 고강도'가 더 중요한 것임을 캐치하지 못했다고 본다.

빅머슬 7 +맛스리 몸짱이냐, 힘짱이냐 part 4

우선, 실제 근섬유 사이즈를 키우는 사코메릭(sarcomeric) 발달과 관련된 근육을 '포스 근육'으로, 그리고 고반복 펌핑 위주로 근세포 주위의 단백질 구조를 둘러싸고 있는 공간을 키우는 사코플라스믹(sarcoplasmic) 발달과 관련된 근육을 '펌핑 근육'으로 구분해서 부르기로 한다. 이 근육들의 특징을 한눈에 알아볼 수 있게 정리해봤다.

1. 볼륨 훈련을 하게 되면 펌핑 근육을, 스트렝스(근력) 훈련을 하게 되면 포스 근육을 만들 수 있다.

2. 개인마다 몸이 다르다. 어떤 사람은 (효율성에서는 뒤지는) 펌핑 운동만 해도 좋은 몸을 만드는 데 성공할 수 있다.

3. 약물을 쓰는 사람도 펌핑 운동 방식만으로 몸만들기가 가능하다. 그러나 대부분의 일반인들은 그렇게 하면 실패하거나, 결코 원하는 결과를 얻을 수 없다.

4. 이와 같은 개인적인 신체 발달 능력 차이 때문에, 완벽하지 않은 이론들이 활개치는 원인이 된다.

5. 일반인들이 (뛰어난 유전자를 가진 사람들 포함) 몸짱이 되기 위해서는, 스트렝스 훈련으로 포스 근육을 먼저 쌓는 것이 최고로 빠른 길이며, 대부분에게는 유일한 길이다.

6. 포스 근육을 만들고 나면 펌핑 근육을 만들기는 쉽지만, 그 반대는 아니다.

7. 펌핑 근육으로는 큰 힘을 쓰지 못한다.

8. 포스 근육만이 스포츠 능력 향상에 지대한 공헌을 하며, 모든 기초 체력에서도 중추적인 역할을 한다.

9. 체조선수, 격투기선수 (이소룡) 같은 근질을 갖게 하는 것도 포스 근육이다.

10. 힘짱을 위한 스트렝스 훈련은 뇌에 많은 부하가 걸리기 때문에 높은 볼륨으로 자주 하는 건 좋지 않다. (볼륨을 줄이면 더 자주 할 수는 있다.)

11. 시즌기 (또는 단기간에 몸 불리기가 필요할 때)에는 펌핑 근육 운동을 같이 해주면 더 좋은 결과를 얻을 수 있다. 충격 요법도 마찬가지 효과를 가져온다.

12. 그러나 특별한 경우가 아니면 초, 중급자는 미래를 생각해서 포스 근육에만 집중하는 것이 더 좋다. 펌핑 근육 훈련은 스트렝스를 쌓는 데 방해가 될 수 있기 때문이다.

13. 그리고 시즌기가 끝나고 나면, 또 다시 포스 근육을 키우기 위한 힘짱 훈련에 집중해야 장기적으로 좋은 결과를 얻을 수 있다.

14. 빅머슬 7의 무게를 올리는 것은, 포스 근육을 키우는 데 가장 좋은 방법이다.

15. 역도성 운동을 병행해야 더 좋으나, 일반 헬스클럽에서는 시행하기가 불가능하기 때문에 제외했다.

위의 내용만 보더라도, 포스 근육 향상만이 우리가 가야 할 길이라는 걸 확연히 알 수 있다. 그럼 빅머슬 7 운동을 이용해서, (포스 근육을 위한) 힘짱 프로그램을 만드는 방법들에 대해 좀더 자세히 알아보도록 하자. 일일이 프로그램 하나하나 자세하게 설명하려면, 경우의 수가 너무 많아져서 오히려 더 복잡해지므로, 크게크게 가면서 고기 잡는 법을 설명하겠다. 어차피 큰 그림을 가지고 있으면, 작은 것들은 응용하기가 쉬워진다. 특히 충격 요법이 아닌 기본과 관련된 운동 프로그램에서는, 그 원리를 꿰차고 있어야 악의 세력에 휘둘리지 않고 소신껏 자기 길을 고수하면서 정상의 자리로 갈 수 있다.

프로그램을 만들기 위한 큰 원칙과 관련된 문장 하나만 보자. 〈어린 왕자〉의 작가 생텍쥐페리의 표현을 추려봤다. "완벽함이란 더 이상 보탤 것이 없는 상태가 아니라, 더 이상 뺄 것이 없는 상태다." 완벽함에 도전하기 위해서, 당신도 프로그램에 더 많은 운동을 집어넣으려고 하기보다는 어떤 것을 빼고 줄여나갈지 고민해야 한다. 더 많이가 아니라. 굉장히 중요한 테마다. 디자인의 핵심도 'less is more'이며, 사진을 찍을 때 가장 먼저 생각해야 하는 것도 '무엇을 담을까가 아니라 무엇을 먼저 뺄까'이다. 당연하게도 운동 개수와 세트를 줄여나가는 궁극적 목적은, 집중하려는 운동의 무게를 더 올리고 그 운동에 더욱 더 하드 워크를 하기 위함이다.

빅머슬 7(스쿼트, 데드리프트, 벤치 프레스, 밀리터리 프레스, 로우, 무게 턱걸이, 무게 딥)이니, 7가지 운동 전부를 이용한 것부터 시작, 하나둘씩 줄여나가면서 당신에게 완벽한 프로그램을 찾아보도록 한다.

7개 운동으로 프로그램을 만들 경우

운동이 7개나 되기 때문에, 본 세트를 5회×2~3세트를 하더라도 워밍업 세트까지 포함되면, 절대 적은 양이 아니다. 완전 초보자는 모든 운동에서 무게 올리는 것이 가능하기 때문에, 위 7개 운동을 일주일에 2~3번 강력하게 시행할 수 있다. 그러나 실력이 증가해서 무게 올림의 한계에 부딪히게 된다면 아래의 방법들을 이용해봐야 한다.

① 운동 강도(무게)를 줄이는 방법

힘짱이 목표인데 모든 운동의 강도를 줄이라는 말은 당연히 아니고, 우선순위의 운동을 먼저 취사선택하고 그 나머지 운동들의 강도를 줄이라는 말이다. 즉 7가지 운동 중 자기 몸에 좋은 자극이 오는 몇 가지 운동에 초점을 맞추고, 그 운동들을 제외한 나머지 운동들은 현 수준만 유지한다. (주요 운동 선택 기준은 아래 운동 개수를 줄이는 방법 참고)

② 볼륨(세트/횟수)을 줄이는 방법

전체의 볼륨을 다 줄일 수도 있지만, ①번처럼 초점을 맞추지 않는 운동의 볼륨을 먼저 줄인다. 예로, 데드리프트로 인한 피로 때문에 스쾃트 무게가 올라가지 않는다고 생각되면, 데드리프트의 세트를 줄여나가면서, 스쾃트 무게가 올라가는지 아닌지 변화를 관찰하는 것이다. 당연히 한 운동에서만 볼륨을 줄이는 것이 아니라 몇 가지 집중 공략 운동을 제외하고는 전부 다 줄일 수 있다.

③ 에너지 효율을 위해 7개 운동을 나누어서 다른 시간에 하는 방법

사용할 수 있는 본 세트의 중량이 올라가게 되면 세트간 휴식 시간도 길어지기 때문에 자연스럽게 한 번의 워크아웃 시간도 길어진다. 그러나 한 번에 너무 장시간 훈련하게 되면 효율 저하로 스트렝스 쌓는 게 어려워지기 때문에, 이럴 땐 7개 운동을 반으로 쪼갠다.

두 개의 그룹으로 나누는 기준은 여러 가지다. 미는/당기는 운동, 상체/하체로 나눌 수도 있고, 아니면 스쿼트를 중심으로 3~4개, 데드리프트를 중심으로 3~4개로 나눌 수도 있다. 때에 따라선 몇 개 운동은 겹치게 해서 3개의 그룹으로 나눌 수도 있다.

이렇게 여러 그룹으로 쪼갠 후, 비교적 적은 운동 개수로 한 워크아웃을 구성해서 체육관 안에서 오랜 시간을 보내지 않도록 한다. 혹시라도 주요 운동 후에도 에너지가 남았을 경우에는, 복근이나 악력 훈련을 프로그램 말미에 덧붙일 수 있다. (보통은 저녁 때 따로 복근, 악력 훈련을 해주는 방법을 쓰도록 한다.)

스쿼트 중심의 세션을 A, 데드리프트 중심의 세션을 B라고 가정하자. A세션을 오전, B세션을 오후, 이렇게 하루 두 번 강하게 훈련하는 것을 월요일(A, B), 목요일(A, B)에 일주일 2번 하거나, 또는 A, B 세션을 월(A) 화(B) 목(A) 금(B)으로 4일에 걸쳐 각각 두 번 반복할 수 있다. 그리고 일주일에 4일 해보고 회복이 잘 되지 않는다는 판단이 서면 월(A) 수(B) 금(A) 다음 주 월(B) 같은 방식으로 중간 휴식일을 점차 늘려나간다.

위 방법처럼 강도와 볼륨을 줄여보고 에너지 효율도 높여봤는데, 주요 운동(예: 스쿼트)의 무게가 정체된다거나, 또는 7개의 운동은 본인에게 너무 많은 양이라고 판단된다면 아래처럼 운동 수를 하나둘씩 줄여나간다.

4~6개 운동으로 프로그램을 만들 경우

줄여나가는 원칙 중 하나는 자극이 겹치는 것 중에서 하나를 빼는 것이다. 빅머슬 7 중에서 '스쿼트와 데드리프트' '무게 턱걸이와 로우' 그리고 '무게 딥과 벤치 프레스'가 각각 자극되는 근육이 많이 겹친다.

이 두 개의 그룹('데드리프트, 로우, 벤치 프레스' 혹은 '스콰트, 무게 턱걸이, 무게 딥') 중에서 하나의 그룹을 선택해서 거기에 있는 운동들을 하나둘씩 줄여나가든지, 2개의 그룹에서 하나씩 번갈아가며 줄여나갈 수 있다.

예를 들어 '데드리프트, 로우, 벤치 프레스' 그룹에서 로우를 빼면 전체 운동이 6개인 프로그램, 2개(로우, 벤치 프레스)를 빼면 5개 운동으로 구성된 프로그램, 그리고 3개 모두를 다 빼면 4개의 운동(스콰트, 밀리터리 프레스, 무게 턱걸이, 무게 딥)으로 이루어진 프로그램을 만들 수 있다. 그리고 일정 기간 후에는 반대로 지금까지 했던 것들을 빼고, 기존에 뺐던 운동들을 다시 복귀시킬 수 있다.

위의 운동 중에서 하나를 뺄 때는, 자극의 강도가 적은 것부터 시작한다. 스콰트, 데드리프트보다는 로우나 벤치 프레스 같은 운동을 먼저 뺀다. 많은 사람들이 스콰트와 데드리프트를 한 번의 워크아웃에서 같이 하는 걸 너무 겁내는데 전혀 그럴 필요 없다.

나중에 스콰트 무게가 너무 많이 올라가서 현저히 피로를 느끼는 단계가 아니라면, 스콰트와 데드리프트를 같은 워크아웃에 해도 아무 상관없으며, 심지어 이 2개의 운동 조합으로 아주 좋은 프로그램을 만들 수 있다. 스테로이드 이전 보디빌더들도 스콰트와 스티프 레그 데드리프트를 번갈아가며 했다. 슈퍼 스콰트에 맞먹을 만큼 아주 터프한 운동이었다.

항상 핵심을 놓치지 말고 가장 큰 원칙을 생각해라. 무게가 올라가는 한(힘짱으로 가고 있는 한) 그 어떤 방법도 겁낼 필요 없다는 것. 그래서 반대로 죽어도 데드리프트를 고수하겠다고 고집 피워도 안 된다.

이런 저런 방법을 다 써가며 강도/볼륨 및 운동 횟수를 줄였는데도 데드리프트가 집중 공략하려는 주요 운동(예 : 스콰트) 무게 올림에 부정적인 영향을 미친다고 판단되면, 과감하게 버린다. 아까워서 버리지 못하고 두 마리를 같이 쫓다 가는 둘 다 놓치는 수가 있다. 아니다 싶으면 과감하게 버려야 한다.

3개의 운동으로 프로그램을 만들 경우

'시작했던 웨이트맨들을 위해' 장에서 3가지 운동을 이야기했다.

스콰트 + 무게 턱걸이 + 무게 딥

위의 7개 운동 중에서 필자가 특별히 좋아하는 운동을 묶어놓은 것이다. 이 3가지만 하더라도 힘을 쌓는 데는 전혀 지장이 없을 만큼 완벽한 프로그램이다. 항시 이야기하지만, 여러 가지 운동을 한다고 더 좋은 건 아니다. '난, 3가지 운동만 하는 게 더 하드 워크를 하는 데 도움되는 것 같아'라고 판단되는 사람은, 어설프게 이것저것 섞어 많이 하기보단, 단 3개 운동만 가지고 더 빡세게 몰아붙이는 것이 훨씬 더 좋은 결과를 얻을 수 있다.

운동 가짓수가 많이 줄었으니 세트/횟수는 좀더 늘어날 수도 있다. 무게가 많이 올라가면 본 세트 5세트×5회만 해도 적은 양은 아니니, 너무 큰 볼륨을 생각할 필요는 없다. 혹, 무게 턱걸이와 무게 딥을 시행하는 데 있어 어려움을 느끼는 – 턱걸이와 딥을 하나도 못 한다거나 추가 무게를 달 수 있는 기구가 없는 – 사람들은 아래와 같은 조합을 이용해본다.

스콰트 + 벤치 프레스 + 바벨 로우

이 3가지 조합은 옛날 약물 이전의 보디빌더들이 많이 썼던 방법이다. 이는 다리 힘, 미는 힘, 당기는 힘이 잘 조화된 운동이며 팔굽혀펴기를 하나도 못 하는 사람이라도 벤치 프레스 무게를 한껏 낮추면 쉽게 시작할 수 있다.

그리고 또 다른 3개 운동의 조합. 파워리프팅 3종목이 (백)스콰트, 데드리프트,

벤치 프레스인 것은 잘 알고 있을 거다. 파워리프터들처럼 이 3가지 운동만 잘해도 좋은 결과를 얻을 수 있다만, 변화와 더불어 좀더 실전성을 고려하는 독자가 있다면 필자가 만든 아래 조합을 이용해보기 바란다.

프론트 스콰트 + 스티프 레그 데드리프트 + 밀리터리 프레스

파워리프팅은 사실상 '스트렝스 리프팅'이다. 그래서 위의 운동 조합은 편의상 '맛스타 스트렝스 리프팅(일명, 맛스리)'으로 지칭한다. 밀리터리 프레스는 벤치 프레스보다 더 좋은 운동이며, 옛날 장사들도 이 운동으로 그 사람의 힘을 판단했다. 또한 벤치 프레스만 집중해서 무리하다보면 어깨에 고질적인 병을 얻기 쉽기 때문에, 밀리터리 프레스를 병행해줘야 부상 없이 운동을 즐길 수 있을뿐더러 전체적인 리프트 실력도 향상될 수 있다.

프론트 스콰트는 백 스콰트에 비해 편법을 쓰기가 어려워서 긍정적인 훈련 결과를 얻는 데 많은 도움이 되며, 다양한 스포츠에서 백 스콰트보다 직접적으로 더 좋은 결과를 가져온다. 허벅지 전면에 부하가 많이 걸리므로 후면에 부하가 많이 걸리는 스티프 레그 데드리프트와 결합하면 모든 다리 근육이 완벽하게 발달하게 된다. 백 스콰트에만 치중한 사람들은, 프론트 스콰트를 백 스콰트 무게의 최소 80% 정도는 해줘야 무릎 부상을 줄이는 데도 좋다는 것을 꼭 알아야 한다.

프론트 스콰트는 역도 능력 향상에도 큰 도움이 된다. 괴물들의 집합소인 불가리아의 역도 선수들이 역도 2개 운동(스내치, 클린 앤 저크)과 프론트 스콰트만 죽도록 한다는 것도 이를 잘 말해준다.

잘 안다. 힘들고 불편해서 안 하게 된다는 것. 그러나 쪽팔림을 감수하더라도 당신이 백 스콰트와 벤치 프레스의 무게 증가로 쌓아온 에고를 과감히 버릴 수

있어야 한다. 그리고 겸손한 마음으로 프론트 스콰트와 밀리터리 프레스에 도전해보라. 분명 새로운 세계를 경험할 수 있다.

스티프 레그 데드리프트는 과거 약물 이전 시대 보디빌더들이 항상 프로그램에 두던 운동이다. 사실 이 단어는 광범위하게 쓰인다. 1900년대 초반 책을 보면 스트레이트 레그 데드리프트처럼 무릎을 완전히 편 사진에도 스티프 레그 데드리프트라 적혀 있기도 하고, 또 때로는 루마니안 데드리프트 운동과도 같은 의미로 쓰이기도 한다. 여기서는 두 가지 다 포함해서 지칭하는 포괄적인 의미로 쓰겠다. 즉 스티프 레그 데드리프트 = 루마니안 데드리프트 or 스트레이트 레그 데드 리프트이다.

초보자들은 루마니안 데드리프트처럼 가동 범위를 줄여서 하고, 고급으로 갈수록 허리가 일정 부분 굽어질 때까지도 내려간다. 허리가 강해진 고급자는 무릎을 완전히 펴고도 시행할 수 있다. 햄스트링, 엉덩이, 척추기립근 등 강화에 아주 탁월하며 프론트 스콰트와 쌍을 이루면 완벽한 프로그램을 만들 수 있다.

마법의 숫자 3

맛스타 스트렝스 리프트 측정은 3RM을 따른다.

필자가 3이라는 숫자를 편애하고 있다는 사실은 잘 알고 있을 것이다. 주로 3가지 예를 들고 운동 개수뿐만 아니라 운동에 대한 개념도 3가지로 함축시키기도 한다. 반복 횟수에 있어서도 '3회'가 가지는 의미는 남다르다. '트리플'이라고도 부르는 이 3회 반복은 순수하게 힘과 파워를 만드는 데 있어 한계치다. 그래서 역도선수들이 싱글(1회) 및 더블(2회)과 더불어 가장 많이 사용하는 횟수이기도 하다. 저반복에도 잘 반응하는 사람은 3회에도 몸이 잘 자라지만, 보통은

5회부터가 힘과 더불어 근육 발달까지 가져오는 걸로 알려져 있다. 그래서 근육을 크게 키우지 않으면서 스트렝스를 키우고 싶은 사람은 3회 이하로 반복하면 된다. 3회만 하는데도 주체할 수 없이 몸이 커지는 부작용(?)이 일어나는 사람은 보디빌더 전향을 고려해봄직하다.

기존의 파워리프팅에서는 1RM을 측정하기 때문에, 다양성을 위해서도 3RM을 해보는 것이 좋다. 또, 1RM인 최대치는 혼자서 측정하기 쉬운 일이 아니지만, 3RM은 2회 정도 해보면 3회 성공 여부에 대한 감이 잡히기 때문에 좀더 자신감 있게 접근할 수 있다. 그리고 3RM을 알면, 정확하진 않더라도 1RM을 대략 계산할 수도 있다.

중요한 것이 각 운동당 3회를 하게 되면, 그 자체로 운동이 된다는 점이다. 프리레핀 차트에 따르면 80~90% 무게로 3회×5세트를 해주면 힘을 키우는 데 아주 좋은 워크아웃을 만들 수 있다. 필자는 중급자 이상부터는, 모양새도 이해하기 쉽고 좀더 무겁게 훈련할 수 있는 '3세트×3회' 훈련을 권한다. 힘과 파워를 연습하는 사람이 실제 많이 사용하는 루틴이기도 하고 3가지 운동을 3회 3세트 한다는 것이 머릿속에 잘 담기기 때문이다.

마지막 3자를 한번 더 써보자. 위의 3가지 운동을 3회씩 해서 300kg 이상이 되는 것을 1차 목표로 삼는다. 맛스타 스트렝스 리프트 3종목 각각을 3회씩 할 수 있는 무게를 합한 값이 300kg 이상 되게 하는 것이다. 빡빡하게 전해져오는 강력한 힘을 온몸으로 경험할 수 있으며, 이 3가지 운동으로 스트렝스를 쌓은 후 다음 편에 소개하는 펌핑 운동과 결합하면 근육도 금방 키울 수 있다.

less is more
몸짱이냐, 힘짱이냐 part 5

2개의 운동으로 프로그램을 만들 경우

'2개 운동만으로 스트렝스 및 근육을 만들 수 있겠냐?' 생각하는 분들도 있겠다만……. 충분하다 못해 넘친다. 회복력이 느리거나 마른 체형, 그리고 복잡한 루틴으로 이 운동 저 운동 손만 대고 발전이 없는 사람은 2가지 운동에만 집중하는 것이 더 나을 때가 많다. 또한 역도성 운동이 포함된다면 절대 적다는 말을 할 수 없다. 역도성 운동 하나와 빅머슬 7 중 하나를 뽑아서 2개만 제대로 해도 멋들어진 프로그램을 상당수 만들 수 있다.

파워와 스트렝스의 조합. 이 각각 분야에서 하나의 운동에만 집중함으로써 어떤 방법보다 단순하게 온몸을 자극할 수 있는 것이다. 보통 가장 단순한 게 베스트이다. 여기서는 오로지 빅머슬 7개 운동으로만 알아본다. 빅머슬 7 에서 2개만 뽑을 때는 딱 한 가지 원칙만 기억하면 된다.

선택한 운동에 '스쾃' 혹은 '데드리프트' 중 하나는 무조건 들어가야 함.

물론 이 두 개만 사용해도 괜찮다. 이 '스쾃 + 데드리프트' 두 개 조합을 이용할 시는, '맛스타 스트렝스 리프트'인 프론트 스쾃와 스티프 레그 데드리프트를 사용하면 좋다.

스쿼트가 포함되지 않을 때는 일반적인 데드리프트를 이용하면 좋지만, 스쿼트가 프로그램에 들어간다면(특히 프론트 스쿼트) 스티프 레그 데드리프트를 하는 것이 더 효과적이며, 더욱더 다양하고 센 자극을 줄 수 있다.

스쿼트와 데드리프트 중 하나만 포함되는 루틴들도 간단하다. '데드리프트 + 바벨 로우'처럼 많은 부위가 겹치는 조합만 아니라면, 어떤 식이든 서로 붙이기만 해도 좋은 프로그램을 만들 수 있다.

'시작하는 웨이트맨들을 위해' 장에서 나온 '데드리프트'와 '밀리터리 프레스'가 대표적인 2가지 운동으로 된 조합이다. 이 두 가지만 제대로 해도 스트렝스를 쌓고 근육을 키우는 데 문제가 없다.

이와 비슷한 조합이 있으니 바로 '데드리프트와 벤치 프레스'이다. 마른 체형의 사람들이 몸에 근육을 쌓기에 아주 적절한 조합으로, 불필요한 운동들을 없애고 최대한 회복력을 높였다. 다리와 등을 데드리프트로 자극하고, 갑빠를 벤치 프레스로 '조져서' 몸의 근육 상승에 이바지하는 루틴이다. 해보면 알겠지만, 'less is more'가 확실히 효과 있다는 것을 알 수 있다. 과거에 많은 양의 운동과 볼륨으로 근 성공을 이루지 못했던 마른 체형의 사람들이 이 2가지로 운동 수를 줄이니까 그제야 몸이 커지기 시작하는 경우를 많이 목격했다.

그 다음으로 '스쿼트 + 무게 턱걸이 + 무게 딥'을 두 개씩 쪼개는 프로그램을 생각해볼 수 있다. 스쿼트는 무조건 포함되어야 하기에, 두 가지 조합만 나온다. '스쿼트 + 무게 턱걸이'와 '스쿼트 + 무게 딥' 스쿼트 + 무게 딥은 옛날 유명 보디빌더들이 사용해서 근 성장의 효과를 확실하게 입증한 루틴이다. 이 두 가지 운동의 무게를 올려나가면서, 얼마나 열심히 운동하느냐에 따라 본인이 원하는 만큼 충분하게 근육을 키울 수 있다.

그리고 필자가 좋아하는 '스콰트 + 무게 턱걸이' 조합. 무게 턱걸이가 상체 근육을 키우는 데 가장 큰 영향을 미치기 때문에, 스콰트로 몸 전체 호르몬 생성 및 다리를 자극하고, 이와 함께 무게 턱걸이로 상체 전반을 자극하게 되면 더 이상 특별한 운동이 필요 없을 정도로 짜임새 있는 루틴이 된다.

이 밖에 '스콰트 + 밀리터리 프레스' '스콰트 + 벤치 프레스' 등의 멋진 조합들이 있다.

1개의 운동으로 프로그램을 만들 경우

그럼 이제 마지막으로 운동을 1개로 줄여보자. 짐작했듯이 바로 '스콰트'다. 최고의 효과를 뽑아낼 수 있는 좀더 구체적인 스콰트 운동은 바로 '슈퍼 스콰트'(10회를 할 수 있는 무게로 1세트 20회 스콰트를 하는 것이다. 자세한 내용은 252p 참조.)이다. 필자는 옛날 장사들과 옛날 보디빌더들 즉 '올드 타이머'의 훈련 내용들을 많이 본다. 고전적인 책들을 보면 많은 영감을 얻기 때문이다. 그것들은 피트니스 산업이 지금처럼 상업화되고 약물이 오용되기 전, 오로지 단순성에 기반한 진실된 내용들을 잘 보여준다.

모든 근육 발달은 슈퍼 스콰트로 통한다

슈퍼 스콰트를 알기 위해 잠시 책 이야기 좀 해보자. 필자는 거짓말 좀 보태서 작은 중고서점 정도의 책들을 보유하고 있다. 그 중에서 1900년대 초반의 책들부터 약물 사용이 창궐했던 1960년대 이전 책들도 많이 있는데, 옛날 문체라 지겨워서 읽다 만 것들도 좀 있다.

사놓고 보지 않았던 과거 책들을 최근에 다시 보다보면 정말이지 '하늘 아래 새로운 것은 없다'는 말을 절실히 느끼곤 한다. 심지어 필자 나름대로는 정말 머리를 써서 어렵게 개발한 운동이나 루틴들 중 일부도 벌써 반세기 전에 다 시도한 것들이었다.

이런 클래식한 책들 중 주로 근육을 만드는 데 정평이 난 책들에서 눈에 띄는 공통점이 있으니 바로 슈퍼 스쾃트만큼은 어디에서도 빠지지가 않는다는 것이다. 용어도 약간씩 다르고, 무게 선택 방식도 약간의 차이가 나지만, 빡센 무게로 20회 1세트를 하는 것만은 같았다.

심지어 1970~80년대에 나온 믿을 수 있는 내추럴 빌더들을 위한 근육잡지들에서도 근육 성장에 좋은 몇 가지 좋은 루틴들을 소개하고 난 뒤, 다음 호에 최고의 근비대 루틴을 소개한다기에 어렵게 구해서 찾아보면, 여지없이 '슈퍼 스쾃트'다.

과거의 서적들을 찬찬히 읽고 있으면 모든 길은 로마로 통하듯 모든 근육 발달은 슈퍼 스쾃트로 통하고 있는 느낌이 들 정도다. 이러한 결과물은 지금도 유효하다. 하긴 20세기 사람들의 몸 만드는 최고의 비법이, 21세기 사람들의 몸에 갑자기 통하지 않는다는 것이 더 우습다.

빅머슬 7으로 어떻게 루틴을 짜야 하는지 골치 아프고, 또 몸 만드는 것이 목표인데 언제까지 스트렝스를 쌓아야 하는지도 잘 모르겠고, 여러 모로 헷갈리는 사람들을 위해 모든 문제를 한방에 해결해주는 가장 단순한 프로그램을 소개하겠다.

앞서, 아무 생각 없이 일단은 스쾃트 무게를 몸무게의 150%로 18~20회 할 때까지 하라고 했다. 이를 단순하게 20회로 퉁치고 다시 보면, 결국 스쾃트를 자기 몸무게의 1.5배만큼 20회를 하는 것이다. 다시 정리해보면 자기 몸무게의 1.5배의 무게로 슈퍼 스콰트를 할 수 있을 때까지 무게를 올려나가는 것이다.

어려운 이론이라든지 복잡한 루틴 다 생략하고, 어떻게 하든 몸무게 1.5배 무게로 슈퍼 스콰트를 성공할 수 있는 전략만 구사하라. 영양만 충분히 공급된다면 몸은 저절로 커나간다.

예를 들어 몸무게가 80kg 나가는 사람은 120kg으로 스콰트 20회를 할 때까지 무게를 올려나간다. 단순관절 운동도 필요 없고, 이상하게 꼬아서 어렵게 만든 듣보잡 최신 운동도 포함시킬 필요가 없다. 오로지 '개선'의 원칙을 통해서 서서히 무게를 올려나가서 위의 성과를 성취하는 게 목표다. 그 이후 트라이셉트 킥백을 하든 케이블 크로스 오버를 하든 상관치 않겠다. 부디 스콰트를 빡세게 해서 자기 몸무게 1.5배로 20회를 가능하게 하는 것을 최일선 목표로 삼아라. (몸무게가 적을수록 더 유리하기에 몸무게에 따라 약간의 편차는 있지만,) 결국 위의 기준을 성공하거나 또는 그 위치까지 가는 도중이라도 하드 워크를 이용해서 열심히했다면, 그 동안 '나는 근육이 생기지 않는 체질인가보다'라고 포기를 넘어 체념에 파묻혔던 사람들이 이미 변해 있는 자신의 모습을 보고 놀라게 될 것이다.

슈퍼 스콰트는 원래 상당량의 우유를 먹어야 하는 루틴이지만, 꼭 우유가 아니더라도 몸에 좋은 음식, 특히 단백질을 많이 섭취하기 바란다. '왜 슈퍼 스콰트를 하는데 몸이 자라지 않냐'고 불평하기 전에, 충분한 음식 섭취가 있었는지부터 살펴봐라.

그럼 이 무시무시한 슈퍼 스콰트를 어떻게 시작해야 할까?

당연히 처음부터 10RM의 무게로 놓고 20회를 시작하는 무모함을 보이면 안 된다. 첫째도 부상 예방, 둘째도 부상 예방.

처음에는 25~30회 정도 할 수 있는 가벼운 무게를 가지고 시작한다. (완전 초보일 때는 더 가벼운 무게로 자세 연습에 주로 치중한다.) 이 무게로 스콰트를 하되 30회까지 하는 것이 아니라 20회에서 끝낸다.

그렇게 찜찜하더라도 매 워크아웃 무게를 올려나가면 어느새 웨이트가 무거워져 두려워지는 순간을 금방 맞이하게 된다. 그 시기를 너무 빨리 당기려고 하지 말고, 가벼운 무게로 시작하면서 몸을 적응시키고 충분한 훈련 효과를 가지려고 노력한다. (빈 바에서 무게를 올려나갈 때 '초반에는' 약간 많은 양의 무게를 한꺼번에 올릴 수 있다.) 반복하지만 서서히 '개선'의 원칙을 적용해서 조금씩 매 워크아웃 바벨에 무게를 덧붙인다. 아주 작은 플레이트가 있으면 좋다.

그리고 20회×1세트는 워밍업 세트를 빼고 본 세트(워크 세트)만을 말하는 것이다. 워밍업 세트에 대해서는 180쪽을 참고하기 바란다. 슈퍼 스콰트는 10RM의 무게를 가지고 20회를 하는 것이다. 그래서 한 회 한 회마다 중간에 많이 쉬어줘야 한다. 10회를 넘어가면서부터는 싱글을 반복한다는 느낌을 가지면 된다. 엄청난 노력이 들어가는 것이다. 그래서 슈퍼 스콰트를 하면 스트렝스 향상뿐만 아니라 고반복을 통한 펌핑도 장난 아니게 된다. 몸이 커지지 않으면 이상한 것이다. 슈퍼 스콰트에 휴식과 영양이 결합되었는데도 몸이 자라지 않는다면, 조만간 멀더 아니면 빵상 아줌마가 찾아올 터이니 몸 닦고 기다리고 계시라.

초보자용 빅머슬 7 + 슈퍼 삽질 근육 버전

몸짱이냐, 힘짱이냐 part 6

'완전 초보자이며 빅머슬 7을 5×5로 시작하려고 하는데 어떻게 해야 하느냐?'고 묻는 사람들이 있다.

5회로 본 세트 2~3세트만 하더라도 7가지 운동은 적은 양이 아니다. 본 세트를 5세트나 하면 정말 많은 양이고. 해서 빅머슬 운동 전부를 본 세트로만 5세트 ×5회로 할 필요는 없지만, 자세도 시원찮고 운동 능력도 거의 없는 완전 초보자 (이하 완초)들이 사용하면 아주 좋은 방법이 있다.

바로 '빅머슬 7 운동 5×5를 서킷 방식으로 돌리는 것'이다. 가벼운 무게를 사용하기는 하나, 5세트 동안 같은 무게이기에 5세트 전부를 본 세트로 볼 수 있다. 스트렝스 훈련은 차치하고 운동 자체를 해본 적이 없어서 기본적인 카디오 능력(심폐 강화 운동)조차도 없는 완초들은, 이러한 서킷 훈련 방법을 쓰면 여러모로 다양한 효과를 얻는다. 서킷 훈련이란 한 운동 모든 세트를 다 끝내고 다른 운동으로 넘어가는 일반적인 세트 진행 방법(스트레이트 세트)이 아니라, 각 운동들을 1세트씩만 하고 다른 운동으로 넘어가며, 1세트씩 모든 운동을 끝낸 후 다시 돌아와서 세트 수만큼 전체를 반복하는 것이다.

자세한 예를 들어보자. 간단하게 몸을 풀거나 워밍업을 하고는, 빅머슬 7개 운동을 원하는 순서대로 세팅해놓고 각 운동마다 5회씩 하면서 넘어간다. 운동 사이 휴식은 최소화하도록 노력한다.

'스콰트 5회 – 데드리프트 5회 – 밀리터리 프레스 5회 – (무게) 턱걸이/보조 턱걸이 5회 – 벤치 프레스 5회 – 바벨 로우 5회 – (무게) 딥/보조 딥 5회'

여기까지가 1라운드이고, 5세트를 해야 하니까 이 시퀀스를 4번 더 돌려서 전체를 5라운드로 만든다. 세팅을 잘 하고 시작하면, 중간에 플레이트를 뺐다 끼웠다 해도(각 운동마다 웨이트가 다르므로) 1라운드를 도는 데 5분이 걸리지 않는다. 혹 중간에 같은 운동을 하는 사람들이 있어서 곧바로 원하는 운동으로 이동할 수 없는 경우라면, 꼭 위의 순서에 따를 필요 없이 상황에 맞게 순서를 바꿀 수 있다.

각 운동들을 1세트만 하고 다른 운동으로 넘어가기 때문에, 한 번에 특정 근육을 완전히 지치게 만들진 않는다. 그리고 운동 사이에 쉬는 시간만 최소화하게 되면 심폐 강화 훈련도 같이 겸할 수 있어서 아주 효율적인 운동이 된다.

스트레이트 세트처럼 하지 않고 돌아가면서 하는 방법을 썼기에 서킷 운동이라 명했지, 실상은 일반적인 서킷 훈련과는 좀 다르게 해야 한다. 자세 연습이 가장 중요한 목적이기 때문에 최대한 빨리 하는 것이 아니라 템포에 맞춰서 서서히 반복하면서 자세에 집중하는 것이다.

처음에 가벼운 무게로만 해도, 또 특별히 빨리 반복하지 않아도, 운동과 운동 사이에 휴식 시간을 줄이는 것만으로도 완초들에겐 땀이 흐르는 힘든 운동이 된다.

그리고 완초들은 신경시스템면이나 몸의 협응능력면에서 개발될 것들이 많기 때문에, 이런 서킷 방식으로 하더라도 워크아웃마다 무게를 올려나가는 힘짱 방법을 쓰게 되면 한동안은 스트렝스를 계속 쌓을 수 있다. 즉, 서킷 훈련이 원래가 스트렝스 운동은 아니지만, 완전 초보자는 스트렝스를 향상시킬 수 있는 잠재력이 많기 때문에, 비교적 많은 볼륨을 사용해도 힘짱으로 갈 수 있다는 말이다. 이 서킷 방법이 마음에 들어서, 다음 단계로 나가기 전에 좀더 다양하게 하고픈 사람은 횟수와 세트를 여러 가지 방식으로 사용할 수도 있다. (예 10~15회×2~3 라운드)

비교적 가벼운 무게를 사용해서 이런 서킷 훈련만 해도 몸은 상당히 좋아지나, 거기서 멈추지 말고 계속 무게를 올려가야만 한다. 그리고 나중에 서킷 방법만으로 무게 증가의 벽에 부딪힐 때는 서킷 훈련은 보조로만 사용하고 다른 메인 스트렝스 훈련 방법으로 넘어가야 한다. 잊지 마라, 우리의 목적은 힘짱이다.

자, 그럼 위의 내용들을 기초로 완초들이 빅머슬 운동을 어떻게 시작하고 어떻게 방법을 바꿔갈 수 있는지 3단계에 걸쳐 순차적으로 알아보자. 아래 운동들은 일주일에 3번(월, 수, 금, 또는 화, 목, 토)만 해준다.

첫째, 빅머슬 7 운동을 서킷 방법으로 5세트×5회 하면서 체력을 쌓는다.

보통은 처음에 20kg 빈 바를 쓸 것을 권유한다. 그러나 완초들 중에는 20kg 빈 바도 힘들어하는 사람들이 많다. 특히 밀리터리 프레스는 더욱 그러하다. 이런 사람들은 10kg 빈 바부터 시작해도 좋고 이것도 힘들면 더 가벼운 덤벨, 아니면 나무봉까지도 쓸 수 있다. 그리고 완초들끼리도 서로 체력 차이가 많이 나기 때문에, 처음부터 서킷 방식으로 5라운드를 쉽게 돌 수 있는 사람이 있는 반면 2~3라운드만 해도 지치는 사람이 있다. 이런 사람들은 굳이 5라운드를 다 할 필요 없이 자신의 체력에 맞게 라운드 수를 줄이고, 워크아웃을 거듭하면서 5라운드까지 올릴 수 있다. 그리고 5라운드가 쉽게 가능해지면 그 다음부터는 무게를 서서히 올려나가야 한다. 이런 방법을 쓰다 무게 올림이 정체되면, 두 번째 방법으로 넘어간다.

둘째, 서킷 5라운드를 '워밍업 세트 2~3라운드＋본 세트 2~3라운드'로 나누고 무게를 더 올려나간다.

첫 2~3라운드는 아주 가벼운 무게를 사용해서 워밍업 개념으로 소프트하게 서킷을 돌리고, 나머지 2~3라운드만 본 세트 하듯이 무게를 올려서 무거운 무게로 하드한 서킷을 한다. 물론 본 라운드에서는 중량이 높아지니 중간에 쉬는 시간이 더 많아질 수 있다. 이렇게 해서 궁극에는 마지막 1라운드만 본 세트 무게를 사용할 수 있을 때까지 무게를 계속 올려나간다. 그러다 다시 스트렝스 상승이 정체되면 세 번째 방법으로 넘어간다.

셋째, 전체 운동을 일반적인 스트렝스 훈련하듯이 '스트레이트 세트'로 한다.

먼저 워밍업 개념으로 서킷을 1라운드만 돌린다. 그리고 난 뒤 빅머슬7 운동을 각각 5세트×5회로 한다.

먼저 하던 서킷 훈련이 한 번으로 줄어서 심폐 강화 훈련은 덜하게 되겠으나, 그로 인해 초반에 힘을 덜 썼고, 스트레이트 세트 방식으로는 세트 사이를 충분히 쉬면서 리프팅을 할 수 있기 때문에 과거보다 더 무거운 무게를 사용할 수 있다. (심폐 훈련이 아쉽다면, 이제부턴 조깅, 수영, 줄넘기, 자전거 타기 등에서 하나를 골라서 가벼운 강도로 운동하는 것을 쉬는 날에 덧붙여주거나, 컨디셔닝 운동을 약한 강도로 해서 덧붙일 수 있다.)

완초들은 드는 무게가 무겁지 않아 회복력이 좋기 때문에 5세트 전부를 본 세트로 할 수 있다. 그러나 완초들 사이에서도 개인차가 많이 나기 때문에 각자의 회복력에 맞게 본 세트를 조절해서 줄인다.

그리고 처음부터 본 세트로 5세트를 다 할 수 있는 사람도, 나중에는 본 세트를 줄여나가야 무게를 더 올릴 수 있게 된다. 두 번째 서킷 방법처럼 '워밍업 세트 2~3세트+본 세트 2~3세트' 방식을 따르다가, 시간이 더 지나면 본 세트를 1세트까지 줄이면서 무게를 더 올린다. 물론 전체 볼륨(세트×횟수)은 그대로 두고 한 번에 운동하는 '운동 가짓수'를 줄일 수도 있다. 반대로 회복이 잘되고 장기적으로 무게만 잘 올라간다면 7개 운동을 5세트 본 세트로 다 해도 문제는 없다.

잘 보면 알겠지만, 위에서 말하고 있는 운동 방식의 변경에는 '스트렝스 상승 여부'가 가장 중요한 판단기준이다. 그래서 운동 방식을 바꾸기 전에 다른 요소들(양질의 휴식, 영양, 운동 빈도수)을 먼저 조정해보는 것도 잊으면 안 된다. 회복력이 좋아진다면 운동 방법은 그대로 고수하더라도 스트렝스가 올라가고 몸에는 발전을 가져올 수 있기 때문이다.

모든 사람들이 다 위의 순서를 순차적으로 밟을 필요는 없다. 처음부터 스트레이트 세트 방식으로 해도 된다. 그러나 심폐기능이 제로에 가까운 완초들은 서킷 방식으로 시작하면, 카디오와 자세 연습 등에서 많은 장점들을 누릴 수 있으므로 권장하는 바이다.

만약 처음부터 스트레이트 세트 방식으로 훈련하더라도 무게 선택은 보수적이어야 한다. 자세 연습이 가장 중요하기 때문에 무조건 가벼운 무게로 시작해서 자세 향상에 중점을 두고, 그 이후로는 '개선'의 원칙을 이용해서 서서히 무게를 올려나가길 바란다.

빅머슬7을 5세트×5회를 해본 사람들 중에, 어떤 사람은 '너무 힘들다' 또 다른 사람은 '너무 쉽다' 얘기한다. 서로 같은 운동을 하면서 본인이 선택한 '강도'와 '휴식'에 따라서 완전히 딴소리가 나오는 것이다. 무게가 높아서 운동 시간이 너무 많이 걸리고 회복이 잘 안 돼서 힘들다고 하는 사람은, 전체 볼륨을 줄이거나 욕심을 버리고 앞서 소개한 방법으로 7개 운동 전부가 아닌 몇 가지 운동만 골라서 포커싱을 한다.

힘짱으로 가고 있는가

반대로 위의 방법이 너무 쉽다고 얘기하는 사람들은 워크아웃마다 무게를 조금씩 지속적으로 올려나간다면, 머지 않아 그런 소리가 사라지는 시점을 맞이하게 되고 어떤 운동을 먼저 빼야 할지로 고민하게 될 것이니, 오로지 '닥치고 더 무겁게'에 신경 쓴다.

그리고 시간에 대해 집착하는 분들. 사실 빅머슬7 운동을 가벼운 무게로 5×5를 이용해 서킷 운동으로 시작한다면, 전체 시간이 많이 걸리지는 않는다. 위에서 1라운드에 5분 미만이라고 말한 데서 알 수 있지만, 자세에 신경 쓰면서 서서히 해도 30분이 안 걸린다. 그렇다고 무조건 1시간 안에 모든 운동을 끝내라는 말은 아니다. 혹 세트간 휴식 시간이 길어져서 2시간이 되면 또 어떠랴. 일주일 2번만 하면 4시간이다. 필자가 강조하는 궁극적인 목표를 생각해라. 시간을 적게 들이는 것 자체가 목적이 아니다. '무게를 올려서 힘짱으로 가고 있느냐?'가 가장 중요하다.

반대로 빅머슬 7을 5세트×5회 하는데 장기적으로 무게가 오르지도 않고, 또 너무 힘들어서 회복이 잘 안 된다면, 완전초보자라 하더라도 과감하게 ①전체 볼륨을 줄이든가 ②운동을 나눠서 다른 시간으로 분배하든가 ③운동 가짓수를 줄인다.

사실 주기화를 통해 가끔씩 상당한 고볼륨으로 몸에 무리한 충격요법을 주는 것도 같은 이유다. (짧은 기간이기는 하지만) 결국 이 말은 힘짱으로 가고 있으면 무슨 방법이든 가능하다는 말이다. 손가락이 가리키는 사물에 눈이 고정되지 않고, 자꾸만 손가락 쪽으로 머리가 돌아오는 걸 경계해라.

여기서 (무게)턱걸이와 (무게)딥은 무게를 달 수 없을 경우 맨몸으로 하라는 의미로 생각하면 된다. 그러나 완초들의 경우 맨몸으로도 쉽지 않다. 그럴 경우 보조 턱걸이 또는 보조 딥을 한다. 보조자가 당신 몸을 잡아서 도와준다거나, 다른 보조기구를 사용한다. 보조기구는 여러 가지가 있지만 주로 의자를 이용하면 편리하다.

보조 턱걸이의 경우, 의자 위에 올라가서 부족한 팔 힘이 다리 힘의 도움을 받아서 몸을 잡아당기는 것이다. 마찬가지로 완초들 중에서 바벨 로우 자세가 쉽지 않아 허리에 부담이 많이 간다면 덤벨 로우를 해도 된다.

슈퍼 삽질 근육 버전

아래 프로그램은 컨디셔닝 능력 증가뿐만 아니라 몸 전체 근육 향상에도 아주 탁월하다. 물론 이 프로그램만 해서는 근육 생성에 한계가 있지만, 스트렝스 훈련과 병행하게 되면 근육 상승 절정의 효과를 얻게 된다. 그리고 지금껏 스트렝스만 연습한 사람이 이 운동을 처음 병행하게 되면 펌핑 근육들이 살아나서 몸이 단기간에 커지는 것을 실감할 수 있다. 특히 전체 시간이 10분밖에 되지 않기 때문에 시간이 많지 않은 사람에게 아주 유용하다.

슈퍼 삽질 근육 버전 1

1. 케틀벨 타바타(A) 프론트 스쿼트(B) 4분
2. A, B 번갈아가며 최대한 많이 반복하기
A. 케틀벨 무게 턱걸이 60초−60초−60초 (or 30초×6세트 or 15초×12세트)
B. 케틀벨 무게 딥 60초−60초−60초 (or 30초×6세트 or 15초×12세트)

케틀벨 16 kg, 24 kg, 32 kg 중 하나를 이용한 프로그램이다. 편의상 각각 무게에 따라 초, 중, 고급이라 생각하면 된다. (케틀벨과 관련된 기사는 speedandpower. co.kr을 참고하시라.)

이 프로그램은 필자가 전에 만든 적이 있는 한 프로그램을 변형시킨 것으로, 중간에 휴식시간을 없애고 스쿼트 시간을 약간 줄임으로써 좀더 고농축 엑기스로 담았다. 최대한 휴식 없이 빠르게 반복하는 게 목표이기는 하지만, 운동 간 이동시 발생하는 약간의 휴식 시간은 인정한다. (이 경우 이동 시간만 따로 해서 운동 시간 안에 포함시키지 않을 수 있다.)

'내가 벤치 프레스 100 kg 이상은 거뜬히 드는데 저깟 32 kg 하나쯤이야' 라고 생각하는 분들. 생각은 할 수 있으되 제발 어디 가서 떠들고 다니지는 마라. 나중에 두고두고 얼굴이 뜨거워지는 트라우마로 남을 수 있다.

24 kg 가지고 위의 전체 횟수(스쿼트 횟수＋턱걸이 횟수＋딥 횟수)를 합해서 200회

이상을 해내면 상당한 고수다. 쉽지 않은 기록이니 먼저 150회를 목표로 도전해보길 바란다.

1번 케틀벨 타바타 프론트 스쿼트를 할 때는 왼손/오른손 랙 자세로 1세트 혹은 2세트마다 번갈아가며 한다. 번갈아가며 잡지 않고 양손으로 잡고 할 수도 있다. 도전할 때야 어느 손으로 하든 많이 하면 장땡이지만, 연습할 때는 오른손/왼손으로 운동 배분을 같이 해서 양쪽의 균형을 맞춘다. 타바타 인터벌 방식에 대해 다시 한번 설명하면 '(20초 동안 최대한 많이 반복 + 10초 휴식)×8세트'하는 것이다.

케틀벨 무게 턱걸이와 케틀벨 무게 딥은 60초씩 서로 번갈아가며 3번씩 한다. 발에 케틀벨을 걸고 할 사람이 아니라면 미리 케틀벨을 벨트에 연결해서 타바타 스쿼트 후 마지막 휴식 10초 동안에 벨트를 허리에 매고, 시간이 되면 바로 도전하는 게 편리하다. 무게를 달고 하면 배치기 턱걸이가 쉽지 않다. 그래서 평소에 배치기 턱걸이만 한 사람은 근 자극에 많은 도움이 된다. 그리고 60초 동안 한 가지 운동을 쉬지 않고 반복하기란 절대 쉽지 않다. 운동하는 시간보다 쉬고 있는 시간이 현저히 많다고 느껴지면, 부록에 실린 '하루 5분 파워 프로그램'(458p)을 참고해서 1세트의 시간을 30초 또는 15초로 줄이고, 세트 수는 2배(30초일 경우), 4배(15초일 경우)로 늘리는 방법을 이용해본다.

그간 스트렝스 훈련으로 펌핑 자극을 느끼지 못해 애태웠던(?) 사람이라든지, 또 심폐기능 향상을 위해 컨디셔닝 운동을 하고 싶어 몸이 근질근질했던 사람, 그리고 이왕 컨디셔닝 운동하는 김에 근육까지 최대한 부풀리고 싶은 사람들에게는 이 프로그램이 아주 딱이다. 무엇보다 시간이 중요하지 않다는 것을 알게 된다. 이 운동 10분 뒤에는 다양한 별들을 만나게 될 것이다.

스트렝스를 높여가는 사이클(주기)이냐 반대로 낮추는 사이클이냐에 따라 또는 컨디셔닝 운동의 강도 조절에 따라 일주일에 1~3일 할 수 있다.

펌핑 근육 키우기
몸짱이냐, 힘짱이냐 part 7

필자, 보디빌딩 마인드 자체는 반대하지 않는다. 유전자가 뛰어난 사람만을 위한 방법, 약물을 사용한 사람에게만 통하는 엉터리 방법, 또 스트렝스와 파워는 무시한 비효과적 방법, 그리고 이와 같은 모든 것들에 편승하는 거짓 상업성에 반대하는 것이지, 좋은 몸 만들어보겠다고 하는 데 반대할 이유가 없다. 특히나, 필자가 강조하는 포스 근육을 먼저 장착하는 방법은 약물을 사용하지 않고 장기적으로 최대의 근육 상승을 가져오는 최고의 보디빌딩 방법이면서도, 필드에서 바로 적용이 가능하니 반대는커녕 홍보가 필요하다.

본격적인 펌핑 운동을 말하기 전에, 간략한 단어 정의를 다시 한번 해보자. 근육에는 크게 '포스 근육'과 '펌핑 근육'이 있다고 했다. 두 가지 근육의 기능적 차이를 쉽게 이해하려면, 모 프로그램에 나왔던 추성훈과 김종국을 비교해보면 된다. '근육의 크기 차이는 잘 모르겠는데, 종국이 왜 그렇게 힘에 밀리죠?'라고 궁금해하는 질문들이 있었다. 복잡하게 설명하면 끝이 없지만, 추성훈의 근육이 주로 포스 근육이라면 김종국은 주로 펌핑 근육으로 이뤄져 있다고 생각하면 크게 무리는 없다.

이처럼 말 그대로 포스 근육의 포스만을 지향해야 하나, 이미 포스 근육을 쌓아왔고 이제 보디빌딩 대회에 나갈 필요가 있다고 생각하는 사람은, 거기다 펌핑 근육을 병행하면 더 좋다. '포스 근육 + 펌핑 근육 + 다이어트 = 밖으로 보이는 최대치 근육량'이다.

어떤 사람은 포스 근육 운동만 해도 잠재력 수준으로 근육이 만들어지는 경우가 있다. 그렇지 않은 사람은 포스 근육을 쌓은 후 펌핑 근육 훈련을 플러스 해줘야 하는데, 중요한 건 이 순서가 뒤바뀌면 장기적인 발전을 보장하지 못한다는 것이다.

펌핑 근육에 빠져버리면 일시적으로는 기쁨에 넘칠 수 있겠으나, 얼마 있지 않아 정체기를 겪게 되고, 또 다시 방향성을 잃고 헤매게 된다. 아무리 강조해도 지나치지 않다. 이제 펌핑 근육을 키우는 방법을 3가지만 알아보자.

첫째, 고볼륨 훈련 방식을 사용한다.

펌핑 근육은 말 그대로 펌핑을 해서 실제 근섬유 이외의 물질들을 부풀리는 것으로(완전히 100%는 아니고, 실제 근섬유가 자라기도 한다. 그 비율이 적을 뿐이다.) 그렇게 하려면 반복 횟수나 세트 수를 높일 필요가 있다.

그러나 주의해야 할 것은, 고볼륨 방식을 사용하더라도 재활운동하는 사람이 아니고서는 강도를 너무 낮춰서 매일 훈련하는 비효율적인 방법은 쓰지 말아야 한다.

매일매일 웨이트 훈련을 하고도 오버트레이닝 문제가 없다는 말은, ①아주 짧게 훈련하거나 ②실제로 강한 운동은 2~3회밖에 안 한다거나, ③대부분을 유산소 운동으로 한다는 의미다.

고볼륨을 이용한 유산소적인 방법은 지방 제거의 효과는 있을지언정, 근비대 방식에 있어서는 한참 떨어진다. 지방 제거도 다이어트를 이용하는 편이 훨씬 낫다. 해서 고볼륨이라고 하더라도 매일 수행할 수 없을 만큼의 일정 이상 강도를 유지해야만 효과적인 훈련이 된다. 물론 약물을 사용하면 높은 강도로도 고빈도 훈련일수가 가능하다만, 한국에서는 불법이니 정 그런 방법으로 몸 키우고 싶은 분은 스테로이드가 합법인 남미로 찾아 가시라.

그리고 포스 근육을 훈련할 땐 실패지점을 피하는 게 좋지만, 펌핑 근육을 훈련할 땐 실패지점을 경험할 수 있다. 그렇다고 매 세트 실패지점까지 몰아붙이거나 자세가 크게 망가지는 수준까지 하는 것은 좋지 않고, 마지막 세트나 자세가 크게 변하지 않는 선까지만 펌핑시킨다. 그래야 부상을 예방할 수 있다. 고볼륨 훈련도 여러 가지가 있으나 필자가 가장 추천하고픈 방법이 있다. 바로 '슈퍼 스쿼트'. 고반복이지만, 엄청난 무게로 리프팅하기 때문에, 10회가 넘어가면 거의 싱글 훈련에 가까워져서 펌핑 근육뿐만 아니라 포스 근육도 같이 단련된다. (물론 스트렝스 훈련 위주로 하는 것만은 못하다.)

슈퍼 스쿼트는 최고의 보디빌딩 방법이다. 또한 슈퍼 스쿼트 프로그램 내에서, 스쿼트와 결합된 운동들을 어떻게 넣고 빼고 하느냐에 따라 그 다양성은 이루 말할 수 없을 정도라, 슈퍼 스쿼트만 파더라도 지겨울 새가 없다. 다만 너무 강한 운동이기 때문에 항상 하는 것보다는, 일정 기간이 지나고 나면 새로운 루틴으로 갈아타고 다시 돌아오는 게 좋다.

그게 아니라 처음에는 가벼운 무게를 사용해서 강도를 확 낮추고, 그 뒤 '개선'의 원칙을 사용해서 서서히 무게를 올리게 되면, 정체기 없이 오랫동안 이 루틴을 고수할 수 있다. 또 슈퍼 스쿼트 프로그램 자체도 다양한 방식으로 강도의 주기회를 줄 수도 있다. 필자는 평소에 스트렝스 훈련으로 포스 근육을 쌓고 있다가, 한 번씩 (보디빌딩 시즌이나 근비대에 욕심날 때) 슈퍼 스콰트 루틴을 사용하기를 권장한다.

다시 한번 강조한다. 슈퍼 스콰트는 포스 근육과 펌핑 근육을 아우르는 최고의 보디빌딩 운동이다. 포스 근육 및 펌핑 근육을 각각 따로 훈련하는 것이 아닌, 단독 프로그램으로는 그 어떤 것도 슈퍼 스콰트만큼의 근비대를 가져올 수 없다. 오로지 개인 몸의 특성에 맞게 보충해주는 프로그램만 있을 뿐이다. 보충해주거나 도와주는 운동은 있을지언정 슈퍼 스콰트를 넘어서는 보디빌딩 운동은 없다.

둘째, 컨디셔닝 및 근지구력 운동을 사용하는 방법이다.

모든 컨디셔닝 및 근지구력 운동이 다 똑같은 효과를 발휘하는 것은 아니기 때문에, 근비대에 맞게 짠 프로그램을 사용하는 것이 좋다. 몸짱이나 힘짱이나 part 6에 소개한 '슈퍼 삽질 근육버전 1'은 컨디셔닝뿐만 아니라 펌핑에 있어서도 그 효과를 이루 말할 수 없다. 그러나, 무게 턱걸이 및 무게 딥이 너무 부담된다고 느끼는 사람은 아래 '슈퍼 삽질 근육버전 2'를 사용한다.

슈퍼 삽질 근육 버전 2

1. 케틀벨 타바타 (A) 프론트 스콰트 (B) 4분

2. A, B 번갈아가며 최대한 많이 반복하기

A. 무게 팔굽혀펴기 60초－60초－60초 (or 30초×6세트 or 15초×12세트)

B. 무게 거꾸로 로우 60초－60초－60초 (or 30초×6세트 or 15초×12세트)

이번에는 거꾸로 로우에 대해서 잠시 설명해보겠다.

거꾸로 로우

벤치 프레스에 대응하는 맨몸 운동이 팔굽혀펴기라면, 바벨 로우에 대응하는 맨몸 운동은 거꾸로 로우다. 거꾸로 로우는 낮은 턱걸이 바에 매달려 바벨 로우처럼 당기되, 웨이트 대신 자기 몸을 당기는 동작이다. 발이 땅에 닿아 있어, 몸무게가 줄어드니 우습게 보일 수도 있겠다. 물론 발에 힘을 많이 주면 턱걸이를 하나도 할 수 없는 초보자들도 몇 개는 할 수 있는 게 사실이다.

그러나 이 거꾸로 로우는 절대 쉬운 운동이 아니다. 한 회 한 회를 정성 들여 하면서, 고반복으로 가면 오히려 턱걸이보다 더 힘들어진다. (개인차가 분명히 있지만, 턱걸이를 잘하는 고수들 중에서 상당수가 이 거꾸로 로우의 고반복을 더 어려워한다.)

팔과 등근육의 피로는 물론이고 팔굽혀펴기처럼 몸통을 안정시키기 위한 몸통 안정근이 자극을 받기 때문에, 몸을 직선으로 지탱하면서 이 운동을 계속한다는 것은 절대 쉽지 않다. (더 자극을 주려면 스위스 볼 위에 발을 올린다.) 그만큼 온몸에 큰 도움을 주는 운동이다. 특히 벤치 프레스를 많이 한 사람은, 그것의 길항근에 거의 일치하는 거꾸로 로우를 포함시켜주면 부상 예방에도 크게 도움이 된다.

　슈퍼 삽질 근육버전 1은 턱걸이와 딥에 케틀벨이 사용되어 무게를 쉽게 올릴 수 있지만, '무게 팔굽혀펴기'과 '무게 거꾸로 로우'는 저항을 올리는 것이 좀 귀찮다. 처음에는 맨몸만 이용해서 횟수를 높이는 데 치중해야 하지만, 일정기간이 지나고 나면 무게도 올려나가야 펌핑 근육 상승효과가 유지된다. 웨이트 조끼를 가지고 있는 사람은 문제 없이 이 운동들을 편안하게 시행할 수 있지만, 그게 아니라면 쇠사슬을 이용해보길 바란다. 보기에도 터프하지만 몸 전체에 저항을 고루 분포시키고 응용만 잘하면 다양한 자극을 주는 효과도 가질 수 있다. 링 사용이 가능한 사람들은 링에서 팔굽혀펴기와 거꾸로 로우를 번갈아가면서 하길 권한다. 더 좋은 효과를 누릴 수 있다.

　슈퍼 삽질 근육버전 1도 그렇지만, 이 슈퍼 삽질 근육버전 2는 펌핑 근육 상승에 엄청난 도움을 주는 프로그램이다. 스트렝스 훈련을 꾸준히 해온 사람들은, 스트렝스 훈련을 유지하면서 이 '슈퍼 삽질 근육버전'만 포함시키게 되면, 스트렝스 훈련으로 키운 포스 근육에 더해 슈퍼 삽질 근육 버전으로 펌핑 근육을 얻고, 더불어 컨디셔닝 능력까지 향상시키게 되니, 그 효율성과 효과는 최고라고 볼 수 있다.

펌핑 5-10-30 프로그램

몸짱이냐, 힘짱이냐 part 8

펌핑 근육을 만드는 3번째 방법이다. 무게 조절이 자유로운 바벨을 이용하기 때문에, 점진적인 저항 증가를 통해 꾸준히 강도를 올릴 수 있는 프로그램이다. 전체 그림을 잡기 위해 주요 공식을 다시 언급해보자. 포스 근육 + 펌핑 근육 + 다이어트 = 밖으로 보이는 최대치 근육량. 이번 펌핑 훈련은 빅머슬 7 중에서 5가지 운동을 이용하기 때문에 이해하기가 쉽다. 빅머슬을 이용해서 스트렝스 훈련으로 포스 근육을 쌓을 수 있고, 무게를 낮춰 긴장도를 늘리는 방법을 사용하면 펌핑 근육도 만들 수 있으니 아주 편리한 시스템 되겠다.

펌핑 근육이 가장 잘 자라는 근육 텐션(tension, 긴장) 유지시간은 45~90초이다. 한 운동을 45~90초 동안은 텐션을 유지하면서, 계속 반복 운동을 해야 펌핑 근육이 잘 자란다는 말이다.

필자는 이 이론에 기초해, 90초를 기준으로 프로그램을 만들었다. 프로그램 이름은 기억하기 쉽게 '펌핑 5-10-30' 으로 지었다. 5개 운동을 10분 동안 각각 30회씩 반복하고 운동 사이에 30초를 쉰다는 의미다. 한 운동당 90초 동안 텐션을 유지해야 하니, 각 운동 1회당 걸리는 템포는 3초다 (30회×3초=90초). 1회당

주어지는 3초의 시간은 '네거티브 동작 2초 + 포지티브 동작 1초'에 사용한다.

벤치 프레스를 예로 들면, 2초 동안 가슴까지 바를 내리고, 위로 밀어올리는데 1초 걸리는 템포로 쉬지 않고 30회를 채우는 것이다. 만약 처음부터 90초까지 다 채우지 못하면 45초까지만 근 텐션 시간을 유지할 수도 있지만, 강도만 조정하면 누구나 90초까지 할 수 있다. 필자, 60세에 가까운 사람에게 이 프로그램을 시켜본 적이 있는데, 그의 능력에 맞게 무게를 잘 조정하니 각 운동에서 90초 동안 텐션을 유지하는 데 전혀 문제가 없었다.

펌핑 근육 향상을 위한 5가지 운동

5개 운동은 빅머슬7 운동 중 뽑는다. 제일 먼저 추천하고픈 운동 5개 및 그 운동 순서는 바벨 로우, 벤치 프레스, (무게) 턱걸이, 밀리터리 프레스, 스쿼트이다.

만약 스트렝스 훈련 후에 하는 것이 아니라, 이 프로그램만 한다면 각 5개의 운동에 대해 워밍업 세트를 1~2세트씩 미리 한다. 그리고 중간에 휴식 시간을 짧게 하는 것(30초)이 중요하기 때문에, 운동에 방해를 받지 않고 바로 넘어갈 수 있도록 미리 무게 세팅을 잘해놓아야 한다.

5개 운동 중에서 무게 턱걸이는 90초 동안 텐션을 유지하는 것이 쉽지 않다. 해서 의자 또는 고무밴드 같은 보조 기구를 이용해서 90초 동안 30회를 겨우 할 수 있게 강도를 조절해서 보조 턱걸이를 한다. 이도 저도 귀찮으면, 효과는 떨어지지만 풀랫다운으로 대신할 수 있다.

그리고 밀리터리 프레스를 30회 하는 것도 생각보다 쉽지 않다. 올림픽 바는 빈 바라도 20kg이 나가기 때문에 적은 무게가 아니다. 이때는 10kg 빈 바를 사용한다든지 아니면 무게가 올라가기 전까지는 더 가벼운 덤벨을 사용하고, 그것도 힘들면 나무봉을 사용한다. '펌핑 5 - 10 - 30' 프로그램을 다시 정리해보자.

1. 빅머슬 7 중에서 5개(바벨 로우, 벤치 프레스, 무게 턱걸이, 밀리터리 프레스, 스쿼트)를 뽑는다.
2. 5개 운동을 각각 30회씩 반복한다.
3. 1회 반복 각 3초씩, 운동당 90초(30회×3초)가 걸리게 한다.
4. 휴식은 30초만 한다.
5. '운동90초＋휴식30초'로 각 운동당 2분이 걸리며, 전부 5개 운동이기 때문에, 마지막 운동의 휴식 시간까지 포함하면 전부 10분이 걸린다. (2분×5개 운동 ＝ 10분)
6. 1~5번까지를 한 번의 시퀀스(10분)로 본다. 빡시게 하면 한 번만 하면 되지만, 경우에 따라선 위 시퀀스를 2번 이상 반복할 수 있다.
7. 90초 동안 멈춤 없이 지속적으로 근육에 긴장(텐션)을 주는 것이 중요하다.

주의할 점은 그냥 30회를 채우는 것이 아니라, 30회를 끝냈을 때 실패지점에 도달해야 한다. 포스 근육을 키우는 데는 실패지점을 아끼는 게 좋고, 펌핑 근육을 키울 때는 1세트 정도 실패지점까지 경험하는 게 좋기 때문이다. 당연히 프로그램 시작 초반부터 실패지점에 도달하려고 하면 안 된다. 처음 이 프로그램을 시행할 때는 30회를 하고 난 뒤에도 약간의 힘이 남을 정도로 가벼운 무게로 세팅을 하라. 워크아웃을 거듭하면서 무게를 점점 올려나가면, 자연스럽게 30회(90초)에서 실패지점에 닿는 무게를 알게 된다. 나중에 무게가 계속 올라가게 되면 세트 후반에 힘들어져서, 1회에 걸리는 시간이 3초 이상 될 수도 있다. 그땐 후반 횟수 템포가 4~5초로 늘어지는 걸 보상하기 위해, 초반 횟수 템포는 2초 정도로 당겨서 전체시간 90초 안에 30회를 채울 수 있도록 템포를 잘 분배한다.

싱글 세트 vs. 멀티 세트

간단하게 설명하면, 싱글 세트는 한 운동당 1세트만 하면 충분히 자극을 받아 몸이 커진다는 이론이고, 멀티 세트는 1세트로는 어렵고 여러 세트를 해줘야 자극을 받고 몸이 성장한다는 이론이다. (여기서 말하는 세트 수는, 워밍업 세트는 포함되지 않은 본 세트 숫자만 말한다.)

둘 다 온갖 과학적 자료들은 다 가져와서 싸운 논쟁이며, 아직까지 논란이 끊이지 않고 있다. 피트니스계에서는 과학이란 이름을 달고 나온, 온갖 어설픈 자료들이 돌아다니며 독자들을 혼란시킨다. 몇 가지 변수만 조작해서 자기가 원하는 대로 결과를 만들어낸 야비한 자료들이 수두룩하다. 재미있는 건 이것이 과학을 중시하는 서양인들의 태도 때문에 발생한 아이러니 라는 것이다. 과학적 자료 없이는 아무것도 믿지 않는 그들 마인드는 존중하겠다만, 문제는 완전히 서로 다른 이론을 담고 있는 책들임에도, 각각의 책 안에 포함되어 있는 — 이론상 대치되는 — 과학적 백데이터는 넘쳐흐른다는 것이다. 나름 유명 전문가 중에서도, 상업성과 결탁해서 어려운 전문 용어 사용으로 독자들의 신뢰를 사고, 결과는 요상한 걸로 도출하는 사람도 상당히 많다. 이런 상업성에 휘둘리지 않으려면, 스스로 구분할 수 있는 능력을 키우는 것이 중요하다.

멀티 세트는 사람들이 많이 사용하고 있을뿐더러, 훈련자들이 너무나 당연시 하고 있기 때문에, 싱글 세트에서 까고 있는 멀티 세트의 허구 하나만 알아보자.

다음의 표는 멀티 세트를 옹호하는 사람들이 자기 이론을 뒷받침하는 참고 자료가 어떤 구조를 가지고 있는지를 잘 보여주고 있다. 보면 알겠지만, 결국 멀티 세트가 뛰어나다고 학술적으로 밝힌 사람은 한 사람(Berger)밖에 없는데, 이걸 다른 사람들이 언급하고 또 그 언급한 내용들을 다른 사람이 차용함으로써, 마치 이것이 확고한 진리인 양 떠받들어진다는 것이다. 또

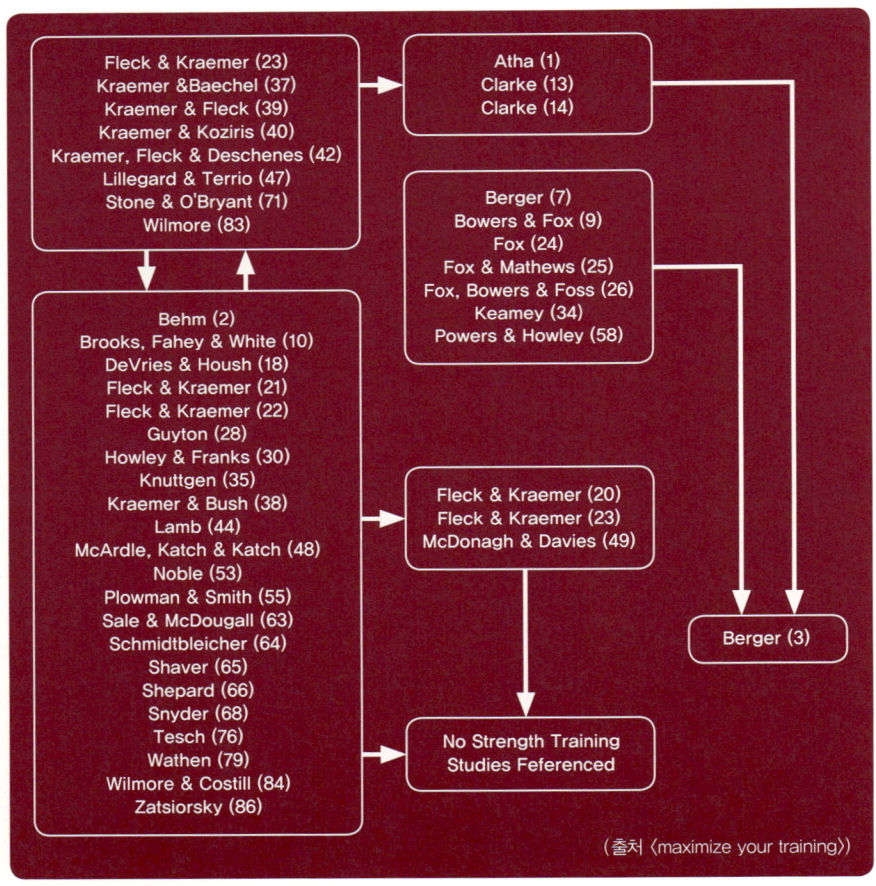

한 멀티 세트를 연구한, 그 사람 이론마저 오류투성이라고 밝히고 있는데 여기까지 설명하면

너무 길어지니 생략하겠다.

반대로 멀티 세트와 싱글 세트의 비교 결과에서 차이가 없다고 밝힌 자료는 상당히 많다고 한다.

그럼 과연 싱글 세트와 멀티 세트, 어떤 것이 맞는 이론일까?

필자가 오랜 기간 경험해본 이후, 도달한 결론은 다음과 같다.

'싱글 세트는 강력한 한 방 펀치를 이용한 KO이고, 멀티 세트는 연타를 통한 KO이다.'

실패지점이란 말 그대로 근육 실패에 도달하는 것이다. 이미 실패를 경험한 근육에 또 다른 자극이 뭐가 필요하겠는가? 그래서 항상 실패지점까지 가는 싱글 세트로만 모든 운동을 끝냈던, 역사상 가장 위대한 보디빌더 중 한 명인 도리안 예이츠는 다음과 같은 말을 했다. "만약 당신이 총알 하나로 상대방의 심장을 관통시켰으면 그는 이미 죽었다. 더 이상의 총알들을 죽은 몸에다 쏠(펌핑) 필요가 없다."

그러나 중요한 것은 굳이 1세트 안에 완벽한 실패지점을 끌어내기 위해 그렇게 무리할 필요는 없다는 것이다. 연타로 때려서 KO 시키면(멀티 세트) 되는 것을 굳이 한 방에 끝내려(싱글 세트) 할 필요가 없다.

특히 초급자의 경우는 1세트만으로 충분한 자극을 끌어낼 능력을 아직 배양하지 못하기 때문에 멀티 세트를 하는 것이 더 좋다.

그러나 결론적으로 보면, 방법의 차이일 뿐 본질적으론 싱글 세트와 멀티 세트의 근비대 차이는 크지 않다는 것을 알 수 있다. 쉽게 얘기해서, 빡세게 훈련하면 볼륨양이 줄어도 되고, 좀 덜 빡세면 볼륨양이 늘어도 된다는 말이다. 이는 근비대를 이끌어내려면 무조건 많이 해야 좋다고 생각하는 사람들에게는 시사하는 바가 매우 크다. 제대로 자극만 이끌어냈다면 그게 1세트라도 전혀 상관이 없으며, 연타를 치더라도 KO 시킨 뒤 더 이상의 펀치는 무용지물이며 쓰레기 세트가 된다.

미국에는 이 싱글 세트를 신봉하는 그룹들이 운영하는 체육관이 있다. 그들은 '펌핑 5-10-30' 프로그램과 비슷한 운동을 일주일에 한 번, 그것도 이 시퀀스를 1번만 반복(즉 10분)하고 다른 운동은 전혀 하지 않는데도 몸은 무럭무럭 자란다. 그러나 초보자들은 이렇게 한방에 스트레스를 주는 것이 쉽지도 않고, 굳이 무리하게 해서 부상 확률을 높일 필요도 없기 때문에, 다음과 같은 연타 치는 방법을 이용한다.

1) 스트렝스 훈련하는 날을 피해, '펌핑 5-10-30' 프로그램을 일주일에 1번만 할 시는 이 시퀀스를 1~2번 더 반복(20~30분)하며, 마지막 세트에서만 실패지점을 겪게 한다.

2) 위의 시퀀스를 한 번(10분)만 하되 훈련 빈도일을 높여서 일주일에 2~3일을 한다. 빈도일을 높였더라도, 좀더 안전하게 훈련하기 위해 무게를 약간 낮춰서 똑같은 시퀀스를 한 번 더 반복(20분)해도 된다.

펌핑 5-10-30 프로그램만 하더라도, 제대로만 하면 일주일 2~3번에 충분히 몸을 키울 수 있고, 다른 운동들과 병행한다면 일주일에 1번만 할 수도 있다. (다른 운동의 스트레스 수준에 따라 운동 시간 및 빈도일이 조금씩 달라지는 건 당연한 얘기고.)

운동 시간이 많지 않기 때문에 스트렝스만 집중적으로 올리는 주기가 아니라면, 간단하게 스트렝스 훈련하는 날에, 스트렝스 훈련을 끝내고 할 수도 있다. 그러나 어떤 운동 시간 및 빈도일을 택하더라도, 가장 중요한 건 항상 같은 무게로 운동하려 하지 말고, 스트렝스 훈련처럼 지속적으로 무게를 올리면서 자극의 강도를 계속 높여나가려고 해야 한다는 점이다.

[실패지점]

실패지점은 크게 3단계로 나눌 수 있다.

1단계는 '테크닉 실패지점'이라고 하는데, 운동 자세가 흐트러지는 지점을 말하는 것으로, 요즘 피트니스에서 각광을 받고 있다. 완벽한 운동 자세까지만 리프팅하기 때문에, 부상 확률이 확연히 줄어든다.

2단계 실패지점은 테크닉이 약간 흐트러지더라도 좀더 밀어붙여서 더 이상 그 동작을 못할 때까지 지속하는 것이다. 우리가 보통 생각하는 포지티브 실패지점이라 생각하면 된다.

마지막 3단계는 완벽한 실패지점으로써, 포지티브 실패지점을 겪고 난 뒤에도 보조자를 통해 강제반복을 시킨다든지, 네거티브 훈련까지 포함시켜 완벽한 실패에 도달하게 만드는 것이다.

필자가 권하는 실패지점은 특이한 경우를 제외하곤 2단계까지를 말한다. (3단계 실패지점은 최소 제대로 된 훈련 2~3년 후쯤에 도입하는 것이 좋다.) 일반적으론 1단계인 테크닉 실패지점 위주로 하되, 펌핑 근육 훈련시 가끔 포지티브 실패지점을 사용한다.

펌핑 근육 제조기
DTP 프로그램

몸짱이냐, 힘짱이냐 part 9

스트렝스 향상을 통한 포스 근육 쌓기에 먼저 매진해야 함에도 불구하고, 단기적으로 눈에 보이는 성과에 혹해서, 진득하게 포스 근육 훈련을 밀어붙이기가 곤란한 사람들이 많다.

스트렝스 훈련을 하고 있는데 근육이 생기는지 잘 모르겠다는 둥, 맞는 말 같기는 한데 볼륨이 적어서 왠지 찜찜하다는 둥, 온몸에 펌핑감을 느낄 수 있는 제대로 된 펌핑 근육 훈련 하나만이라도 빨리 가르쳐달라는 둥…….

하여 민원 해결이 먼저이니, 괜찮은 펌핑 근육 운동 하나 먼저 소개한다. 미리 얘기하지만, 펌핑 효과가 금방 나타난다고 꼭 좋은 루틴은 아니다.

순간적으로 몸이 커지는 '기분 고양' 때문에 모티베이션이 상승되는 장점은 분명 있다만, 이 펌핑 운동에만 만족하는 나쁜 버릇을 가지게 되면 나중에 펌핑만으로 훈련의 질을 평가하고, 그게 없으면 훈련을 낮게 평가하거나 심리적으로 찜찜해지는, 고치기 힘든 나쁜 습관에 젖어들 수 있기 때문이다.

요즘 유행하는 가수 오디션 프로그램을 보면, 멘토들이 참가자들에게 제일 먼저 주문하는 게 '나쁜 버릇 없애기'다. 있는 목소리를 그대로 들려주는 사람에게는 좋은 점수를 주는 반면, 화려한 기교로 뽐 좀 내보려는 참가자들은 어김없이 독설을 듣는다. 그게 맞다. 새롭고 좋은 것 배우는 것보다 잘못된 버릇을 제거하는 게 훨씬 더 중요하다. 어설프게 기교 넣는 것을 배워놓으면 일반인들에게는 대단한 것처럼 보일 수 있고, 이성 앞에서 똥폼 잡을 땐 유용하겠다만, 전문가들이 볼 때는 어설프기 짝이 없고 유치하기도 할뿐더러 나중에 대물이 되는 데도 오히려 제약이 된다.

모든 일에는 '기본적이고 기초적인 작업을 제대로 해놓는 게' 가장 중요하다. 그래서 나쁜 버릇이 있는 것보다는 아예 아무 버릇이 없는 초보자가 더 나을 때가 많다. 적어도 의심 없이 따라하기 때문에 실패할 가능성이 줄어든다. 처음부터 펌핑 운동에만 전념한 사람들은 심리적 압박에 의해 꼭 중간에 딴 길로 샌다. 그게 장기적으로 독약이 될 줄도 모르고 몰래몰래 탐닉하면서 '역시 이거야' 하다가는, 결국엔 자기보다 뒤처졌던 사람에게도 따라잡히게 된다.

그러나 오랜 기간 포스 근육 훈련을 해온 사람들은 펌핑 근육 훈련을 해도 된다. 특히 근육량에만 목숨 거는 사람들에게는 무리하지만 않는다면 꼭 필요한 일이다. 노래 부르는 것도 오랜 기간 기본을 잘 다지고 나면, 나중엔 자신만의 기교를 부리는 것이 더 매력이 되는 것과 같은 이치다.

포스 근육 + 펌핑 근육

포스 근육 훈련을 계속 해온 사람이 적용한다는 가정 하에 이야기를 진행하도록 하겠다. 이 전제를 깔고, 여러분들이 그토록 원하는 펌핑 근육을 빨리 부풀리는 방법을 하나 알려준다.

펌핑 근육 훈련은 종류가 많다. 간단한 것에서부터 복잡한 것까지, 시간이 적게 걸리는 것에서 시간이 다소 걸리는 루틴까지. 몸짱이냐 힘짱이냐 part 8에서 설명했던 '펌핑 5-10-30'도 비교적 간단하면서도 시간이 적게 걸리는 루틴이다. 이번에는 훈련 방법이 아주 간단해서 누구나 쉽게 따라 할 수 있는 고볼륨 루틴 하나 살펴본다. 이 프로그램은 볼륨이 꽤나 높아서 아마 이것 해보고 나면 앞으로 더 이상의 볼륨 타령은 없을 듯하다.

필자가 지금 소개하려는 루틴은 상당한 볼륨을 필요로 하지만, 운동 수가 적고 웨이트 운동 빈도일도 일주일에 3일이어서 몸이 견뎌낼 수 있다. 그럼에도 불구하고 그 저자 또한 3주 이상은 이 루틴을 사용하지 말라고 주의를 단단히 주고 있다. 왜냐? 오버트레이닝을 피할 수 없으니까.

〈Body by Design〉 이라는 책에 나오는 12주 프로그램인데 마지막 3주 동안 몸을 바짝 키우기 위해 특별히 만들어진 루틴이다. 당연하게도 전체 12주 프로그램 중 가장 빡세다. 수천 명이 따라 해서 단기간 내에 상당한 근성장을 보는 루틴이라 소개하고 있으나……. 언제나 그렇듯 피트니스계에서 말하는 것은 아무리 좋아도 잘 믿지 않는 필자인지라, 이것 또한 꼼꼼히 시켜봤더랬다. 여기서 소개하는 이유는 결과가 좋았단 뜻이겠지.

책에서 소개하는 앞 부분 9주 루틴은 꽤 허접해서, 평소 스트렝스 훈련을 꾸준히 한 사람이라면 1~2주 적응 기간 후, 바로 이 마지막 3주 루틴에 들어가도 더 많은 근육을 얻을 수 있다.

이 프로그램 이름은 'DTP'다.

드라마틱하게 몸을 변화시켜준다는 의미의 영어 약자로, 일주일 3번의 워크아웃 그리고 1번의 워크아웃당 단 2개의 운동만 사용해서, 각 운동당 상당한 볼륨을 쏟아붓는 프로그램이다.

너무 걱정 마라. 볼륨이 많다는 건 그만큼 강도(무게)가 떨어진다는 의미니, 실제로 해보면 심리적으로 그렇게 크게 부담이 가는 건 아니다. (특히 짧은 버전을 할 때) 평소 고강도 훈련만 한 사람은 신경시스템을 쉬어가는 기간으로 생각하고 훈련해도 좋다. 몸 시스템의 충격은 감소하지만, 땀 흘리고 며칠 간 몸이 쏴~할 각오는 해야 한다. 물론 몇 번 하다보면 금방 적응되긴 하겠지만.

자, 구체적으로 어떻게 하는지 첫째날 훈련을 통해 한번 살펴보자.

일주일 3일이니 첫째날은 보통 월요일이 된다.(월수금/화목토)

1, 2번 슈퍼 세트

1. 벤치 프레스

   50회-40회-30회-20회-10회-5회-5회-10회-20회-30회-40회-50회

2. (바벨/덤벨) 로우

   50회-40회-30회-20회-10회-5회-5회-10회-20회-30회-40회-50회

슈퍼 세트를 말할 때, 어떤 사람은 두 운동 사이에 휴식을 주며 번갈아가며 운동하는 것을 말하기도 하고, 다른 사람은 두 운동 사이에 휴식은 없고 두 운동을 끝내고 난 뒤에만 약간의 휴식을 갖는 세트를 말하기도 하는데, 여기서는 후자를 의미한다.

벤치 프레스 50회를 한 뒤 휴식 없이 곧바로 로우 50회를 끝내고 그 뒤 45초를 쉬어준다. 그 다음 40회-40회, 휴식, 30회-30회, 휴식, 이런 방식으로 횟수를 줄이다가 5회-5회까지 내려오고, 그 뒤부터는 내려온 횟수만큼 다시 반복하면서 거꾸로 올라간다.

이 운동을 할 때 주의할 점은 시간을 줄이려고 컨디셔닝 훈련을 하듯이 급하게 반복하면 안 된다는 것이다. 운동 사이에 휴식 시간이 너무 많지 않게 노력 하면서 전체 워크아웃 시간이 늘어지지 않게 해야지, 운동 템포를 빠르게 하면 안 된다. 각 세트 모든 운동은 자세에 유의하고 최대한 치팅을 자제하면서 한 땀 한 땀 올바른 자세를 취해야 한다.

그리고 세트가 진행될수록 무게도 올려나가야 한다. 처음 빈 바(20kg)로 벤치 프레스 50회를 했다면, 그 다음은 무게를 더 올려(예 : 25kg) 40회를 하고 또 더 올려 30회를 하는 식으로 5회까지 횟수는 내리고 무게는 올린다. 그 이후 다시 횟수가 올라갈 때는 반대로 무게는 내려간다. 처음에 올라왔던 무게 그대로 다시 내려갈 수도 있지만, 힘이 빠져 어려우면 올라왔던 무게보다 약간 낮은 무게를 선택해서 횟수를 채워나간다.

첫째날 월요일은 보다시피 '가슴과 등' 운동을 슈퍼 세트로 묶어놨다. 고반복이기 때문에 바벨 로우(또는 두 팔 덤벨 로우)시 허리에 무리가 간다 싶은 사람은 한 팔 덤벨 로우로 변경해서 한 팔로 지탱하면서 수행한다. 당연한 얘기지만 양손 모두 같은 양만큼 해줘야 한다.

둘째날, 수요일은 '이두와 삼두'를 훈련하는 날로, 바벨 컬과 라잉 트라이셉 익스텐션을 슈퍼 세트로 한다. 횟수는 똑같이 적용하면 된다.

셋째날, 금요일은 '다리와 어깨'를 훈련하는 날로, 스쾃트와 덤벨 숄더 프레스를 슈퍼 세트로 한다. 마찬가지로 횟수와 하는 방법은 같다.

일주일 3번 워크아웃으로 모든 신체를 다 자극한다. 다양한 앵글로 자극한답시고 이 운동 저 운동 돌아가면서 너저분하고 복잡하게 하는 것 전혀 없다. 자극하려는 근육에 부합하는 운동 하나, 떡 하니 정해놓고 그 부위만 미친 듯이 팬다.

그래서 한번 훈련하고 나면 그 다음날은 무조건 쉬어준다. 가벼운 유산소 운동은 할 수 있지만, 강도가 다소 높은 웨이트 운동들은 완전히 쉬어줘야 한다.

책에 있는 전체적인 프로그램을 정리해보면 다음과 같다.

DTP 프로그램

1. 메인 웨이트 운동(체육관)

   (사용 횟수 50회-40회-30회-20회-10회-5회-5회-10회-20회-30회-40회-50회)

1) 월요일: 덤벨 벤치 프레스 + 덤벨 로우 슈퍼 세트

2) 수요일: 바벨 컬 + 라잉 트라이셉 익스텐션 슈퍼 세트

3) 금요일: 스콰트 + 덤벨 숄더 프레스 슈퍼 세트

2. 보조 운동(집)

   유산소 운동 및 복근 운동

   · 체육관 가는 날: 오전에만 유산소 운동 30분

   · 체육관 가지 않는 날: 오전 오후 각각 유산소 운동 30분씩/복근 운동 1~3개

원래 프로그램에선 바벨이 아닌 덤벨 벤치 프레스, 덤벨 로우도 한 팔이 아닌 두 팔로 서서 하는 동작이지만 위에서 필자가 말한 방법으로 해줘도 상관없다. 그리고 몸이 마른 사람이거나 특별히 체지방 걱정이 필요 없는 사람은 유산소 운동을 줄이는 게 낫다.

볼륨이 많아도 운동갯수가 적어서 전체 운동 시간은 1시간이 채 걸리지 않는다. 저자도 웨이트 운동은 절대 1시간을 넘기지 말라고 한다. 두 팔로 하는 걸 한

팔로 대체하면 시간이 약간 더 늘어날 수도 있으나 그래도 주당 평균 웨이트 훈련 시간은 약 3시간 정도다.

이만큼의 볼륨으로도 주당 평균 3시간 걸리는데 하루 3~4시간을 말하는 웨이트 루틴이 얼마나 우스운지는 말 안 해도 잘 알 거다. 중간에 휴식이 엄청 들어가서 일부러 시간을 늘린 스트렝스 훈련이 아닌 이상, 그렇게 늘어지는 웨이트 운동은 웨이트 운동하지 않는 날 가볍게 하는 유산소 운동과 다를 바 없다.

스트렝스 훈련으로 포스 근육을 꾸준히 키워온 사람은 이 루틴으로 몸이 금방 불어난다. 근육 키우기가 이보다 쉬울 수 있냐 싶을 거다. 반면 처음부터 이 루틴을 하는 사람은 효과가 적다. 기본이 되는 스트렝스가 없으니 사용하는 중량도 낮고 몸에 힘쓰는 법도 모를 테니. 혹 바벨로 이 운동을 하는데 빈 바 무게(20kg)로도 다루기가 벅찰 경우에는 훨씬 가벼운 덤벨을 사용해서 무게를 점차 올려나가도록 한다.

이상으로 DTP 프로그램을 알아봤다.

그럼 이 프로그램이 필요한 사람들을 일목요연하게 정리해보자.

1) 스트렝스를 만족할 만큼 키워서(예: 스콰트+데드리프트+벤치 프레스=500kg 이상) 이제는 펌핑 근육을 키우고 싶은 자
2) 특별한 이유로 인해 급히 펌핑 근육을 키울 필요가 있는 자
3) 힘이 엄청 강해지진 않았지만 신경시스템 과부하로 스트렝스 훈련을 좀 쉬면서 몸에 새로운 자극을 주고 싶은 자.

마지막으로 이 프로그램을 하면서 기억할 점들을 몇 가지 알려주겠다.

첫째, 이렇게 볼륨을 키워서 단기적으로 근육이 늘어난 것을 보고 '역시 이게 정답이구나' 싶어 이런 고볼륨 루틴으로 완전히 돌아서서는 안 된다. 장기간의 성장이 물거품된다.

둘째, 3주간의 루틴이긴 하지만, 처음 시작하기 전엔 1~2주 정도 적응 기간을 둬서 원래 사용 중량보다 낮게 세팅하고 몸에 적응하는 시간을 주면 좋다.

셋째, 적응기간 1~2주 동안이거나, 또는 회복력이 떨어지거나 나이가 많은 훈련자들은, 모든 볼륨을 다 채우려고 하지 않아도 된다. 50회에서 5회까지 내려오는 '짧은 버전'만 해도 근육들은 아주 크게 성장할 것이다.

다시 강조하지만 이 루틴 후에는 잠시 쉬어주고 다시 스트렝스 훈련으로 돌아가서, 미래에 더 큰 대어를 잡기 위해 터를 닦아야 한다. 단기간의 성장에 집착하는 것, 충분히 이해가 간다. 긴가 민가 하는 상황에서 확연히 눈에 들어오는 데 혹할 수 있다. 하루이틀 하고 끝낼 웨이트 운동 아니니 평생의 관점에서 보라는 필자의 말이 제대로 귀에 들어올 만큼 쇳덩이 짬밥이 되려면 시간도 꽤 걸릴 테고.

그래도 진정 원하는 바를 달성하고 잠재력을 최고로 뽑아내기 위해서는, 지난하게 느껴지는 기본 훈련(스트렝스 훈련)에 제일 먼저 관심을 둬야 한다. 그러고 난 뒤, 거울 앞에서 온몸에 힘을 주고 빵빵하게 부풀어오른 자기 펌핑 근육을 쳐다보던 즐거움을 잊을 수 없는 사람들은, 위의 DTP 프로그램을 써본다. 충분히 만족할 거다.

스테로이드에 필적하는 근육 증폭기 휴식과 회복의 중요성

휴식과 회복의 중요성은 아무리 강조해도 지나치지 않다. 그러나 대부분 으레 하는 소리인 양 그저 한 귀로 듣고 다른 귀로 흘리며, 회복과 휴식에 대한 아무런 노력도 하지 않은 채 오로지 훈련 루틴만 찾아다닌다.

근비대의 생리학적인 원리에 대해서는 아직까지도 논란들이 남아 있지만, 근육이 자라는 것과 관련해서 그 누구도 부인할 수 없는 진실이 하나 있다. '근육은 체육관에서 훈련할 때 자라는 것이 아니라, 집에서 휴식할 때 자란다'는 것이다. 유전적인 혜택을 받았거나 약물 사용자가 아니고서, 이 휴식을 무시하다가는 근육이 아닌 근육통만 얻게 될 것이다.

많은 프로 보디빌더들이 약물을 사용해서 근육을 키우고 있다. 이런 현상은 일반인 훈련자들에게 잘못된 환상을 심어줘서, 돈만 낭비하고 아무것도 얻지 못하게 할 뿐만 아니라, 종국엔 똑같이 약물을 사용하는 전철을 밟게 만든다.

그래서 약물 없이 몸을 만들 수 있는 가장 중요한 요소, 즉 휴식과 회복에 포커싱해보자.

약물 없이 도대체 어느 정도나 몸을 키울 수 있을까? 최대치 근육량과 관련해서는 많은 이론이 있으며 각각 약간씩 차이가 나기도 한다. 일단 여기서는 가장 쉽게 계산할 수 있는 것 하나만 알아보겠다. 자기 손목의 크기를 재고 상수를 곱함으로써 가슴이 자랄 수 있는 최대치 잠재근육을 알아내고 그걸 기준으로 나머지 부위도 알아낼 수 있는 방법인데 다음과 같다.

부위	가슴 크기	힙	허리	허벅지	목	팔둘레	종아리	전완
측정	6.5×손목둘레	85%×가슴	70%×가슴	53%×가슴	37%×가슴	36%×가슴	34%×가슴	29%×가슴

약물 사용이 빈번해진 1960년대 이전에 활동했던 보디빌더들의 몸 치수를 기준으로 산출한 수치이다. 이 표에 근거해서 근육 도전 목표를 세워야 엄한 데로 빠지지 않고 바른 방향으로 나아갈 수 있다. 본인의 근육 최대 크기 잠재력을 미리 확인해볼 수 있는 공식이니 다들 한번 계산해보시라.

그럼 약물 없이 본인의 최대치를 끌어내기 위한 방법은 무엇일까? 그건 바로 약물이라는 말 안에 해답을 찾을 수 있다. '스테로이드' 같은 약물을 쓰게 되면, 단순 근육 성장이라는 측면도 있지만, 그보다 중요한 것은 근육 성장에 필수인 근육이 '미세파열'한 뒤 회복하면서 더 단단해지는 과정을 훨씬 빨리 진행시켜 몸의 회복을 최대한 높여주는 데 있다. 즉, 지금 조 웨이더와 아놀드로 인해 모든 이들에게 당연하게 인식되는 멀티 세트를 통한 볼륨 트레이닝(훈련량으로 승부하는 방법)이 왜 잡지에 나오는 프로들에게만 가능한지를 잘 말해주는 부분이다.

약물을 다량 투여하니 남들은 3~4일 걸리는 회복을 너무나 단시간에 이뤄내면서, 하루 3~4시간 그것도 1주일에 5일이니 6일이니 하는 훈련을 해낼 수 있는 것이다. 그러나 일반인들의 회복력으로는 오버트레이닝 없이 절대 아놀드와 같은 훈련을 이겨낼 수 없으며, 굳이 그대로 따라 하려 한다면 강도를 엄청나게 낮춰야 하는데, 그러면 유산소 운동이 돼서 근비대 효과를 얻기가 어렵다.

지인 중에 '나는 그냥 하얀 밥과 김치만 먹는데 왜 살이 찔까?'라고 물어오는 사람이 있었다. 필자 그런 소리 들을 때마다, 한 번 정도는 '하얀 밥과 김치만 먹었기 때문에 살이 찌는 건 아닐까' 하고 반문해볼 필요가 있다고 생각한다. 가끔 너무나 당연하다고 생각하는 것 때문에 (비단 운동과 관련된 일뿐만 아니라) 사고가 경직되고 잘못된 길로 다다르는 경우가 너무나 많다. 그분도 결국 당뇨 증상까지 보이다가 채소와 생선, 고기 그리고 불포화 지방으로 식단을 바꾸면서 체지방도 엄청나게 빠지고 당뇨 증상도 거의 없어졌다.

근육을 키우기 위한 훈련도 마찬가지다. 우리가 너무나 당연하게 인식하고 있고 거의 모든 프로 보디빌더들이 쓰고 있는 훈련이, '내가 게으르고 틀려서 잘못하고 있는 게 아니라 그들이 강조하는 시스템에 무슨 문제가 있는 게 아닌가' 하고 한 번쯤 의심할 필요가 있는 것이다.

필자가 이 이야기를 할 때면 수영 중 평영(일명 개구리 수영)을 예로 많이 든다. 처음 평영을 하는 사람들은 빨리 가고자 하는 마음에 다리를 차고 나서 충분히 쉬어주지 않고 곧바로 다음 동작을 취한다. 그러나 수영을 해본 사람은 잘 안다. 추진력을 얻어서 가장 빨리 갈 수 있는 방법은 힘차게 다리를 차고 충분히 기다리는 것이란 걸. 반대로 다음 동작을 빨리 취하게 되면 추진력에 반발하는 힘이 생겨, 힘은 두 배로 들면서 효과는 반으로 줄어들게 된다. 즉 엄청 허우적거리면서 몸에 있는 에너지를 다 쓰는데도 제자리에서만 파닥거리다 결국은 가라앉게 된다. 물론 열심히 하니까 어떻게든 앞으로 가는 사람도 있다. 허나 남들보다 열심히하면서도 그만큼 결과가 나오지 않아도 되거나, 그냥 스스로 땀 흘리는 모습에만 뿌듯해하는 걸 즐기는 사람이 아니라면, 훨씬 적은 힘으로 자기보다 앞서가는 사람들이 있음을 알고 배워야 한다.

휴식은 의지박약이 아니다

아무리 헬스클럽에 매일매일 출근 도장을 찍어도 근육이 커지지 않는 부류의 사람들은, 어떤 훈련을 해도 쉽게 성장하는 사람들의 말을 들어서는 안 되며, 스테로이드 이전 시대의 훈련에서 힌트를 얻어 새롭게 적용시켜야만 한다.

약물 이전 시대의 사람들 대부분은 근육 생성을 위한 운동을 최대 1주일에 3일만 했으며, 이후 훈련 강도(무게)가 높아지게 되면 그것마저도 나머지 이틀은 '중간 강도'와 '가벼운 강도'로 조정해서 운용했다. 결코 모든 날을 최대치로 운동하지 않았다. 그들이 게을러서가 아니다. 매일 해보니 안 돼서 어쩔 수 없이 줄인 것이다. 이는 근육을 키우는 데 있어 회복과 휴식이 얼마나 중요한지를 잘 말해준다. 약물을 사용하지 않는 우리는 훈련보다도 더욱더 이 휴식과 회복에 투자해야 한다.

휴식과 회복의 중요성을 알기 위해 유명 보디빌더의 루틴 하나를 살펴보자.

뭐니뭐니 해도 아놀드님의 강력한 보디빌더 이미지가 최고일 테니, 보디빌딩 쪽에서는 꽤 유명한 그의 책에서 골라봤다.

〈The New Encyclopedia of Modern Bodybuilding:The Bible of Body building〉이라는 책이다. 그 안에서 아놀드가 말하는 자기의 훈련 루틴 중 기초적인 것 하나만 뽑아보면 다음 표와 같다.

[아놀드의 월수금 루틴]

부위	운동 종류	세트
가슴	바벨 벤치 프레스	4
	바벨 인클라인 벤치 프레스	4
	덤벨 플라이	3
	딥	3
	풀오버	3
등	턱걸이	4
	클로스그립 턱걸이	4
	티 바 로우	4
	벤트오버 바벨 로우	4
허벅지	스콰트	5
	프론트 스콰트	4
	핵 스콰트	3
	레그컬	4
	스탠딩 레그컬	4
	스트레이트 레그 데드리프트	3
종아리	덩킨 카프레이즈	4
	스탠딩 카프레이즈	4
복근	크런치	3
	벤트오버 트위스트	각 부위 100번
	머신 크런치	3
	크런치	50회

1주일에 6일 동안 하는 훈련 루틴 중에서, 화목토 운동은 따로 있고 월수금에 하는 운동만 이만큼이다.

위의 루틴을 보게 되면 두 가지 생각이 들 거다. 처음 보는 사람은 '되게 많다', 반대로 비슷한 훈련을 오랜 기간 해온 사람들은 '나도 사용 중량은 많이 안 돼도 저 정도 세트는 하는데……'일 텐데, 첫 번째 케이스는 넘어가고 두 번째 케이스의 사람들을 위해 얘기 좀 해보자.

필자 옛날에 운동을 열심히 할 때, 하루라도 휴식을 한다는 건 의지박약으로 생각할 만큼 휴식을 싫어했다. 마라톤 책뿐 아니라 대부분 책에서 말하는 '휴식의 중요성'을 필자는 옛날 어두운 시절에 누구나 음반에 집어넣어야 했던 '건전가요' 같은, 그냥 형식적인 거라 생각했던 거다.

또, 경미한 부상은 훈련으로 낫게 해야 된다는 무식한 생각으로 적당한 부상은 무시하고 운동했다. 그땐, 필자의 몸은 남들과 다르게 부상이 없는 특이한 몸이라는 멍청한 생각까지 했었다. 그러나 부상이라는 것은 1년 동안 아무 일 없더라도, 그간의 스트레스가 쌓여 갑자기 찾아오는 것이며, 정도에 따라 다르긴 해도 한번 발생하면 그 후유증은 이루 말할 수가 없다. 좋아하는 운동을 못 하는 건 물론이고 전진해도 모자랄 판에 후퇴하고 있는 자신을 보는 것은 결코 쉽지 않다.

그래서 휴식을 하면 괜히 몸이 후퇴한다는 기분 때문에 계속 밀어붙이게 된다. 나중에 부상 때문에 어쩔 수 없이 휴식해야 했을 때, 휴식이 얼마나 중요한지를 알게 됐다. 휴식은 단순히 부상을 예방하기 위해서뿐 아니라, 그 다음 운동에서 더욱 더 강력하게 밀어붙일 수 있는 힘을 준다는 것을.

예를 들어, 월요일 화요일 장거리를 뛰고 나서 수요일에 강력한 인터벌 달리기를 하려고 하면 자기는 열심히 뛴다고 생각하지만, 화요일 하루 쉬거나 다른 대체운동을 한 날 이후보다 당연히 최선을 다하기가 힘들고, 속도도 많이 떨어지게 된다. 포인트는 바로 여기에 있다. 휴식은 단순히 쉬는 게 아니라 좀더 빡세게 운동하기 위한 준비 과정이며, 전체적으로 봤을 때는 더 힘든 선택이자 현명한 선택이다.

근육 훈련도 마찬가지다. 물론 매일매일 열심히 하면 좋다고 생각하겠지만, 휴식 후에 더욱 더 힘을 발휘할 수 있는 요건이 마련된다. 앞의 아놀드 훈련도 초보자는 좀 힘들지라도 웨이트를 어느 정도 한 사람이라면 충분히 채울 수는 있는 루틴이다. 그러나 분명한 것은, 간결하고 더 적은 세트 그리고 더 적은 일수로 운동했을 때 훨씬 힘차게 밀어붙일 수 있다.

필자도 처음 근육을 만들기 위해 웨이트 운동을 할 때는 매일 열심히 했더랬다. 나중에는 아놀드 비슷한 훈련도 해봤는데, 그나마 근육이 잘 붙는 체질이라 운 좋게 만족할 만한 성과를 가져왔다.

그러나 문제는 다른 사람들을 가르치면서부터였다. 똑같이 운동을 시키고 루틴에 적절한 변화를 주는데도, 근육이 생기다 마는 사람들이 대부분이었다. 처음엔 '저들이 드는 무게가 필자에 비해 가볍고 또한 열심히 하지 않아서'라고 생각했는데, 시간이 지나면서 '소수만이 가능한 훈련에는 분명 무슨 문제가 있지 않을까'라는 생각을 하게 되었다. 그리고 수 년간의 자료 탐구와 실험 끝에 모든 이에게 가능한 방법을 찾아냈으니, 답은 의외로 휴식에서 찾을 수 있었다.

근육 파괴 후 충분한 휴식 = 더 큰 힘센 근육

이는 간단하게 생각해보면 알 수 있다. 우리가 생활하다가 약간만 긁히거나 상처가 나도 치료하고 새살이 돋기까지는 많은 시간이 걸린다. 다른 기능성 운동은 다르겠지만, 근육의 파괴에 의해 다시 새롭고 단단한 근육이 생겨나는 원리로 근비대를 만드는 보디빌딩에서는 당연히 근육 파괴 후 충분한 영양 상태와 더불어 휴식이 너무나 중요하다. 조금만 기다리면 더 크고 힘센 근육을 만들 수 있는데, 괜히 열심히 한답시고 다시 운동해서 2보 전진후 1~2보 후퇴하는 결과를 초래한다.

아놀드의 루틴을 보게 되면 일주일에 6일 그리고 매일 보통 70세트 이상을 하게 된다. 그렇게 해서 근육이 많이 생긴다면 왜 100세트 이상을 하면 안 되는 걸까? 그들 이론에 의하면 더 많이 훈련할수록 더 많은 근육이 생겨야 하는 것 아닌가. 만약 그건 오버트레이닝 때문에 안 된다고 말한다면, 극단적으로 본인의 프로그램만이 기준이고, 그보다 많으면 무조건 오버트레이닝이라는 논리도 성립한다. 이미 일반인들에겐 아놀드 루틴 자체가 오버트레이닝임에도 불구하고…….

물론 개인에 따라 다르니 자기에 맞는 세트와 횟수를 찾으라고 말해주고 있기는 하다. 그러나 바로 그 개인에게 맞는 볼륨이, 약을 쓰지 않아서 회복이 느린 사람에게는 필자가 말한 '비교적 적은 루틴'인 것이다.

또한 오버트레이닝이라고 하면 단순히 하루 빡세게 해서 생기는 걸로 생각하는데, 장기적인 오버트레이닝이 더 위험하다. 언제부터인가 중년 아저씨 의무방어전처럼 헬스클럽 근처에 가기가 두려워지고, 그래서 좀 쉬고 싶은 마음이 들다가 죄책감에 시달리고 결국은 점점 웨이트 훈련과 멀어져가는 경우를 많이들 봤을 것이다. 웨이트 훈련에 재미를 못 붙이는 사람들도 사실 알고 보면 매일매일 헬스장에 나가야 한다는 잘못된 정보로 인한 부담감과, 고볼륨 루틴으로 인해 육체적/정신적으로 지쳐(오버트레이닝) 의욕을 상실했기 때문이니, 이런 고볼륨 고빈도 훈련은 여러 면에서 문제를 일으키는 주범 되겠다.

아울러, 고볼륨 훈련으로 인한 오버트레이닝의 가장 무서운 점이 바로 '부상의 야기'다. 매일 열심히만 하다보면 신체의 무리뿐만 아니라 정신적으로도 피로를 가져와 자기도 모르는 사이에 부상을 입게 될 확률이 높아진다. 정신적인 피로는 집중력의 저하를 가져와서 가벼운 무게를 사용했더라도 자칫 실수로 이어지기 쉽기 때문이다.

한 번의 부상은 지난날의 모든 것을 앗아갈 만큼 끔찍한 것이다. 물론 가끔씩 오버트레이닝과 그 이후의 헤비한 휴식은 전체적인 운동 능력을 향상시켜주기도 한다. 그렇지만 일시적인 충격요법을 기본 훈련으로 삼으면, 더 이상의 성장은 없고 몸이 맛 가는 것도 한순간이니 절대적으로 주의해야 한다.

이렇게 말해도, 기존의 방법을 오랫동안 고수해왔고, 그 방법으로 어느 정도 성장을 이룬 사람들이라면 필자가 지금 설명한 새로운 방법에 막연히 불안해하면서, 짧게 훈련하고 나면 뭔가 볼일 보다 만 것 같은 느낌이 든다거나, 중간날에 쉬려다보면 괜시리 근육이 줄어드는 것 같은 생각을 가질 수 있다. 그러나 그것은 다양한 착각이 빚어낸 결과다. 그 실체들을 설명해주는 아래 내용을 알게 되면 좀더 편안한 마음으로 새로운 운동 방법을 시도해볼 수 있을 것이다.

첫째, 펌핑 느낌의 지속성이다.

당신이 지금까지 성장이라고 느꼈던 것의 상당부분은 – 실제 성장도 일부 존재 하지만 – 펌핑 느낌의 지속이라는 것. 일주일에 벤치 프레스를 6번은 하던 사람이 갑자기 2~3번 정도로 줄이면 펌핑된 기간이 줄어들기 때문에 당연히 근육이 줄어든 느낌이 든다. 그러나 자기의 과거를 돌아봐라. 그 펌핑 느낌이란 게 얼마나 오래 지속됐는지를. 그리고 그 펌핑감에만 도취해서 몇 년이 지난 다음에도 더 이상 성장하지 못하고 쳇바퀴 돌고 있는 자신을 확인한 적이 없는지를. 중요한 것은 장기적으로 계속되는 근육 성장이다.

물론 펌핑 훈련이 완전히 필요 없다는 의미는 아니다. 그러나 이걸 최고로 생각하고 거기에 근거해서 훈련을 계획하게 되면 장기적인 성장에서는 장애물로 돌변한다. 처음에 우리편이라 생각했던 놈이 나중에는 나쁜놈으로 밝혀지는 반전 영화와 같은 것이다. 다시 한번 몸짱이냐 힘짱이냐 시리즈를 탐독해서, 헤비하게 휴식하는 것에 대해 진지하게 생각해보길 바란다.

둘째, 열심히 운동한 시점의 변화다.

보통 기존의 고볼륨 방법으로 성공했던 사람들은, 그들이 몸이 좋아진 이유가 하루 3~4시간으로 훈련을 늘리고 심지어 하루 2번의 운동을 도입한 시점부터라고 생각한다. 물론 체지방 제거라든지, 단기적인 상황에서는 도움이 되기도 한다.

주목할 만한 점은, 근육잡지를 보고 열심히 훈련한 시점이 근육 운동이 재미있어진 시기와 일치한다는 것이다. 옛날에는 수동적이고 시간 채우기 중심으로 운동했다면, 어느덧 운동이 재밌어지다보니, 적극적으로 대하고 또 훈련에도 전력을 다하면서 효과가 나타나게 된다.

즉 좋은 루틴에서 오는 결과가 아닌, '하드 워크' (와 루틴의 변화)에서 온 결과를 오인하는 것이다. 원래가, 다소 비생산적인 프로그램이라도 '하드 워크'만 하면 성과를 이룰 수 있다. 이 때문에 많은 오해가 빚어진다. 하드 워크의 결과를 절대 프로그램의 우수성으로 착각해서는 안 된다. 그리고 이런 사람일지라도, 휴식하면서 더 적게 운동하면 기존 훈련보다 더 강한 하드 워크를 줄 수 있기 때문에 더 큰 성장을 얻게 된다.

셋째, 새로운 운동에 대한 적응기간이다.

무슨 운동을 하든 새로운 방법으로 변화를 줬을 때는 꼭 박찬호가 아니더라도 일정 기간 적응기간이 필요하다. 예를 들어, 운동 자세를 바꾸기 위해 기존과 다른 자세를 취하였다면, 곧바로 옛날과 같은 무게를 드는 것은 위험하다. 그 자세가 익숙해질 때까지 무게를 한참 줄이고 일정기간 서서히 올려나가는 것이 중요하다. 그리고 그런 적응기간에 예전과 같은 결과물을 기대해서도 안 된다.

마찬가지로 운동 방식에 큰 변화를 주었다면 일단 익숙해질 때까지는 보수적으로 무게를 올려나가야 하며, 더불어 나중에 고중량을 다룰 때까지는 그 효과에 대해 섣불리 판단해서는 안 된다. 조금 해보고 안 되니까 지레 겁을 먹고 일정 기간도 넘기지 못하고 포기해버리게 된다. 조급함을 버리고 장기적인 관점을 가지고 열심히 매진하는 것이 필요하다.

집중력과 강도 그리고 그 뒤 근성장을 위한 휴식과 회복이 중요하지 운동 시간에 현혹되면 안 된다. 그런 식이라면 태릉선수촌에서 하루 종일 땀 흘리는 레슬링선수들이 보디빌더들보다 몸이 훨씬 더 좋아야 한다.

다시 한번 강조하지만, 근육만을 위한 운동이라면 정확한 자세에서 최고의 집중력으로 근육에 자극을 주고 충분한 영양과 스트레스 없는 양질의 완벽한 휴식과 회복에 힘써야 한다. 이를 등한시하고 훈련량만 늘릴 생각을 하면, 더 앞으로 나가기는커녕 오버트레이닝으로 오히려 뒤로 가고 있는 자신을 보게 될 것이다.

노자의 위대한 사상을 반영한 다음 말을 꼭 기억해라.

"less is more"

제4장

보디빌딩의 전설
슈퍼 스쿼트

!

"최고의 보디빌딩 이론은 이미 다 나왔다. 그 중 하나가 '슈퍼 스콰트'이고, 이를 뛰어넘을 수는 없으나 그와 맞짱뜰 수 있는 나머지 프로그램들도 결국 따져보면 슈퍼 스콰트와 원리는 같으니, 이것만 열심히 파고 운동하면 나머지는 자연스럽게 알게 된다."

- 왜 슈퍼 스콰트인가?
- 영원한 진리, 하드 워크·개선·지속
- 초간단 슈퍼 스콰트 루틴
- 정체기에 필요한 발달 운동 비교적 적은 훈련 및 더블 발달

왜 슈퍼 스콰트인가?

**보디빌딩의 전설
슈퍼 스콰트 part 1**

보디빌딩의 비밀, 비법, 마술 프로그램 등은 보디빌딩 세계에서 영원한 화두다. 새로운 기사들은 하루가 멀다 하고 쏟아지고, 그렇다 보니 이 분야를 처음 접한 사람은 누가 맞고 누가 틀린지조차 알 수가 없다.

그나마 알지 못한다는 마음을 가지고 편견 없이 대하면 다행인데, 소설로 가득한 근육잡지와 일명 '쇳덩이만 바라봐도 근육이 자란다'고 불리는, 타고난 넘들에 둘러싸이다보면, 하루 2시간 6일 훈련은 기본에, 좀 한다 싶으면 하루 2시간씩 아침 저녁으로 해줘야 한다는 생각을 자연스럽게 형성하게 된다. 더 큰 문제는 평생 그 생각을 바꾸려고 하지 않는다는 것.

사실, 이미 50년 전에 몸 만드는 비법이란 비법은 다 나왔다는 것이 정설이다.

필자에겐 오래된 피트니스 외서들이 많은데, 가끔씩 그 책들을 읽다보면 깜짝 놀라는 게 한두 번이 아니다. 1940년대에 나온 책에도 오늘날 필자가 말하고 있는 웨이트 운동에 관한 잘못된 상식을 바로잡고, 본질을 단순하게 보기를 권하는 내용들이 그대로 나와 있었다. 그걸 보고 있자니, '역시 새로운 것은 없구나' 그리고 '이러한 오해들은 세기를 넘어 계속되고 있구나'란 생각이 들었다.

뭐 줄로 팔을 묶어 피를 통하지 않게 막다가 나중에 유입해서 운동한다든지, 처음 보는 이상한 기구를 써서 굉장한 체위인 양 별 쇼를 해대며 사기칠 수는 있겠으나, 가장 많은 근비대를 만들어내는 이론은 이미 끝난 이야기다. 90~95% 이상의 근비대를 쌓을 수 있는 최고의 이론은 이미 다 나왔고, 지금 떠들고 있는 수많은 내용들은 나머지 5~10% 정도를 어떻게 요리할까에 불과하다.

최고의 보디빌딩 이론은 이미 다 나왔다

자기 유전자의 90~95% 근육을 만들 수 있는 초절정 이론들은 단순하고 옛 것이라고 제쳐두고, 자그마한 디테일과 관련된 새로운 방법들을 보면서는, 복잡하고 새로 나왔다는 이유만으로 무슨 무림비급이라도 얻은 양 좋아라 하고 있다. 99마리 양은 남겨두고 나머지 길 잃은 1마리 양을 찾아 헤매는 예수의 마음이라고 칭찬이라도 해줘야 할지…….

반복해서 말하지만, 최고의 보디빌딩 이론은 이미 다 나왔다. 그 중 하나가 '슈퍼 스쿼트'이고, 이를 뛰어넘을 수는 없으나 그와 맞짱뜰 수 있는 나머지 프로그램들도 결국 따져보면 슈퍼 스쿼트와 원리는 같으니, 이것만 열심히 파고 운동하면 나머지는 자연스럽게 알게 된다.

이미 비밀은 다 까발려졌는데, 왜 이토록 온갖 이론들과 토론들이 난무할까? 세상의 모든 범죄는 '시어머니'에서 시작된다는 썰렁한 유머가 있다. 'She or money'. 여자와의 부적절한 관계 아니면 돈 문제로 귀결한다는 얘긴데, 보디빌딩은 오로지 후자와 연관되어 있다. 원래가 돈을 벌기 위해선 자기만의 이론이 필요하다. 자기만의 독특한 보디빌딩 이론 및 프로그램이 있어야 크게 성공하고 돈을 벌 수 있다는 말이다. 아무리 지식이 많아도, 과거에 이미 누군가가 했던 이야기를 해봤자, 관심 받기도 어렵고, 돈을 벌기는 더 힘들다. 대박을 치려면 자기만의 차별화되는 이론 및 프로그램이 있어야 한다. 완전히 차별이 되지는 않더라도, 적어도 예전에 이미 나온 프로그램과 똑같은 내용을 그대로 알려주는 것으론 절대로 돈을 벌 수 없다.

문제는 웨이트 및 보디빌딩과 관련된 웬만한 이론들은, 우리나라보다 100년 정도 앞선 외국에서는 이미 다 나왔다는 것. 옛날 장사들이 기본적인 운동 및 스쾃트의 근비대 효능을 알아보고 강조했으니, 게임 끝이다. 그뿐 아니라 그 스쾃트의 근비대 효과를 제대로 뽑아 먹을 수 있는 슈퍼 스쾃트 프로그램까지 만들어졌으니, 후세들이 돈 벌어 먹을 만한 것들이 남아나질 않았다. 그러니 과거 이론을 약간만 튜닝해서 뭔가 새로운 프로그램인 듯 둔갑시키고, 별 이상한 비싼 보충제를 그 프로그램과 같이 하면 엄청난 효과가 있는 양 허위 광고를 해댄다.

그나마 올바른 이론을 조금만 손대서 바꾸면 다행인데, 보디빌딩 인기가 올라가고 돈이 된다는 것을 알고 나서는, 해보지도 않고 보기에만 근사한 프로그램을 남발하기도 하고, 심지어 유명 근육잡지도 약물에 찌든 챔피언들에게 돈만 건네주고 그 보디빌더가 직접 글을 쓴 듯이, 소설 기사들을 생산해내기도 한다.

양상은 다르지만 우리나라도 별반 다를 바 없다. 외국에 비해 웨이트에 대한 관심을 보인 시기가 훨씬 뒤처졌고, 몸짱 신드롬도 상대적으로 많이 늦었기 때문에, 초창기의 좋은 방법들은 싸그리 무시되거나 소개되지 못했고, 아놀드 식의 방법이 메인 스트림으로 자리 잡았다.

해서 여전히 현재 유행하는 보디빌딩 이론 및 프로그램들은 약물이 한창 때인 1970~80년대 고볼륨/고빈도 프로그램을 그대로 답습하고 있고, 그로 인해 수많은 낙오자들이 생겨나도, 가르치는 스스로들의 잘못은 생각하지도 못한 채,

포기하는 훈련자들만의 책임으로 전가하고 있다.

고백하지만, 필자도 이런 말도 안 되는 사기의 희생자 중 한 명이다. 뭔가 그럴 싸한 근비대 이론이 나오면 가리지 않고 사다보니 책 값으로 깨진 돈만 해도 꽤 된다. 뭐 보충제에 쏟아부은 돈까지 치면 차 몇 대는 뽑았지, 아마. 처음엔 거기서 보장하는 효능에 들떠 이것 저것 다 해보다가, 결국 오랜 기간의 검증 끝에 단순하고 간단한 것이 진리라는 것을 알게 되었다.

안타까운 점은 이러한 트렌드는 앞으로도 죽 지속될 수밖에 없다는 것. 현재 근육과 관련된 정보를 양산해내는 메이저 쪽이 여전히 거짓의 중심에 서 있기 때문이다. 그들은 보충제 및 각종 이권으로 돈을 벌어들이고 있지만, 진실을 말하는 쪽은 상업적으로 성공할 수 없는 모델인지라 항상 열세에 몰릴 수밖에 없고, 그러다보면 얼마 있지 않아 소리 소문 없이 사라지는 경향이 있다. 인정하긴 싫지만, 현대 자본주의에선 옳고 그름보다는 거짓말을 해서라도 돈이 되는 이론이라야 살아 남게 된다.

뻔히 알면서도 지식 허세 및 유명세 유지를 위해 별 이상한 이론을 다 동원해서 헛소리를 하는 경우도 있다. 외국 사이트에서는 거의 본좌급 보디빌딩 저자인데도, 얼마 전 기사를 보니 뻘에 뻘소리를 골라서 하더라. 각종 호르몬과 생리학 용어를 써가면서, 실패지점까지 가야 되는지 아닌지를 '운동 종류'에 따라나누더라. 그래서 머신은 신경시스템 자극이 적어서 근실패를 해도 되고, 프리 웨이트는 신경시스템 자극이 커서 되도록이면 근실패를 경험하면 안 된다고……필요에 따라 두 가지를 섞어쓰라고 아주 친절하게 말하던데. 하나만 물어보자. 똑같은 운동을 한다고 가정했을 때, 프리 웨이트 50kg과 머신 500kg 중 어느 것이 신경시스템에 더 자극이 가겠는가. 달리기, 자전거, 수영이 유산소이고, 웨이트는 무산소 운동이라고 말하는 것과 같은 멍청한 발언이다.

복잡하고 충격적인 이론은 일단 의심부터

프리 웨이트 무게만 낮추면 충분히 신경시스템 자극을 조절할 수 있음에도 괴상한 소리를 해댄다. 처음에는 옳은 소리를 하는 전문가들도, 같은 소리만 계속하면 관심 받기 힘드니까, 중간에 이상 야릇한 복잡한 이야기로 말을 보태간다. '기본적인 운동들에 무게를 조금씩 올려가면서 하드 워크해야 한다'고 말하고 나면 이미 끝난 얘긴데, 매일 그 소리를 할 수 없으니까, 별 이상한 운동을 덧붙이게 되고, 심지어 머신이 필요하다는 말까지 하게 된다. 그러면 사람들의 호기심으로 관심도가 증폭하고, 그 맛에 길들이면, 계속 어렵고 전문가처럼 보이는 도움이 안 되는 이야기들을 계속 뽑아낸다. 결국 이런 것들이 모이고 쌓이다보면 안 그래도 어지러운 보디빌딩계가 더 머리 아파지는 것이다.

이는 부상과 관련된 기사에서도 마찬가지다. 세상에 나와 있는 기사들 중에 몸에 위험하다는 동작들을 다 합해봐라. 아무것도 할 게 없다. 처음엔 저자의 학력과 피트니스 분야의 전문가라는 타이틀, 그리고 운동역학 및 해부학적인 지식을 이야기하며 이 동작은 이래서 몸에 해롭다고 얘기하면 그런 것 같다. 특히나 이런 분야에 초보인 사람들은 이러한 기사들을 어쩌다 보게 되면, 무슨 대단한 걸 혼자 발견한 양 좋아서 어쩔 줄 몰라 한다. 그러나 나중에 계속 공부하다보면, 이 전문가는 이래서 이 운동이 안 된다. 저 전문가는 저래서 저 운동이 안 된다며, 전부 딴소리다. 다들 저마다 자기만의 이론이 필요하기 때문이다.

좀더 충격적일수록 히트 칠 확률이 크기때문에, 별것도 아닌 것 가지고 엄청나게 위험한 듯 각종 데이터란 데이터는 다 끌고 와서 도배한다. 요가만 해도 수

천 년 동안 전해내려오면서 부상은커녕 반대로 건강에 상당한 도움을 줬는데도, 그들의 과학적 이론에 의하면 불구자 만드는 자세가 한두 가지가 아니다.

운동으로 입는 대부분의 부상은, 그 운동 자체 때문이 아니라, 운동을 하는 방법에서의 실수 때문이다. 처음부터 잘못된 자세로 동작을 무리하게 그리고 고강도로 하니까 부상이 오는 것이다. 10 kg부터 데드리프트를 하고 자세를 교정하면서 서서히 무게를 올리면 전혀 문제가 없는데, 100 kg부터 드니까 문제가 생긴다. 데드리프트 그 운동 자체에 문제가 있는 게 아니다.

남과 구분되어야 된다는 압박감에 의해 다양한 보디빌딩 기사들이 쏟아지고는 있지만, 세상 모든 일이 단점만 존재하지는 않는지라, 이것도 그 나름대로 장점은 있다. 가장 좋은 점은 모티베이션 향상이다. 보디빌딩 기사를 읽고 있으면, 운동하고픈 욕구가 막 생겨난다. 기사를 읽다보면 몸이 근질근질해지기도 하고 빨리 쇳덩이와 조우하고 싶은 생각도 든다.

그러나 거기까지여야만 한다. 체육관 가서는 지금까지 필자가 강조하던 기본적인 훈련 및 기본적인 프로그램으로 무게를 올릴 생각을 해야지, 오늘 읽은 새로운 프로그램에 손을 대서는 안 된다. (보통 이런 사람들이 새로운 루틴이 나올 때마다 바꿔 타면서 항상 쳇바퀴를 도는 사람들이다.) 그러나 고급자 이상이라면 새로운 도전도 가능한데 이에 대해선 다음에 다시 설명하겠다.

그리고 또 다른 이점으로는, 엄청난 진보적인 내용이 나오진 않더라도, 슈퍼스쾃와 같은 원칙에 위반되지 않는 조건에서, 각자의 특성이 있는 개인들에게 더 흥미를 줄 수 있는 기사가 나온다면 그 자체로 의미가 있다. 즉 핵심은 같더라도, 좀더 고객들의 구미에 맞게 잘 설명하거나 약간만 수정해서 잘 떠먹여주는 사람이 있다면, 인정해주는 것이다. 그러나 지금껏 이미 최고로 증명된 프로그램을 멀리하고, 최신에 나왔다는 이유만으로 새로운 프로그램을 따른다는 건 아주 멍청한 짓이다.

인간의 몸은 과거와 변한 것이 없고 수십 년간 수많은 전설의 리프터들의 경험이 쌓여 우리 인간에게 가져다줄 수 있는 최고의 프로그램을 이미 만들어냈는데, 이걸 무시하고 최근에 나왔다는 듣보잡 이론들을 따를 이유가 전혀 없다. 옛날 장사들은 과거의 그 이론으로 충분히 사이즈를 키웠다. 충분하다 못해 현재에도 그 프로그램으로 최대한 뽑아 먹은 사람이 없을 정도로, 하면 할수록 잠재력이 있는 프로그램이다.

스쿼트가 과거에는 효과가 있다가 지금 효과가 없어진 것이 아니다. 우리가 쉽게 생각하는 스쿼트만 하더라도, 이것이 오랜 기간 발전하고 진보하는 데 수많은 천재들의 노력이 있었다. 아주 오래 전 미국에서는 발뒤꿈치를 들고 스쿼트를 했다. 당연히 무거운 무게를 들 수가 없었다. 1920년대 독일에서 건너온 스테인본에 의해 뒤꿈치를 바닥에 대는 스쿼트가 미국에 처음 도입된다. 이것은 피트니스계에서 혁명적인 사건이었고, 그로 인해 무거운 무게로 스쿼트가 가능해졌다.

슈퍼 스쿼트는 역사적으로 보면 엄청난 정제 과정을 거쳐 만들어진 것이다. 그것을 쉽게 받아먹는 우리는 고마워하지는 않더라도 최소한 현재 상업성에 찌든 루틴을 따르는 어리석은 짓만은 하지 말아야 한다.

미래에도 이와 같은 혁명적인 이론이 나타날 가능성에 대해 부정하진 않겠다. 그러나 불행히도 아직까지는 1960년대 이후 새로운 걸 보여주는 이론들이 없으며, 과거에 나온 내용들이 워낙 많아서 쉽지만은 않을 전망이다. (뭐 나온다 하더라도 기본 원칙은 그대로 포함되어야 하기 때문에 그 핵심은 새로울 게 없을 테지만.)

진정한 하드 워크

현재 미국에서 유명한 보디빌딩 프로그램을 만들어 히트 치고 있는 사람들이 몇 있다. 쌍둥이를 데리고 와서, 두 사람에게 3달을 주고 최고로 근육을 크게 만들어달라고 해봐라. 결과에 따라 돈과 명예가 판가름 나는 빅 이벤트라면 슈퍼 스콰트 아니면 그에 준하는 프로그램을 쓰게 되어 있다. 이 프로그램이 너무 강력해서, 본격적인 시작 전에 좀더 마일드한 루틴을 결합한다든지, 필자가 강조하듯이 장기적인 플랜을 가지고 스트렝스 훈련을 시키는 것이 아닌 이상에야, 그 어떤 프로그램이 슈퍼 스콰트를 따라가겠는가. 온갖 운동 생리학 용어 써가며, 어려운 말로 자기 운동 이론에 대해 포장해봐야, 결국 단순하고 빡센 슈퍼 스콰트를 이길 수는 없다.

이 운동만 하라고 말하진 않겠다. 휴식을 위해서도 그리고 지겨움을 떨쳐내고 다양성을 통한 정체기 극복을 위해서도 다른 프로그램을 이용할 필요가 있다.

그러나 이 슈퍼 스콰트 프로그램을 하게 되면, 진정으로 하드 워크가 뭔지를 알게 되고, 근비대의 핵심도 파악하게 되기 때문에, 쓸데 없는 데서 비밀 프로그램을 찾는 짓은 그만두게 될 것이다.

이번에는 본격적인 슈퍼 스콰트 프로그램 소개에 앞서 현 피트니스 계의 문제점을 대략적으로 알아봤다. 이에 대한 배경지식이 있어야, 이런 좋은 프로그램을 왜 많은 사람들이 사용하지 않는지에 대한 궁금증이 해소될 수 있기 때문이다.

다음엔 슈퍼 스콰트가 어떤 면에서 그렇게 좋은지, 그리고 슈퍼 스콰트를 효과적으로 하는 방법들은 무엇인지에 대해 자세히 알아보도록 하겠다.

영원한 진리,
하드 워크 · 개선 · 지속
보디빌딩의 전설 슈퍼 스콰트 part 2

앞장에서 최고의 근비대 프로그램으로 칭송되는 슈퍼 스콰트에 대해 간략하게 언급했다. 이제 본격적으로 알아보도록 하자.

슈퍼 스콰트 프로그램을 사용하면 왜 감당할 수 없을 만큼 근육이 자라날까?

스콰트라는 거대 근육 제조기를 사용해서 '몸짱이냐 힘짱이냐'에서 말한 근육을 만드는 3가지 원칙을 그대로 다 담아내고 있기 때문이다. 하나하나 따져보자.

첫째, 하드 워크

10회를 드는 무게로 20회를 채우라는 슈퍼 스콰트만큼 빡센 게 있을까? 한 번만 해봐도, 다리가 후들거리는 진정한 하드 워크가 뭔지 단번에 알 수 있다. 그런데 잠시. 10회 가능한 무게로 20회가 가능하기는 할까? 말 그대로만 놓고 보면 당근 불가능한 소리다. 그러나 그 내용을 찬찬히 뜯어보면 일리는 있다.

우선 각 회 중간중간 여러 번 크게 숨을 쉬어야 한다. 각 횟수 사이에 3회씩 호흡하는 간단한 방법부터, 횟수를 그룹별로 나눠서 숨 쉬는 횟수를 늘리는 방법 등 여러 가지가 있다. 두 번째 경우 5회 단위로 나누게 되면, 1~5회까지 각 1회 호흡, 6~10회까지 각 3회 호흡, 11~15회까지 각 5회 호흡, 16~20회까지 각각 7~10회 호흡 등, 더 힘들어질수록 호흡 수를 올려나간다. 이렇게 횟수 중간에 크게 숨 쉬게 되면, 휴식 – 정지 기법 (싱글즈처럼 아주 무거운 무게를 사용할 수 있는 세트를 이용해서 각 세트 사이에 약 10~15초의 휴식을 줘서 반복하는 방법)이 적용돼 실제로 가능한 횟수보다 상당량의 횟수를 더 할 수 있게 된다.

사실 중간에 크게 호흡하는 것은 단순히 몸에 휴식을 주는 것뿐 아니라, 몸 안에 산소를 충분히 공급한다는 의미가 크다. 어떤 전문가는 이런 호흡이 가슴을 크게 확장시키는 효과도 있다고 하는데 잘 모르겠고, 산소가 부족해 머리가 아프거나 어지러운 것을 방지하기 위해서라도, 중간에 크게크게 호흡해야 하는 건 필수다. 한 호흡 한 호흡에 체육관에 있는 모든 공기를 다 빨아들이겠다는 마음가짐으로 흉곽을 최대한 부풀리며 호흡해라.

물론 위와 같은 방법을 쓴다고 해도, 10RM으로 20회를 할 수 있는가의 문제에는 여전히 개인차가 존재한다. 여성들은 보통 1RM 대비 일정 이하의 무게로 남성보다 더 많은 횟수를 할 수 있고, 좀더 지구력에 유리한 신체를 가진 사람이 있는 것처럼 고려해야 할 다양한 요소가 있기 때문이다.

그러나 20회가 가능한 이유는 또 있다. 대부분의 사람들은 본인의 정확한 10RM을 잘 모른다는 것. 보통 1RM 도표를 보고 때려 맞춰 계산하지, 10회를 해내고 11회는 할 수 없는 10RM 무게를 정확히 아는 사람은 거의 없다. 특히 스쿼트 같은 운동은 더욱 그러하다.

파워 랙 없는 헬스장이 난무하고, 파워 랙이 있더라도 중간쯤 올라오다가 안전핀에 편안하게 바벨을 떨굴 수 있는 체육관도 많지 않다. 그러다보니 심적으로 조금만 불안해도 바로 세트를 끝내게 된다. 즉 바벨을 바닥에 내팽개칠 수 있거나, 노련한 서포터들이 제대로 서포팅을 해주는 상황에 접해보지 못한 사람은 정확한 10RM을 알기가 불가능하다.

또 스콰트 경우, 한 회 한 회가 죽을 맛이기 때문이 자기 능력을 과소평가하는 경향이 있다. 실제로 평소 10회밖에 못한다고 생각했던 무게일지라도, 좋은 운동 환경에서 옆 사람들의 환호만 더해져도 15회 이상은 거뜬히 해내는 경우가 많다. 실제 10RM이라고 생각했던 무게가 사실은 15RM쯤 되는 상황인 것이다. 물론 체육관 환경이 받쳐주지 않는다든지 정확하게 본인의 10RM을 알고 있는 사람은, 15RM보다 더 가벼운 웨이트를 가지고 20회에 도전하는 게 좋다.

요약하자면 이렇다. 횟수 중간에 큰 호흡을 여러 번 하는 휴식 - 정지 방법을 쓰고, 스콰트의 특성상(체육관 환경 포함) 본인의 실제 10RM을 저평가하기 때문에 슈퍼 스콰트에서 말하는 운동 방법이 가능할 수는 있다는 말이다. 그래도 필자는 더 보수적인 접근 방법을 권고하는데(특히 초보자 및 나이든 분) 자세한 것은 다음 장에서 알아본다.

서서히 웨이트를 올려나가면서 슈퍼 스콰트의 맛에 빠져들게 되면 진정한 하드 워크가 뭔지를 알게 된다. 지금까지 본인은 빡시게 훈련해왔다고 생각했던 것들이, 편안한 모드에서 진행됐다는 것을 깨닫는다. 스콰트를 했는데도 크게 발달하지 못했다고 말하는 사람들을 보면 - 자세가 올바르지 않거나 영양을 제대로 섭취하지 않은 경우를 제외하고 - 대부분은 몇 회 하다가 힘들다고 바벨을 내려놓는 사람들이다.

이 슈퍼 스콰트 방식을 하게 되면, 일단은 그 숫자까지 무조건 채워야 한다는 생각에 전력을 다하게 되고, 그러다보면 자기도 모르는 사이에 하드 워크 능력을 쌓아가게 된다. 결국 이러한 슈퍼 스콰트의 진하고 빡센 경험은 나중에 다른 운동을 하더라도 하드 워크를 적용할 수 있는 초석이 된다. (참고로 포스 근육만을 위한 순수 스트렝스 위주의 훈련을 할 때는 이렇게 밀어붙이기만 해서는 안 된다.) 대부분은 이 슈퍼 스쾃트 20회만 해도 고개를 절레절레 흔들게 되며, 제대로 하고 나면 10분 정도는 다른 운동을 하고 싶지 않은 기분이 들 때도 있다. 이런 이유로 강력한 슈퍼 스쾃트 방법은 오랜 기간 사용하지 않는 게 좋다. 슈퍼 스쾃트를 일정 기간 시행한 후(6~12주)에는 1주일 정도 쉬고 다시 일반적인 스트렝스 루틴으로 돌아갈 것을 권장한다.

다시 한번 반복하지만, 좋은 루틴을 하드 워크 없이 하는 것보다, 안 좋은 루틴을 하드 워크로 하는 것이 더 효과가 좋다. 명심 또 명심해라.

둘째, 개선

오버로드 원칙(overload principle)은 모든 운동에서 통용되는 가장 기본적이며 중요한 법칙이다. 개선은 이 오버로드 원칙을 따르되, 무게 올림을 적게 하는 데 초점을 맞춘다.

개선의 방법을 써야 '부상 최소화' '올바른 자세 유지' 그리고 '정체기 덜 겪기'라는 3마리 용을 한꺼번에 잡을 수 있다.

슈퍼 스쾃트는 똑같은 루틴을 반복하되, 매 워크아웃 약 2.5~5kg씩 무게를 올려나가야 한다. 원체 힘든 루틴이므로 개인에 따라 이것보다 더 적은 무게를 올리며 개선할 수도 있다. 그래서 슈퍼 스쾃트 루틴을 하게 되면, 무게를 올려나가는 '강도 상승'의 의미도 알게 되고, 앞으로 어떠한 루틴을 하더라도 가장 중요한 오버로드 원칙을 적용할 수 있는 기본을 쌓아가게 된다.

셋째, 지속/일관성

제 아무리 좋은 루틴이라도 한두 번 하고 말면 의미가 없다. 또는 하루는 이것 했다, 그 다음에 다른 거 했다 원칙 없이 이것저것 하게 되면, 자기의 발달 과정을 정확하게 체크할 수 없어서 어디로 얼마만큼 가고 있는지를 알 수가 없다. 자기가 어디로 가고 있는지도 모르는데, 뭘 어떻게 훈련을 계획하고 수정하며 새로운 목표를 세워나갈 수 있겠는가?

훈련자의 능력과 프로그램에 따라 다소 차이는 있지만, 기본적으로 최소 6주 이상은 같은 루틴을 유지해줘야 한다. 그래야 기초를 닦을 수도 있고, 빠른 성장도 기대할 수 있다. 슈퍼 스쿼트의 기본 루틴은 6주다. 일주일에 3번 지속적으로 무게를 올렸을 경우를 말하는 것으로, 만약 스쿼트를 뺀 워크아웃을 중간에 집어넣어 번갈아가며 하든가, 또는 매번 스쿼트 무게를 높이는 것이 아니라 몇 번의 워크아웃에서는 무게를 올리고 또 그 다음 몇 번의 워크아웃에서는 무게를 내리는 등 짧은 주기화 방법을 쓰게 되면 전체 기간은 더 늘어날 수 있다. 여기서 중요한 것은 슈퍼 스쿼트처럼 일정한 규칙을 가지고 있는 프로그램을 지속적으로 반복해줘야 발전을 할 수가 있다는 것이다.

이 루틴 하다가, 특정 기사를 보고 그 루틴으로 갈아타고, 또 어떤 멋진 몸을 가진 사람이 자기 루틴이라고 소개하는 걸로 옮겨가고, 다시 최신식 비밀 루틴이라는 타이틀을 보고 그것을 따라 하는 어리석은 짓은 하지 마라. 조변석개하는 정부 정책만 비난할 게 아니라, 한시도 같은 루틴을 하지 않고 매일매일 다른 루틴으로 갈아타는 일관성 없는 변덕 루틴도 경계해야 한다.

슈퍼 스쿼트 루틴을 따라 하면 제일 좋겠지만, 그게 아니더라도 약물과 상관없는 좋은 루틴이기만 하다면, 휴식과 영양에서 잘못된 게 없나를 보면서 일관성 있게 꾸준히 실행해라. 처음엔 큰 차이를 모르다가도, 일정 기간이 지나면 바로 몸에서 변화를 느끼게 된다. 100일간 쑥과 마늘을 고수하다 한순간에 인간으로 태어난 곰의 인내를 배울 필요가 있다.

아무리 좋은 루틴도 올바른 자세가 뒷받침되지 않으면 하드 워크도 어렵고 성장은커녕 부상 입을 확률만 커진다. 즉 슈퍼 스쿼트가 빡센 루틴이라고 해서, 자세가 흐트러져도 된다는 오해는 하지 마라. 정확한 자세가 나오지 않으면 당신이 가진 능력 이상의 리프팅을 하고 있는 것이다. 모든 부상은 욕심과, 그로 인한 잘못된 자세에서 오는 경우가 대부분이니 조심하길 바란다.

그럼 이제 본격적으로 가장 널리 알려진 슈퍼 스쿼트 기본 프로그램을 알아보자.

슈퍼 스쿼트 기본 루틴

1. 밀리터리 프레스 또는 시티드 비하인드 넥 프레스 3세트×10회

2. 벤치 프레스 3세트×12회

3. 바벨 로우 2세트×15회

4. 스탠딩 컬 2세트×10회

5. 슈퍼 스쿼트 1세트×20회

6. 풀오버 또는 레더 체스트 풀 1세트×20회

7. 스티프 레그 데드리프트 1세트×15회

8. 풀오버 또는 레더 체스트 풀 1세트×20회

9. 카프 레이즈 3세트×20회

10. 크런치 또는 윗몸일으키기 1세트×25회

옛날부터 많은 사람들이 사용한 루틴이라 수많은 변형이 존재하지만, 가장 널리 알려진 루틴은 위와 같다. 위의 루틴을 어떤 식으로든 변형해서 사용할 수는 있으되, 변하지 않는 건 '슈퍼 스쿼트 1세트×20회'다. 이게 이 루틴의 가장 핵심이기 때문이다.

본인의 회복력과 부족한 부분에 따라 이것저것 빼고 넣을 수 있고, 운동하는 순서를 바꿀 수는 있지만, 무슨 일이 있더라도 슈퍼 스쿼트 1세트×20회만큼은 고수해야 한다. 막말로 슈퍼 스쿼트만 해주고 나머지는 꼴리는 대로 해줘도 몸이 점점 커진다. 이 루틴이 효과를 발휘하는 가장 큰 이유가, 바로 이 슈퍼 스쿼트 1세트×20회를 통해 근육발달에 핵심적인 테스토스테론 및 성장 호르몬이 몸에서 생성되기 때문이다.

같은 조건이라면 절대 스테로이드를 복용하는 사람의 근비대를 따라잡을 수 없다. 어떤 실험 결과를 보니, 10주 동안 스테로이드를 복용하고 운동을 하지 않은 사람이, 그 기간 동안 열심히 운동한 사람보다 더 많은 근육을 생성했다고 한다. 더 열나는 건 스테로이드 먹고 운동한 사람은 그냥 운동만 한 사람보다 약 4~5배에 가까운 근육 생성을 보였다고 한다. 말이 좋아 4배지 2배만 커져도 얼마나 차이가 나는지……. 정말로 먹을 것 참아가며 힘들게 훈련해 근육을 키워온 사람들에게는 더 뼈아픈 사실이 아닐 수 없다. 이처럼 약물이 몸에 작용하는 힘은 상상을 초월한다.

운동하지 않고 먹기만 해도 지방도 쌓이지 않으면서 근육이 자라나고, 술 먹고도 금세 회복할 수 있었던 청년기를 떠올려보면 잘 알 수 있다. 그걸 가능하게 했던 게 바로 - 약물 역할을 대신하는 - 우리 몸에서 생성되는 호르몬이었다.

그래서 약물을 하는 사람은 굳이 스쿼트를 포함시켜주지 않더라도 좋은 몸을 가질 수 있다. 올림피아에 나온 선수 중에서도 스쾃트나 데드리프트를 하지 않고 거대한 근육을 만든 경우가 있는데, 그 이유도 바로 스쾃트를 외부 약물로 대체했기 때문이다.

그러나 약물을 사용하지 않고 운동하는 우리는 다르다. 그에 상응하는 운동을 해서 그 효과를 최대한 뽑아내야만 한다. 그래서 필요한 것이 바로 슈퍼 스쾃트다. 슈퍼 스쾃트는 아나볼릭 호르몬을 몸에서 최대한으로 생성시키기 때문에, 약물 복용 효과를 가져오기 때문에 어떠한 부위별 운동을 하더라도 그 부위 근육을 거대하게 만들어준다. 슈퍼 스쾃트 한 번 할 때마다 합법적인 스테로이드 한 번씩 투약한다고 생각해라.

위의 루틴은 일주일에 3번(월수금 또는 화목토) 반복하는 것이다. 웬만한 사람 아니고서는, 일주일에 3번 그것도 매번 무게를 올려가면서 이 루틴을 한다는 것은 지옥에 가깝다. 아마도 그 다음 워크아웃이 다가오는 것이 두려워지고, 뭔 놈의 워크아웃 시간이 그렇게 빨리 다가오는지 〈불만제로〉에 신고까지 들어갈 수 있다.

만약 위의 루틴을 그대로 해봤는데, 회복이 잘 안 된다고 느껴진다면, 무리하지 말고 일주일에 2번만 하는 루틴(월요일, 목요일)으로 바꾸길 바란다. 또는 몇 가지 운동은 아예 빼거나, 스쾃트를 제외한 나머지 운동들을 둘 또는 세 그룹으로 나눠서 각 워크아웃마다 해주는 것이 근육 생성에 더 좋은 사람들도 많다. (즉 스쾃트를 제외한 나머지 운동의 빈도수는 1/2 또는1/3로 줄어든다.)

쉬는 게 체질에 안 맞아서 일주일에 3번 위의 모든 운동들을 풀로 하고픈 사람은 일주일 3번 중, 중간에 한 번은 아예 스쾃트만 빼고 다른 운동들만 한다거나, 그게 아니면 강, 약, 중 방법을 써서, 실제 무게를 올리는 것은 일주일에 강하게 하는 날 단 한 번만 한다. (이땐 일주일에 강하게 슈퍼 스콰트를 3번 할 때보다 루틴 기간이 더 늘어난다.)

즉 일주일 3번의 슈퍼 스콰트가 어려운 대부분의 일반인들은, 3번의 빡센 슈퍼 스콰트를 2번 혹은 1번으로 줄이거나, 그게 아니면 나머지 운동들의 개수, 볼륨 및 강도를 조절하는 방법, 또는 이 두 가지 방법을 다 사용하도록 한다. 물론 웬만해선 지치는 법이 없는 강한 사람들은 오리지널 그대로 따라할 수 있다.

혹 볼륨(세트×횟수)이 너무 적다는 사람들을 위해서 중요한 포인트 하나만 짚고 가자. 슈퍼 스콰트 1세트×20회라 함은 본 세트만을 말하는 것이지 워밍업 세트는 포함되지 않았다. 위의 모든 운동이 그러하다.

초보자라서 빈 바 20kg으로 슈퍼 스콰트를 한다고 하면 맨몸 스콰트로 워밍업을 하고 바로 들어갈 수 있지만, 200kg으로 슈퍼 스콰트를 한다고 하면 그 무게까지 올라가기 위해서 몇 번의 워밍업 세트를 포함해야 한다.

만약에 200kg에 다다르기 위해 4세트(예: 60kg×8회, 100kg×6회, 140kg×4회, 180kg×2회)를 했다면, 본 세트는 1세트(200kg×20회)만 했지만, 전체 세트 수는 5세트가 되는 것이다.

워밍업 세트를 통해 무게를 점점 올려나가면서 몸을 적응시켜야, 본인의 능력에 합당하는 웨이트를 가지고 리프팅을 할 수 있다. 좀 과장해서 말한다면, 워밍업 세트를 잘 해주면 200kg 슈퍼 스콰트도 할 수 있는 사람인데, 워밍업 세트 없이 곧바로 시작하면 100kg 슈퍼 스콰트도 힘들어진다는 말이다.

슈퍼 스콰트는 짧은 시간 내 가장 많은 근육을 가져다준다. 그리고 가장 빠르게 본인의 잠재적 근육 크기에 다다르게 해준다. 이 루틴 이후 근육이 너무 커져서 옷이 맞지 않는다고 좋아라 하는 피드백들은 너무 많아서 일일이 헤아릴 수가 없을 정도다.

마지막으로 슈퍼 스쾃트시 필요한 영양에 대해 알아보자. 간단하게 공식으로 보면 아래와 같다.

슈퍼 스쾃트 + 풍부한 자연 음식 + 하루 최소 2리터의 우유 = 최고의 근비대

아무리 열심히 운동해도 먹지 않으면 몸이 자라지 않는다. 영양에 꼭 힘써야 한다. 슈퍼 스쾃트의 영양 특징은 상당량의 우유에 있다. 최소 하루 2리터에서 시작해서 1갤론을 목표로 잡으라고 할 정도로 굉장한 양이다. 많은 양의 우유를 마시게 되면 분명 단시간 내에 몸을 크게 만들 수 있으니, 이 양을 다 먹지는 못하더라도 최대한 자주 그리고 많이 먹도록 노력해라. 특히 고체성 음식을 잘 먹지 못하는 마른 체질인 사람들은, 상당량의 우유에서 근육의 해답을 찾을 수 있을 것이다.

초간단
슈퍼 스콰트 루틴

보디빌딩의 전설 슈퍼 스콰트 part 3

슈퍼 스콰트 세 번째 시간이다. 두 번째 슈퍼 스콰트 루틴을 실행한 후 "훈련량이 너무 많아요!"라는 불만 섞인 피드백을 받은 적이 있다. 참으로 반가운 말이 아닐 수 없다. 일주일에 약 3시간이 걸리는 루틴이 많아 보인다면, 필자가 강조해왔던 강도의 중요성(볼륨이 아니고)을 이제야 느끼기 시작했다는 의미이니.

전체적인 세트 수가 많지 않고 또 슈퍼 스콰트를 제외하곤 고반복 횟수를 위해 비교적 가벼운 무게를 사용하기 때문에 휴식 시간이 많지 않아서 세션당 보통 1시간 정도밖에 걸리지 않는 루틴이다. 일주일에 3일 다 한다고 해도 주당 전체 훈련 시간이 3~4시간 남짓 되는데, 이 정도면 근육 만들기에 충분하다.

스테로이드 이전의 신뢰할 만한 책들의 내용들을 종합해보면, 보디빌딩에서 최고의 성과를 거두려는 사람들 중 95% 이상은 평균 주당 3시간을 최대 훈련량으로 잡는 게 합리적이라고 한다. 그리고 엘리트 또는 아주 뛰어난 회복력을 가진 사람들일지라도 훈련 시간이 8시간 이상을 넘어서는 안 된다고 하고. (필자의 경험을 비춰봐도 여기서 크게 벗어나진 않는다.)

혹 슈퍼 스콰트 루틴을 한 번 하는데 1시간 30분이 넘는다면, 세트 중간에 너무 많이 쉬고 있거나, 아래에 설명할 비교적 짧은 '초간단 슈퍼 스쿼트 루틴'이 필요한 사람이다. 무조건 시간 줄이는 데만 신경 쓰라는 말은 절대 아니다. (손가락이 아닌 달을 봐라) 그러나 보통 훈련 시간이 많이 걸리는 사람들을 보면 운동에 집중하지 못하고 휴식 시간을 너무 낭비하는 경우가 다반사다.

원래가 집중해서 하드하게 훈련한다면 일부러 중간에 쉬는 시간을 많이 편성하지 않은 이상, 1시간 이상 양질의 워크아웃을 소화하기가 쉽지 않다. 특히나 슈퍼 스쿼트로 상당한 에너지를 쏟은 후에는 더욱 그러하다. 스트렝스/포스 근육을 위한 고중량 사용 훈련에서는 긴 휴식 시간을 가질 수 있지만, 펌핑 근육 훈련에서는 비교적 짧은 휴식이 좋다. 원활한 진행을 위해 지난 시간에 설명한 기본 루틴을 다시 보자.

슈퍼 스쿼트 기본 루틴

1. 밀리터리 프레스 또는 시티드 비하인드 넥 프레스 3세트×10회

2. 벤치 프레스 3세트×12회

3. 바벨 로우 2세트×15회

4. 스탠딩 컬 2세트×10회

5. 슈퍼 스쿼트 1세트×20회

6. 풀오버 또는 레더 체스트 풀 1세트×20회

7. 스티프 레그 데드리프트 1세트×15회

8. 풀오버 또는 레더 체스트 풀 1세트×20회

9. 카프 레이즈 3세트×20회

10. 크런치 또는 윗몸일으키기 1세트×25회

위의 루틴에서 레더 체스트 풀 운동법은 가슴을 크게 확장하는 최고의 운동 방법이라고 책에서는 설명하는데 사실 동감은 잘 못하겠고, 풀오버를 할 수 없거나 아이소메트릭 운동을 좋아하는 사람들이 시도해보면 상당한 효과를 볼 수 있는 건 확실하다.

하는 방법은 간단하다. 스트립 걸이 이용하는 봉 또는 파워 랙 같은 수직 구조물을, 이마보다 약간 위에서 두 손으로 잡고 힘을 쓰는 방향을 봉 아래 그리고 자기 몸 안쪽으로 잡아당기는 것이다. 물론 실제 움직임은 없고 가슴을 최대한 확장시킨 채로 힘껏 4~6초 정도 당기면서 근수축을 만들어내면 된다. 봉이나 수직 구조물이 없으면, 그와 비슷한 높이의 가로로 놓인 구조물을 양손으로 잡고 아래로 당길 수도 있다. 가슴 근육뿐만 아니라 등도 아이소메트릭으로 자극하는 방법이니, 도전해보고 자기 몸에 잘 맞으면 기대 이상의 효과를 발휘할 수 있으니 적극 사용해보시라. (아이소메트릭은 394p 참조)

느낌이 잘 오지 않는 사람은 풀오버를 해준다. 풀오버 동작은 크게 두 가지로 나눌 수 있는데, 팔꿈치를 굽히고 하는 풀오버와 펴고 하는 풀오버다. 전자가 후자보다 더 많은 무게를 들 수 있는데, 일정 기간 서로 교체하면서 해도 되고 한 워크아웃에서 같이 할 수도 있다. (예: 팔꿈치를 펴서 하다가 지치면 굽히는 동작으로 바꾼다.) 풀오버에 대한 시각은 여러 가지가 있지만, 필자는 좀 특이하게 '가벼운 무게로 할 수 있는 턱걸이'로 본다. 물론 턱걸이 동작과 완전 일치하진 않지만, 근육의 쓰임새 및 그 운용에 있어서 유사점이 있다. 턱걸이는 좋은 운동임에도 초보자들이라면 보조자/보조기구가 없는 이상 고반복 활용이 어렵다.

평소에 턱걸이 20개까지는 해내는 사람이라도, 슈퍼 스쿼트를 끝내고 난 뒤 몸에 힘이 빠진 상태에서 곧이어 고반복 턱걸이를 천천히 호흡하면서 하는 것은 절대 쉽지 않다. 그래서 턱걸이 대신 풀오버를 해준다. 풀오버는 머리 위에서 가슴 쪽으로 당겨주는 동작이기 때문에 머리 위에서 당겨 올릴 때는 등을 사용하게 되고 또 가슴 위로 올릴 때는 가슴과 삼두까지 수축되기 때문에, 천천히 그리고 아주 크게 가슴을 확장하는 호흡을 하면서 반복하게 되면 '스콰트 + 턱걸이'의 무적 조합의 효과를 슈퍼 스콰트 방식으로 이끌어낼 수 있게 된다.

참고로, '로우 턱걸이'라는 게 있다. 여러 가지 용어로 불리고 있으나, 이 말이 운동 동작을 이해하기에 가장 쉽다. 로우 턱걸이는 '턱걸이의 왕'으로 불리기도 한다. 두 손으로 하는 것 중에서 퍼포먼스 측면에서 더 힘든 턱걸이도 있지만, 근육 생성 면에서 최고라는 의미로 붙은 닉네임이다.

동작은 간단하다. 위로 올라갈 때는 일반적인 턱걸이로 올라가다가, 바가 턱을 지나고 나서도 끝나지 않고 계속 가슴까지 끌어당긴다. 즉 로우를 하듯이 몸을 바에 수평이 되게끔(실제로는 약 45도 방향) 잡아당긴다. 이는 턱걸이와 로우 동작을 한꺼번에 병행해서 그 효과를 높이는 것이다. 좋은 자극 및 근비대 효과를 누릴 수 있으니 꼭 실시해보도록. 아래는 '초간단 슈퍼 스콰트 루틴'이다. (워밍업 세트 제외)

초간단 슈퍼 스콰트 루틴

1일

1. 슈퍼 스콰트 1세트×20회

2. 풀오버 1세트×20회

3. 벤치 프레스 2세트×8~12회

2일

1. 데드리프트 2세트×8~12회

2. 밀리터리 프레스 2세트×8~12회

3. 바벨 로우 2세트×8~12회

일주일에 2번 하되 슈퍼 스쿼트는 하루만 시행한다. 기본 루틴을 하다가 이 루틴을 보면 너무 쉽게 생각될 수 있는데, 제대로 해보면 함부로 그런 생각한 걸 후회할 것이다. 회복력이 낮은 사람이 하면 좋지만, 고급자라고 해도 이 루틴이 더 잘 통하는 경우가 많으니 부디 에고를 버리고 일정 기간 꾸준히 그리고 열심히 해보시라. 위의 루틴은 사람에 따라 조금씩 바꿔줄 수 있다. 앞에 나온 '기본 루틴'에 나오는 운동들을 참고해서 – 당연히 슈퍼 스쿼트는 고수하면서 – 본인의 회복력에 맞게 운동을 빼거나 넣어준다. 항상 강조하지만, 많이 한다고 좋은 것은 아니다. 남는 에너지가 없어 나머지 운동을 대강대강 때울 바에야, 운동을 줄여서 빡세게 해주거나, 남는 시간에는 다른 체력 훈련을 하는 게 훨씬 효과적이다.

기본 루틴 혹은 초간단 루틴, 아니면 그 어떤 새로운 프로그램을 사용하더라도 필자가 당부하고픈 사항이 있다. 큰 변화가 온 루틴을 시작할 때는, 몸이 적응하게끔 약 1~3주 정도를 '예비 기간'으로 두라는 것이다. 평소에는 스트렝스를 위해 고중량 저반복을 하다가, 갑자기 고반복인 슈퍼 스쿼트로 전환하면서 '10RM으로 20회'를 바로 시도하는 건 멍청한 짓이다. 다루기 쉬운 가벼운 무게부터 시작해서, 서서히 무게를 올려나가면 된다. '천천히 가는 것이 더 빠르다.'

마찬가지로 슈퍼 스쿼트 루틴을 마치고 다시 1주 쉬고 일반적인 스트렝스 위주의 루틴으로 돌아갈 때도, 과거에 성공했다는 이유만으로 갑자기 무거운 무게로 저반복을 시작하기보다는 몇 주 정도 적응을 위한 예비 기간을 거친 후에 과거 무게로 돌아가야만 한다. 예비 기간 이후에도 마찬가지다. 조금씩 무게를 올려나가는 '개선'의 원칙을 따라야만, 쳇덩이 게임에서 장수하고 누구보다 빨리 강해진다.

그래서 필자는 슈퍼 스콰트 루틴에서도 상당히 보수적인 방법론을 권고한다. 몸짱이 되고 싶거든 딴 것 제쳐두고 25~30RM 무게로 1세트×20회 스콰트를 시작해서 몸무게 1.5배까지 무게 올리는 데만 신경 쓰라.

처음 슈퍼 스콰트를 시작하는 사람에게는 25~30RM의 무게를 선택해서 20회만 리프팅하는 훈련 방법이, 중도에 의욕이 꺾이지 않고 끝까지 프로그램을 성공할 수 있게 도와주는 지름길이다. 30회를 할 수 있는 무게로 20회만 하면 되니 정신적 육체적으로 편안하기도 하고, 그래서 자세에 신경 쓰기도 좋다.

'너무 쉬운 방법 아니냐'고 생각하는 사람이 있을 수 있다. 그러나 구체적으로 계산해보자. 워크아웃마다 무게를 2.5kg만 올리더라도, 일주일에 3번이면 7.5kg. 6주면, 무려 45kg이 올라가게 된다. 5kg씩이면 90kg이니 더 이상 말할 것도 없고. '강, 중, 약' 같은 방법을 써서 일주일에 1번만 무게를 올리라고 한 것도, 이게 웬만한 휴식 능력으로는 '강, 강, 강' 하면서 매 워크아웃 무게 올리는 게 쉽지 않기 때문이다.

일주일에 2번 또는 1번만 웨이트를 증가시키게 되면, 몸에서 받는 충격이 적어서 6주 이상으로 루틴을 수행할 수 있기 때문에 크게 밑지는 장사도 아니다. (초간단 슈퍼 스콰트도 일주일에 1번만 무게를 올리면 되기 때문에, 기본 루틴을 하던 사람이라도 프로그램 후반기에 몸이 많이 지쳤거나 무게가 올라가지 않을 때 사용하면 좋다.) 이렇게 천천히 가는 방법을 필자는 더 추천한다만, 에너지와 의욕이 넘치는 젊은 사람들 또는 단기적인 성과가 필요한 사람은 '강, 강, 강' 방법을 사용할 수도 있다.

펌핑으로만 운동의 질을 평가하는 사람에게는 30RM으로 20회만 하고 끝내는 것이 찜찜할 수 있다. 그러나 얼마 뒤에 마주하게 되는 진짜 '무게 싸움'을 위해서, 정력을 아끼고 있는 것이니 큰 안목을 갖고 인내하길 바란다. 혹시라도 프로그램 초반기에 그 찜찜함이 너무 크거나, 카디오 훈련 효과도 좀더 주고 싶은 사람은 2세트×20회를 해줄 수도 있다. 사용 웨이트가 무겁지 않기 때문에, 2세트를 해주더라도 몸에 크게 무리가 오지는 않는다. 그러나 다시 3세트, 4세트 이런 식으로 올리는 방법을 쓴다면, 몸에서 오는 펌핑감과 늘어난 훈련 시간으로 인한 만족감에 기분은 째질지 모르겠으나, 슈퍼 스콰트의 원래 목적을 상실하게 되기 때문에 추천하지 않는다.

계속 무게를 상승시키면서 운동 강도를 빡세게 올려가야 하고, 그렇게 되면 조만간에 2세트 하는 것이 불가능한 시점이 온다. 여기서 억지로 2세트 이상 하는 걸 고수하려면 원래 슈퍼 스콰트에서 들어야 하는 웨이트보다 상당 부분 낮은 무게를 들 수밖에 없다.

'슈퍼 스콰트 1세트를 하고 나서, 또 다시 1세트를 더 할 수 있다면 처음 1세트를 제대로 한 게 아니다'라는 말이 있다. 즉 처음에 자세 연습 및 카디오 효과를 위해 2세트를 했더라도, 점점 워크아웃이 진행될수록 다시 1세트로 내려와서 1세트를 최대한 하드하게 훈련하는 것이 궁극 목표가 되어야 한다.

언제나 기본은 스트렝스 훈련

이 경우만 보더라도 '어떻게 1세트 훈련이 2세트 훈련보다 더 힘들 수 있는지?'라는 의문에 대한 답변이 됐을 거라 본다. 많이 한다고 항상 더 힘든 것은 아니라는 거. 지금까지 필자가 강조했던 고중량 저반복의 스트렝스 위주의 운동만 해온 사람들은, 고반복인 슈퍼 스쾃트를 해주면 '뽈노 이론'(변화에 따른 자극)이 적용돼 새로운 자극으로 근육이 커질 뿐만 아니라 스트렝스 상승효과도 온다. 물론 근육 상승으로 인해 몸무게가 늘어서 스트렝스가 올라간 것이기도 하지만 변화 자체가 한몫한 것이다.

그래서 필자는 평소 스트렝스 훈련을 기본으로 두면서 항시 힘 키우는 데만 골몰하고, 근육이 부족하다고 느낄 때 한 번씩 슈퍼 스쾃트를 하라고 추천한다. 단기간 근비대 욕심이 나는 사람은 처음부터 슈퍼 스쾃트를 할 수도 있지만, 어차피 돌아가야 할 기본은 스트렝스 훈련임을 잘 새겨두고서, 어떤 것을 먼저 할지는 상황에 맞게 판단하시라.

큰 다이아몬드 원석이 있으면, 대충 깎아도 크고 비싼 다이아몬드가 나온다. 손톱만한 다이아몬드론 아무리 깎아봐야, 거기서 거기다. 닳아 없어지고 더 작아질까 두려워 제대로 깎기나 할 수 있을지 모르겠다.

슈퍼 스쾃트로 당신에게 잠재된 근육을 최대한 크게 키워라. 그리고 근육에 대해 잘 모르는 일반인들이 좋아하는 밖으로 보여지는 장조림 근육을 원한다면 지방과 수분을 제거하는 일에 신경 써라. 살찌는 체질의 사람들이 지방을 제거할 때 입는 근육손실은 어쩔 수 없으나, 키워놓은 근육이 워낙 많아서 위에서 예를 든 큰 다이아몬드 원석 마냥 걱정할 필요는 없다.

경고 아닌 경고 하나. 떨어져 사는 사람들은 이 루틴을 쓸 땐 가끔씩이라도 부모님을 찾아뵈어라. 낮술 먹으면 어미 애비도 못 알아본다는데, 슈퍼 스쾃트 이후에는 반대로 어미 애비가 너무 거대해진 당신을 못 알아 볼 수 있음이로다. 이상.

정체기에 필요한
발달 운동 비교적 적은 훈련 및 더블 발달

반복하지만 슈퍼 스쿼트는 최고의 근비대 프로그램이다.

아직 시도해보지 못한 사람들은 어디 쓸데 없는 데서 근육 비법 찾으러 정력, 근력, 악력 낭비 마시고 빨리 이것부터 시도해보시라. 반대로 그간 이 프로그램을 잘 따라해서 이미 옷이 작아져버린 사람들은 또 다른 성장을 위해 힘짱 훈련으로 돌아가보자.

슈퍼 스쿼트가 좋은 운동이기는 하지만, 1년 내내 주야장천 하기에는 너무 하드하다. 장기적인 안목에서라도 스트렝스 훈련을 근본으로 깔고 가는 게 더 좋으니, 슈퍼 스쿼트 루틴은 일년에 1~3번 정도(루틴 길이에 따라 달라짐)만 하고 나머지는 힘짱 훈련에 치중한다.

그래서 이제부터 힘짱 운동에서 정체된 사람들이 그것을 극복하고 또 다시 발달단계로 진입할 수 있는 방법들을 소개하겠다. 포스 근육의 한계치까지 올리기 위한 방법들을 파헤쳐본다는 소리다. 본격적인 스트렝스 정체기 타파 및 성장 방법 설명 이전에, 그 발달 과정을 포괄적으로 이해하는 데 꼭 필요한 '비교적 적은 훈련'에 대해 먼저 알아본다.

이걸 알아야 전체적인 훈련 맥락을 잡을 수 있다. 그리고 마지막엔 보너스로 일반적인 개선 방법인 싱글 발달 훈련을 하기 어려운 이들이 대신 사용할 수 있는 괜찮은 훈련방법도 하나 보여준다.

워크아웃 A

1. 스쿼트 2세트×5회

2. 벤치 프레스 2세트×5회

3. 풀다운 2세트×5회

워크아웃 B

1. 데드리프트 3세트×5회

2. 쉬러그 2세트×5회

3. 턱걸이 5세트×5회

4. 클로스 그립 벤치 프레스 3세트×5회

일명 '비교적 적은 훈련'이다. 평소 굉장한 볼륨으로 운동한 사람들에게는 '아주 아주 적은 훈련'이 되겠지만. 스트렝스를 쌓아서 근비대로 이어지게 만들어주는 상당히 좋은 프로그램인데도, 사람들에게 소개해보니 그닥 공감하지 못하는 것 같고, 그래서 따라 해보고자 하는 이들도 많지 않아 보였다.

사실 이 루틴은 언뜻 보면 초라하기 그지 없다. 일주일에 두 번(월요일: 워크아웃 A, 목요일: 워크아웃 B)밖에 하지 않는 스케줄에 한 번의 양도 얼마 되지 않으니. '이걸로 뭔 운동이 되겠어?'라는 생각, 충분이 들 법도 하다. 그러나 이는 강도의 묘미를 모르고, 양에만 치우친 사람들이나 하는 소리다. 올바른 강도를 선택해서 하드 워크 하면 절대 만만치 않은 루틴이다. 말로 백날 떠들어봐야 감이 오지 않을 테니 가상의 인물을 통해 이 워크아웃의 시뮬레이션을 돌려보자.

스쿼트 100kg이 5RM, 즉 100kg을 가지고 5회만 반복할 수 있는 사람이 워크아웃 A를 하는 날로 가정한다.

첫 운동은 '스쿼트 2세트×5회'다. 이는 2세트는 본 세트만을 의미하고, 워밍업 세트는 따로 해줘야 한다. '워밍업 세트'와 '본 세트'는 훈련의 질을 결정하는 아주 중요한 개념이니 귀찮더라도 '워밍업 세트에 관하여'(180p)를 보고 꼭 학습해주길 바란다. 개인의 특성과 사이클에 따라 다양한 '워밍업 세트' 수행 방법이 있지만, 여기서는 일반론적인 방법으로만 서술하겠다.

- 스쿼트 랙 앞에 빈 바를 세팅하고 선다.

- 빈 바 20kg으로 몸을 풀면서 10회를 한다.

- 가벼운 무게지만 한 회 한 회 올바른 자세에 최대한 집중한다.

- 약간 쉬고 난 뒤, 40kg으로 세팅해서 8회 한다. 아직은 가벼운 무게여서 거뜬하지만, 자세에 신경 쓰면서 동작 하나 하나를 놓치지 않으려고 노력 한다.

- 이제 60kg을 세팅하고 6회를 한다.

- 조금 무거운 느낌이 들긴 하지만, 6회라는 부담 없는 횟수 때문에 큰 무리 없이 마칠 수 있다.

- 그러나 조금씩 무거워지는 느낌이 나기 시작, 올바른 자세에 더욱 집중하고자 한다.

- 이제 마지막 워밍업 세트로 80kg을 세팅해서 3회를 할 차례다. 꽤 무겁다. 몸을 잔뜩 긴장시키지 않으면, 휘청거리는 느낌까지 난다. 중간에 휴식이 충분하지 않았는지

1회를 하는데도 생각보다 힘을 많이 써야 올라온다. 3회까지 어렵게 마쳤다. 그나마 3회라서 다행이라는 생각을 했다. 이제 본격적인 '본 세트'가 시작되려고 하니 벌써 긴장이 되고, 그 전에 충분히 쉬어줘야겠다고 다짐한다.

- 충분히 쉬고 난 뒤 이제 본 세트의 첫 세트로서 100kg을 가지고 5회를 하려고 한다. 마지막 워밍업 세트인 80kg을 들고 난 뒤 느낀 중량의 압박감으로 인해 걱정이 크다.

- 스쿼트 랙에 앞에 다가가서는 호흡을 크게 하고, 온몸에 긴장을 불어 넣어 몸을 타이트하게 만든다.

- 마음을 다잡고 랙 앞에 다가가 바벨을 들어올린다.

- 1회 실시. 확실히 무겁긴 하지만 긴장하고 온몸에 텐션을 유지해서인지 아직은 괜찮다.

- 그리고 2회. 역시 첫 회보다 훨씬 힘들다. 벌써부터 남은 3회가 걱정되기 시작한다.

- 3회 성공. 너무 어려웠다. 내려갈 때보다 올라올 때 동작이 상당히 느려졌으며, 악을 써서 겨우 올라왔다. 숨이 가쁘다. 서서 호흡을 가다듬으며 바를 내려놓고 싶다는 생각을 한다.

- 그러나 다시 마음 다잡고 4회. 스틱킹 포인트(sticking point, 근육의 힘이 저항을 극복하지 못하는 지점)를 이겨내는 시간이 너무 길어져서 바를 떨어뜨릴 뻔했다. 정말 정신력으로 겨우겨우 올라왔다. 서서 가쁜 호흡으로 헉헉거리며 과연 다음 5회를 해야 되는지를 고민한다. 그 짧은 시간 동안 내려놓을 이유를 10가지는 더 만들었지만, 심호흡 몇 번 뒤 죽자 살자는 각오로 도전!

- 불가능하다고 생각한 마지막 5회, 죽을 힘을 다했더니 결국 성공했다. 올라오면서 걸린 시간이 첫1회의 최소 3~5배 이상은 되는 것 같다. 너무나 기뻤지만, 그 다음 2세트를 어떻게 해야 할지 암담해지기 시작한다.

첫날 워크아웃의 첫 운동 '스쿼트 2세트×5회' 중 1세트를 하고 있는 가상의 리프트를 그렸다.

이래도 이 프로그램이 시시해 보이는가? 나머지 운동들도 이러한 빡센 방식으로 해야 한다고 생각해봐라. 그것도 제일 힘든 스쿼트 후에. 10회는 거뜬히 할 수 있는 무게로 세팅해서 스쿼트 2세트×5회를 끝내고 난 뒤에 이마에 흐르는 약간의 땀을 닦으며, 만족스런 표정으로 "이게 다야?"라며 조소를 보냈던 사람들. 강도 설정을 제대로 해서 정말 하드하게 달려보시고 난 뒤 다시 판단하시라. 그리고 여기서 끝이 아니다. 다음 워크아웃에서 무게를 조금이라도 더 올려야 한다. 그리고 그 다음에 조금씩 또 조금씩 더. 공포 영화가 따로 없다.

물론 항상 최고의 무게로 훈련할 수도 없고 해서도 안 되며, 더구나 초보자들은 가벼운 무게부터 천천히 개선하면서 올라가야 하겠지만, 사이클의 종반에 가서 이와 같은 방식으로 하드하게 밀어붙이면 엄청나게 힘든 루틴이 될 수 있다. 이러한 '비교적 적은 훈련'이 가지는 의미를 다시 되새길 수 있게 된다.

일반적인 볼륨 훈련처럼 많은 운동 개수와 많은 빈도수 그리고 많은 세트와 횟수와는 다르게, '비교적 적은 훈련'과 적은 빈도수가 설정될 수밖에 없는 이유는 볼륨보다는 강도에 집중하기 위해서다. 비교적 적은 훈련을 하게 되면 처음에는 하다 만 것 같지만, 조금씩 무게가 올라갈수록 그 효과가 발휘되기 시작하고, 양이 많지 않아서 주어진 워크아웃을 빨리 끝내려고 서두를 필요가 없어지기 때문에, 충분히 휴식하면서 무게를 지속적으로 올릴 수 있게 된다.

중간에 강도를 한참 줄인 워크아웃을 하나 포함해서 일주일에 2번은 강하게 하고 1번은 약하게 하는 훈련을 할 수도 있지만, 회복력이 많이 떨어지는 사람은 앞의 루틴처럼 아예 2번만 하는 게 정신적, 육체적으로 더 좋고 성장도 빠를 수 있다.

어쨌든 중요 포인트

1) 강도(무게)만 잘 조절한다면 애들 장난으로 보이는 루틴도 절대 쉽지 않다는 것.

2) '비교적 적은 훈련'이 필요한 이유는 정체기 없이 오랜 기간 '개선' 하면서 무게를 올리기 위함이라는 것.

혹자는 무거운 무게를 드는 것에 대해 부상을 염려하고 부상당한 경험을 앞세워 반대하기도 한다. 그러나 부상은 스트렝스 훈련 자체 때문이 아니라 잘못된 방법으로 스트렝스 훈련을 했기 때문이다. 부상이 발생하는 데는 여러 가지 이유가 있지만, 크게 ①잘못된 자세 ②에고 ③잘못된 훈련 빈도수 및 운동량으로 요약된다.

①잘못된 자세. 올바른 자세는 아무리 강조해도 지나침이 없다. 특히 중량이 올라갈수록 그 중요성은 더 커진다. 예를 들어 오버헤드 스쿼트를 한다고 했을 때, 무게가 가벼우면 자세가 좀 잘못되어도 통제가 가능하기 때문에 큰 무리 없이 넘어갈 수 있지만, 중량이 많이 올라가면 조금만 자세가 흐트러져도 그 부하가 크게 작용하기 때문에 중심을 잡으려 애쓰다 특정 부위에 무리가 가기 십상이다. 무게가 올라갈수록, 더 정확한 자세가 요구된다는 의미다. 올바른 자세를 배우고 습득하는 데 수고나 노력을 아끼지 마라.

②에고. 정확한 자세를 알고 있더라도, 남들 눈을 의식해서 미련한 짓을 한다. 본인의 1RM에 가까운 무게를 매번 드는 것이다. 옆에 있는 사람에게 꿀리기 싫어서, 또는 자기 능력을 과시하고 싶어서 절대 무게를 낮추지 않는다. 사이클을 통해 비교적 가벼운 무게를 드는 워크아웃도 해야 하건만, 에고는 절대 그걸 용

납하지 않으니, 결국 부상으로 이어지게 된다.

③잘못된 훈련 빈도수 및 운동량. 그렇지 않아도 에고로 인해 맥스에 가깝게 리프팅하고 있는데, 매일매일 실패지점까지 밀어붙이는 볼륨 마인드적 보디빌딩 방식을 스트렝스 훈련에 적용하려다보니 몸에 고장이 나는 것이다. 강한 루틴을 했으면 그만큼 중간에 많은 시간을 쉬어줘야 한다. 자주 하더라도 비교적 짧은 루틴을 사용하면 그나마 괜찮은데, 볼륨을 절대 포기하지 않으면서 더 자주 훈련하려고 하니 문제가 발생하지 않을 수 없다. 부상이라는 것은 아무리 잘해도 운이 나빠 한순간에 생길 수도 있는 것이지만, 보통은 오랜 기간 잘못된 방법들로 인해 스트레스가 축적되고 그게 임계치가 넘으면서 어느 순간 나타나는 것이다.

한두 번 해보고 나서 문제 없다고, '내 몸은 특이 체질이네' 하고 넘어가다가는 몇 달을 쉬어야 할 수도 있다. 실제로 축복받은 몸일 수도 있으나, 부상의 휴유증을 생각한다면 항상 보수적인 접근 방법이 필요하다.

필자가 설명하는 스트렝스 훈련 방법들은 수십 년에 걸쳐 수만 명이 안전하게 무게를 올려왔던 방법이다. '올바른 자세'와 '올바른 방법론'만 적용된다면 전혀 문제없이 스트렝스를 키워나갈 수 있다. 그리고 그 올바른 방법론에서 '비교적 적은 훈련'은 큰 부분은 차지하고 있다.

싱글 발달 vs. 더블 발달

끝으로 오버로딩할 수 있는 간단한 방법 하나만 소개하겠다. 상당히 효과적인 방법인데, 모르는 사람들이 많아 아직 널리 사용되지 않는 방법이다. 기본적인 개선의 의미에 가장 적합한 오버로딩 방식은 '싱글 발달'로, 우리가 잘 알듯이 고정된 횟수와 세트로 매 워크아웃 미세하게 낮은 중량을 올려나가는 것을 말한다.

즉 5×5 시스템을 한다고 했을 때, 한 워크아웃에서 50kg으로 5세트×5회를 했다면, 다음에는 51~52kg 정도를 가지고 5세트×5회를 하고 그 다음에는 좀 더 높은 무게 또 그 다음에는 더 높은 무게로 옮겨가면서, 점점 강도를 올리는 방식이다. 이는 가장 많이 사용되고 있으며 또 가장 효과적인 방법이다.

그래서 제대로 훈련하려면 적은 중량도 올릴 수 있게끔 아주 가벼운 바벨 플레이트를 구입해서, 체육관에 가지고 다니며 운동하는 것이 가장 좋겠으나, 한국에서는 구입하기도 어렵고 여러 가지 이유로 상황이 여의치 않은 경우가 많다.

그런 환경에 처한 사람들이라든지, 또는 그 동안 이 '싱글 발달'로 많은 효과를 얻어왔지만 어느덧 무게가 정체되어 새로운 방법으로 개선해보고픈 사람들이 사용하면 좋은 방법이 있다.

'더블 발달'. 이것은 고정된 횟수가 아니라, 횟수를 변경시키고 또 일정 기간 후에는 웨이트 무게까지도 변화시키는 방법이다. 이렇게 두 가지 요인이 발달하기 때문에 '더블 발달'이라는 이름이 붙었다. '싱글 발달'은 말 그대로 '무게'라는 하나의 요인만 발달시켜서 붙은 이름이고. 특히 이 '더블 발달'과 '싱글 발달'을 활용할 땐, 한 가지 방법만 고수하기보다는 사이클을 정해서 각각 번갈아가며 사용하게 되면 재미있기도 하고 상생의 효과를 주기도 한다.

시행 방식은 간단하다. 한동안은 같은 무게를 유지하면서 횟수만 올리고, 일정 횟수까지 올린 뒤에는 횟수를 낮춤과 동시에 무게를 올리는 것이다.

벤치 프레스를 100kg×5회까지 할 수 있다고 가정하자.

싱글 발달을 이용한다면 그 다음 또는 몇 번의 세션 뒤에 무게를 조금 더 올리려고 하겠지만, 더블 발달은 무게는 고정하고 횟수를 증가시키기 위해 노력해야 한다. 즉 같은 중량(100kg)으로 몇 번의 세션을 통한 훈련 끝에 8~10회까지 횟수를 올린다. 그리고 난 뒤 지금까지 유지했던 무게를 3~5% 정도 올려서 다시 5회부터 시작한다.

5%를 올리면, 100kg의 5%로는 5kg이므로 이제 105kg을 가지고 5회를 하는 것이다. 이 무게로 또다시 8~10회까지 올리고, 그 뒤 5회로 회수를 낮추면서 동시에 무게는 올리는 프로세스를 계속 이어나간다. 5회에서 8~10회로 올리는 방법으로 한정된 것은 아니다. 10회를 하다가 15~20회까지 횟수를 올리고 다시 횟수를 8~10회로 낮춰서 무게를 올릴 수도 있다. 더블 발달만 하면 된다. 그러나 후자의 방법으론 무게 올리는 비율을 좀더 낮추는 것이 좋다. 5회에서 10회 올리는 것이 10회에서 15회 올리는 것보다 더 어렵기 때문이다.

더블 발달은 1회의 반복이 웨이트로 환산해서 너무 커지는 경우, 즉 밀리터리 프레스와 바벨 컬 같은 운동에는 특정 무게 이상부터 횟수 하나 올리기가 어려워서 적용하기 어려운 단점이 있다만, 파워리프팅 빅3(스쿼트, 벤치 프레스, 데드리프트)처럼 큰 운동들에 적용하면 아주 큰 도움이 되고, 특히 맨몸 운동처럼 무게가 고정된 경우에도 사용할 수 있어서 좋다. 횟수를 많이 올리고 난 뒤 그것보다 약간 더 어려운 맨몸 동작으로 갈아타고 횟수는 다시 낮추는 것이다.

지금까지 싱글 발달만 해본 사람들은 더블 발달도 한번 도전해보길 바란다.

이 방법들을 잘 활용하게 되면, 새로운 횟수 적용 때문에 몸에서 새로운 반응이 오고 또 그로 인해 무게가 상승하는 효과가 있다. 단순히 1회 증가가 무게로 환산되는 수치적 기대 이상의 혜택을 얻을 수 있게 된다.

노파심에 한마디. 그렇다고 프로그램이나 수행 방법을 하루가 멀다 하고 바꾸라는 말은 절대 아니다. 지금까지 잘 발달되고 방법에 크게 무리가 없다면 그대로 해라.(정체기가 올 때 변화가 필요한 것이다.)

중요한 건 '발달'이지 '다양성'이 아니다. 이것 저것 하는 것보다, 하나라도 제대로 하는 게 더 중요하다. 매일 색다른 운동 또는 매주 급격하게 변하는 방법으로는 발달 추이를 알 수가 없다. 어디로 얼마만큼 가는지도 모르는 바보가 되지 않기 위해서는, 장기적인 계획으로 중심이 되는 운동들을 고수하고 정체가 왔을 때 거기에 맞는 새로운 방식을 적용시키는 것이 중요하다.

기본적인 운동(빅머슬 7)을 일관성 있게 '꾸준히' '개선'하면서 '하드 워크' 해주면 힘짱이자 몸짱이 될 수 있다는 명제는 과거에도 유효했고 현재도 효과적이며 또 앞으로도 영원할 것이다.

그 중 개선은 일반적인 웨이트 스트렝스 운동뿐만 아니라 유연성 운동, 다이어트 및 운동과 관련 없는 각종 취미생활에도 적용될 수 있는 아주 강력한 방법이다. 마지막에 소개한 더블 발달은 큼직한 운동에서 또 다른 개선 훈련을 가능케 하고, 정체기를 벗어나는 데도 도움을 줘서, 궁극적으로 더 큰 성장으로 이끌어줄 것이다.

제5장

맨몸을 이용한 훈련

!

"성공률이 높은 프로그램에서 말하고 있는 훈련 PT들에는 공통점이 있다. 절대 복잡하지 않다는 것. 기본 맨몸 운동들을 다양하게 조합시키면서 횟수를 늘려나가는 원리다."

- 특수부대 체력을 길러보자
- 맨몸 지구력 훈련
- 맛스타 드림 서클 맨몸 스트렝스 훈련 part1
- 맨몸 운동 '개선 방법'_보조 힘 줄이기 맨몸 스트렝스 훈련 part2
- 쪽팔리지 않게

특수부대 체력을
길러보자

전투가 스포츠와 다른 점은

2등을 땅에 묻는다는 것이다. _네이비 실

    세상에서 가장 강한 자는 누구일까? 여러 가지 조건에 따라 다른 답이 나올 수 있다. 맨몸으로 싸운다면 종합격투기 선수들이 유리할 거고, 칼이나 창을 든다면 쿵푸나 검도, 펜싱쯤으로 생각할 수 있다. 그러나 조건 제약 없이 무한대일 때, 즉, 무기 종류나 싸우는 위치 등 아무 제한 사항이 없을 때 가장 잘 싸우는 사람은 당연히 잘 훈련된 군인이다. 그들이 무너지면 나라가 무너지는 것이니, 최고의 나라 지킴이들을 훈련시켜 국방에 투입했을 거라는 예측은 누구나 할 수 있다. 안 그럼 조폭을 거기다 앉혀놨겠지.

    또한 그 군인들 중에서 최고의 기량을 보이는 엘리트들이 있으니, 바로 특수부대원들이다. 이들은 우수한 체력과 굴하지 않는 정신력으로 어떠한 임무든 해낼 수 있는 전천후 병기들이며, 복무 중일 때만 아니라 제대 후에도 각종 대테러 임무와 인명 구조원으로서도 나라에 도움을 주고 있는 소중한 분들이다.

필자가 지금부터 살펴볼 특수부대는 미국의 '네이비 실'인데, 굳이 여기를 선택한 데는 몇 가지 이유가 있다. 첫째, 한국 군대 이야기를 배제함으로써 적과 싸우기도 전에 우리끼리 싸우다 지쳐버리는, 결론 없는 소모전을 피하기 위함이며 둘째, 필자가 가지고 있는 특수부대 책 중 네이비 실에 관련된 영어책만 20권이 넘게 있을 정도로 비교적 자료가 풍부하다는 것, 마지막으로 그들의 인기도 때문이다.

찰리 쉰이 나와서 인기 몰이를 한 〈네이비 실〉이란 영화가 있다. 존 웨인의 영화 〈그린베레〉가 많은 젊은이들을 그린베레로 향하게 했듯, 찰리 쉰의 영화는 요즘의 젊은이들에게 네이비 실에 대한 동경과 이상을 심어주었고, 네이비 실이 한껏 더 유명세를 타게 만들었다.

또한 군사 전문가들이 가장 어려운 훈련으로 꼽는 지옥주를, 미해병특수수색대(네이비 실 창설 당시 미해병특수수색대의 훈련과정을 거의 본 따서 만들었다)와 더불어 행하고 있는 유일한 부대이기에 훈련강도에 있어서도 여타 특수부대와 비교해서 각별하다. 그린베레, 레인저, 네이비 실 훈련을 각각 다 겪어본 제프 크라우스라는 사람은 자신의 저서에서 육체적으로 가장 힘든 훈련과정으로 네이비 실을 뽑았다.

여기서 필자가 얘기하려는 것은 '1962년 1월 1일 케네디 대통령의 명령으로 창설된 주절주절……' 같은 역사적인 내용의 나열이 아니다. 바로 그들의 체력에 집중함으로써, 불필요한 시간 낭비 없이 특수부대 지원자들뿐만 아니라 그에 준하는 체력 향상을 원하는 사람들에게 도움을 주겠다.

선발기준 및 훈련 루틴

몇몇 군사 사이트를 보면 특수부대 훈련에 대해 '이건 무슨 훈련이에요?' '그 훈련 잘하려면 무슨 운동해야 돼요?' 등 궁금증을 많이 갖는데, 사실 각 훈련에 대한 자세한 정보는 필요 없다. 그걸 견뎌낼 수 있는 정신력과 더불어 이제 필자가 설명하는 체력을 키워놓으면 어떤 훈련이라도 다 극복할 수 있기 때문이다. 그럼 네이비 실에서 공식적으로 제시하고 있는 체력선발 기준과, 입대 전 준비로 권고하는 훈련 루틴을 알아보겠다. 먼저 공식 체력선발 기준은 아래와 같다.

종목	최소 기준	경쟁할 만한 기준	비고
500야드 수영	12분30초	7분00초~8분30초	끝나고 10분 휴식
팔굽혀펴기(2분)	42개	100~120개	끝나고 2분 휴식
윗몸일으키기(2분)	30개	100~120개	끝나고 2분 휴식
턱걸이(시간제한無)	8개	20~30개	끝나고 10분 휴식
1.5마일 달리기	11분30초	8분30초~10분00초	

이를 살펴보면 네이비 실에서 원하는 '최소 기준'과 '경쟁할 만한 기준' 차이가 꽤 나는 걸 알 수 있다. 이는 경쟁률이 높기 때문에 최소한의 기준으로는 합격하기 어렵다는 것을 말해준다. 또한 운이 좋아 들어갔더라도 약 6개월이라는 긴 훈련기간을 끝까지 견딜 수 있는 사람들은 약 25%에 불과하기 때문에 네이비 실에 들어가기 전에 적어도 표의 경쟁할 만한 기준에 나오는 체력을 키워놓는 건 필수적이라 하겠다. (일부는 위의 기준 횟수가 생각보다 높지 않다고 생각할 수 있다. 그러나 반동을 이용하거나 가동 범위를 줄인 치팅 운동·방법과 정자세로 운동하는 것과는 완전히 다르

다. 팔굽혀펴기만 해도 '내려갈 때 1초 올라올 때 1초'를 지키게 해서 시켜보면 100회 연속 하는 사람이 많지 않다.)

위의 선발 기준은 체력 테스트를 위해서 꼭 해보라고 강력히 권고할 만큼 괜찮은 루틴이다. 간단한 것 같지만 웬만한 좋은 운동은 다 포함하고 있다. 일단 맨몸으로 하다보니 전부 다중관절 운동이라서 실전적인 데다가, 제한된 시간에 최대한 횟수를 반복하거나, 제한된 거리에 최소 시간을 목표로 하므로 유산소적 지구력보다는 무산소적 지구력을 필요로 하는 운동이다.

우선 팔굽혀펴기나 턱걸이 같은 가장 기본적인 맨몸 운동들이 머신이나 단순 관절 위주의 운동보다 못하다는 헬스클럽 관장님 같은 생각들은 버려라. 이러한 운동들이야말로 진정한 특수부대원으로 나가기 위해서 기본적으로 해야 하는 필수 운동임과 동시에 일상생활에서 체력을 기르려고 하는 사람들도 꼭 해야 하는 운동이다.

다음 표들은 기존에 운동을 해본 적이 없는 사람이 처음 네이비 실을 준비할

[달리기 계획]		
기간	운동	비고
1,2주	2마일/day, 8:30페이스	6마일/week(월/수/금)
3주	달리기 없음	부상방지
4주	3마일/day	9마일/week(월/수/금)
5,6주	2/3/4/3마일	11마일/week(월/화/목/금)
7,8주	4/4/5/3마일	16마일/week(월/화/목/금)
9주	7,8주와 같음	7,8주와 같음

[PT 계획(월/수/금)]

주	운동	세트×횟수	주	운동	세트×횟수
1주	팔굽혀펴기	4×15	5,6주	팔굽혀펴기	6×25
	윗몸일으키기	4×20		윗몸일으키기	6×25
	턱걸이	3×3		턱걸이	2×8
2주	팔굽혀펴기	5×20	7,8주	팔굽혀펴기	6×30
	윗몸일으키기	5×20		윗몸일으키기	6×30
	턱걸이	3×3		턱걸이	2×10
3,4주	팔굽혀펴기	5×25	9주	팔굽혀펴기	6×30
	윗몸일으키기	5×25		윗몸일으키기	6×30
	턱걸이	3×4		턱걸이	3×10

[수영 계획]

기간	1,2주	3,4주	5,6주	7,8주	9주
수영시간	15분	20분	25분	30분	35분

때 사용하라고, 네이비 실에서 공식적으로 권고하고 있는 초급 코스이다. 모두 9주 코스로 되어 있으며 이 운동을 끝낸 사람 또는 평소 체력관리가 된 사람들은 위의 코스를 생략하고 6~7주로 이루어진 고급 코스로 넘어갈 수 있다. 고급 코스라고 따로 새로운 게 있는 것이 아니라 턱걸이와 윗몸일으키기, 팔굽혀펴기의 세트/횟수가 좀더 많아지며, 달리기와 수영의 경우 거리는 조금씩 늘고(달리기는 6마일을 최대치로 한다) 반대로 시간은 단축하라고 제시하고 있다.

유일한 변화가 있다면 PT 종목 중에 '딥'이 포함된다는 것이다. 딥은 네이비 실에서 특히 많이 사용하는 운동으로, 좀더 알아보면, 몸이 허공에 떠서 몸무게가 다 실리기 때문에 팔굽혀펴기보다 힘든 운동이며, 몸에 웨이트를 달고 '무게 딥'을 한다면 벤치 프레스와 겨루어봐도 절대 뒤지지 않는 운동이다.

필자도 산을 탈 때 평소 무게 딥을 해온 효과를 많이 본다. 등에 무거운 배낭을 짊어지고 가파른 돌산을 내려올 때도, 한 손으로 바위를 짚으며 딥 자세처럼 몸 전체를 지탱하면 부드럽게 내려올 수 있다. 이 외에도 몸으로 하는 고급 기술에서 딥의 힘은 많이 쓰이게 되니 열심히 이 운동을 해놓으시라.

특수부대 PT

대부분 군대 갔다 온 사람들은 PT라는 걸 한 번씩 해봤을 것이다. PT란 'Physical Training'의 약자로 그냥 체력 단련이란 소리다. 대부분 각 특수부대들은 각자의 특성에 맞게끔 그 부대만의 PT를 이용하고 있는데, 국내 유명 특수부대 PT들을 궁금해하는 사람들이 많은 걸로 알고 있다.

제 아무리 복잡하게 PT를 만들었더라도 원리만 알면 간단하다. 결국 위에서 말한 기본적 루틴에다 스트레칭만 포함시킨 것이기 때문이다. 상체의 미는 힘 (팔굽혀펴기/딥), 당기는 힘(턱걸이), 복근 힘(윗몸일으키기)이면 거의 모든 몸의 근육을 자극한다. 여기다 달리기와 수영만 포함시킨다면 특수부대에 필요한 웬만한 체력 훈련이 가능하기 때문에, 특이한 PT에 대해 궁금증을 가질 필요가 없다.

그러나, 여기서 뭔가 한 가지 빠졌다는 느낌을 지울 수 없을 것이다. 그렇다. 맨몸 스콰트. 실제 네이비 실 훈련과정 중 PT세션에서 고반복의 맨몸 스콰트가 빈번함에도 왜 위의 표에서 빠졌는지는 잘 모르겠으나(아마 오버트레이닝을 염려해서 일 것 같다), 어쨌든 스콰트만 포함시키면 팔굽혀펴기, 턱걸이, 윗몸일으키기에 포함되지 않은 하체까지 단련할 수 있게 되어 모든 게 완성된다.

사실 네이비 실을 준비하기 위한 훈련 루틴을 담고 있는 책들 중에서 맨몸 스쾃트가 없는 경우는 거의 없다. 평균 탈락률 75%에 육박하는 네이비 실 훈련에서, 자기 훈련 루틴으로 교육시켜 모든 교육생들을 100% 성공시킨 교관의 훈련 내용만 보더라도 맨몸 스쾃트를 항상 포함하고 있다. 꼭 특수부대 훈련이 아니더라도 스쾃트의 중요성은 절대적이니 맨몸 스쾃트 연습을 등한시하지 말기 바란다.

참고로 네이비 실 책들 중 성공률이 높은 프로그램에서 말하고 있는 훈련 PT들에는 공통점이 있다. 절대 복잡하지 않다는 것. 결국 위에서 언급한 운동들을 다양하게 조합시키면서 횟수를 늘려나가는 원리다. 뭔가 새롭고 본 적도 없는 이상한 운동을 끌어와서 화려하게 만드는 게 아니고, 기본이 되는 턱걸이 팔굽혀펴기 같은 운동을, 다양한 그립 간격을 통해 약간 변형한다든가, 또는 수영과 달리기의 인터벌 훈련을 지루하지 않게끔 다양하게 조합해서 운동하는 식이다. 기본에 충실한 것, 그리고 특수부대 특성상 지구력 운동을 해야 한다는 것, 이것이 가장 중요하다.

지구력에 대해 한마디. 각 스포츠 그리고 모든 이벤트에는 각자만의 특성이 있다. 스트렝스가 모든 운동의 기본이 되고, 컨디셔닝이 체력을 키워주는 데 일조를 하기는 하지만, 특수부대를 꿈꾸는 사람은 아주 긴 장기 지구력 훈련 위주로 해야 한다. 장거리 달리기 및 장시간 맨몸 운동을 주로 연습해야만 특수부대 특수성에 통하지, 모든 스포츠에서 실력발휘를 한다는 자칭 '만능 프로그램'이라는 선전에 속아, 강도 높은 컨디셔닝 훈련 위주로 하다가는 남들보다 훈련에 처지거나 급기야 탈락하는 수모를 겪게 된다. 운동선수 출신들이 네이비 실에서 대거 탈락하는 이유도, 정신적인 것 플러스 본인의 단기 지구력 능력만 믿고 장기 지구력에 대한 준비를 하지 않았기 때문이다.

　모든 상황에서 모든 사람에게 통하는 만병통치약은 존재하지 않는다. 각 증상에 대해선 각각의 약을 써야만 하듯이 장기 지구력을 원하는 특수부대에서는 그에 맞는 훈련을 해줘야 한다.

맨몸 상체 운동의 종결자, 턱걸이

　특수부대 지원자들이 가장 어렵게 생각하는 것 중 하나가 턱걸이인데 굉장한 운동이므로 자세하게 살펴보자. 필자에게 아무런 도구 없이 간단히 할 수 있는 최고의 상체운동 하나를 고르라고 한다면 무조건 턱걸이다. 대부분 고등학교 체력장 시험을 위해서만 준비했고 나이 들어선 잘 하지 않는 운동인데, 오랜만에 다시 해보려면 절대 녹록하지 않다. 우선 몸도 옛날 같지 않고 체중도 많이 불었기 때문에, 체구가 작지 않은 사람들은 1회도 하기 힘들다.

　그러나 그 효과는 정말 대단하다. 우리와 비슷한 유전자를 가진 원숭이 같은 동물들을 보더라도 나무에 오르고 매달리고 물건을 집어올리듯, 미는 운동보다 당기는 운동을 실제 생활에서 훨씬 많이 사용하고 있다. 인간들도 태초에 미는 것보다 당기는 것 위주의 동작들을 더 많이 했다. 가장 원초적인 운동 중에 하나인 레슬링도 주로 당기는 근육을 더 많이 필요로 한다.

　특히나 턱걸이로는 풀랫다운에서는 느낄 수 없는 가슴 발달을 경험할 수 있다. 필자는 항시 턱걸이를 할 때마다 미는 운동을 할 때만 발달된다는 가슴 근육이 많이 펌핑되는 걸 느꼈다. 옛날 벤치 프레스하다 부상을 입어 한 달 이상을 당기는 운동과 다리 운동에만 전념한 적이 있었는데 이때 모든 게 더 확실해졌다. 그때 다른 당기는 운동에는 없고, 유독 턱걸이에만 존재하는 가슴 근육의 자극을 확실히 느낄 수 있었으며, 그 기간 동안 벤치 프레스는 물론 미는 운동을 전혀 하지 않았음에도 가슴 근육이 80~90% 이상 유지되었다.

또, 사람의 근육 중 2/3 이상을 차지하는 게 다리와 등 근육이다. 역시 데드리프트, 스콰트와 더불어 턱걸이(잘하는 사람은 몸에 웨이트를 달아서 '무게 턱걸이')를 해주는 것이 근육량을 늘리는 데도 최고라고 할 수 있다. 보통 운동하는 사람들의 상체를 볼 때 가슴 근육의 크기를 보면서 그들의 능력을 판단하지만, 필자는 등 근육으로 운동 능력을 가름한다.

격투기 영화 〈옹박〉 포스터도 우리들에겐 힘의 상징인 갑빠를 전면에 내세우기보다는, 고스톱판 같은 그의 넓은 등을 내보임으로써, '내 한 펀치 한다'라는 것을 간접적으로 내비친다. 대부분의 엘리트 복싱 선수나 종합격투기 대가들의 등을 봐도, 그 크기나 밀도가 장난이 아님을 알 수 있다. 예전에 TV에서 한 특수부대 교관이 훈련생들의 턱걸이 모

습을 보여주면서 "이들은 아무런 기구 없이 맨몸 훈련만으로 저만큼의 몸을 만들었다"고 얘기한 적이 있었다. 그들의 상체 발달에는 다른 어떤 훈련과 PT체조보다, 턱걸이가 가장 주효했던 것이다.

그런데 턱걸이는 팔굽혀펴기에 비해 왜 그렇게 힘든 것일까? 두 가지 주요 요인을 꼽는다면, ①턱걸이로 발달하는 근육은 거울로 확인이 어려운 등 근육이라서 모티베이션이 떨어진다는 점. ②몸 전체의 무게를 당겨야 하기 때문이다. 즉, 우리가 팔굽혀펴기나 벤치 프레스를 하고 나면 느끼는 갑빠의 펌핑은 기분을 좋게 해서 계속 운동하도록 만드나, 턱걸이 같은 당기는 운동으로 인한 등의 자극

은 눈에 잘 보이지도 않고 근육도 보이지 않아서 별로 의욕이 생기지 않는다. 또, 팔굽혀펴기는 다리를 땅에 붙이고 있으니 팔에 실리는 무게가 낮아져서 웬만한 남자들은 하나 이상은 할 수 있지만, 턱걸이는 몸 전체 무게를 오로지 팔로만 잡아당기니 훨씬 더 힘들어진다. 게다가 평소 허리 다친다고 무거운 물건 하나 들어 옮겨본 적 없으니 당기는 힘이 있을 리가 없다.

그럼 간단하게 턱걸이를 하나도 못하는 사람이 할 수 있는 훈련 방법 2가지만 알아보자.

①보조자(또는 의자) 및 고무밴드의 힘을 이용한 '보조 턱걸이'

②네거티브 턱걸이

보조 턱걸이는 말 그대로 보조자가 훈련자의 다리를 잡아줘서, 그가 부족한 힘만큼 넘겨받아 턱걸이를 시행할 수 있게 도와주는 것이다. 보조자가 없으면 의자를 이용하거나 강력한 고무밴드를 다리에 걸쳐 보조 받을 수도 있다. 훈련을 통해 보조하는 힘을 서서히 줄이면서 본인의 힘을 키워나가게 되면 어느덧 턱걸이를 할 수 있게 된다.(자세한 것은 '맛스타 드림 서클' 참조 314p)

네거티브 운동이란 철봉을 잡고 점프를 하든 의자를 이용해서 철봉 위에 올라가든 일단 철봉 위에 매달린 뒤 최대한 버티면서 천천히 내려오는 것을 말하는 것으로 원래 네거티브 힘이 포지티브 힘보다 강하므로 턱걸이를 하나도 못 하는 사람이라도 컨트롤하면서 내려오는 데는 무리가 없다. 이러한 과정들을 통해 천천히 힘을 키우고 난 뒤 도전한다면 어느덧 턱걸이라는 대운동에 입성하게 된다.

필자가 만난 외국 특수부대원

특수부대 체력을 설명하기 위해, 잠시 뉴질랜드 여행 이야기를 해보겠다. 필자는 뉴질랜드 북섬으로 여행 가서 로토루아라는 곳에서 머문 적이 있는데, 거기 백팩커스(유스호스텔과 비슷한 여행객들이 머무는 숙소)에서 키위 익스피리언스(뉴질랜드 여행상품 중 하나)를 이용하는 한 영국사람과 같은 방을 쓴 적이 있었다. 방에 들어오자마자 웃통을 까고 팔굽혀펴기와 준비해온 고무밴드를 당기면서 운동하기에, 잘 됐다 싶어서 같이 운동을 하자고 했다. 필자는 하루 전에 왔기 때문에 숙소 근방에 학교처럼 보이는 곳을 물색해둔 참이었다. 잔디로 된 운동장뿐만 아니라 각종 장애물들이 설치되어 있어서 운동하기에 딱 알맞았기에 그 친구를 데리고 갔다.

먼저 빠른 속도로 운동장 20바퀴를 돌았는데, 힘들어하면서도 생각보다 상당히 잘 따라오더니 달리기 끝나고 바로 맨몸 스콰트를 300개 하니 힘들어하는 기색이 역력했다. 그러다 턱걸이를 20개씩 딱 5세트만 채우고 끝내자고 했더니, 60개(3세트)까지는 어떻게든 잘 따라왔는데 이제 지쳤다며 돌아가자고 했다. 필자 돌아와서도 바로 백팩커스 안에 있는 온천 풀장에서 인터벌 수영 20번 왕복하고 올라갔더니 뭐 하는 사람인지 물어보더라. 운동 같이 한 사람들은 으레 그렇듯이 친해져서는 그날 같이 술을 마셨다.

나중에 술이 취하고 즐거워진 분위기에서 다른 사람에겐 비밀이라며 자기가 영국SAS 특수부대 출신이라고 했다. 그리고 필자가 덩치가 큰 데 비해 몸으로 하는 운동 능력이 상당하다며 추켜세웠다. 그가 실제로 그 유명한 SAS 출신인지는 알 수 없으나, 어쨌든 위에서 말한 운동들만 꾸준히 하게 되면 특수부대원들과 견줄 만큼의 체력에는 충분히 다가갈 수 있다.

그 영국친구가 지적했듯 맨몸으로만 하는 운동에서는 덩치가 큰 사람들이 확실히 불리하다. 그래서 주로 몸으로만 구르는 훈련병 시절의 훈련에서는 덩치가 작은 사람들이 무조건 유리하다. 똑같은 팔굽혀펴기나 턱걸이를 해도 에너지가 적게 들어가기 때문이다. 반대로 외부 무게를 다루는 운동에서는 덩치가 작은 사람들이 불리하니 너무 억울해할 필요는 없다. (그래서 남과 겨루는 격투기에서는 체격이 큰 사람이 유리하므로 체급을 나누는 것이다.)

그러니 덩치 큰 사람들이 무게 잘 든다고 너무 자만하지 말고, 덩치 작은 사람들이 마라톤이나 턱걸이 잘한다고 잘난 체하면 안 된다. 서로 덩치와 상반되는 운동을 잘하면 대단하게 생각해야 하며, 또한 자기에게 유리한 운동뿐 아니라 불리한 운동을 하게 되면 분명 그 운동에 유리한 체형의 소유자보다 더 많은 효과를 볼 수 있다는 것을 알아야 한다. 예를 들어 덩치가 아주 작은 사람이 하는 턱걸이보다 덩치가 큰 사람이 하는 턱걸이는 더 힘들기 때문에 더 많은 자극을 얻을 수가 있으며 똑같은 횟수를 해도 더 빡신 운동을 한 효과를 볼 수 있다.

필자도 근육이 있어서 덩치가 좀 큰 편인데도 결국 꾸준한 연습을 통해 웬만한 작은 사람들보다 더 많은 턱걸이를 하고 있으니, 자기 체형을 탓하기보다는 그 고생 뒤에 오는 결과물들을 생각하면서 새로운 운동 효과에 대한 기회로 모색해야 한다.

그래서 필자는 항상 운동하는 사람들에게 자기 몸을 이용하든 외부의 무게를 이용하든 둘 다 잘할 수 있게 훈련 루틴을 짜라고 권고한다. 그렇게 해야 본인이 가지고 있는 잠재력을 다 개발시켜나갈 수 있다.

특수부대 웨이트 훈련

특수부대 훈련 루틴을 보다보니 웨이트 운동이 없는데 굳이 웨이트 운동을 할 필요가 있느냐고 물을 수 있다. 이는 맞기도 하고 틀리기도 하다.

먼저 웨이트 운동을 하지 않는 이유는 간단하다.

훈련병 각자에게 웨이트 훈련을 시키기가 불가능하기 때문이다. 이는 훈련소 풍경을 생각해보면 잘 알 수 있다. 훈련병 각자에게 무거운 웨이트를 들게 하려면 다치지 않게 봐줘야 하는 사람들이 있어야 하고, 그러려면 교관의 숫자가 지금보다 훨씬 많아져야 되며 여러 가지 시설도 갖추어야 한다. 이는 행하기도 어려울뿐더러 훈련이 산만해지기 쉽다.

뿐만 아니라 네이비 실 훈련이라는 것은 단순히 체력 단련뿐만 아니라 훈련을 계속해나갈 수 있는 사람인지 아닌지에 대한 정신적 테스트를 하는 역할도 있기 때문에, 고문에 가까운 고반복의 팔굽혀펴기와 윗몸일으키기를 포함시키는 게 여러모로 유리하다.

사실 몸에 대한 자극으로 봤을 때 네이비 실에서 하는 운동들은 똑같은 부분을 매일매일 반복하기에 틀림없는 오버트레이닝이며, 신체에 좋은 영향만 끼치는 건 아니다. 그러나 앞에서 말했듯 단순한 체력을 떠나서 그들의 의지도 시험해보려는 의도가 다분히 있는 것이니 지원자들은 미리 거기에 맞게, 몸으로 하는 고반복 운동들을 준비해야 한다.

다만 완전 초보자들은 본격적인 훈련에 들어가기 전에 웨이트로 뼈와 근육, 인대 등을 강하게 만들어놓으면 다른 체력들을 쉽게 발달시킬 수 있고, 맨몸 운동을 잘하는 사람일지라도 고반복의 운동에서 올 수 있는 부상을 예방할 수 있는 장점이 있다. 즉, 특수부대 훈련생일 때 탈락 없이 통과하기 위해서는 무조건 몸으로 하는 운동을 메인으로 해야 하고, 웨이트 운동은 보조로만 사용한다. 그렇게 훈련생 기간을 끝내고 자대에 배치되면 웨이트 효용가치가 올라가게 된다.

본격적으로 자대에 배치된 정식 실요원들 중에서 웨이트 트레이닝을 하지 않는 사람은 거의 없다. 특히나 웬만한 특수부대에서 다들 운영하고 있는 특수부대 안의 특수부대인 대테러 부대(네이비 실도 그 안에서 또 엘리트를 뽑아 씰6팀이란 이름으로 대테러 부대를 만들었으며 최근에 DEVGRU로 이름을 바꿨다) 소속 팀들에게는 더욱더 웨이트 운동이 필수적이다.

실제 대테러작전은 장기간 지속되는 것이 아니며 단시간에 스피드와 파워로 적을 제압하는 것이 필요하기 때문이다. 이를 위해선 단거리 선수와 같은 무산소적 운동이 필수적이며 실제 미국 대테러부대, 특히나 앞서가는 SWAT팀 같은 데는 맨몸 운동뿐만 아니라 데드리프트, 스쿼트, 역도 같은 웨이트 운동으로 스피드와 파워를 기르고 있다.

이상으로 특수부대 체력 향상에 대해 알아봤다. 많은 정보를 주고 싶어 여러 가지 얘기를 한 고로, 보고 나서도 뭘 해야 할지 갈피가 잡히지 않는 사람도 있을 듯하여, 간단하게 요약한다.

특수부대 체력을 원하는 자는

1. 무조건 ①장거리 달리기(부대 성격에 따라선 수영 포함) 기록 단축과 ②MPT 5(턱걸이, 딥, 팔굽혀펴기, 윗몸일으키기, 맨몸 스쿼트) 횟수를 늘리는 데 힘쓴다. 다른 체력 운동은 쳐다보지 마라. 이것만을 더 잘하는 게 중요하다.

2. 그러고 나서, 부상을 예방하고 싶거나, 기록 단축에 더 욕심이 생기거든 웨이트나 맨몸으로 '스트렝스 훈련'을 해라. 그럼 대테러 훈련까지도 장악할 수 있다.

맨몸
지구력 훈련

맨몸 운동은 웨이트 운동만큼 중요하다. 이 두 가지가 만나야 완벽한 프로그램이 가능하다. 우선 웨이트의 절대성만 믿고 온 사람들의 생각을 조금은 깨는 시간을 가져보자. 필자 웨이트 운동, 특히 보디빌딩식 운동만 한 사람들을 처음 만나면 해보는 테스트가 있다. 일명 '턱걸이/딥 30-100-100'이라고 불리는 운동인데, 30분 동안 100번의 턱걸이와 100번의 딥을 하는 것을 말한다.

물론 몸무게가 가볍고 매일 턱걸이와 딥만 한 사람은 그다지 어렵지 않을 수도 있으나(이런 사람들에겐 반대로 웨이트 운동을 시켜본다), 벤치 프레스 무게로만 자기만족을 해온 사람들은, 간단해 보이는 위의 운동만 하고도 2~3일 동안 온몸이 펌핑으로 뒤덮여 빵빵해진 느낌이 유지된다.

이 운동을 30분에 끝내지 못하는 사람들도 있다. 이런 사람들은 자기 능력 안에서 30분 동안에 최대한 많은 횟수를 짜내려고 노력하고, 반대로 30분이 너무 길어서 빨리 끝낼 수 있는 사람들은 치팅 없이 정자세로, 한 동작 한 동작에 집중하면서 서서히 반복하고 30분에 가깝게 운동해본다면 그 효과를 제대로 알 수 있다.

운동 좀 하는 사람들이 잘못 생각하고 있는 게, 몸으로 하는 운동으로는 원하는 만큼의 근육 형성에 도달하기 힘들다는 착각이다. 단계적으로 무게 증가가 가능하고(개선의 원칙) 중량을 무한정 올릴 수 있는 웨이트의 장점이 분명히 있으나, 몸으로 하는 운동 또한 어떻게 훈련 하느냐에 따라 근육 형성에서 충분한 효과를 볼 수 있다.

이에 상응하는 예가 체조선수다. 부상 방지나 부족한 부분을 보충하기 위해 웨이트 운동을 하는 경우도 있지만, 웨이트 운동 전혀 없이도 그렇게 멋진 몸을 만든 체조선수들이 많이 있다. 사실 몸무게에 비해 가장 힘센 선수들을 고르라면 체조 선수가 빠질 수 없다. 몸으로 하는 운동이다보니, 대부분 덩치가 작지만, 몸무게에 비해 쏟아내는 그들의 힘은 굉장하다. 이처럼 몸무게 비례한 힘을 '상대적 스트렝스' 라고 하는데, 이는 전천후 전사가 되기 위한 가장 중요한 요건이다.

근지구력 없는 스트렝스는 허망하다

일단 맨몸을 이용한 근지구력 운동부터 알아보자.

국내에서 꽤 유명한 보디빌더를 만나서 보디빌딩 이외의 여러 가지 얘기를 나눈 적이 있다. 산을 즐겨 타는지 물었는데, 그는 산을 타면 다리가 금방 펌핑이 돼서 산을 오르지 않는다고 했다. 스콰트 능력은 200kg에 다다를 만큼 근력은 탁월했으나, 정작 근지구력은 없었던 것이다.

지구력을 최고로 여기는 풍토 때문에 스트렝스를 강조해왔지만, 지구력 없는 스트렝스는 또한 절름발이 운동 능력밖에 되지 않는다. 그렇다고 마라톤 같은 장시간 지구력만을 말하는 건 아니고 주로 레슬링이나 격투기에 쓰이는 근지구력이라고 보면 된다.

레슬링이나 격투기에서는 순간적으로 강한 힘을 쓰는 것도 중요하지만 10분에서 20분 이상 계속 움직일 수 있는 근지구력이 필요하다. 종합격투기만 해도 전체 15분 이상을 견뎌야만 하는데, 순간 파워와 더불어 근지구력이 받쳐주지 않으면 처음엔 힘 있게 밀어붙일 수 있더라도 금세 지쳐버린다. 이는 덩치 큰 사람들은 상대적으로 고중량을 다룰 수 있기 때문에, 덩치 작은 사람들에 비해 센 자기의 힘에 만족하고(그래서 상대적 스트렝스도 약한 경우가 많다.) 근지구력 훈련을 소홀히 한 결과다. 분명히 근지구력 훈련을 병행해야 격투기뿐 아니라 일상생활에서도 좋은 결과를 가져올 수 있다.

옛날, 인도에 감마라는 전설적인 레슬러가 있었다. 약 5,000회 이상의 경기에서 한 번도 패한 적이 없었다는 무적의 레슬러인데, 그가 매일 훈련하면서 체력을 가꿔온, 맨몸으로 하는 운동 3가지(이해하기 쉽게 '감마 3대 운동'이라 부르겠다)를 소개한다. 초보자들은 이 운동으로 근육도 많이 키울 수 있고, 실력이 늘어 고반복을 하게 되면 근지구력을 키울 수 있다.

근지구력을 기르는 감마 3대 운동

1. 힌두 스쿼트

이름을 보면 알겠지만 감마뿐만 아니라 많은 인도사람들이 오랫동안 이 운동을 해왔기 때문에 그 이름 앞에 힌두라는 이름이 붙었다. 일본의 전설적인 레슬러 칼 가츠는 이 힌두 스쿼트를 56분 안에 2,000개 했다고 한다. 여러분들이 목표로 삼아야 하는 것은 연속 500개이며 이것이 끝난 후에도 다른 운동까지 할 수 있다면 더할 나위 없겠다.

힌두스콰트

위의 그림을 보면 알겠지만 기존의 스콰트와는 너무 다르다. 일단 팔을 뒤로 내리면서 리듬감 있게 앞으로 올리면서 마지막 노를 젓듯 당겨주는 것이 눈에 띄지만 가장 큰 차이점은 발뒤꿈치를 들어주는 것이다.

발뒤꿈치를 올리다보니 무릎이 발 앞으로 나올 수밖에 없는데, 이는 기본적인 스콰트 자세와 완전히 다르다. 그래서 이 힌두 스콰트는 무게 없이 몸으로만 하는 게 좋다. 물론 실력이 완전 증가하게 되면, 가벼운 무게부터 덧붙이면서 중량을 올려갈 수 있고 그러면 근육도 더 키울 수 있다. 그러나 근지구력 훈련만 원한다면 맨몸으로만 한다.

초보자들은 맨몸만 사용하더라도 처음엔 무릎에 자극이 올 수 있으니, 시작부터 너무 욕심내지 말고 천천히 무릎에 적응하는 시간을 가지면서 해라. 그럼 무릎 또한 더 강해지는 효과를 볼 수 있다.

힌두 스콰트는 일반적인 맨몸 스콰트와는 또 다른 근육을 자극하는 운동이다. 해서 특수성에 맞게 두 가지를 병행해주는 것이 맞으나, 근지구력 훈련을 위해선 힌두 스쾃트를 권하는 바이다.

목표는 연속 500개인데 리듬감 있게 하면 15분 안에 마칠 수 있다. 처음에는 세트로 나눠서 하다가 1차적으로 연속 100개, 2차 목표는 연속 250개, 3차 목표는 500개를 20분 안에…… 이런 식으로 점차 숫자를 올리면서 최종 목표에 다가간다. 격투기에 종사하는 사람들이 이 운동을 하게 되면 큰 도움이 되니 꼭 연습하길 바란다.

2. 힌두 푸시업

얼핏 보면 기존 팔굽혀펴기와 비슷해 보일 수 있으나 해보면 그냥 팔굽혀펴기에 비해 상당히 힘든 운동이라는 것을 알 수 있다.

힌두 푸시업을 설명하기 전 이해를 돕기 위해, 특수부대에서 하는 다양한 팔굽혀펴기 종류 중에서 가장 힘든 '다이버 바머(Diver bomber)'라는 팔굽혀펴기를 알아보자. 팔굽혀펴기 다운 자세에서 앞뒤로 왔다 갔다 하는 운동인데 벤치 프레스에 대입시켜보면 인클라인 벤치와 디클라인 벤치를 합한 운동으로 볼 수 있다. 가동 범위는 일반적인 인클라인이나 디클라인 벤치보다는 크고 유연성 훈련에도 상당한 도움이 된다.

힌두 푸시업은 다이버 바머 자세에서 앞으로 미는 부분만 취하고, 뒤로 돌아올 때는 같은 궤적을 그리면서(밑으로 내려가는 동작) 돌아오는 것이 아니라, 앞으로 갔을 때의 마지막 동작 즉 요가의 뱀 자세에서 곧바로 엉덩이를 들어서 시작자세로 되돌아온다. 이렇게 엉덩이만 들어서 처음 자세로 돌아오게 되면, 분명 다이버 바머보다 쉬워지기는 하지만, 더 어렵다고 꼭 더 좋은 운동은 아니다. 힌두 푸시업만의 '간지'가 분명이 있다. 리드미컬한 부분에 집중하면서 힌두 푸시

힌두 푸시업

업을 고반복하다보면 무슨 말인지 스스로 알게 될 것이다. 인도 레슬러들에 의하면 단순히 근육 만들기뿐만 아니라 에너지를 받아들이는 효과도 있다고 하니, 다이버 바머와는 별도로 고반복 연습을 꾸준히 하길 바란다.

힌두 푸시업의 목표는 연속 200개이다. 동작 중간에 잠시 쉴 때는, 팔을 뻗고 엉덩이를 하늘로 올려 옆에서 봤을 때 삼각형 모양을 가지는 '다운독 자세'를 유지하는 것이 좋다. 이것도 처음부터 고반복을 하려면 쉽지 않으므로 힌두 스쾃트처럼 중간 목표를 잡아가면서 숫자를 늘려나가야 한다.

3. 백 브리지

요가 동작에서뿐만 아니라, 국선도에서도 물구나무를 서서 머리를 박는 동작을 최고로 친다. 주로 머리에 밀집해 있는 여러 경혈을 자극하고, 평소에 직립보행을 하는 사람이 몸을 거꾸로 하면 기의 순환에 도움이 된다는 점 때문이다. 이처럼 우리가 군대에서 기합으로 받았던 머리 박기는 사실 건강에는 상당히 좋은 것이었다. 레슬링에서도 목 단련을 위해서 백 브리지 연습을 많이 한다.

그러나 여기서 말하는 백 브리지는 단순히 머리 중앙만 바닥에 닿는 것이 아니라 거의 코가 닿을 정도로 가동 범위가 크다. 처음부터 무리하지 말고 손으로 보조를 받으며 서서히 가동 범위를 늘리고 나중에는 손 보조 없이 머리만으로 지탱할 수 있도록 한다. 이렇게 하면 몸의 유연성에 많은 도움이 된다.

앞뒤로 왔다 갔다 하기도 하고 계속 같은 자세를 취하면서 버틸 수도 있다. 다시 강조하지만 처음부터 너무 무리하지 않도록 조심하고, 조금씩 익숙해질수록 손의 힘을 빼면서 강도를 올리고 또 시간도 3분 이상으로 늘려나가도록 한다.

백브릿지

미는 운동 **플렌체**

근지구력 위주보다는 스트렝스와 근육 생성에 도움을 주는 체조 운동 2개만 알아보겠다. 이 두 가지 운동만 연습하려고 해도 몇 년은 족히 걸리니 더 이상 복잡한 체조 운동은 한동안 신경 끄고 있어도 된다.

근지구력을 기르기 위해선 높은 횟수로 고반복해야 하지만, 너무 많은 횟수로 넘어가게 되면 스트렝스와 근육 생성에는 도움이 되지 않는다. 기존에 하던 운동에서 저항을 더 올려야 스트렝스와 근육이 계속 자라기 때문이다.

상체 근육 단련운동은 크게 '미는 운동'과 '당기는 운동'으로 나뉜다는 것을 2장 '힘과 파워를 기르자'에서 언급한 바 있다. 이것은 다시 말해, 밀고 당기는 운동만 제대로 하면 상체의 모든 근육을 자극할 수 있다는 뜻이다.

해서 우리가 알아볼 운동은 미는 운동 하나와 당기는 운동 하나다. 웬만한 웨이트 운동보다 훨씬 힘들다는 점 때문에 오랜 기간 스트렝스와 근육을 쌓아갈 수 있다.

플렌체 시행 방법

플렌체를 간단하게 설명하면, 팔굽혀펴기 탑 자세에서 다리가 바닥 위에 떠 있는 정지 동작이다. 너무 어려운 동작이라서 그 전에 더 쉬운 버전들을 무수히 거치면서 올라가야 한다. 행잉 레그 레이즈 동작에서 다리를 굽히고 올리는 것이 다리를 뻗고 올리는 것보다 훨씬 쉽듯이, 플렌체도 처음에는 다리를 굽히고 허리를 굽히는 아주 쉬운 동작부터 시작해서 점차 레버리지를 줄여나간다.

플렌체

플렌체 동작에서 가장 중요한 점 중 하나는 팔꿈치를 약간이라도 굽히지 않게 노력하는 것이다. 그 약간의 차이에도, 강도가 아주 떨어지기 때문에 플렌체가 가지는 효과를 완벽히 가지기는 어렵다.

힘이 더 쌓이게 되면 이제는 허리를 바닥과 평형 되게 펴려고 노력한다. 여기로 넘어오는 것도 아주 어렵다. 꾸준한 연습과 스트렝스 향상만이 답이다.

허리를 완전히 펴고 나서는 다리는 벌린다. 다리를 벌리는 게 몸의 중심을 잡는 데 더 쉽기 때문이다. 여기서 스트렝스를 더 키운다면 마침내 다리를 뒤로 보낼 수 있다.

나중에 더 실력이 좋아져서 플렌체 자세에서 팔굽혀펴기까지 하게 된다면, 미는 운동에서 가질 수 있는 효과는 다 가질 수 있게 된다.

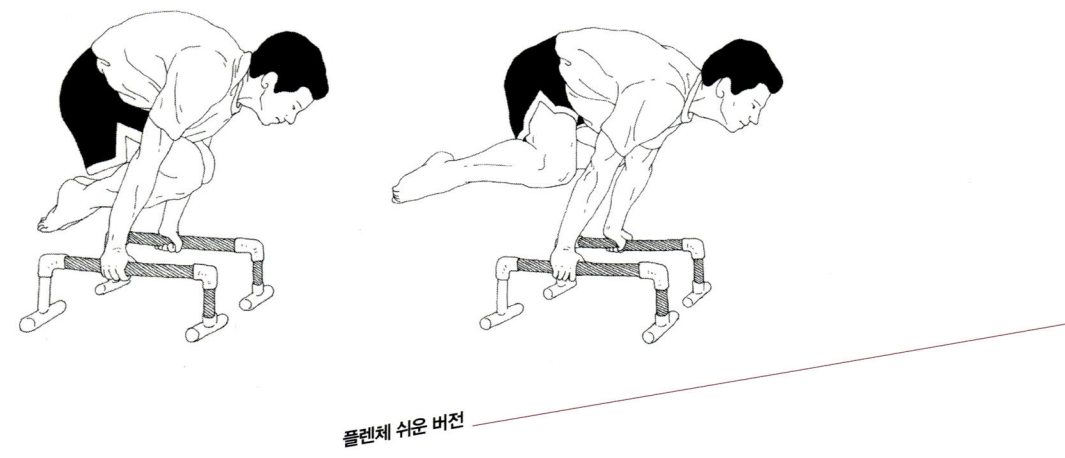

플렌체 쉬운 버전

당기는 운동 **프론트 레버**

프론트 레버 시행 방법

이 동작도 플렌체와 마찬가지로 바로 시행하기
는 굉장히 힘들다. 그래서 마찬가지로 쉬운 레

버리지가 걸리는 동작부터 시작한다.

위에 설명한 플렌체 발전 프로세스를 그대로

적용시키면 쉽게 이해할 수 있을 것이다. 바로

아래와 같은 사진 동작을 이끌어 내는 게 최종 목표이다. 다리를 가슴 쪽으로 붙이고 허리는

둥글게 마는 동작 연습부터 한다.

프론트 레버도 완벽한 동작으로 진화해간 다음에는 '플렌체 팔굽혀펴기'과 같은 이치로 로우

(row)동작 같이 몸을 당기고 펴는 운동을 하게 되면, 당기는 운동의 정수를 경험할 수 있게

된다.

맛스타
드림 서클 **맨몸 스트렝스 훈련** part 1

결국, 힘센 놈이 이긴다. _맛스타드림

맨몸으로 하는 훈련에는 두 가지가 있다.

1. 맨몸 스트렝스 훈련

2. 맨몸 근지구력 훈련

어떻게 나눠지는가? 운동 종류가 아니라, 강도에 따라 나눠진다. 즉 턱걸이 자체로는 맨몸 스트렝스 훈련도 맨몸 근지구력 훈련도 아니다. 같은 턱걸이라도 고반복으로 하면 근지구력 훈련이 되고, 저반복으로 하면 스트렝스 훈련이 된다. 이 기본을 염두에 두고 맨몸 스트렝스 훈련에 대해 시작하자.

우선 '맨몸으로 하는 스트렝스 훈련'과 '웨이트로 하는 스트렝스 훈련'에는 큰 차이가 없다는 것을 알아야 한다.

턱걸이를 너무 잘해서 근지구력 훈련으로 변모된 사람들은, 아주 힘들게만 하지 않는다면 매일 하거나 하루에 여러 번 해도 상관없지만, 턱걸이를 몇 개 못해 스트렝스 훈련이 되는 사람이 빡세게 그리고 너무 자주 훈련하면 탈이 난다. 맨몸 스트렝스 훈련에도 웨이트 훈련의 원칙들이 그대로 적용 된다는 소리다.

턱걸이를 예로 들어보자. 턱걸이를 1회도 못 하는 이유는 뭘까? 자기 몸을 잡아당길 만큼의 스트렝스가 없기 때문이다. 자기 몸무게만큼의 무게로 바벨 로우를 1번 할 수 있는 스트렝스가 생기면, 턱걸이 하나를 성공한다고 가정하자. 그럼 몸무게가 100kg인 사람은 바벨 로우 50kg을 성공하든 60kg을 성공하든, 100kg을 들 때까지는 턱걸이 바에 매달려서 버둥거린다는 이론이 성립한다.

이 가정에서 턱걸이를 1회 할 수 있는 방법은? 간단하다. 바벨 로우의 무게를 100kg까지 올리면 된다. 그럼 바벨 로우 무게를 올리는 훈련 방법은? 3장 '몸짱이냐 힘짱이냐' 시리즈에서 줄기차게 설명해온 웨이트 스트렝스 훈련 원칙 및 방법들을 그대로 이용해서 훈련하면 된다. 즉 바벨 로우 무게를 '꾸준히' '개선' 하면서 '하드 워크' 하게 되면 턱걸이를 성공할 수 있다는 말이다.

웨이트 훈련에서 얻은 스트렝스가 맨몸 스트렝스로 전이되지 않는다고 해도 마찬가지다. 이 개념을 맨몸 스트렝스에 그대로 적용하면 된다. 결국 자기 몸무게 1번을 위로 당길 수 있는 스트렝스가 모자라기 때문에 턱걸이를 1회도 못 했던 것이므로, 바벨 로우 스트렝스 쌓듯이 턱걸이의 스트렝스를 쌓으면 된다.

다만 '개선'의 방법은 아래와 같이 다르다. 굉장히 중요하니 잘 봐두고, 앞으로 어떤 운동을 하다가 해결책이 생기지 않을 때 응용해라.

스트렝스 훈련 '개선' 방법

1. 웨이트 훈련 = 조금씩 무게 올리기

2. 맨몸 훈련 = 조금씩 보조 힘 줄이기

처음에 바벨 로우 100kg을 못 든다고, 100kg 무게만 세팅해놓고 그 무게로 계속 연습하는 사람은 없다. 훨씬 더 가벼운 무게로 시작해서 개선하면서 서서히 무게를 올려나가야 한다. 턱걸이도 마찬가지. 턱걸이 자체가 이미 무거운 중량(자기 몸무게)으로 싸움하는 것이기 때문에, 먼저 무게를 낮춰야 한다. 그러고 나서 서서히 무게를 올려나가면 된다. 이미 가지고 있는 몸뚱이의 무게를 낮추는 방법은 여러 가지가 있으나, 고무밴드에 몸을 실어 의존하든, 보조자가 다리를 잡아주든, 결국은 보조(support)를 받아야 한다.

바벨 로우 맥스 무게가 50kg인 리프터가 100kg을 들기 위해서는, 50kg 이하의 중량으로 연습을 꾸준히 하면서 개선을 통해 100kg에 다다르는 방법을 쓴다. 턱걸이 성공을 위해서도 – 맥스 힘이 50kg면 – 몸무게의 반(50kg) 이상을 보조에 의지하고 나머지 50kg 이하의 몸무게만 자기 힘으로 잡아당기면서 턱걸이 연습을 한다.

그렇게 해서 서서히 보조 힘을 줄여나가게 되면, 어느 순간 턱걸이가 가능해지는 지점, 즉 턱걸이를 한 번 할 수 있는 스트렝스까지 가게 된다.

잠시, 스트렝스 훈련 중에 착각하기 쉬운 것 중 하나만 짚어보자. 바벨 로우로 몸무게 1배를 성공했더라도 그 무게를 가지고 계속 횟수만 늘리고 있으면 어느 정도까지는 1RM이 올라가기는 하지만, 나중에는 근지구력 훈련으로 변모하게 된다. 즉 스트렝스 운동을 하고 싶으면 계속 무게를 올려나가야지, 일정 수준까지만 중량을 올리고 그 무게로 횟수만 늘리고 있어서는 안 된다. 똑같은 이유로 턱걸이를 성공하고 난 뒤에도 '무게 턱걸이'로 변환하지 않고 개수만 높이고 있으면 근지구력 훈련으로 변모한다.

그래서 필자의 빅머슬 7에는 무게 턱걸이가 들어가 있다. 스트렝스 중심의 무게 턱걸이를 기본으로 하고, 지구력이 필요할 때 (맨몸) 턱걸이로 반복수를 올리기 위해서다. (근지구력을 키우기 위해선 스트렝스 훈련과 다른 방법이 사용된다.)

이 내용을 잘 이해하고 나면, 외국 유명한 코치들의 스트렝스 프로그램 중에도 잘못된 훈련 방법이 많다는 것을 알게 된다. 예를 들어 다른 운동들과는 다르게 턱걸이만큼은 세트만 정해놓고, 각 세트 최대한 많이 반복하라고들 한다. 이는 맨몸 스트렝스 훈련에 대한 기본 개념이 부족한 탓이다. 웨이트 운동은 저반복을 사용해서 가벼운 무게부터 서서히 올라가게끔 프로그램을 만들어놓은 반면, (완전)초보자에게는 스트렝스 훈련과 다름없는 턱걸이를 무조건 많이 반복하라고 말하는 것은 참으로 어리석다. 턱걸이 프로그램도 근지구력 훈련이 되기 전까지는, 웨이트 스트렝스 훈련과 같이 취급해서 저항 조절 및 '세트와 횟수'에 조심스런 접근을 해야 한다.

나중에 턱걸이를 잘하게 되더라도 근지구력 훈련이 아닌 스트렝스 훈련으로 사용하기 위해서는, 무게 턱걸이로 바꿔야 하고, 그렇다면 더더욱 최대 반복만 시키는 질 떨어지는 방법을 사용하면 안 된다.

위에서 설명한 개념을 잘 숙지했으면, '플렌체 팔굽혀펴기'에 대해 알아보자. (플렌체는 아이소메트릭 동작이므로, 이해를 돕기 위해 플렌체 팔굽혀펴기를 예로 들겠다.) 이 동작을 제대로 해내는 사람은 많지 않다. 턱걸이와 마찬가지로, 플렌체 팔굽혀펴기를 하는 데 필요한 스트렝스를 기르지 못한 탓이다. 플렌체 팔굽혀펴기는 턱걸이보다 훨씬 더 강한 스트렝스를 필요로 하니 이 길이 더 멀고 험할 수밖에 없다. 자기 몸무게 3배의 무게로 벤치 프레스를 해야만 플렌체 팔굽혀펴기가 가능하다고 가정해보자.

맥스보다 가벼운 무게로 시작해서 서서히 벤치 프레스의 무게를 올려나가야 하듯이, 다른 보조기구나 보조자를 통해 서포트를 받다가, 그 보조의 힘을 서서히 줄여서 결국 그 자세에 도달하는 방법을 써야 한다. 아님 플렌체 팔굽혀펴기보다 쉬운 버전(즉 힘이 덜 드는 동작)들을 먼저 하고, 이후로 점차 더 어려운 동작으로 옮겨가면서 스트렝스를 쌓을 수도 있다.

어느 것이 좋은 방법일까? 당연히 전자다. 웨이트 훈련처럼 개선의 원칙에 좀 더 가까운 방법을 사용할 수 있기 때문이다. 덜 힘든 동작에서 더 힘든 동작으로 가는 방법은 보조기구나 보조자(코치)가 없을 땐 사용하기 편리하지만, 한 운동에서 그 다음 운동으로의 저항 차이가 너무 크기 때문에, 오랜 기간 새로운 동작 성공이 불가능하면 좌절하기 쉬운 단점이 있다. 그래서 개선을 할 수 있는 보조기구나 그것을 잘 조절해줄 수 있는 코치가 몸을 잡고 보조 역할을 해줄 수 있는 상황이라면 당근 전자의 방법을 이용하는 것이 여러모로 뛰어나다.

이해하기 쉽게 영화 〈미션 임파서블〉을 생각해보자. 톰 크루즈가 정보를 빼내기 위해, 레옹 역을 했던 배우가 천장 위에서 잡고 있는 줄을 허리에 매고 허공에 매달려 있는 신이다. 좀더 알기 쉽게 레옹 자리에, 풀랫다운 같이 도르래를 통해 웨이트 스택이 쌓여 있다고 가정해보자. 몸을 허공을 띄우려면 몸무게와 같은 웨이트가 도르래 반대편에 적재되어 있으면 된다. 만약 톰 크루즈가 100kg이라면 반대편에 약100kg의 웨이트가 지탱해주어야 한다는 말이다. (레옹이 코치로서 보조자 역할을 한다고 가정하면 100kg을 드는 힘을 가지고 있으면 된다.)

이 상황에서 플렌체 팔굽혀펴기를 시행하는 것은 누워서 식은 죽 원샷하기다.

하늘에 뜬 것처럼 본인의 몸이 가벼워졌기 때문에 한 팔로도 플렌체 팔굽혀펴기가 가능하다. 여기서 '맨몸 스트렝스 개선' 방법을 이용해서 반대편에서 보조 역할을 하고 있는, 웨이트의 무게를 조금씩 줄여나간다고 생각해보자. 97.5kg, 95kg, 92.5kg……

보조 무게를 줄여나갈수록 몸무게를 지탱해야 하는 팔 힘이 늘어날 거고, 서서히 줄어들다보면 어느 순간 겨우 플렌체 팔굽혀펴기를 시행할 수 있는 지점이 온다.

이 지점에서의 '미니 보조 무게'가 웨이트에서의 '맥스 무게'와 개념상 만나게 된다. 맨몸 동작이 겨우 가능하게 도와주는 이 미니 보조 무게를 알고 나면 훈련 방법은 간단하다. 웨이트로 하는 스트렝스 훈련과 똑같이 하면 된다. 본인의 힘으로 자세를 취할 수 있는 힘이 50kg이고, 도르래를 통해 보조하고 있는 반대편 웨이트는 50kg이라고 가정하자. 50kg이 맥스인 웨이트 훈련을 할 때, 약 35~45kg 정도의 무게로 웨이트 훈련을 하다가 사이클 종반쯤에 과거 맥스 및 새로운 맥스에 도전하듯이, 맨몸 보조 웨이트도 약 55~65kg 정도로 놓고 정확한 자세에 신경 쓰면서 동작 연습을 하다가 서서히 미니 보조 무게를 깨고 그 보조 무게를 더 줄여나간다면, 어느 순간 보조 없이 혼자서도 플렌체 팔굽혀펴기를 성공할 수 있는 스트렝스까지 올릴 수 있게 된다.

이 같은 방법을 사용하게 되면, 웨이트 훈련의 장점인 개선과 더불어 자기의 성장을 정확하게 기록할 수 있기 때문에 훈련을 계획하고 모티베이션을 얻기가 아주 쉽다.

즉 6주 전에는 반대편에 100kg의 웨이트를 보조 받았으나, 6주 동안 조금씩 개선해서 90kg까지 내려왔다면 본인의 성장이 수치로 계산되니 일단 기분이 좋고, 만약 한동안 무게가 정체되었을 때는 그간의 '휴식, 다이어트, 개선률' 등의 분석을 통해 새로운 전략을 구사할 수 있다. 웨이트 운동과 다를 바가 없는 것이다.

그러나 그냥 맨몸으로만 하게 되면, 1주 전에 불가능한 동작과 현재 불가능한 동작의 차이를 느끼기 어렵고, 잘 되고 있는지 후퇴하고 있는지도 모르니 의욕이 날 수가 없다. 6주 뒤에도 약간 힘이 붙는 느낌은 나더라도 결국 동작 못 하는 거는 매한가지다보니, 어떤 성취감 없이 그 운동을 지속하기 어렵게 된다.

디테일한 빈도일, 세트/횟수는 앞 장들에서 이야기한 스트렝스 향상 방법 그대로 사용하면 된다. '맛스리 무게 올리는 프로그램'을 그대로 적용해보면, 약 3~5가지 맨몸 스트렝스 동작들 위주로, 일주일에 2~3번 강력하게 훈련한다. 세트/횟수는 5×5시스템을 이용하거나, 5-4-3-2-1시스템, 3×3 시스템 등을 이용한다. 대신 상체는 하체에 비해 신경시스템의 피로도가 적고 회복이 **빠르기** 때문에 훈련 빈도를 3~4일로 높일 수도 있다. (물론 열심히 훈련한다는 조건이지 대강대강 시간 때우듯이 하면 더 자주 할 수도 있다.)

여기서 원하는 맨몸 스트렝스 동작을 성공하고 나면, 그 이후 스트렝스 훈련 방법은 두 가지다. 웨이트 스트렝스 훈련처럼 ① 성공한 동작에다 외부 무게를 덧붙여 올려나가거나 ② 더 어려운 맨몸 스트렝스 동작을 선택해서 이전과 마찬가지 방법으로 서포트를 받고 그 보조 힘을 줄여나간다.

그러나, 〈미션 임파셔블〉 예에서 설명한 기구들은 개인적으로 만들기도 어렵고, 또 반대편 웨이트 스택을 대신하는 노련한 코치가 없는 경우가 대부분이다. 그래서 위처럼 완벽한 훈련 상황이 불가능한 사람들을 위한 대체 훈련 방법을 제시하겠다.

그 전에 이번 대체 훈련뿐 아니라 다양한 분야의 훈련에서 사용하게 될 굉장히 유용한 훈련 개념 하나를 먼저 소개한다. 이름하여 '맛스타드림 서클'. 영문을 따서 'MAD 서클'이라 불러도 된다. 잘만 응용하면 정말 끝없이 활용할 수 있는 멋진 도구다.

맛스타드림(MAD) 서클

1. 아이소메트릭(Isometrics)

2. 네거티브(Negative)

3. 보조(Support)를 통한 포지티브(Positive) 훈련

4. (실패지점을 피한) 계속적 반복(over and over again, OAOA)

이 4가지를 돌아가면서 필요에 따라 적절히 적용하고 활용하게 되면, 여간해선 답이 보이지 않던 운동과 관련된 문제들을 조금씩 풀어나갈 수 있다. 한 번에 끝나는 것이 아니라 '서클'이라는 이름처럼 다시 처음으로 돌아가서 (그러나 처음보단 업그레이드 된 처음) 선순환을 하기 때문에 끝없이 발달시킬 수 있다.

3번 보조 운동은 앞에서 장황하게 설명했던 방법이고, 이 여건이 어려운 사람들은 앞의 1, 2번을 사용한다.

그 중 1번 '아이소메트릭'(정적 근육 운동)이 지금 설명할 보조 기구의 서포트를 받으며 훈련하는 게 불가능할 때 사용할 수 있는 '대체 훈련 방법'이다.

'움직임 없는 운동 아이소메트릭'에서 설명할(394p) 일반적인 포지티브 동작보다 아이소메트릭 동작이 더 큰 힘을 발휘한다. 그래서 포지티브 동작이 불가능한 사람이 이것을 잘 활용하면 그 동작을 성공할 수 있다.

우리가 잘 아는 동작 하나를 설명하면서 아이소메트릭을 이용한 맨몸 스트렝

스 훈련 방법을 알아보자. 필자는 저녁/밤 시간 약 10분 정도를 체조성 운동에 투자하는 걸 좋아한다. 그래서 종합적인 프로그램을 짤 때 보통 오전, 오후, 저녁/밤으로 나누고, 오전은 주로 유산소, 오후는 메인 운동으로 스트렝스 (경우에 따라 + 스피드 + 컨디셔닝/근지구력) 저녁은 유연성 및 맨몸 스트렝스 훈련 (경우에 따라 + 악력 + 복근) 으로 구성한다. 물론 이것은 일반적인 체력을 쌓기 위한 최고의 방법 중 하나일 뿐이다. 목표가 마라톤 또는 특수부대, 혹은 체조 운동이 되면 당연히 이것들이 메인 운동으로 들어가야 하고, 개개의 스포츠 종류 따라 루틴은 변화할 수 있다.

자세한 프로그램 설명은 다음에 다시 하기로 하고, 어쨌든 매일 저녁 해주면 좋은 유연성 훈련 말고도, 초보자들이 저녁 루틴에 끼워넣기를 추천하는 간단한 체조성 운동이 있으니, '물구나무서기' 다.

물구나무 팔굽혀펴기를 못하는 사람이라도 (벽에 다리 대고) 물구나무서기는 대부분 가능하다. 아이소메트릭 힘이 포지티브 동작 힘보다 더 강해서다. 이 훈련은 많이 할 필요도 없다. 약 10분 정도만 투자하면 된다. 길지 않기 때문에 다른 운동 회복에 방해를 주지 않으며, 잘만 하면 반대로 도움을 주기도 한다.

이것을 연습할 때, 그냥 줄곧 물구나무섰다 내려왔다를 10분 동안 반복할 수도 있겠으나, 더 체계적이고 효과적으로 할 수 있는 방법이 있다.

물구나무서기가 가능한 시간이 10초라면 10초 정도 물구나무를 서고 1분에서 그 10초를 뺀 나머지 50초 쉬는 것을 1세트로 하고 토털로 10세트를 하는 것이다. 즉 (10초 물구나무 서기 + 50초 휴식) × 10세트 = 10분이다.

그러나 여기서 아주 중요한 포인트. 우리가 사용하려고 하는 방법은, 힘든 운동임에도 주말 빼고는 매일 하는 프로그램이다. 그래서 이때 가장 신경 써야 하는 원칙은 '실패지점을 멀리해야 한다'는 것이다. (MAD 서클의 '계속적 반복' 참조) 실패지점에 가까우면 가까울수록 회복이 늦어 10세트를 다 채우기도 어렵게 되고, 또 그 이후로 매일 그런 식으로 훈련한다면, 오버트레이닝 가능성도 매우 커진다.

실패지점을 멀리하고 성공하려는 운동 자세에 집중하게끔 도와주는 방법 중 하나는, 맥스의 50~70% 정도만 하고 거기서 1세트를 끝내는 것이다. 즉 물구나무서기가 가능한 맥스가 10초라면, 약 5~7초 정도만 하고 끝낸다. 이는 5~7초 물구나무서기를 하고 나머지 55~53초 쉬는 것을 10세트 반복한다는 의미다. 그래서 다시 정리해보면, (5초 물구나무 서기 + 55초 휴식)×10세트=10분이 된다. 개인에 따라 적게 하는 게(5초) 좋기도 하고 많이 하는 게(7초) 좋기도 하지만, 우선은 보수적으로 접근하는 게 좋다.

한 사이클을 정한 뒤(6~12주) 매일 이 방법으로 훈련하다가 마지막 날 맥스를 다시 측정해보라. 물구나무설 수 있는 시간이 과거보다 훨씬 더 늘어나 있음을 알 수 있을 것이다. 그리고 아이소메트릭 맥스 시간이 충분히 늘어나면 옛날에는 불가능했던 물구나무 팔굽혀펴기까지도 성공할 수 있게 된다.

단 10분의 투자라고 우습게 보면 안 된다. 꾸준히 하게 되면 생각지도 못한 엄청난 성장을 이루게 된다. 실패지점을 겪지 않아 자주 할 수 있는 것이니, 절대 한 번 할 때 너무 많이 하려고 욕심 부리지 마라.

이쯤이면 플렌체 팔굽혀펴기를 성공하기 위한 대체훈련 방법도 알 수 있을 것이다. 물구나무서기처럼 플렌체라는 아이소메트릭 훈련을 하되, 실패지점을 피하면서 매일 10분 정도를 투자해서, 장기적으로 최대 버티는 시간을 늘려나가면 된다. 다만 이 같은 고급 동작은 아이소메트릭으로도 자세 잡기가 어렵기 때문에 '쉬운 버전+아이소메트릭'이라는 방법을 쓰면서 차차 어려운 버전으로 옮겨가야 한다.

처음 도전할 때 자기에게 맞는 쉬운 버전을 찾는 게 생각보다 어렵진 않다.

아이소메트릭은 아니지만 이해하기 쉽게 팔굽혀펴기를 예로 들어 보자. '한 팔 힌두 푸시업'이 목표라고 한다면, 그보다 더 쉬운 '한 팔 팔굽혀펴기'를 해보고, 이게 안 되면 더 쉬운 '두 팔 팔굽혀펴기', 이 두 팔 팔굽혀펴기도 안 되면, '무릎 꿇고 하는 팔굽혀펴기' 등으로 차차 내려가면서 동작이 가능한 버전을 찾아, 거꾸로 올라오면 된다.

그리고 각 운동 버전들 사이의 스트렝스 갭마저도 상당히 클 때는, 여러 가지 도구를 이용해서, 레벨을 조절한 운동을 사이사이에 끼워넣고 점차 발전시키도록 한다. (예: 똑같은 두 팔 팔굽혀펴기라도 책상을 손으로 짚고 하는 것은 바닥에서 하는 것보다 쉽고, 반대로 다리를 책상에 올리는 것은 바닥에서 하는 것보다 어렵다.)

간단하게나마 보조가 없을 때 사용할 수 있는 대체훈련 방법을 알아봤다. 이 대체 방법이 앞서 설명했던 '보조의 힘을 줄여나가는 방법'보다 분명 쉽지는 않지만, 레벨에 맞는 다양한 쉬운 버전을 스스로 개발하고, 또 인내심을 가지고 개선해나간다면, 아주 유용하게 사용할 수 있을 것이다.

하루의 마지막을 유연성 운동과 이 체조동작들에 투자하면 전체적인 체력을 발달시킬 수 있다. 오후 운동에서 휴식을 취했기 때문에 비교적 프레시한 상태로 운동할 수 있고, 많은 시간을 투자하지 않고도(하루 10~15분) 핵심 체력인 스트렝스를 쌓을 수 있기 때문에, 하루 한 번 메인 운동으로 컨디셔닝 같은 지구력 운동만 한 사람과는 나중에 천지 차이가 난다.

앞에서 다양한 얘기를 꺼낸 고로, 친절하게 요약본 들어간다.

첫째, 맨몸 스트렝스 훈련은 '보조'를 이용하고, 그 서포트 힘을 서서히 줄여나가는 '개선' 원칙을 사용한다. 이게 가장 좋은 훈련 방법이며, 특히 이 방법은 웨이트 스트렝스 훈련 방법을 그대로 적용할 수 있어 편리하다.

둘째, 그게 어려운 사람은 '쉬운 버전과 아이소메트릭'을 이용하되, '맛스타드림(MAD) 서클'을 적용해서 실패지점 없이 자주 할 수 있는 방법(OAOA)을 쓴다.

맨몸 운동
'개선' 방법 — 보조 힘 줄이기
맨몸 스트렝스 훈련 part 2

　이번에는, 'MPT 5 스트렝스 운동'에 대해 알아본다. 보통 지구력 운동으로 알고 있는 각각의 운동을 어떻게 스트렝스 운동으로 전환할 것인지, 또 그것을 달성하는 데 가장 효과적이고 효율적인 방법은 무엇인지를 살펴본다.

　'MPT 5'는 밀리터리 PT 5대 운동을 지칭하는 것으로, 특수부대에서 주로 쓰이는 PT의 핵심만을 모은 것이다. 이미 알고 있겠지만 다시 언급하자.

1. (맨몸)턱걸이

2. (맨몸)딥

3. 팔굽혀펴기

4. (맨몸)스쿼트

5. 윗몸일으키기

　이 5개의 운동에다 '달리기'만 결합하면 어떠한 특수부대 운동도 잘해낼 수 있다. 처음 하는 사람들에게는 스트렝스 훈련이 될 수도 있는 운동들이나, 나중에 실력이 늘어 고반복을 하게 되면 결국 근지구력 운동으로 변모한다.

특수부대에서는 미션을 오랫동안 할 수 있는 전사가 필요하기 때문에 고반복 훈련을 해야 된다. 컨디셔닝 운동이나 웨이트 운동을 단시간 밀어붙이는 방법들을 중심에 놓고 특수부대 훈련을 끼워 맞추려는 사람들이 있는데 대테러 훈련에는 도움이 될지 모르나 일반적인 특수부대 훈련에는 적합하지 않다. 무조건 고반복 근지구력 훈련과 장거리 달리기 위주로 가야 한다.

특수부대에 맞는 지구력 훈련을 가장 선두에 둔다고 가정할 때, 스트렝스 훈련을 포함시켜주면 ①부상 예방 ②기존 고반복 운동의 개수를 더 늘리는 데도 ③대테러 훈련 같은 파워가 필요한 미션에도 도움이 된다.

스트렝스 훈련은 웨이트를 이용하는 것이 가장 편리하고 효과적이다. '개선'을 할 수 있는 여건도 웨이트가 훨씬 편리하다. 다리에는 지속적으로 저항이 올라가야 계속 발달하기 때문에, 바벨 스쿼트를 할 수 있는 웨이트 훈련이 뛰어날 수밖에 없다.

그러나 어쭙잖게 머신으로 고반복만 해댄다거나, 잘못된 훈련방법을 따른다거나, 그리고 훈련 도구가 전무한 환경에서는 위의 MPT 5를 응용해 스트렝스 훈련으로 변환시켜서 하는 것이 훨씬 더 낫다. 또한 웨이트로 스트렝스 훈련을 하는 리프터일지라도, 가끔 맨몸 스트렝스 훈련을 결합하게 되면 더 완벽을 기할 수 있다. 옛날 장사들도 웨이트 훈련에다 맨몸 스트렝스 훈련을 첨가함으로써 전체적인 밸런스를 높였다.

그럼 MPT 5 고반복이 가능해져서 이제는 근지구력 훈련으로 변모한 경우, 이것을 어떻게 스트렝스 훈련으로 변환시킬 수 있을까? 웨이트 훈련 원리와 같다. 저항을 더 올리면 된다. 그런데 자기 몸무게만 이용하게 되면 저항이 일정하기 때문에, 살을 찌우지 않는 이상 더 많은 저항을 올리기가 불가능하다. 그래서 아무 도구 없이 맨몸만 이용할 경우 가장 사용하기 쉬운 방법은 다음과 같다.

한 팔만(또는 한 다리) 사용하기

예를 들어보자. 벤치 프레스를 두 팔로 100kg을 들면 각각의 팔은 50kg씩 받치고 있는 셈이다. (실제 두 팔로 리프팅하는 무게가 한 팔로 하는 무게보다 정확이 두 배가 되지는 않는다. 손실이 생기는데 자세한 건 다음에 알아본다. 그리고 한 팔로 들 때의 불편함도 여기서는 제외하고 단순하게 논의한다.) 만약에 100kg 이상의 웨이트가 없을 경우 저항을 올릴 수 있는 방법은? 두 팔로 들던 것을 한 팔로 들면 된다. 그럼 한 팔에 걸리는 50kg의 저항이 100kg으로 늘어나기 때문에, 몸이 그 100kg에 적응할 때까지는 스트렝스 및 근육은 계속 자라게 된다. 즉 두 팔로 200kg을 드는 것과 같은 효과를 얻게 된다.

똑같은 원리가 팔굽혀펴기에도 적용된다. 두 팔로 하는 팔굽혀펴기를 계속해서 고반복으로 잘하게 되었을 경우, 이를 스트렝스 훈련으로 이용하려면 '두 팔 팔굽혀펴기'를 '한 팔 팔굽혀펴기'로 전환한다. 그럼 한 팔에 걸리는 저항이 과거보다 더 늘어나기 때문에 또 다시 스트렝스 및 사이즈를 키울 수 있게 된다.

턱걸이, 딥, 맨몸 스쿼트 모두 다 마찬가지다. 턱걸이는 '한 팔 턱걸이'로, 딥은 '한 팔 딥'으로 스쿼트는 '한 다리 스쿼트'로 전환해서 저항을 늘린다.

그러나 여기서 문제가 하나 생긴다. 웨이트의 경우 두 팔로 100kg을 들고 있다가 한 팔로 바꾸면, 갑자기 저항이 너무 커지기 때문에 무게를 50kg으로 줄여서 55kg, 60kg, 65kg 등등(또는 더 적게 1~2kg 상승)서서히 무게를 올려나갈 수 있는데, 맨몸으로 하게 되면 50kg에서 곧바로 100kg으로 점프하는 것과 같은 현상이 일어나기 때문에 동작 시행 자체가 아예 불가능하다. 성공은 성공을 부르는 법인지라, 조금씩 성공하면서 올라가야 재미도 있고 나중엔 최종 목표에 도달하게 되는데, 처음부터 너무 큰 난관에 부딪히면 보통은 얼마 있지 않아 포기하게 된다.

이에 대한 해결책이 바로 이 글의 핵심이다. 결국 맨몸 스트렝스 part1에서 말한 '조금씩 보조 힘 줄이기'가 관건인데, 지금 소개하는 방법은 매우 간편하고 효과적이다.

MAD 손가락 접기

이름 하여 'MAD 손가락 접기'. 퍼포먼스를 수행하는 손 대신, 반대 손의 '손가락'을 보조로 사용하고, 그 손가락을 하나씩 접음으로써 보조 힘을 서서히 줄여나간다. 보조하는 손가락을 다 접게 되면 한 팔로 가능해진다.

한 팔 턱걸이를 예로 들어 확인해보자. 위의 내용을 그대로 적용해보면, 왼손으로 한 팔 턱걸이를 연습할 때, 오른손은 보조만 해주고 왼팔에만 거의 힘을 실어 당겨서 턱걸이를 한다. 그 동작이 잘 되고 나면 워크아웃을 거듭할수록 오른손의 손가락을 하나씩 접어나가면서 서서히 보조하는 힘을 줄이고, 결국에는 보조 없이 왼팔 턱걸이를 성공하게 된다.

즉 보조자나 혹은 보조 기구를 통해서 받았던 '보조의 힘'을 자신의 반대 손으로 대신하는 이치다. 이 방법은 웨이트 훈련만큼 미세하지는 않지만 손가락 한 개당 걸리는 힘이 그렇게 크지는 않기 때문에 '개선'이라는 원칙에도 다소 접근한다.

이 손가락 접기는 보통 5단계로 진행되는데, 다시 한 팔 턱걸이 예시를 통해 단계별로 알아보자.

레벨 1: 두 팔로 하되 한쪽으로 집중해서

한 팔 턱걸이

두 팔을 이용하되 훈련하려는 한 팔 쪽으로 몸무게를 거의 다 이동해서 턱걸이를 한다. 즉 왼손으로 한 팔 턱걸이를 한다고 할 때, 몸무게 대부분을 왼쪽 팔에 싣는다. 오른쪽 손가락은 전부 다 턱걸이 바에 걸치고 왼팔 당기는 힘을 보조한다. 엄지손가락도 바 위에 걸어서 보조 힘을 최대화한다.

레벨 2: 엄지 떼기

레벨 1이 익숙해지면, 엄지손가락을 턱걸이 바에서 뗀다. 보조하는 힘이 줄어들어서 약간 더 어려워진다. 이게 익숙해지면 새끼손가락을 추가로 제외한다.

레벨 3: 손가락 두 개

레벨2에서 3개의 손가락만을 사용했다면 레벨3에서는 두 손가락만 사용할 차례다. 처음에는 '중지＋약지'를 사용한다. 이 두 손가락이 턱걸이에서 가장 강력한 힘을 발휘하기 때문이다. 그 다음엔 '중지＋검지'를 사용한다.

레벨 4: 손가락 한 개

이제 손가락 한 개를 이용할 때다. 중지가 가장 강력하기 때문에 중지를 먼저 이용하고, 그 다음 약지, 검지, 새끼손가락 순으로 점차 보조 힘을 줄여나간다.

레벨 5: 드디어 한 팔

새끼손가락을 이용해서 최소한의 힘만 이용하다가, 손가락에 걸치는 힘을 서서히 줄여나가고, 드디어 한 팔에 도전한다. 처음엔 중심 잡기가 어렵기 때문에 풀가동 범위가 넓지 않다. 가능한 범위까지만 훈련하다가, 점차 그 가동 범위를 넓혀나간다.

이상의 5단계를 거치고 나면 한 팔 턱걸이가 가능해진다. 워낙 고급 동작인 만큼 단기간에 성공하기는 쉽지 않으나, 위의 스텝은 나름 개선의 원칙이 잘 녹아 있기 때문에 단계별로 성공하는 즐거움을 가질 수 있고, 그로 인해 훈련을 지속적으로 가능케 해준다. 지속/일관성은 곧 성공의 다른 이름이다.

한 팔 팔굽혀펴기와 한 팔 딥도 마찬가지다. 손가락을 접는 것에는 변함이 없다. 다만 당기는 운동과, 미는 운동에는 손가락 접는 순서에 차이가 있다. 당기는 운동에서는 가운데 손가락이 가장 강한 보조 힘으로 작용하기 때문에 그것을 중심으로 다른 손가락들을 줄여나간다. 그에 비해 미는 운동에선 엄지손가락이 가장 강하다. 그래서 새끼손가락, 약지, 중지, 검지 순으로 접게 되며, 비교적 손가락 접는 방법이 쉽다. 엄지손가락 하나만 이용한 후에는 한 팔 턱걸이와 마찬가지로 점차 약한 손가락 쪽으로 옮겨간다.

그런데 재미있는 것은 딥도 미는 운동이긴 하지만, 보통은 평행봉에서 하기 때문에 손으로 잡는 부위가 평평하지 않고 둥글어서 손가락 전체를 다 세워서 보조할 수가 없다.

그래서 손가락 전체를 세울 수 있는 충분한 면 위에서 딥을 하는 것(예: 두 개의 의자 사이에서 딥)이 아니라면, 평행봉을 잡을 때 버티는 힘이 가장 큰 부위인 엄지에 가까운 '손바닥 부위'부터 시작해서 점차 닿는 부위를 서서히 중지 쪽으로 옮겨가면서, 나중에는 중지 끝머리만 걸치게끔 해서 한 팔 딥을 시행한다.

한팔 딥 같은 경우 균형 문제로 한 팔로 완전히 서는 것이 어렵기 때문에 보조 손가락으로 간신히 걸쳐서 균형 잡아주는 것까지만 가도 상당한 근육 사이즈 및 스트렝스 향상을 얻을 수 있다. 이제 위의 운동들을 좀더 효과적으로 할 수 있는 또 다른 방법 하나만 설명해보자.

'링'을 이용한다.

링은 맨몸 스트렝스 상체 운동에 화룡점정을 찍을 수 있는 최고의 도구다. 위의 3가지 운동에 링을 이용한다면, 초창기엔 그냥 두 팔만 이용해도 강도를 올릴 수 있을뿐더러, 나중에 한 팔 운동으로 전환해도 보조 받기가 쉬워진다. 링을 이용하면 굳이 손가락을 접지 않더라도, '보조하는 링을 몸에서 멀리 보내기'만으로, 보조하는 힘을 서서히 줄여나갈 수 있다. 특히 링은 길이 조절이 되기 때문에 링을 몸에서 멀리 떨어지게 하는 것과, 보조하는 팔 쪽의 링 길이를 조절하는 것을 적절히 이용하면 다양한 강도 조절이 가능하다.

딥 같은 경우 링을 이용하게 되면, '한 팔 딥'으로 변환하지 않고 두 팔을 모두 이용하더라도, 저항을 쉼 없이 올릴 수 있는 방법이 있다. 장기간에 걸쳐 서서히 두 팔 간격을 조금씩 벌려나가면서 딥을 하는 것이다. 생각해보라. 두 팔 간격을 벌리다가 완전히 펴게 되면 무슨 모양이 나오는지. 십자 버티기, 즉 아이언 크로스 자세다. 더 이상 무슨 설명이 필요하겠는가. 일반인은 여기까지는 가기도 어렵고 갈 필요도 없지만, 이는 링을 이용하면 강도를 올리기가 쉽다는 것을 잘 말해주고 있다.(링 구입은 crossfitsap.co.kr에서 가능)

한 다리 스쾃

다리 운동이기는 하지만 이것도 마찬가지다. 어차피 보조는 손으로 해야 하기 때문에 보조하는 손가락 숫자를 줄여나가는 건 똑같다. 손으로 잡을 수 있는 기둥이나 파워 랙 앞에 선다. 오른쪽 다리로 한 다리 스쾃을 한다면, 오른손으로 파워 랙을 잡고 밑으로 내려가서, 올라올 때는 그 손으로 파워 랙을 잡아당겨, 보조 힘을 받아서 올라온다.

처음에는 모든 손가락을 쥐고 하다가 익숙해지고 난 뒤에는 위에서 말한 방법으로 손가락을 접어나가면 어느 순간 한 다리 스쾃이 가능해진다. 기둥을 '잡아당기는' 모양새이기 때문에 손가락 접는 방법은 한 팔 턱걸이를 따른다. 이것도 링이 있으면 좀더 쉽게 보조를 받아서 수행할 수 있다.

윗몸일으키기

필자가 생각하는 최고의 복근운동이 하나 있다. 짐작하다시피 화려하고 복잡하고 어디서도 보기 힘든 멋진 동작이 아니다. 언제나 단순한 게 가장 좋은 법.

무게 윗몸일으키기

좀더 자세히 표현하면 '무게 디클라인 윗몸일으키기'인데, 어차피 변형 동작이니 무게 윗몸일으키기로 통칭한다. 말이 필요 없다. 가장 효과적인 복근운동이다. 특히 복근의 스트렝스를 키우는 데는 이만한 게 없다. 서서히 무게를 늘려가면서도 무한대로 복근 저항을 올릴 수 있는 운동이 어디 있겠는가.

물론 무게를 미세하게 계속 올리면서 몸통 전체를 자극할 수 있는 '풀컨택 트위스트'라든지, 마찬가지로 무게를 지속적으로 올릴 수 있는 '사이드 밴드' 그리고 아이소메트릭 동작이 포함된 '플랭크' 변형 동작들도 같이 해주면 당연히 더 좋다. 그러나 단 하나의 복근 운동만 선택해야 한다면 단연코 '무게 윗몸일으키기'가 되어야 한다.

국가대표 레슬링 선수들과 유도선수들이 목에 엑스트라 웨이트를 대고 디클라인 벤치에서 일어나기 위해 안간힘을 쓰고 있는 장면들을 TV에서 목격했을 것이다. 좋은 운동은 절대 어렵지 않다. 차라리 복잡하고 비밀스러운 이상한 동작 같은 것을 내세우면 일단 의심부터 해봐라.

그런데 이 글에서는 일체의 외부 웨이트 도움 없이 수행하는 운동들을 설명하고 있다. 외부 웨이트 없이 윗몸일으키기의 저항을 올릴 수 있는 방법은 무엇일까? 이 역시 생각보다 간단하다. '반동 없는 윗몸일으키기'다. 뭔 소리 하나 싶을 거다. 윗몸일으키기 하는 걸 자세히 관찰해봐라. 아무리 반동을 없앤다고 해도 미세하게나마 반동이 들어간다. 이 미세한 반동만 없애더라도 저항은 엄청나게 올라간다. 엉덩이를 바닥에 완전히 붙이고 반동을 완전히 없앤 채 서서히 올라와봐라. 1회 성공도 어려울 것이다. 너무 심려 마라. 원래 어렵다.

그래서 처음엔 보조 힘을 받아야 한다. '유리한 레버리지 만들기'를 이용한다. 보통 윗몸일으키기는 누워서 무릎을 접고 발바닥을 땅에 붙여서 하는데 보조 힘을 받기 위해서는 다리를 완전히 편다. 다리를 펴게 되면 유리한 레버리지가 만들어져서 윗몸일으키기가 쉬워진다.

이 자세도 쉽지 않으면 머리에 댄 팔을 완전히 펴서 앞으로 뻗으면서 몸을 일으킨다. 이렇게 사지를 다 펴고 하는 윗몸일으키기도 반동만 완전히 없앤다면 상당한 자극을 느끼게 될 것이다. 여기서 개선하기 위해 보조 힘을 줄이는 것은 반대로 하면 된다.

불리한 레버리지 만들기

서서히 무릎을 접어나간다. 웨이트처럼 미세하고 정확하게 저항을 올릴 수는 없으나, 조금씩 발을 몸 쪽으로 당긴다면 나름 개선을 성취할 수도 있다. 무릎이 접혀서 발뒤꿈치가 엉덩이로 서서히 다가올수록 강도는 강해진다. 다리를 접어 발뒤꿈치가 엉덩이에 접근하면서 서서히 강도 높은 반동 없이 윗몸일으키기를 하게 되면 복근 스트렝스가 엄청나게 상승해 있는 자신을 발견하게 될 것이다.

맨몸 스트렝스 개선 루틴

이제 훈련 루틴에 대해 알아보자. 간단한 개념만 소개한다. 서두에서 밝혔듯이 웨이트 훈련 방법 그대로 적용하면 된다. 필자가 강조해온 '5×5 시스템'을 먼저 적용시켜보자.

5세트 5회를 하기 전에 두 팔로 간단한 워밍업을 몇 세트 한다.(예: 팔굽혀펴기 2~3세트×10회) 두 팔로 하는 운동이기 때문에 어렵지 않고 몸을 푸는 데 도움을 준다. 웨이트 훈련에서의 '워밍업 세트'와 그 의미가 같다. 그 워밍업 세트 개념을 그대로 이어서, 위에서 말한 레벨을 점차 밟아 올라간다. 그 뒤 자기의 능력에 맞는 레벨에 도달한 후에는 '본 세트'로 5세트×5회를 한다. 이게 가능해지면 점차로 더 높은 단계의 운동을 도전한다.

여기서 하나 강조 하고픈 건 지금 하고 있는 것들은 스트렝스 훈련이라는 것이다. 볼륨보다는 강도가 우선이다. 저강도로 하면 매일 그리고 몇 시간씩 훈련할 수도 있지만, 저강도로 볼륨을 높이는 건 지구력 키울 때나 하는 방법이니 스트렝스 훈련과 구분해야 한다.

마지막 정리 전에 하나만 더. 한 다리 스쾃트가 어렵기는 해도, 바벨 스쾃트를 따라갈 수는 없다. 케틀벨을 들고 한 다리 스콰트를 하더라도 그 차이를 완전히 극복하기는 어렵다. 반대로 한 다리 스콰트도 바벨 스콰트와 다른 큰 이점이 있기 때문에 결국에는 둘 다 해야 한다. 일단 바벨 스콰트를 최소 일주일에 1번 정도 할 수 있는 환경은 만드는 게 좋다.(역도까지 포함하면 금상첨화) 그래야 사이즈와 스트렝스에서 최대치 효과를 뽑아낼 수 있다.

만약 몸무게가 80kg 이상이라면, 바벨 스콰트만 포함시킨다면 위의 'MPT 5 스트렝스 훈련'과 'MPT 5 고반복 훈련'만으로도 근육 잠재력의 95%이상을 만들어낼 수 있다. 몸무게가 적은 사람은 다른 고난도 체조 운동을 할 수도 있겠지만, 요건만 된다면 중량조끼를 이용해서 80kg 정도까지 몸무게를 올려 MPT 5 스트렝스 운동을 하면 간단히 해결할 수 있다.

그런데 위의 내용을 자세히 들여다보면, 뭔가 익숙한 패턴이 보일 것이다. 그렇다. 포스 근육과 펌핑 근육의 결합을 보여주고 있다. 즉, 'MPT 5 스트렝스 훈련(포스 근육) + MPT 5 고반복 훈련(펌핑 근육)'이다. 근육이 커질 수밖에 없는 구조를 지닌 것이다.

나중에 실력이 증가하게 되면 과거 포스 근육 훈련 동작이 펌핑 근육 훈련으로 대체되기도 한다. 위와 같은 훈련을 하게 되면 웨이트 도움 없이도 탄탄한 근육과 스트렝스는 기본적으로 얻을 수 있고, 그뿐 아니라 일반인들이 쉽게 흉내 내지 못하는 퍼포먼스를 하게 됨으로써 다른 사람들이 당신을 부러워하게 되는 보너스까지 얻게 된다.

이제까지 맨몸 스트렝스 훈련 방법 및 MPT 5 스트렝스 훈련의 유용성에 대해 살펴봤다. 이보다 더 어려운 맨몸 스트렝스 동작들도 많다. 바로 고난도 체조 동작들이다. 그러나 사실 체조선수가 될 사람이 아니고서는, 굳이 그것들을 연습할 필요는 없다. 그런 동작들은 머나먼 미래 목표로 삼아서 모티베이션으로만 이용하고, 일반인들은 이 MPT5 스트렝스 운동만 열심히 훈련해도 실전에 적용하는 데 전혀 문제가 없다. 이 MPT 5 스트렝스 운동들만 잘해줘도 '운동 잘하고 멋지다'는 소리를 원없이 듣게 된다. 그래도 몸이 근질근질한 사람들은, '물구나무 팔굽혀펴기'의 최종 버전인 '한 팔 물구나무 팔굽혀펴기'에 도전해봐도 좋다.

그러나 다시 강조하지만 앞의 운동들만이라도 올바른 자세로 훈련하면 어딜 가더라도 맨몸 운동에서는 본좌급 소리를 들을 수 있으니 그것부터 제대로 끝내라.

정리하자. 일반적인 훈련자들이 가장 동경하는 것이 유튜브에서 침을 흘리며 보는 '흑인들의 놀이터 퍼포먼스'다. 이 이상의 퍼포먼스를 필요로 하는 사람들이 과연 몇 명이나 되겠는가. 더 쉽게. 한 팔 턱걸이 하나만 보더라도 과연 주위에서 몇 명이나 성공적으로 할 수 있던가.

MPT 5 스트렝스 훈련만 제대로 하더라도, 흑형들의 놀이터 퍼포먼스를 위한 스트렝스는 다 갖추게 된다. 거기다 MPT 5 고반복 훈련까지 첨가하게 되면, 그들과 똑같은 동작들을 무리 없이 선보일 수 있다. 만약 다이어트까지 함께 한다면, 몸짱에서도 원하는 만큼 성과를 얻는다.

정말 멋지지 않나? 해본 사람은 확실히 안다. 이 MPT 5 스트렝스 운동에서 느끼는 '간지'를. 아무 도구 없이 맨몸만을 이용해서 남들에게 보여주는 과시욕 충족은 물론 몸짱 힘짱 두 마리를 함께 잡을 수 있는 이 오르가슴을. 처음부터 쓸데없이 고난도 체조 훈련을 찾기 전에, 이 'MPT 5 스트렝스 운동' 훈련에 매진해라. 그러면 충분히 달인 소리를 들을 수 있다.

쪽팔리지 않게

만능 스포츠맨이라 불리는 사람들이 있다. 어떤 운동을 해도 금방 해내고, 조금만 해도 당장 두각을 나타내는 사람 말이다. 현재 우리나라 체육 구조상 주로 구기종목을 즐기는 사람 중에 이런 부류가 많다. 기초 운동에 대한 전문적인 지식과 사회적 관심이 덜한 고로, 구기 종목을 좋아하는 사람들만 열나 뛰어 다니기 때문이다.

반대로 하는 운동마다 몸이 안 따라주는 블랙홀 부류들이 있다. 퍼진다고 욕먹고, 힘없다고 욕먹고, 궁극적으로 남자 구실도 제대로 못한다고 구박 당하는 사람들. 이런 사람들을 위한 글이다. "나는 올림픽 선수가 되고 싶은 것도 아니다. 아마추어 스포츠 선수를 원하는 것도 아니다. 이제는 다만 쪽팔리고 싶지 않을 뿐이다." 목 놓아 외치는 그들.

'산을 타다가 혼자 퍼지는 일' 쪽팔린다. '결혼식 날 팔굽혀펴기를 하다가 주저앉는 일' 쪽팔린다. '사무실에 도착한 물건을 나르는데 팔과 다리가 후들거리는 일' 쪽팔린다. 이뿐인가. 학교나 회사에서 주관하는 수련회에 놀러 가서, 각종 게임 및 기초종목 테스트 앞에서 절망했던 분들… 오로지 아이폰과 아이패드만 갖고 놀던 당신에게는, 이미 그 할 일을 잃어버리고 잠자리 옆에서 뒹굴고 있는 오래 된 복근 기구처럼 친숙한 내용일 것이다.

기계가 많은 일을 대신 해주는 현대 문명에서는, 고대 시대와 달리 실생활에서 많은 체력을 요구하진 않는다. 그래서 거창하게 많은 것을 연습할 필요는 없다. 실제 생활에서 꼭 사용되는 필수 종목을 먼저 조지고 난 다음에 더 고난도 종목으로 진입하면 된다. 문제는 뭐가 실전에서 꼭 쓰이는지를 모르는 분들이 많다는 것. 알아보자.

팔굽혀펴기

비교하기가 좀 뭐하지만 벤치 프레스와 팔굽혀펴기 두 가지 중 죽어도 하나만 선택해야 한다면 필자는 팔굽혀펴기다. 아무나 할 수 있는 팔굽혀펴기지만 쉽게 볼 수 있는 운동이 절대 아니다. 옛날 필자의 대학 초년 시절, 벤치 프레스가 130kg이상 넘어가고 나서 이 운동을 6개월 정도 중단한 적이 있었다. 무게에 대한 자부심보다는 학생 때라 경제적으로 풍족하지 않은 고로, 방학 기간 동안 돈을 아낄 요량이었다. 그 동안 체육관을 쉬면서 팔굽혀펴기로 대신하려고 했던 것이다. 오랜만에 팔굽혀펴기를 처음 하던 날. 처음 10~20회까지는 벤치 프레스로 만든 힘 때문에 더 쉬워진 것 같은 느낌을 받았으나, 어느 순간 갑자기 힘들어지기 시작하더니, 빨리 끝내려고 빠른 속도로 했음에도 50개 채우기가 힘들었다.

그 전에 팔굽혀펴기를 꾸준히 연습했을 때는 100개도 충분했는데 벤치 프레스를 하면서 힘과 근육은 좀더 좋아졌는지 몰라도 팔굽혀펴기 개수가 현저히 줄어든 것이다. 당시 벤치 프레스가 모든 웨이트 운동의 왕이라고 생각했던 필자에게는 상당히 실망스러운 사건이었다. 벤치 프레스를 무겁게 들 수 있다면, 고반복 팔굽혀펴기야 우습지 않겠냐 생각하시는 분들, 도리어 팔굽혀펴기가 웃을 일이다. 서로에게 어느 정도 도움을 줄 수는 있지만 각자가 다른 체력이다.

팔굽혀펴기를 고반복으로 하면 팔, 가슴, 어깨의 근지구력을 길러줄 뿐만 아니라 복근 자극에도 상당한 도움을 주어 벤치 프레스보다 더 다각적으로 근육을 자극한다. 독자들이 생각하는 이상으로 복근 자극이 큰데, 의심된다면 당장 팔굽혀펴기 탑 자세를 취해보기 바란다. 단 몇 분만 버티고 있어도 어디선가 지진이 일어난 듯한 몸 전체의 진동을 확인할 수 있을 것이다. 중요한 건 탑 자세에서는 엉덩이를 위로 올리거나 밑으로 처지지 않게 하고, 항상 몸이 머리부터 발끝까지 일직선을 이뤄야 한다는 점이다.

그럼 이 팔굽혀펴기를 몇 회 정도하면 어디 가서 갑빠에 힘 좀 줄 수 있을까? 1,000번 정도면 어떨까? TV에서 촬영 나온 것이 아니라면, 그거 하고 있는 동안 기다려줄 사람은 가족밖에 없다. 필자는 단 50개로 규정짓는다. "50개 정도야 지금도 마음먹으면 하는데 너무 쉬운 것 아니냐"고 하는 사람들, 끝까지 들어봐라. 필자가 말하는 팔굽혀펴기는 엉덩이부터 시작해서 어깨까지 각종 웨이브로 흔들면서 적당히 내려갔다 올라오는 반동 팔굽혀펴기가 아니다. 반동 전혀 없이 전체 가동 범위로 올라갔다 내려갔다 1회를 2~3초 동안 반복하는 것이다.

이 말은 50개를 다 해내면 약 120초에서 150초가 걸린다는 말이다. 당근 가슴이 바닥에 거의 닿게끔 내리고, 발끝에서 머리끝까지 등 위에 봉을 얹었을 때 봉과 몸이 닿는 부분이 최대한 많도록 자세가 흐트러지지 않아야 한다. 그래야 복근의 자극도 커진다.

정자세로 천천히 반복하면 '이게 과연 내가 평소에 알고 있던 그 팔굽혀펴기가 맞나?' 놀라움과 의아함을 동시에 가질 것이다. 갑빠에 오는 충격은 말할 것도 없고, 50회가 얼마나 고반복인지를 새삼 확인하게 된다. 아무 헬스클럽이나 처들어가서 갑빠 좋아 보이는 넘한테 3초 기준으로 이 미션을 시켜봐라. 가능한 사람 찾으려면 전국 헬스클럽을 찾아 다녀야 할 거다. 팔굽혀펴기는 그 변형 동작이 많고, 한 팔을 사용하거나 폭발적으로 반복하면 힘과 파워 향상에도 유용하다. 아무데서나 할 수 있는 전천후 운동이니 꼭 마스터하기 바란다.

윗몸일으키기

각종 수련회에서 팀별 체력 시험이 있을 때 가장 힘들어하는 게 복근이 개입되는 동작이다. 복근 운동이 많기는 하지만 실생활에서 평가 받는 것은 하나밖에 없다. 바로 윗몸일으키기. 병원에서 복근 테스트, 각종 입시 테스트 그리고 특수부대 테스트에서도 윗몸일으키기의 위치는 독보적이고 또 그만큼 복근 단련에 좋은 운동이다. 윗몸일으키기도 많이 할수록 좋기야 하겠지만 필자는 연속 200개로 한정한다.

대신 이 운동은 팔굽혀펴기와는 달리 좀 빨리 할 필요가 있다. 엉덩이를 땅에 붙이기만 하면 팔굽혀펴기 같은 치팅 동작은 나오기 힘드니 빨리 해도 문제는 없다. (고반복에서 약간의 치팅은 필수불가결하다.)

그리고 대부분 윗몸일으키기 테스트에서도, 주어진 시간 내에 최대한 많이 하는 것을 요구하기 때문에 단순히 개수를 채우는 것보다는 빠른 시간 내에 많이 반복할 필요가 있다. 뿐만 아니라 윗몸일으키기는, 사실 연습하지 않은 사람에게는 너무나 힘든 운동이지만 어느 정도 단련이 된 사람은 거의 무한정으로 할 수 있는 운동이다.

빨리 운동해야 하는 다른 이유이기도 하다. 참고로 전설적인 복싱 선수 '로이

존스 주니어' 같은 경우는 복근 운동 중에서 윗몸일으키기를 매일 400개씩 했다고 한다. 밤을 무서워하는 중년 아저씨들 필자 말을 믿으시라. 갑빠 만드는 시간에 스쾃트와 윗몸일으키기를 하길 바란다. 아침 반찬이 아니라 다음날 야식까지 식단이 달라진다. 필자에게 배웠던 사람들에 의하면 스쾃트와 복근운동을 통해 가장 많은 정력 상승이 나타났었다.

달리기

달리기는 인간의 가장 기본적인 움직임으로 잘만 사용하면 스피드와 파워는 물론 컨디셔닝까지 체력 향상에 미치지 않는 영역이 없다. 회사를 다니다 보면 산을 탈 일이 많이 생긴다. 여럿이 같이 할 수 있는 일이 별로 없는 특성상 회사에서 같이 하는 유일한 놀이 중 하나가 산을 타는 것이다. 대부분 운동을 못하는 사람들에게 매년 봄, 가을에 가는 산행은 가장 큰 고역 중 하나다. 이리 저리 핑계 대고 빠지려고 해도 한두 번이지 결국은 온갖 짜증을 감수하고 따라 가야 한다. 그러나 평소 5km 달리기에만 힘쓰면 한국에 있는 어떤 산이건 무서워할 필요가 없다. 다만 인터벌 달리기를 하든 템포 런 훈련을 하든 빨리 달리기를 연습해서 5km 달리기에 걸리는 시간을 20분 안으로 줄일 필요가 있다. 산을 오를 때 무한정 쉬면서 하루 종일 오르는 것이 아니기 때문이다.

만약 5km 달리기를 20분 안에 들어 올 수 있다면, 지리산 종주 코스도 1박2일 안에 충분히 즐기면서 마칠 수 있다. 요즘은 성삼재까지 차가 올라갈 수 있어 거기서부터 종주를 시작하지만 필자가 말하는 종주는 화엄사부터 시작해서 천왕봉까지 오르고 난 뒤 하산하는 코스를 말한다. 화엄사에서 노고단까지의 오르막길이 가장 힘든 구간 중 하나기 때문에 성삼재부터 시작하는 코스와는 확연한 차이가 있다. 필자에게 배웠던 사람들 중 5km 달리기를 20분 안에 들어오는 사람들만 데리고 지리산 종주를 해본 적이 몇 번 있었다. 새벽 일찍부터 화엄사에서 시작하면, 굳이 뛰지 않더라도 충분히 풍경을 감상하면서 세석산장에서 저녁을 편히 먹을 수 있는 시간에 도착했다.

사실 쪽팔리지 않는 기준으로는 굳이 5km를 20분 안에 들어올 필요까지는 없다. 초보자에겐 다소 무리한 기준이다. 운동 초보뿐만 아니라 보디빌더는 말할 것도 없고 평소 힘에만 치중한 파워리프터들까지도 이 기준에 만족하는 사람은 거의 없으니 우선 큰 목표로만 삼고 정진해라. 20분 내 5km 주파가 첫 번째 목표였는데 목적을 달성하고 더 큰 욕심이 생겼다면, 다음에는 15분을 향해 1분씩 줄여나가려는 야심 찬 계획을 세워라. 1분씩 줄이기도 힘들고 일반인이 15분까지 가기는 거의 불가능하지만 목표를 세워 열정을 쏟는 것과 그냥 되는 대로 훈련하는 것은 천지 차이다.

파머스 워크

파머스 워크는 양손에 각각 웨이트를 하나씩 들고 걸어가는 동작이다. '농부의 걸음'이라…… 그 이름에서부터 실전성 냄새가 강력하게 풍겨나지 않는가. 양손에 무거운 물건을 들고 가는 일은 일상생활에서 자주 볼 수 있는 동작이다. 군대에서 기름통을 양손에 들고 옮기든 양동이에 물을 가득 담아서 나르든 다 파머스 워크 운동이다.

운동 할 수 있는 짬밥이 된 후, 벤치 프레스로 단련된 필자의 갑빠가 군대의 삽질스런 일에는 별로 적용이 되지 않는 것에 항상 의문을 품곤 했었는데, 바로 이 '농부의 걸음' 같은 운동을 안 했기 때문이었다는 걸 나중에 알게 됐다.

고너라는 장사가 말한 세 가지 힘의 종류가 있다. 첫째, 물건을 땅에서 올리는 힘 둘째, 물건을 머리 위로 올리는 힘 셋째, 물건을 옮기는 힘이다. 첫 2가지 요소는 그나마 체육관에서 하는 사람들이 있지만, 3번째는 거의 하지 않는다. 체육관 내부에서 쉽게 실행하기 어렵다는 점과 이 빡셈을 좋아하기가 쉽지 않다는 점이다. 파머스 워크가 바로 이 옮기는 힘이다. 파머스 워크는 악력으로 버티는 데서 오는 그립 강화 효과까지 얻을 수 있다.

파머스 워크를 할 땐 양손 합쳐서 최소 40kg 이상 되는 무게를 들고 나를 수 있도록 단련해라. 키우고자 하는 체력에 따라 '거리 및 사용 웨이트 조정'의 필요성은 당연한 이야기지만, 우선 전체 거리를 200m로 시작하고, 거리 세트/횟수 및 무게를 조절하면 된다.

파머스 워크는 컨디셔닝 향상에도 아주 훌륭한 운동이다. 자기 몸무게의 50% 이상 되는 무게를 들고 언덕을 오르거나 거의 뛰다시피 빠른 걸음으로 가다보면 숨이 막막 넘어가는 즐거움을 느낄 수 있다. 달리기와 다르게 온몸을 압박하는 느낌을 가질 수 있다. 특히 계단을 이용하여 파머스 워크를 훈련한다면 그 빡셈을 단번에 체험 할 수 있을 뿐만 아니라, 회사에서 잡일 할 때 가장 사랑 받을 수 있는 체력을 얻게 된다. 마지막으로 한 손만 이용한 파머스 워크는 몸통을 단련하는 데도 아주 효과적이니 빼먹지 말도록.

허리 굽혀 바닥에 손바닥 대기

유연성 하면 떠오르는 대표적인 동작이다. 요가 빅3 중 하나에 들어갈 만큼 그 효과가 막강한 운동이라, 건강을 유지하고 싶거나 뻣뻣한 이미지로 굳어지기 싫은 사람이라면 평소에 꼭 연습해놓아야 한다. 이 동작은 유연성 테스트에서만 자주 쓰일 뿐 아니라, 허리 관련 부상 예방 및 재활에도 뛰어나다. 데드리프트 같은 동작에서 오는 허리 통증이건, 방에서 일어나다 갑자기 찾아오는 통증이건, 항상 구부정하게 살아가는 현대인의 문명병을 반영하듯 허리 통증에 시달리는 사람들은 무수히 많다. 허리가 아프면 뼈에 문제가 있는 걸로 생각하지만 대부분은 엉덩이와 허리의 근육 및 건과 인대의 문제이다. 이 통증을 낫게 하는 동작은 상당히 많으나 이 앞으로 허리 굽히기가 가장 널리 쓰이는 동작 중 하나이다.

햄스트링과 엉덩이가 타이트하면 허리에 부상 입기가 쉬운데, 무릎을 굽히지 않고 앞으로 숙이게 되면, 햄스트링과 엉덩이에 상당한 스트레칭 효과를 가져오기 때문이다. 평소에 허리 굽히는 동작을 통해 엉덩이와 햄스트링의 유연성을 담보해 놓으면 웬만해서 허리가 다치지 않으며, 현재 문제가 있는 사람을 고치는 데도 아주 유용하다.

이소룡이 보여주는 것처럼 몸을 반으로 접는 동작까지는 바라지 않지만 최소 무릎이 펴진 상태로 손바닥이 땅에 닿을 때까지 밑으로 내려갈 수 있도록 노력한다. 가동 범위를 늘릴 때 절대 반동을 주지 말고, 개선의 원칙을 통해 여러 날을 거쳐 서서히 내려가야 부상을 당하지 않는다. 그리고 아침에 몸이 풀리기 전에는 이 동작을 너무 무리해서 하지 않는다.

이상으로 다섯 가지를 살펴봤다. 이 운동들만 제대로 한다면 일상생활에서 더 이상 부끄러운 새색시가 되는 일은 없을 것이다. 또한 평소에 못하던 구기 종목까지 금방 따라잡을 수 있게 되니, 혹시 아는가, 단순히 쪽팔리지 않기 위해 시작한 운동 덕에 '만능 스포츠맨'으로 발돋움할지도.

제6장

부상과의
전쟁

!

"부상 예방의 핵심은 뼈를 지배하는 근육의 불균형을 해소하는 것이다. 한쪽 근육에 경련이 생겨 당기게 되면 다른 근육이 그 근육의 역할을 대신하게(보상) 된다. 근육은 뻣뻣한 곳은 풀어줘야 하며, 힘이 없는 곳은 근력을 키워서 균형을 맞춰야 한다."

- 근육 불균형을 해소하라 부상과의 전쟁 part1
- 아프면 주물러라 부상과의 전쟁 part2
- Back to the back 길항근을 기르자

근육 불균형을 해소하라 부상과의 전쟁 part 1

뼈는 근육 사이를 떠다니는 배다.

이번에는 부상이다. 1편은 사람 몸의 중심에 입각해서 살펴보고, 2편은 국소 부위를 대상으로 알아본다. 운동하다보면 부상을 많이 입게 된다. 최대한 부상 없이 가는 것이 성장의 지름길이지만, 우리네 욕심이라는 것이 꼭 무리수를 두게 된다. 특히 운동 초창기는 자세 불량과 지식 부재로 인해 부상을 당하기 쉽다. 초창기 부상은 평생 운동 인생을 결정지을 수도 있는 아주 중요한 문제이므로 주의가 필요하다. 그리고 나이든 사람은 두 배로 조심해야 한다. 젊은 나이에는 호르몬이 왕성해 부상을 당해도 문제가 덜하지만, 나이 들어서는 유연성도 부족하고 호르몬도 부족해서 잘 다치기도 할뿐더러, 한번 다치면 잘 낫지도 않기 때문이다.

필자도 초창기에는 부상을 많이 입었다. 한번 부상을 입으면 계속 같은 곳을 다치고, 그리고 좀 낫는다 싶으면 다른 데가 아프고, 또 어떨 때는 몇 군데가 겹쳐서 아프다보니…… 정말이지 몸 전체를 전부 뜯어 고쳐서, 처음부터 다시 시작하고 싶다는 생각마저 들 때도 한두 번이 아니었다.

장거리 달리기 연습으로 인해 무릎과 발이 아팠을 때, 보조제는 기본이고, 각종 부상 방지 도구를 이용했으며, 나중에 심하게 아프게 되었을 때 찾아 다녔던 의사만 해도 수십 명이었다. 정형외과 의사는 오진을 했고, 나중에 마라톤 전문 의사라는 분을 찾아가도 원인이 뭔지 몰랐으며, 카이로프래틱, 그리고 방송에서 자주 볼 수 있는 스포츠 의학센터에도 결국은 돈만 갖다 바쳤다. 나중에는 효과 대비 가격이 싸기 때문에 침을 자주 맞으러 다녔지만, 맞을 때만 좋고 또 금세 상황이 나빠졌다. (위의 예는 어디까지나 개인의 경험일 뿐이다. 어떤 분야든 개인차가 존재하는 것이며, 실력 있는 의사를 만나면 정말이지 좋은 치료를 받을 수 있다.)

참고로 지금 필자는 한의원에 간 지도 몇 년이 넘었으며, 병원 가본 지도 언젠지 기억이 없다. 지인이 허리 수술까지 판정 받은 상황에서도 운동 요법으로만 허리를 말끔히 고쳐준 적이 있으며, 필자가 가르치는 사람들의 웬만한 부상은 거의 직접 고치는데, 그 전에 다치지 않게 하는 것에 더 신경 쓴다.

그렇다고 의사들이 필요 없다거나 그들을 불신한다는 말은 절대 아니다. 응급 상황에선 응급실을 가야 하는 게 맞다. 건과 인대에 부상을 입으면, 며칠 침을 맞는 것이 좋다. 그러나 그 다음에 필자의 방법을 이용하는 것이 몇 배는 싸게 먹힌다. 부상을 극복하기 위해 직접 공부하다보니 나름 핵심들이 보이기 시작했고, 직접 시험해보면서 어떤 것들이 효과가 있고 없는지도 가려낼 수 있게 되었다.

일단 '부상을 당하느냐 안 하는냐는 복불복이다'라는 말로 시작해보겠다. 공평치 않게 들리겠지만 어떤 사람은 스트레칭이나 워밍업 없이도 쌩쌩하고, 다른 사람은 스트레칭을 밤낮으로 해도 부상당하는 게 현실이다.

자세를 바로 하라

그러나 확실히 부상당하는 확률을 줄여나가는 방법은 분명히 존재하는 법, 먼저 신체의 중심에서 바라본 관점 적용으로 부상 확률을 줄이고 이미 당한 부상도 고쳐나가도록 해보자.

부상 예방 및 치료를 위해 거시적 관점에서 본 가장 중요한 키워드는 바로 '신체의 균형을 갖춰라.'다. 가슴만 펴도 병의 90%가 예방된다고 한 책을 본 적이 있다. 조금은 과장된 표현이겠으나, 그만큼 자세가 중요하다는 소리다. 인간이 직립을 통해 많은 병이 생기긴 했지만, 또 진화를 거치면서 나름 완벽한 구조로 자리잡았다. 즉 직립 자체의 문제라기보다는 완전한 직립 자세를 가지지 못하는 것이 문제가 되겠다.

예를 들어, 필자가 옛날에 다니던 회사에 배드민턴을 치다가 옆의 동료와 부딪혀 십자인대가 끊어진 후배가 있었다. 그 친구는 항상 어깨를 구부정하게 하고 돌아다녀서, 가슴을 펴고 척추를 꼿꼿이 세우고 다니라고 항상 말해주곤 했는데, 말할 때뿐이고, 다시 구부정한 모습으로 되돌아갔다. 부상은 운인지라, 결과는 누구도 장담할 수 없다지만, 분명 평소 자세를 바로 하고 다녔다면, 인대가 끊어지는 사태까지는 막을 수 있었다고 본다.

자세에 대해 깊이 들어가기 전에 필자가 인체를 바라보는 시각에 대해 조금 설명해보자. 그냥 필자가 평소 가지고 있는 감각적인 시각인데, 중추신경계인 뇌와 척수를 감싸고 있는 머리와 척추를 '소프트웨어' 작용을 도와주는 뼈로, 그리고 그 밑을 받치고 있는 골반은 몸에서 '하드웨어'적인 작용을 하는 뼈로 적용해서 보고 있다.

즉 콩나물 모양을 하고 있는 뇌와 척수가 모든 몸에 신호를 보내고 조정하는 소프트웨어적인 작용을 한다면, 그 밑에 있는 골반은 파워의 근원이자 모든 스포츠 및 생활 움직임에 있어서 중추 역할을 담당하는 것이다.

고로 힙(Hip) 부분은 파워생성의 근원이자 동시에 부상에서도 핵심적인 역할을 하게 된다. (부상 예방을 위해 다른 중요한 부분도 있지만, 너무 복잡해지므로 힙 부분만 핵심적으로 다루기로 한다.)

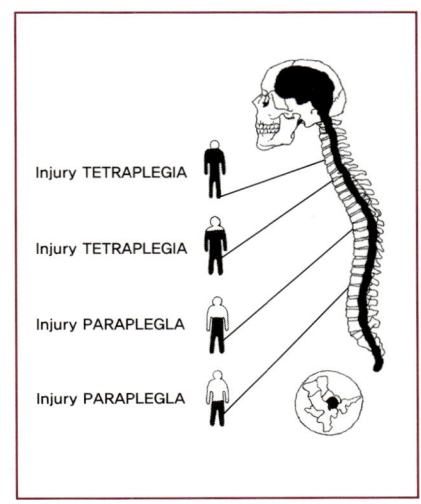

가슴을 펴고 몸을 꼿꼿이 세우면 척추가 바로 서서 각 신경계와 연결되어 있는 내장까지 좋은 영향을 미친다. 그런데 그 밑을 받치고 있는 골반이 비뚤어지면 위의 척추의 밸런스가 무너지면서 신체 전반에 수많은 문제를 일으키므로, 골반을 바로잡고 가슴을 펴주는 것은 부상뿐만 아니라 건강을 위해서도 굉장히 중요하다.

틀어진 골반은 부상의 근원

현대인들을 보면 골반이 틀어진 경우가 많다. 그래서 필자가 직접 운동을 가르치는 사람은, 운동 자세를 가르치기 전에, 몸부터 확인한다. 눈으로도 확인하고, 어떤 특정 동작을 요구하기도 한다. 또 보통은 몸의 특정 포인트를 눌러서도 확인하기도 하는데, 팔 주위를 눌러서 어느 쪽 허리가 아픈지를 알아맞히면 무슨 마술이라도 부리는 줄 알고 놀라워한다.

처음에 몸을 바로 잡는 운동을 시키고, 나중에도 운동 자세를 계속 지켜보면서 지속적으로 체크한다. 예를 들어 스쿼트를 할 때 한쪽으로 몸이 쏠리는 현상이 있으면, 나중에 여러 가지 부상이 발생하기 때문이다. 이런 것들을 중간중간 확인해줘야, 무게가 올라가도 부상 확률이 줄어든다. 좋은 코치의 역할 되겠다.

짝다리가 만병의 근원인 것도 역시 마찬가지다. 다리의 길이가 다르다는 것은 결국 골반이 뒤틀어진 것이다. 약간 틀어진 것은 문제가 없는데, 많이 틀어지면 문제가 된다.

필자도 골반이 틀어진 적이 있었다. 처음에는 허리가 아픈 이유를 모르고, 비싼 돈 주고 인대 강화 주사도 맞아봤지만 별 효과가 없었다. 나중에 공부를 거듭하며, 스스로 진단해보니 왼쪽 골반이 뒤로 뒤틀린 걸 알았다. 그래서 필자의 방식대로 스트레칭과 근력 강화 운동을 하면서 몇 년간 필자를 괴롭혀왔던 허리 통증을 완치할 수 있었다.

그 전에는 겨울에 달리기를 하면 왼손만 차가워지곤 했다. 골반 뒤틀림이 전체적인 순환에도 문제를 끼쳐 그런 현상이 나타났다고 본다. 골반이 제대로 맞춰지니, 허리만 나은 게 아니라, 무릎 아픈 것도 없어졌다. 골반이 제자리에 서니 그 아래 다리의 뒤틀림이 없어지고, 똑바로 달릴 수 있게 되어, 장거리 달리기에서 오는 무릎 통증이 없어진 것이다.

일반적인 생각으로는 무릎이 아프면 무릎 자체만의 문제로 생각하는데 원인은 다른 데 있는 경우가 많다. 즉 골반을 잡아주니 몸이 바로 서면서 무릎이 저절로 치료된 것이다. 그 이후로 필자의 몸에 맞게 개발한 스트레칭 및 근력 강화 운동을 지속적으로 해주니 아무리 장거리를 뛰어도 무릎에 문제가 전혀 생기지 않았다.

물론 허리가 아픈 것을 힙 근육의 작용으로만 볼 수는 없다. 〈동의보감〉에서도 요통의 원인을 10가지로 보고 있다. 예를 들어 '신허요통'이라고 신장이 나빠져도 허리가 아프기 때문에 (신장 결석에 걸려본 사람은 잘 알 것이다. 허리가 끊어지는 통증을 느낀다.) 다각도로 진단해야 하지만, 또한 근육의 움직임이 내장과도 연결되어 있으므로 일단 근육의 유연성 및 강화가 중요하다. 사람 몸은 자연스러움을 벗어나지 않으면서 균형을 갖추고 있으면, 웬만해서는 부상당하지 않을 만큼 아주 강력하다. 반대로 균형이 무너지면 아픈 곳이 한 곳에서 다른 곳으로 계속 다발적으로 번져가는 것이다.

그럼 이런 뒤틀림은 어디서 생기는 것일까? 원인을 알아야 치료가 가능한 법. 제일 중요한 것은 생활 습관에서 오는 근육의 불균형이다. 평소 움직임에서 한쪽 손과 발만 사용한다든지, 한쪽으로만 기댄 자세로 TV를 본다던지, 앉을 때도 항상 쓰던 쪽만 쓰다보니 몸에 문제가 생기는 것이다. 특히나 현대인의 필수품인 차를 운전하면서도 한쪽 다리만 사용하고 마우스도 한 쪽만 쓰기 때문에 문제가 발생하지 않을 수 없다.

즉 가장 중요한 치료 방법은 일상생활에서 균형 잡힌 자세 및 행동을 항시 유지하려고 하는 것이다. 한쪽으로 가방을 멘다거나, 오랜 시간 의자에만 앉아 있지 말고 시간 날 때마다 돌아다니거나 몸을 스트레칭해야 한다.

생활 습관은 정말 중요하다. 병원에서 침을 맞거나, 또는 물리치료를 받거나, 혹은 카이로프래틱 의사의 도움을 받아 일시적으로 고칠 수는 있지만 평소 생활에서 자세가 잘못되어 있으면 또 다시 도지게 된다. 자기 몸을 자기가 알고 계속 치료적 운동을 하는 것만이 해결책이다.

암에 걸린 사람은 재발할 가능성이 높다고 한다. 당연한 것이 유전적인 요인을 제외하고라도, 그 암이 발생하게끔 가장 알맞은 환경(마음 상태, 먹는 음식, 운동

여부 등)을 본인이 만들어왔는데, 그 환경에서 완전히 다른 환경으로 탈바꿈하지 않는 이상 다시 스스로 암을 키우는 건 자연스런 이치다. 그러나 오랜된 생활 습관을 고치기가 정말 힘들다는 것은 세 살짜리 애부터 여든 살 할아버지까지도 잘 아는 국민 상식. 잘못된 습관으로부터 온 자기 몸의 문제점을 직접 고치는 방법은 스스로 알아야 한다.

'뼈는 근육이 지배하고, 근육은 신경이, 신경은 뇌가 지배하고, 그리고 뇌는 마음이 지배한다'는 말이 있다. 해서 마음을 지배할 수 있는 사람은 특별한 운동 없이도 근육을 바로 잡을 수도 있겠다. (통증이 마음에서 온다는 것도 이와 관련이 있다.) 그러나 조그만 스트레스에도 발기되어주시는 우리 같은 범인들은 마음까지는 언감생심, 근육의 유연성과 강화를 통해서만이라도 뼈를 잡아줘야 이 불균형을 해소할 수 있다.

즉 핵심은 뼈를 지배하는 근육의 불균형을 해소하는 것이다. 한쪽 근육에 경련이 생겨 당기게 되면 다른 근육이 그 근육의 역할을 대신하게 (보상) 된다. 근육은 뻣뻣한 곳은 풀어줘야 하며, 힘이 없는 곳은 근력을 키워서 균형을 맞춰야 한다.

그나마 아기 때는 괜찮다. 아기가 잠 잘 때 몸을 이리 저리 움직이는 것을 본 사람이 많을 것이다. 험하게 잔다고 걱정하지만, 낮에 덜 움직인 근육을 사용하면서 몸소 고쳐나가고 있는 것이다. 그러나 나이가 든 우리는 오랜 습관이 몸에 굳어져 이런 자연치유력을 잃어버린다.

특히 운동하는 사람은 평소 잘못된 생활 습관으로 인한 근육 불균형과 더불어, 운동에서의 지속적인 자세 불량으로 오는 불균형 그리고 잘못된 운동 방식 및 운동 선택에서 오는 근육의 불균형으로 인해 문제가 더욱 복잡하게 작용한다.

스쾃트나 데드리프트 자세를 보다보면, 처음에는 괜찮다가도 운동경력이 쌓이고 무게가 올라가면서 나중에 몸이 비틀어지는 경우가 생긴다. 그래서 지식이 있는 코치가 지속적으로 관찰해서 바로잡아주는 것이 중요하다.

간단하지만 유용한 팁 하나, 아무리 가벼운 무게로 리프팅하다가도 조금만 이상하면 바로 내려놔라. 10 kg으로 몸을 풀다가 중간에 몸에 좋지 않은 느낌이 왔는데도, 평소 100 kg을 든다는 자존심에 무리하게 횟수를 채우게 되면, 그 고집 때문에 며칠 동안 근육을·못 쓰는 일이 생길 수도 있다. 약간은 쪽팔리더라도 당장에 웨이트를 내려놓고, 몸을 움직이면서 스트레칭하고 다시 리프팅하면 전혀 문제가 없다.

그리고 근육 불균형을 잡아줄 때는 특히 반대 작용을 하는 길항근에 신경을 써야 한다. 일반적으로 사람들은 잘 보이는 근육인 대퇴사두근(허벅지의 앞부분) 운동을 많이 하기 때문에 햄스트링(허벅지의 뒤부분) 근력에 비해 대퇴사두근이 지나치게 강한 경우가 많다. 그러나 연구에 의하면 대퇴사두근 대비, 햄스트링의 근력이 최소 80%는 되어야 부상을 입지 않는다고 한다.

길항근 단련에 좋은 풀 스쿼트와 무게 턱걸이

캐나다의 한 코치는 스키 국가대표팀을 맡고 난 뒤, 그때까지 부상이 많던 팀을 치료하기 위해 하프 스쿼트를 없애고 풀 스쿼트로 바꿔 시켰다고 한다. 11주 만에 그들의 햄스트링 근력은 대퇴사두근 대비 57%에서 79%로 올라갔고 부상이 현저히 줄어들었다고 한다. (이 경우에도 알 수 있듯이 국가대표 선수가 하는 자세나 운동이라고 해서 무조건 올바르고 안전한 것은 아니다. 특히 그들은 우수한 유전자를 갖고 있음에도 잘못된 자세 혹은 과도한 운동으로 인해 크고 작은 부상을 달고 산다.) 필자가 인간의 자연스런 모습인 풀 스쿼트를 강조하는 이유이기도 하다. 풀 스쿼트를 잘하기 위해 부분

반복의 개념으로 하프 스콰트를 연습하는 게 아니고서는 무조건 풀 스콰트로 가야 한다.

마찬가지로 벤치 프레스와 비슷한 무게로, 무게 턱걸이(몸무게와 매달린 무게를 합한 전체 무게)를 하게 되면 부상예방에 효과적이고, 악력을 단련할 때도 손을 오므리는 것과 더불어 바깥으로 펴주는 훈련을 같이 해야 부상이 예방된다.

서로 반대에 있는 길항근에서 근력 차이가 너무 나면 부상 입을 확률이 올라가므로, 보이기 위해서만 치중하는 갑빠 같은 근육만 신경 쓸 게 아니라, 보이지 않는 근육에도 집중하고, 항상 최대한 전체 가동 범위에서 운동하도록 노력해야 한다. 힙 주위의 근육은 풀 스콰트로 불균형을 어느 정도 해소할 수 있지만, 문제가 심각한 사람들은 아래 나오는 동작들을 같이 병행해주어야 한다. 필자가 주로 사용하는 스트레칭까지 설명하면 너무 복잡해지므로, 누구나 알고 있으면서도, 아주 효과적인 스트레칭과 근력 강화 운동을 설명하겠다.

요가 자세라 스트레칭이라 부르긴 뭐 하지만 어쨌든 스트레칭 개념으로 봤을 때 아주 좋은 운동인 '태양예배 자세'인데 이건 part2에서 국소 부위 부상과 같이 설명하기로 하고, 상편에서는 근력 강화 운동 위주로 살펴보자.

근육 불균형을 해소하는 운동들

런지

스플릿 스콰트라고 스콰트 안에 포함시키는 사람도 있지만, 엄밀히 구분하자면, 약간의 차이는 있다. 스플릿 스콰트는 발이 바닥과 떨어지지 않고 런지 자세로 내려갔다 올라갔다를 반복하는 것이라면, 런지는 발이 땅에 떨어져서 발이

런지

번갈아가며 앞뒤로 움직이면서 자세를 취하는 것이다.

처음에는 스플릿 스쿼트부터 시작했다가, 익숙해지면 런지로 옮겨갈 수도 있다. 런지를 다양한 방향으로 하게 되면, 힙 주위 근육들을 다양하게 자극함으로써 스트레칭 효과뿐만 아니라 근육을 골고루 강화시키게 된다. 앞뒤만 하는 게 아니라, 옆으로도 하고 대각선 방향으로 하면서 여러 방향에서 힙 주위의 근육들을 자극할 수 있게 해야 한다. 즉 '멀티 방향 런지'를 본격적인 워크아웃 시작 전에 워밍업으로 포함시켜주면 상당한 도움을 받을 수 있다.

한 다리 스쿼트

그리고 그보다 한 단계 업그레이드 된 좋은 운동이 있으니 바로 '한 다리 스쿼트'이다. 단순히 다리 근육 운동으로만 생각하는데 이것의 역할은 지대하다.

한 다리로 스쿼트를 하게 되면 두 다리로 할 때 사용하지 않는 근육이 사용된다. 한쪽 다리만 사용하기 때문에 골반이 움직이지 않게 잡아주는 근육이 작동하는 것이다. 필자도 예전에 이 사실을 모를 때, 왼다리로 한 다리 스쾃트를 하면 이상하게 몸이 옆으로 돌아가면서 자세가 어색하다고 생각했다. 상대적으로 힘이 떨어지는 다리 때문이라고만 생각하기에는 그 정도가 심했는데, 그것이 골반이 뒤틀어진 것과 관련이 있었던 것이다. 한 다리 스쾃트를 하면서 정자세에 신경을 쓰게 되면 골반을 잡아주는 근육을 강화시켜 부상도 예방하게 되고 이는 나중에 스프린트에서도 도움이 된다. 한 다리 스쾃트는 여기서 그 역할을 다 설명하기 어려울 만큼 정말 좋은 운동이니 두 다리 스쾃트와 더불어 꼭 하길 바란다.

케틀벨 스윙

케틀벨 스윙

외국 사이트에서 케틀벨 스윙으로 각종 부상을 고쳤다는 글을 많이 봤다. 외국 기사들, 특히 미국 사이트들은 어떤 프로그램이나, 제품을 만들든 자기 것만 최고인 양 각종 오버질을 해대며 광고하기 때문에, 있는 그대로 다 받아들이면 안 된다. 필자는 만병통치약 같은 내용을 잘 믿지 않기 때문에, 케틀벨 스윙으로 각종 부상에서 해방됐다는 기사를 보고는 처음에는 '또 팔아먹으려고 쇼한다.' 정도만 생각하고 넘어갔었다. 그러나 스윙이 힙을 펼치는 근육인 둔근과 햄스트링에 개입하는 운동이라는 생각에 미치니 나름 이론적 근거를 가진다는 판단이 섰다. 그래서 곧바로 검증 작업에 착수, 허리에 문제가 있는 사람들에게 스트레칭과 더불어 이 운동을 병행했는데, 현저하게 허리 상태가 좋아졌다. 허리뿐 아니라 골반 주위 근육이 강화되니, 골반이 제자리로 잡히면서 무릎까지 좋아졌다. 케틀벨 스윙은 컨디셔닝뿐만 아니라 부상예방 및 (서서히 강도를 올리면) 재활에도 아주 좋으니 열심히 하길 바란다.

복근 집어넣기

누워서(혹은 서서) 배를 있는 힘껏 집어넣는 행위인데(영어로는 진공이란 단어인 Vacuum을 쓴다) 일반적인 복근 단련은 물론 그 이상의 의미를 가지고 있다. 복근은 크게 4가지로 구분되는데, 그 중 가장 안쪽에 위치하고 있는 횡복근이라는 근육이 있다. 몸의 안정을 도와주면서, 모든 스포츠 동작에서도 가장 먼저 작용하는 근육 중 하나다. 즉 이 근육을 공략하면, 몸의 안정성을 통해 부상 예방을 가져올 뿐만 아니라, 스포츠 능력 향상에도 크게 기여하게 된다.

복근 집어넣기는 바로 이 근육을 집중적으로 자극하고 발달시키는 운동이다. 이외도 다양한 능력을 가지고 있는 매우 좋은 운동이다. 부상 예방과 더불어 몸을 건강히 하고 싶은 사람은 꼭 루틴에 포함시키기 바란다.

아프면
주물러라 부상과의 전쟁 part 2

이번에는 국소부위를 중심으로 한 부상을 알아보자. part 1과 달리 좀 복잡할 수 있다. 잘 보고 따라 오시라.

우선 part 1에서 설명한 바와 같이 골반을 중심으로 한 전체적인 균형을 먼저 생각해야 한다. 그렇지 않으면 국소부위를 치료하더라도 계속 문제가 발생한다. 필자는 부상을 치료할 때 여러 가지 방법을 사용한다. 경락, 경혈을 이용한 방법, 트리거 포인트(trigger point) 요법, 그리고 근막 구조 이해를 통한 방법 등을 많이 이용하는데 이것들에는 공통되는 점이 있다. 하나하나씩 살펴보면서 그 해답을 알아보도록 하자.

먼저 경락과 경혈. 우리 몸에서 에너지가 흐르는 통로라고 불리는 경락과, 그 경락 중에서도 중심적인 역할을 하는 포인트인 경혈은 동양의학뿐만 아니라 여러 분야에 많이 응용되어왔다. 마사지 중에서도 서양에서 물리치료로 잘 알려진 스웨덴 스타일과, 일본 스타일은 주로 중국의 경락 학설을 토대로 정리된 것이다.

이러한 경락, 경혈처럼 우리 신체를 지나가는 에너지 선이 존재한다는 생각은, 다른 나라에서도 마사지 및 통증요법 등에서 비슷한 구조로 나타난다. 태국 마사지도 몸을 지나가는 '십센'이라는 에너지 선과 그 안에 존재하는 중요 지점을 중심으로 안마를 한다. 경락과 완전 일치하진 않지만 상당부분 비슷한 점이 많다.

경락, 경혈 같은 경우 기의 흐름이니 뭐니 하면서 추상적인 내용이 들어가다 보니 무조건 꺼리는 사람들이 있다. 여기서 기가 실제 존재하느냐 아니냐의 논란은 이 글의 의도를 뛰어넘으니 넘어가자. 다만 필자는 그 존재 여부를 떠나 실제로 사용해봐서 효과만 본다면 무조건 적용 오케이다.

자연스러운 움직임이 최고

복싱에서 관자놀이에 정확히 맞으면 KO되는 것은 결국 경혈이 다른 신체 부위와는 확연히 다른 특수한 부위라는 것을 말해주는 한 예이다. 트리거 포인트만 하더라도 그 나타나는 위치가 70~80% 정도는 경혈과 겹친다. (해서 서양 경혈이라고 부르기도 한다.) 과사용 혹은 잘못된 신체 작용으로 인해 근육에 문제가 생기는 점을 트리거 포인트라고 하는데, 이 부분은 다른 근육보다 수축되어 혈액순환이 잘 안 되고 젖산 등이 축적되어 통증을 유발한다. 대신 눈에 보이지 않는 경혈과 다르게 현미경으로 보면 띠 같은 것이 보인다.

재미있는 것은 트리거 포인트는, 꼭 아픈 곳 주위 말고 다른 곳에서도 이 통증이 나타난다는 것이다. 예를 들어 팔꿈치가 아픈데 목 쪽 트리거 포인트에 통증이 있다든지 종아리 근육 이상인데 광대뼈에 통증이 오는 등이다. 근막 구조의 이해를 통한 방법도 이러한 특징이 있다. 각 신체 부위를 근육과 뼈로만 이해하는 해부학적 시각을 가지면, 발과 머리가 연결되어 있는 이유를 알기 힘들다. 그러나 근육을 싸고 있는 근막은 일정한 패턴을 지니면서 몸 전체를 감싸고 있는데, 이것의 패턴을 알면 가까이 있는 근육뿐 아니라 멀리 떨어져 있는 근육 사이에서 나타나는 상호 작용을 알 수 있다. (이것 또한 경락과 겹치는 부분들이 있다.) 그래서 종아리와 발을 잘 스트레칭하면 그와 연관된 햄스트링, 둔근뿐만 아니라 머리 뒤쪽 근육까지 영향을 미치게 된다. 이는 뒤에 태양예배 자세에서도 한 번 더 설명된다.

사실 이렇게 복잡한 것을 알 필요는 없다. 필자는 부상뿐 아니라 운동 처방을 위해 이 같은 기법을 응용하고 있다지만, 결국 이리저리 분석해봐도, 결론은 자연스러운 움직임이 최고라는 원칙을 벗어나지 못한다. 대신 이러한 것들을 알면 어떤 새로운 동작의 효과에 대해 가설을 세울 때는 유리한 점이 있다.

말 나온 김에 필자가 좋은 운동을 선택하거나, 건강에 관련해서 결론을 내릴 때 사용하는 가장 강력한 무기를 알아보자. 바로 '겐또와 확인사살'이다. 똑똑한 사람들 사이에서는 '가설과 검증'으로 불리는 방법인데, 다양한 분야를 공부하게 되면 좀더 명확한 겐또에 접근함으로써, 더욱 효과적으로 확실한 운동 방법 및 건강법을 걸러낼 수 있다.

예를 들어 퇴계 선생이 했다는 건강법 중 하나인 고치법(아랫니, 윗니를 소리 내어 부딪히는 것)을 처음 읽게 될 때는, 그 자체만으로는 효과를 반신반의할 수 있다. 그러나 이의 질병과 관련된 트리거 포인트가 턱쪽에 있는 점이라든지, 중국의 양생법에서 이의 건강은 이 자체의 치료보다는 잇몸 마사지를 통한 잇몸 신경자극이 중요하다고 말한 것을 알게 되면 이야기가 달라진다. 이렇게 다른 루트를 통해 알게 된 사실들을 잘 종합해보면서 고치법의 효과에 대해 나름 훌륭한 가설을 내릴 수 있게 되는 것이다.

이에 대한 검증은 스스로 했다. 필자는 이가 좋지 않아 어금니 땜빵한 것이 4개나 되는데, 고치법을 사용한 이후로 치과에 가본 적이 없다. 칫솔질 이상으로

이 건강에는 좋은 방법이니, 이에 문제 있는 사람은 아침저녁으로 100번씩 해보도록 하자. 또 사람의 이는 오장육부와 대응하는 반사 요법이 적용되니 더욱 권할 만하다.

앞에서 이야기한 방법들의 공통점을 알아보자. 아픈 부위에 직접 적용하는 것이 아닌, 전혀 상관없을 것만 같은 다른 부위를 자극함으로써 아픈 부위를 낫게 하는 바로 '리모콘적 원거리 시스템' 되겠다.

아프면 주물러라

사람 몸은 조각조각 부위별로 나눠볼 수 없고, 하나의 유기체로서 여러 가지 시스템을 통해 신체 전반이 연결고리를 가진다. 그런 시스템들을 얼마나 잘 이해하고 잘 적용하는지가, 의학뿐만 아니라, 운동을 가르치는 사람들에게는 아주 중요하다.

이러한 예가 나타나는 경우는 빈번하다. 척추만 하더라도 경추 1번이 아프면 요추 5번이 함께 아프다. 우리 몸은 대칭되는 원리가 적용되어서, 위치상 대칭되는 곳에 통증이 함께 생긴다. 즉 경추 1번과 요추 5번이 양쪽 끝에 있기 때문에 서로 대칭되고 마찬가지로 경추2번과 요추4번도 서로 대칭된다. 그래서 양쪽을 같이 치료하거나, 만성일 경우 대칭되는 점 위주로 치료를 해주면 새로운 자극 때문에 치료가 더 잘 되기도 한다. 여기서도 알 수 있는 사실은, 결국 사람 몸은 연결되어 있어서 목이 아프면 이것이 허리에도 영향을 미칠 수가 있다는 것이다.

조금은 다른 이야기일 수 있으나 프랙탈(Fractal) 구조의 원리를 응용해서도 이런 리모콘적 성격을 알아볼 수 있다. 프랙탈 구조란 세부 구조들이 끊임없이 전체 구조를 되풀이하고 있는 형상을 말하는데, 눈 결정을 확대했을 때 육각형 결정 구조들이 계속 되풀이되는 것을 생각해보면 이해할 수 있다.

인간의 신체가 전체적으로 프랙탈 구조를 띠는 것은 아니지만, 필자는 신체 중 일부가 몸 각각의 특정 부분에 반응한다는 반사 요법을 이 프랙탈 구조와 연관해서 이해하고 있다. 예를 들어 귀, 손, 발 등인데 이런 부위는 생긴 것도 몸과 비슷하고 동양학적으로도 몸 전체를 반영하는 부위이기 때문에, 여기만 잘 마사지해도 전체 몸을 마사지한 효과를 얻을 수 있는 것이다.

그럼 이런 어려운 것들을 다 알아야 부상에서 벗어날 수 있단 말인가? 아니다. 우리 같이 단순한 사람을 위한 아주 쉬운 방법이 있다. 리모콘이 없으면 수동 스위치를 그냥 돌리면 된다. 아픈 부위를 눌러주든, 비벼주든, 두드리든 그 부위에 신경을 써주면서 보살펴주면 된다. 아주 단순한 것 같지만, 필자에게서 약 3년에 걸쳐 수많은 돈을 갈취해간 엄지발가락 밑뿌리 부분의 통증을 스스로 극복한 이야기를 함으로써 이것의 중요성을 잘 설명할 수 있을 것 같다.

정밀 검사를 해도 아무런 문제가 없는데, 운동만 하면 엄지발가락 밑뿌리 부분이 아프고 발 전체에 열이 나는 것이었다. 발은 전문가가 따로 있을 정도로 복잡한 구조를 띠는 기관이다. 아니나 다를까 수많은 의사들이 그 원인파악도 제대로 못 했다. 그런 고질병을 필자의 방법으로 고친 것이다. 해결책은 너무나 심플했다. 바로 발마사지와 발목 돌리기. 이 간단한 것을 몰라 그 몇 년을 고생한 것이다. 우리는 너무나 당연한 것을 바보처럼 놓치는 경우가 많다. 발이 아프면 당연히 발을 정성껏 만져줘야 함에도, 몇 번 하다가 말거나 바로 병원으로 향한다.

초반에 병원에 가는 것은 괜찮지만 계속적인 치료가 필요한 상황에서는 통증 부위를 어루만져주는 노력이 병행되어야 좀더 빨리 그리고 근본적으로 낫게 할 수 있다. 아플 때 그 부위에 손이 가는 것은 아주 자연스럽다. 먼 길을 걷다 다리가 아프면 누가 가르쳐주지 않아도, 앉아 쉬면서 무릎 주위를 주먹으로 두드린다. 무릎 옆쪽 밑에는 족삼리라는 혈이 있는데, 여기를 두드리게 되면 다리의 피로도가 크게 감소한다. 누가 가르쳐줘서 아는 게 아니라 손이 저절로 그쪽으로 가는 것이다. 문제는 그냥 몇 번 주무르거나 만지다가 끝낸다는 것.

배만 잘 주무르고 누르기만 하더라도, 건강하게 살 수 있다. 배는 오장육부를 하나하나 대변하고 있는 아주 중요한 부분이다. 당연히 배에 관련된 병이 생기면 손이 배로 간다. 엄마 손이 약손이라는 말은 여기서 비롯된 것이다. 실제 배가 아프거나 변비가 있을 경우 배를 어루만져주거나 눌러주면 좋아진다. 몇 가지 주요 포인트가 있지만 그런 것에 개의치 말고 어디든 무조건 많이 눌러주면 내장이 활력을 되찾게 된다. (대신 돌려줄 때는 오장육부의 배치상 시계 방향으로 돌려주는 게 좋다.)

발이 아프면 발목을 돌려줘라

사실 인간은 맨발로 다니는 게 자연스럽다. 손에다 양말을 신기고 구두를 씌운 채 하루 종일 돌아다니게 해봐라. 그렇게 부자연스러운 일을 우리는 매일 하고 있다. 설거지만 해도 주부습진이 생길 정도인데, 매일 그런 부자연스런 생활을 하면서도 발에 무좀이 생기지 않는 것이 이상할 정도다.

야생동물들은 감기 같은 잔병에 걸리지 않고, 수명을 다하면 고목이 쓰러지듯 자연스럽게 죽는다. 몇 가지 이유가 있는데, 그 중 하나가 맨발을 통한 자연스런 자극이다. 전문 발 마사지사가 되지 않는 이상 발 어디어디가 몸 어디에 대응하는지 알 필요는 없다. 용천혈 같은 중요한 자리가 있긴 하지만, 그냥 열심히 전체를 마사지해주면 된다.

맨발의 중요성은 아마존 달리기에 참가할 때 확실히 체험했다. 험한 곳을 달리는 것 중 가장 괴로운 것이 바로 물집이다. 이 물집 타파를 위해 필자는 맨발로 달리는 연습을 했다. 맨살을 강하게 해줘야 신발을 신어도 문제가 없다고 생각했기 때문이다. 또 맨발 달리기를 하면 손으로 발 마사지를 하는 시간을 아낄 수 있기에, 일석이조라는 판단도 있었다. 운동장에서 맨발 달리기를 시작해서 어느 정도 단련되고 난 뒤 설악산도 맨발로 완주하게 됐다.

이리하여 나름 자신감을 가지고 정글로 향했으나…… 아니나 다를까, 필자는 그야말로 새 발의 피라는 것이 여실히 드러나고야 말았다. 경기에 참여한 브라질 네이티브, 그것도 상위권에 든 몇몇 사람들이 아예 맨발로 정글을 질주하고 있었던 것이다. 그 원시성과 터프함이란!!

바닥의 나뭇가지들이 간간이 신발도 뚫고 들어오는 무자비한 정글에서, 맨발(어떤 놈은 쪼리만 신었다)로 날아다니는 그들은, 단지 발에서뿐 아니라, 몸 전체에서 그 어떤 병에도 걸리지 않을 것 같은 탄탄함이 묻어나왔다. 아마존 원주민들의 건강함은 바로 이같이 자연에 어긋나지 않는 삶에서 비롯된다고 본다. 이들의 모습이야말로 편리한 생활로 인해 잃어버린 인간의 무한 능력을 다시 한번 상기할 수 있는 대목이 아닌가 싶다.

나이키에서도 맨발 달리기의 중요성을 알고 맨발 효과와 같은 운동화를 만든다는 기사를 본적이 있었다. 프리 웨이트 효과가 좋으니 그 효과와 비슷한 머신을 만든다는 소리와 어찌나 비슷하게 들리든지. 그냥 맨발로 달리면 되는 것을 왜 그 효과가 나는 걸 따로 만들어야 하는지 필자는 이해할 수 없다.

우리나라에서도 맨발로 계족산을 달리는 마라톤 대회가 있는 걸로 알고 있다.

어느 어르신이 거기에 참여해서 맨발로 뛰고 난 뒤 눈이 현저하게 맑아져서 신기하다고 한 기사를 본 적이 있다. 발은 그 자체로 중요할 뿐만 아니라 몸 각각의 신체에 대응되는 반사요법이므로 꼭 관심을 가지고 잘 마사지하길 바란다. 맨발 달리기를 하고 싶은 사람은 처음에는 수건 위에다 작은 돌들을 깔아놓고 집에서 밟는 것부터 시작할 수도 있다.

그리고 발 마사지와 더불어 또 중요한 것 하나. 바로 발목 돌리기이다. 고질병이었던 발을 거의 다 고치긴 했지만, 2% 미진한 부분이 있다. 필자 스스로의 태만 때문인데, 몇 달 동안 무시하고 소홀이 하면서 빡세게 운동하면 다시 통증이 나타난다. 그러나 치료하는 건 간단하다. 발 마사지를 하거나, 급할 땐 발목만 돌려줘도 쉽게 고쳐진다. 직립보행을 하는 우리에게 발목은 신체 전반을 떠받치면서 그 스트레스를 견디는 아주 중요한 기관이다. 처음에 아주 화려한 동작을 생각하고 찾은 요가학원에서, 발목을 굽히고 펴는 너무나 단순한 동작에 시간을 많이 할애하는 것이 마땅치 않았다. 요가 종류에 따라 추구하는 게 조금씩 다르긴 하지만, 필자가 처음 찾았던 곳은 그런 단순한 움직임에 꽤 시간을 쓰는 데였다.

그러나 나중에 공부하다보니 발목의 중요성은 실로 놀라웠다. 이 발목 돌리는 것만 해도 지금껏 원인을 몰랐던, 발에서 오는 많은 병을 고칠 수 있다고 본다. 의심이 나거들랑, 돈도 안 드니 한번 해보길 바란다. 분명 아픈 발쪽의 발목이 더 돌리기가 힘들며, 고통도 느껴질 것이다. 발목에는 수많은 경락이 지나간다는 사실도 이를 뒷받침해준다.

특히 발목은 실제 필드에서 적용되는 운동 능력 향상과도 아주 밀접하다. 동물들의 다리를 보면 뒤로 튀어나온 첫째 마디가 있는데, 이 부분이 인간에게는 바로 발목에 해당한다. 즉 동물들은 발끝으로 서 있다고 보면 된다. 이는 스프린트 능력 향상과도 관련이 있다.

주로 발에 대해서만 설명했지만, 이 원리를 똑같은 다른 데다 적용시키면 간단하게 해결된다. 동양에서는 목, 손목, 발목이 서로 연결되었다고 본다. 그래서 한곳을 돌릴 때는 다른 곳에 힘을 주지 않고 느슨하게 해야 한다. 즉 두 곳도 그만큼 중요하다는 뜻이다. 사람 목은 뇌로 가는 통로이기 때문에 그 중요성은 말할 것도 없고, 손목도 너무나 중요하다.

손에 생기는 문제도 발목처럼 손목 돌리기를 통해 효과를 볼 수가 있고, 손목과 전혀 상관없을 것 같은 테니스 엘보 같은 경우에도, 악력 혹은 손목이 약해서 팔꿈치가 그 충격을 대신 받아서 생긴 경우가 많다. 삼두근의 트리거 포인트를 자극해서 효과를 볼 수도 있지만, 손과 손목을 자극함으로써 테니스 엘보 통증을 고칠 수도 있는 것이다. 특히 손목은 웨이트 훈련에서 다치기 쉬운 부분이기 때문에 운동하기 전 필자는 항시 특별한 동작을 시키곤 하는데, 꼭 필자의 방법 말고도 악력 단련과 손목을 잘 돌려주는 것만으로 효과를 볼 수 있다.

스트레칭의 지존, 태양예배 자세

자, 이제 태양예배 자세를 설명하는 것으로 마무리하도록 하겠다.

필자가 웨이트뿐 아니라 달리기 전, 후에도 시키는 스트레칭인데 꾸준히 열심히하면 그 효과가 아주 대단하다. 필자는 에너지 흐름보다는 주로 직접 하면서 느낀 스트레칭 관점에서 설명하겠다. 동양학적인 의미를 설명한 책을 본 적도 없을뿐더러, 기존과는 다른 시각으로 보는 것도 의미가 있을 것 같기 때문이다. (태양예배 자세는 여러 가지 변형 동작이 있어서 다 다루기는 힘들고, 가장 기본적인 것만 알아본다.)

먼저 뒤로 허리를 뻗고는(처음에는 서서 위로 뻗기만 해도 된다.) 앞으로 굽히는 동작이다. 이 동작은 허리에 아주 좋다. 둔근과 햄스트링을 스트레칭함으로써, 그것들이 타이트할 때 허리가 그 역할을 대신해서 무리하게 되는 억울함을 미리 없애준다. 양쪽 불균형이 문제가 될 수 있지만, 계속 하면서 숙달이 되면 스스로 불균형이 심한 쪽에 신경 쓰면서 할 수 있게 된다.

그리고 엎드려 팔굽혀펴기 동작 후(힘이 되는 사람은 무릎을 바닥에 붙일 필요 없이 팔굽혀펴기를 하면 된다.) 허리에 아주 좋기로 소문난 뱀 자세로 들어간다. 그러나 실력이 되는 사람은 뱀 자세 대신에 파워요가에서 사용하는 업독 자세를 취할 수 있다. 이는 뱀 자세에서 손과 발만 땅에 닿고 나머지는 전부 바닥에서 떨어져 있는 자세다.

그러고는 다운독 자세로 들어가는데, 이 다운독은 특히 달리기 후의 피로를 풀어주는 데 아주 좋은 동작이다. 이 자세를 계속 유지하면서 호흡을 하면 몸의 회복력도 높여주는데, 위에서 설명했듯이 이 동작을 하고 난 뒤에는, 종아리 근육이 스트레칭되기 때문에 다시 앞으로 굽히는 동작으로 되돌아갔을 때, 처음보다 더 밑으로 내려가게 된다. 이 포즈들이 처음에 어떻게 만들어졌는지는 모르지만, 서로 개연성을 가지고 있음을 알 수 있다.

잠시 여기서 중요한 것 하나 짚고 넘어간다. 팔굽혀펴기와 업독 그리고 다운독을 연결 동작으로 부드럽게 넘어가는 모습에서 떠오르는 운동이 하나 있을 것이다. 바로 힌두 푸시업이다. 힌두 푸시업 또한 이걸 유행시킨 넘이 약간 사기꾼 기질이 있어서, 좋은 운동임에도 불구하고 그 효과를 그대로 믿기가 어려웠다.

그러나 태양예배 자세에 힌두 푸시업 동작이 숨어 있다는 부분과, 나중에 다른 책에서 격투기로부터 몇 년 동안 고생한 어깨 부상이 힌두 푸시업으로 나았다는 내용을 토대로 확인사살에 들어갔는데, 역시나 어깨 부상에 아주 좋은 효과를 나타냈다. 힌두 푸시업은 굉장히 좋은 운동이므로 체력 향상뿐 아니라 재활을 위해서도 잘 사용해보길 바란다. 대신 횟수를 늘리기 위해 대강대강 하기보다는 자세 하나하나에 신경 쓰면서 최대한 풀가동 범위를 이용해서 천천히 하는 것이 중요하다.

언제나 그렇듯 잔소리 하나만 하고 끝내겠다. 운동을 하는 데는 하루 몇 시간이고 바치면서, 부상 예방 및 치료를 위해서는 10분도 할애하지 않는다는 것은 참으로 우스운 일이다. 시간뿐만 아니라, 마음가짐도 마찬가지. 몇 번의 웨이트 훈련에 몸짱이 되길 바라는 것과, 적당히 포즈를 취하고 몇 번 해보지도 않고서 몸이 낫길 바라는 것과 무슨 차이가 있겠는가. 제대로 열심히만 하면 단 30분만 하더라도 충분한 시간이 될 수 있고, 또 그렇게 해야 정말 틈만 나면 스스로에게 느꼈던 그 절망감과 좌절감에서 벗어날 수 있을 것이다.

태양예배 자세 ——

Back to the Back 길항근을 기르자

항문을 조입시다. _김도향

　뒷담화, 뒤통수 맞았다 등, 뒤와 관련된 것치고 별 좋은 뜻은 없는 듯하지만, 운동만큼은 그 얘기를 달리 한다. 아무래도 지 눈에 뭐가 보여야 기분이 나는 고로, 대부분의 사람들은 주로 거울 속에 비치는 앞쪽 근육에 정력을 쏟고 있지만, 사람의 몸에서 뒤쪽이 가지는 의미는 크다. 개인적인 생각으로 사람 몸 앞부분 근육들이 이성에게 멋진 인상을 심어주기 위한 곳이라면, 뒷부분은 엔진 같은 파워를 만들어내서, 필요한 임무를 묵묵히 수행하는 곳이라 생각한다.

　재미있는 건 네 발로 걷는 동물들은 남에게 보이는 부분이 사람으로 치면 뒤쪽에 해당한다는 점이다. 오금 저리게 만드는 무시무시한 호랑이의 색깔과 문양도 주로 등에 존재하지, 배 모양이나 근육으로 '후까시' 잡는 동물은 없다. 진정한 갑옷 같은 역할을 하는 뒷근육들이 갑빠 아닌 갑빠 노릇을 하는 것이다.

　보이는 앞쪽 근육에 집중해서 땀 흘리는 것을 크게 문제 삼고 싶지는 않다. 가슴 근육과 복근이 남성에게는 로망이며, 정당한 방법과 열정으로 그런 일에 집중하는 것은 좋은 일이라고 생각한다. 그러나 필드에서 좀더 나은 자신의 스포츠 능력을 보고자 하는 자는 뒷부분을 놓쳐서는 안 된다. 거기에 해답이 있기 때문이다. 아는 사람들 사이에서는 진정으로 멋진 근육이기도 할뿐더러, 다리와 등에 인체의 근육이 대부분 존재하는 고로, 근육 키우기를 위해서라도 이곳을 집중적으로 공략해야 한다.

펀치를 강하게 치는데, 왜 미는 역할을 하는 가슴 근육이 아니라, 등 근육이 중요한지에 대해 묻는 사람들이 많다. 중요한 이유 중 하나가 감속을 하는 등의 브레이크 역할이다. 브레이크가 없는 자동차를 몰면 절대 엑셀러레이터를 마음껏 밟을 수 없다. 브레이크가 존재할 때만, 충분한 가속이 가능하다. 몸도 마찬가지. 가속을 감속할 수 있는 길항근인 등이 충분히 강하지 않으면, 몸 스스로 방어 메커니즘이 작동해서 최대한의 속도와 파워로 펀치를 뻗지 못한다.

뒤태도 신경 쓰자

역도선수들 중에서는 그 실전적인 운동의 특성상 뒤태가 멋진 선수들이 많다. 역도 자체가 온몸을 자극하기도 하지만, 그 중 특히 다리와 등을 강화시키는 운동이기 때문이다. 앞에서 여러번 턱걸이를 설명하면서 상체의 뒷부분에 대해서는 언급했던 고로, 이번에는 주로 허리와 하체 뒷부분에 중점을 맞춰서 설명하는 시간을 갖겠다.

사람 몸은 상호적으로 협동하면서 하나의 유기체로 움직이기 때문에, 어느 하나 소홀히 할 수 있는 근육은 없다. 뒷부분과 길항근 관계에 있는 앞쪽 근육들이 중요한 것도 사실이다. 그러나 기본적인 균형관계가 유지된다고 봤을 때, 뒤쪽에 더 역점을 둬야 한다. 편애를 하고 더 열심히 해줘도 된다는 말이다. 통계에 의하면 대퇴사두근과 햄스트링의 스트렝스 비율에서, 일반 선수들은 대퇴부가 더 강한 반면, 엘리트들은 반대로 햄스트링이 더 앞선다고 한다.

스포츠에서는 대퇴보다 햄스트링과 엉덩이의 쓰임새가 더 중요한 것이다. 100m 스프린트 달리기를 10번만 반복해보라. 다음날 그 동안 빡센 웨이트 훈련으로도 못 느꼈던 햄스트링과 엉덩이의 통증을 단박에 느낄 수 있다. 이는 달리기를 할 때 주로 쓰이는 근육이 다리 뒤쪽에 있기 때문이다. 그래서 단거리 스프린터들의 햄스트링을 보면 웬만한 보디빌더보다 더 멋들어진다.

비단 달리기 동작이 들어가는 스포츠뿐만 아니다. 옛날 레슬링 관련 서적들에서도, 대퇴 쪽만 훈련해서는 절대 훌륭한 레슬러가 될 수 없으니, 햄스트링 근육에 관심을 쏟고 훈련하라고 강조하고 있다. 엉덩이와 햄스트링은 파워의 근원인 힙을 펴게 하는 역할을 함으로써, 레슬링에서 몸싸움을 하거나, 힘든 상황에서 자세를 지탱시키는 데도 큰 역할을 한다.

특히 엉덩이 근육은 힙을 감싸고 있으면서, 힘을 발산시키는 아주 중요한 역할을 하는데, 이것을 잘 사용하지 못하는 사람들이 의외로 많다. 해서 실력 있는 선수일지라도 다양한 테스트를 통해 근육들을 효과적으로 이용하지 못하면, 운동 치료법을 통해 먼저 이 잘못된 움직임을 고쳐야, 장기적으로 실력을 업그레이드 시킬 수 있다. 그럼 이 중요한 뒤쪽 근육들을 발달시킬 수 있는 방법을 알아보자. 먼저 특별한 장비 없이 간단히 바벨로만 할 수 있는 것부터 살펴보겠다.

굿모닝과 스티프 레그 데드리프트

이소룡의 아우라로 인해, 아무리 강조해도 잘 하지 않으려는 운동이 하나 있다. 바로 굿모닝(바벨을 어깨에 지고, 허리를 굽혔다 펴는 동작)이라는 운동이다. 이 운동으로 이소룡이 허리를 다쳤다고 알려지면서, 그 이후로 모든 이의 기피대상 1호가 된 운동이다.

이소룡이 달리기 하다 죽었으면, 모든 사람들이 달리기를 멈춰야 하는지에 대해 한번 되묻고 싶다. 한 사람이 실수나 욕심에 의해 부상을 입었더라도, 수많은 다른 사람들에 의해 그 안정성이 보장되고 또 효과 단점이라면, 너무 쫄 필요가 없다. 항시 빡셈을 부르짖고, 마초 근성을 역설하는 사람들이, 특별한 정황도 없이 누가누가 부상을 당했다는 얘기만 나오면 너무 주춤한다.

완전히 찬성하는 방법은 아니나, 도리안 예이츠 운동 방법에 대해서도 마찬가지. 정작 본인은 그 방법이었기에 자기가 올림피아 챔피언까지 올라섰다고 옹호했지만, 터프하다 자찬하는 많은 이들이 부상 어쩌고 저쩌고 하면서, 당장이라도 큰일 날 것처럼 피하는 나약함을 보인다.

물론 올바른 자세와 주기화에 따른 몸에 대한 이해를 전제로 조심스럽게 시행해야 하는 것은 맞다. 그러나 단순히 자기 이론을 관철하고 상대방을 비난하기 위해 누군가 과장한 말에, 너무 필요 이상으로 반응해서 스스로 해보지도 않고 지레 짐작하는 것은 안타까운 일이다. 스티프 레그 데드리프트는 어느 누구도 위험하다고 말하는 사람이 없으며 오히려 장려하는 분위기인데, 유독 굿모닝만 위험하다고 하면 좀 우습다. 사실 바벨이 놓이는 위치 빼고는 두 운동의 자세와 자극 받는 곳이 많이 비슷하다. 그래서 필자는 스쿼트와 굿모닝의 관계를, 데드리프트와 스티프 레그 데드리프트의 관계와 같이 본다.

데드리프트 자체가 햄스트링이 어느 정도 강조되는 운동이긴 하지만, 스티프 레그 데드리프트는 더더욱 뒤쪽을 자극하는 운동이다. 처음 운동하는 사람들은 많은 것을 한꺼번에 할 필요는 없지만, 그동안 데드리프트만 해온 사람들은 스티프 레그 데드리프트를 조금씩 끼워넣어서 전체적인 균형을 꾀할 수 있다.

어쨌든 요지는 스쾃트를 꾸준히 해왔던 우리들은, 아침 인사하듯 굿모닝 운동을 반갑게 맞아들이라는 것이다. 굿모닝은 허리 및 햄스트링과 엉덩이 강화에 탁월하고, 이것은 파워리프팅 방식의 스쾃트 무게 올림에도 결정적인 영향을 미치니, 파워리프팅 대회에 나가고자 하는 사람은 물론 불균형이 심한 사람은, 가벼운 무게로 시작해서 정확한 자세를 익히면서 발전시켜 나가시라.

글루 햄 레이즈와 리버스 하이퍼

둘 다 일반적인 헬스클럽에서 보기 힘든 훈련인데, 특히 리버스 하이퍼는 기구 자체가 존재하는 체육관이 국내에는 별로 없다.(최근 삽짐(crossfitsap.co.kr)에 생겼다.) 글루 햄 레이즈는 바닥에서도 할 수 있지만, 기구를 이용하면 가동 범위를 넓힐 수 있고, 더욱 편리하게 할 수 있다.

사실 바닥에서 하는 글루 햄 레이즈는 시행 자체가 힘든 운동이다. 자기 몸무게만큼 풀랫다운을 해도 턱걸이 하나 못 하듯이, 자기 몸무게만큼 레그컬을 해도 글루 햄 레이즈를 1회 반복하기가 힘들다.

힘든 만큼 그 이상으로 햄스트링과 엉덩이 발달에는 탁월하다. 무릎을 굽히는 운동은 시행하기 힘든 특성 때문에, 루틴에서 레그컬을 완전히 배제시킬 수는 없겠지만, 실전적인 햄스트링과 엉덩

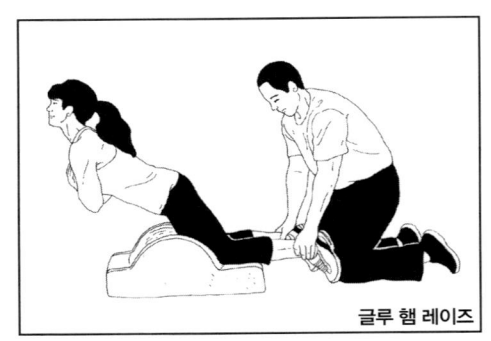

글루 햄 레이즈

이 발달을 위해서는 꼭 글루 햄 레이즈에 더 관심을 가지고 루틴에 포함시켜야 한다. 처음엔 맨몸으로도 힘들지만, 어느 정도 단련이 되고 나면 가슴에 웨이트를 안고 운동함으로써, 체계적으로 무게를 올려 나갈 수 있다.

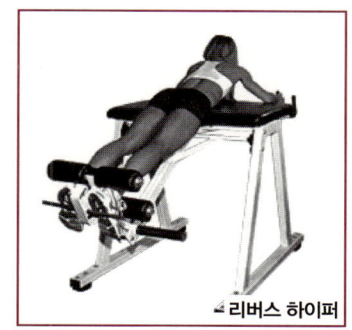

리버스 하이퍼

리버스 하이퍼는 실전성과 재활에서 그 효과는 실로 대단한 운동기구다. 처음 이 기구가 나왔을 때만 해도 사실 긴가민가 하는 코치들이 많았다. 그러나 허리에 부상을 입고 재활이 필요한 사람들이, 이 기구를 통한 운동으로 통증이 없어짐은 물론, 전보다 훨씬 강력한 허리를 가지기 시작하면서, 인기를 얻게 되었다.

뿐만 아니라 강해진 허리를 통해, 스쿼트 무게를 올리는 데도 크게 기여를 함으로써, 실전성을 요하는 운동을 하는 체육관에서는 필수품으로 자리잡았다.

자세에서 볼 수 있듯이 요가의 메뚜기 자세의 궤적을 넓힌 운동이다. 메뚜기 자세는 원래 신장을 튼튼하게 하면서 허리를 강화시키는 동작인데, 남자들에게 특히 좋은 운동이다. 요가 동작을 염두에 두고 만든 기구는 아니지만, 결국 이 동작의 궤적을 넓히고, 무게를 계속 올릴 수 있게 만듦으로써, 실전적인 기구가 탄생한 것이다.

메뚜기 자세는 자기 맨몸밖에 사용할 수 없어서 강도를 높이는 데 한계가 있지만, 리버스 하이퍼는 지속적인 무게올림이 가능해서 강도를 무한정 올릴 수 있고 그래서 더 강한 허리힘을 키울 수 있다. 글루 햄 레이즈와 마찬가지로 리버스 하이퍼를 잘 이용한다면, 스쿼트와 데드리프트 무게의 향상을 가져올 수 있으니, 혹 운 좋게 체육관에서 발견하신다면, 그 진가를 아는 여러분들이 독점해서 이용하시길.

썰매 끌기

체육관 밖에서 할 수 있는 뒤태 강화 훈련으로는 썰매 끌기를 들 수 있다. 스트롱맨 훈련 중 하나라고 볼 수 있는데, 워낙 효과가 뛰어나, 밖에서 운동할 공간이 있는 데라면 꼭 마련해야

한다. 끄는 방법에 따라 다양한 자극을 줄 수 있지만, 스트롱맨 대회에서 트럭 끌기처럼 앞에서 끌고 가는 형태가 햄스트링 자극을 많이 가져온다.

북극, 남극 탐험대가 먹고 자는 장비를 운반하기 위해, 보트 기능을 겸하는 썰매에 짐을 실어 끌고 가는 걸 본 적이 있다. 훈련을 위해 눈 덮인 산에서 끌기도 하고, 생사를 넘나드는 혹독한 환경에서 힘들게 끌고 다니는 걸 보면서도, 필자의 머릿속에 맴돈 건 그들이 흘리는 땀이 아니라, 오직 그 운동의 효과였다.

체계적으로 이 훈련을 해본 사람은 절대로 썰매를 애들이 가지고 노는 유치한 도구 정도로 보지 않는다. 필자가 스쿼트를 강조하니 이것만 하면 모든 게 되는 줄 알지만, 필드에서 뛰어 다니며 파워를 발산해야 되는 선수들은 이와 같은 운동들을 꼭 병행해야 한다.

체육관에서 별로 실전적이지 않는 운동을 하는 선수들이, 필드에서 잘하는 이유 중 하나는 이런 운동들을 포함해서 하기 때문이다. 타고난 유전자와 더불어 필드에서 종합적인 기구를 이용해서 열심히 뛰어 다니기 때문에 체육관에서 질 떨어지는 운동을 해도 효과를 얻는 것이지, 일반인들이 그들의 뛰어난 실력만 보고, 실전적이지 않은 체육관 운동만 따라 하다가는 낭패를 보게 된다.

운동의 효용을 파악할 때는, 항시 '때문에'가 아니라 '불구하고' 잘하는 게 아닐까라는 생각을 해야 한다. 그래야 좀더 발전할 수 있는 가능성을 찾게 되고, 능력을 더욱 더 향상시킬 수 있다.

케틀벨 스윙

역도 쪽이 주로 수직 점프 움직임에 가깝다면, 스윙은 수평 점프 움직임 쪽에 가깝다. 수직 점프와 수평 점프 능력은 서로 연관성이 있어서 편가르기가 뭐 하다만, 메커니즘 적으로 햄스트링과 엉덩이가 많이 쓰이는 스윙이 주로 수평 점프 쪽으로 강조된 운동이다.

맨몸이 아닌, 웨이트로 하는 필자의 '웨이트 빅3' 운동 중 하나에 케틀벨 더블 스윙이 들어가는 것도 같은 이유에서다. 역도를 잘하는 사람도, 케틀벨 두 개를 잡고 더블 스윙을 하게 되면, 컨트롤하는 데 상당히 애를 먹는다. 스윙을 하면, 역도처럼 바벨이 최대한 몸에 붙는 게 아니라 몸에서 멀어지는 궤적을 보이기 때문에 웬만한 힘과 파워가 없으면 쉽게 다루기 어려운 동작이기 때문이다. 햄스트링, 엉덩이와 허리뿐만 아니라 등도 강화시키는 운동이니, 열심히들 하시라.

몸의 불균형은 많은 문제를 일으킨다. 좌우든 앞뒤든 간에 어느 이상으로 차이가 나면 부상뿐만 아니라 정확하고 파워풀한 움직임에서도 제약을 받게 된다. 그 동안 숨어 있는 근육을 찾아 헤맸다면 가장 먼저 타깃으로 삼아도 되는 곳이고. 이것저것 다 떠나, 앞발의 당김(등)과 뒷다리 미는 운동(햄스트링, 엉덩이)으로 바람을 가르며 질주하는 동물들의 파워가 탐나는 분이 있다면, 그 동안 외면해 왔던 우리들의 뒷부분에 대한 올바른 이해와 관심을 가져야 한다.

제7장

단순함에
대하여

!

"단순함은 군대에서도 가장 중요한 철칙 중 하나다. 대부분의 특수 작전에서 항상 강조하는 것 중 하나가 KISS 원칙이다. 여러 가지 해석이 가능하지만 보통 Keep It Simple (YOU) Stupid. (간단히 해! 씹새야!) 라고 풀이되는 이 말은, 작전을 복잡하게 만들수록 실패할 확률이 높아지는 것을 경계한 소리다."

- 단순함에 대하여
- 움직임 없는 운동, 아이소메트릭 정지의 힘
- 대리 운동
- 힘을 잃은 그대에게

단순함에 대하여

읽기 쉬운 글이 가장 쓰기 어렵다. _헤밍웨이

단순함은 그 자체로도 멋지지만, 한곳에 에너지를 집중할 수 있게 만들어주고, 운동 관점에서 보자면 인간도 결국 동물이라는 대전제를 일깨워주는 순수함도 가지고 있다.

정글에서 열리는 장거리 달리기 대회에 참가한 적이 있었는데, 환경이 험한지라 수많은 외국인들이 첨단 장비로 무장하고 나왔다. 그러나 정작 대회에 참가한 현지인들은 콜라 페트병에 긴 호스를 꽂아 카멜백을 대신하고, 배낭을 지니고 강을 건널 때도 우리들이 방수를 위해 애용하는 드라이 색은 당연히 없고, 그냥 큰 비닐봉지에 모든 걸 담고 수영을 했음에도 그 누구보다 빠르고 날랬다.

인간의 동물적 본능을 절실히 느끼게 해주는 정글에서의 단순하고도 거친 생활과 그들의 심플한 장비는 너무도 절묘하게 잘 어울렸으며, 그래서 그들의 모습은 아직도 강한 인상으로 남아 있다.

세상이 발달하면 모든 것들이 복잡하고 다양해진다. 그렇게 복잡한 세상을, 처음에는 자기가 컨트롤하는 것 같지만 어느 순간 그 복잡성에 의해 자기 정체성을 잠식당하고, 반대로 세상에 의해 컨트롤 당함을 느끼게 된다. 이러한 세상에서 살아남고 또 진정 그런 세상을 즐길 수 있는 방법 중 하나가 근본인 단순성을 찾고 유지 발전시키는 것이라고 필자는 생각한다.

단순함은 군대에서도 가장 중요한 철칙 중 하나다. 대부분의 특수 작전에서 항상 강조하는 것 중 하나가 KISS 원칙이다. 여러 가지 해석이 가능하지만 보통 Keep It Simple (YOU) Stupid. (간단히 해! 씹새야!) 라고 풀이되는 이 말은, 작전을 복잡하게 만들수록 실패할 확률이 높아지는 것을 경계한 소리다.

서두에 소개한 헤밍웨이의 말대로 원래가 간단하고 쉬운 글이 쓰기가 힘들고, 실력자일수록 단순한 예를 들어 알아듣기 쉽게 설명할 수 있다. 쉽게 얘기하기 위해서는 그 분야에 대한 이해가 완벽해야 한다. 어중간하게 알고 있으면, 적절한 예를 찾을 수 없으니 괜히 어려운 단어를 써서 그걸 감추려고 한다.

해서 훈련을 논할 때도 '이 운동만 해라. 그럼 끝이다.' 라고 말하는 단순화 작업은, 절대로 쉽지 않다는 것을 알아야 한다. 완벽하게 커버를 못 할지라도 이것만 하라고 말하기까지는 수많은 검증 과정과 버리는 능력 및 통찰력이 수반되어야 가능하기 때문이다. '이것도 해야 하고, 저것도 해야 하고' 모든 운동을 한곳에 때려 붓는 것은, 모 팝송 가사에도 나오듯이 'everything is nothing'(모든 것은 아무것도 아니다)처럼 아무것도 모르는 것과 같다.

요즘 외국 피트니스 웹사이트를 보면, 정보는 넘쳐나는데 (간혹 좋은 정보도 있지만) 서로 상반된 내용이 많다거나, 그렇진 않더라도 지금까지 나온 방법을 그냥 잡탕으로 다 모아놓고 양만 대따 늘려놓은 경우를 많이 목격한다. 그렇게 핵심을 짚어주지 못하면 막상 기사를 볼 때는 재밌는데, 보고 나면 무엇을 해야 할지 모르는 상황에 직면한다.

요가 동작만 하더라도 몸에 좋은 동작은 수를 헤아릴 수 없을 만큼 엄청나게 많다. 이것저것 모든 동작을 소개하는 사전 같은 요가 책도 하나 정도는 필요하겠지만, 나머지는 정말 먹기 좋게 요리해주는 책이 필요하다.

위대한 요가의 대가 스와미 시바난다는 머리로 서기, 어깨로 서기, 앞으로 굽히기 이 3가지 요가동작만으로도 충분히 건강을 누릴 수 있다고 말했다. 물론 더 많은 동작을 하면 좋겠지만, 이것저것 다 하라고 말하는 것보다 과감하게 그 3가지로 요약하는 것이 훨씬 힘든 일이다. 그렇게 뼈대가 서야 그 중요한 동작을 우선으로 해서 완벽한 마스터를 한다든지, 또는 그 이후에 더 욕심이 생겨 그 뼈대를 약간만 변형하거나 몇 가지를 덧붙이는 등 응용이 쉬워지는 것이다.

웨이트 운동의 단순함

요즘처럼 웨이트 훈련의 정보가 넘쳐나는 세상에서, 굳이 필자가 옛날 장사들의 이론을 많이 소개하는 이유도, 약물 이전 시대라는 이유 외에도 그들은 복잡함 없이 단순하고 효과적인 운동만으로 너무나 훌륭한 성과를 이루어냈기 때문이다. 그리고 각종 머신 및 단순 관절 운동으로 얼룩진 작금의 피트니스 세계에서는 단순한 다리 운동 중 하나로만 알고 있는 스쿼트를, 필자가 꾸준히 온몸 전체 운동 및 최고의 근육 성장 운동 중 하나로 강조하고 인식시키려 노력하는 것역시, 지난날의 장사들은 이 운동 하나만으로 누구보다 큰 근육을 만들었던 사실에 기인한다.

자! 그럼 필자가 보는 웨이트 트레이닝의 단순함은 어떤 걸까?

'WMPT 5(무게 밀리터리 PT 5대 운동) + 역도' 면 모든 웨이트 운동은 끝난다.

밀리터리 PT 5대 운동(팔굽혀펴기, 턱걸이, 딥, 윗몸일으키기, 맨몸스쿼트)은(이하 MPT5) 원래 몸으로 하는 운동이지만 여기에 외부 무게를 더하게 되면 웨이트 운동으로 변모된다. 그리고 거기다 순수 웨이트로만 시행하는 운동으로 역도를 덧붙인 것이다.

MPT5 운동은 특별한 도구가 없는 군대에서 체력을 쌓기 위해 시행하는 다양한 PT 동작들의 핵심만 모아놓은 것들이다. 즉 아무리 PT가 복잡해도 결국 저 5개만 하면 다 커버된다. (유산소 능력이 필요한 PT는 달리기로 다 해결된다) 상체의 밀고 당김, 하체의 일어남, 그리고 복근까지 온몸을 모두 자극한다.

필자가 몸으로 하는 운동을 선호하는 이유가 웨이트 없이 맨몸으로만 하는 운동이 더 좋다는 제한된 의미가 아니라, 그 움직임이 자연스럽기 때문에 그 움직임을 기본으로 하고 좀더 많은 근육과 힘을 원할 때는 거기다 외부 웨이트를 덧입히면서 원하는 방향으로 변형 가능하기 때문이다.

맨몸으로 하는 운동은 그 하나만 집중해도 몸을 꽤 괜찮게 만들 수 있다는 장점이 있다. 필자에게는 팔굽혀펴기와 윗몸일으키기만으로도 멋진 몸매를 갖춘 외국인 친구가 한 명 있다. 본시 웨이트를 좋아하지 않고 장거리 달리기만을 줄기차게 하는 캐나다 친구인데, 달리기 후 시행하는 '팔굽혀펴기 30회 + 윗몸일으키기 20회' 9세트만의 운동으로도 아주 멋진 몸을 만들었다.

그가 좋은 몸을 갖춘 건 어느 정도 좋은 유전자와 기본적인 몸무게가 되기 때문이기도 하지만, MPT 5대 운동 중 하나만 특화해서 제대로만 파도 충분히 만족할 만한 성과를 가질 수 있기 때문이다.

특히 맨몸 운동의 큰 장점 중 하나는 그 운동 하나에 완벽한 전문가가 되고 나면, 자부심과 더불어 자신감 고양에도 큰 몫을 한다는 점이다. 즉 〈세상에 이런 일이〉 유의 TV 프로그램에 얼굴을 내밀려면 MPT5 중에 하나만 죽도록 파면 된다. 마라톤을 완주하는 사람들은 하도 많아서 관심을 받지 못하지만, 오히려 훨씬 적은 시간이 걸리는 팔굽혀펴기를 몇천 개 한다고 하면(쉽진 않지만), 더 많은 사람들이 관심을 가지기 때문이다. 그리고 그렇게 한번 명성을 얻고 나면 자신감 플러스에 명예유지 욕구가 생겨나 다른 운동까지 열심히하게 된다. 이렇게 좋은 MPT5 운동에 웨이트(무게)를 달게 되면 근력과 근육 형성에 아주 유효한 운동이 된다.

1. 무게 팔굽혀펴기

체지방만 제거한다면 팔굽혀펴기 자체만으로도 나름 멋진 몸매를 가질 수 있지만, 더 큰 근육을 원한다면 무게/저항을 올려야 된다. 이는 벤치 프레스에 무게를 올려나가는 것과 다름없다. 방법은 여러 가지가 있다. 가장 쉬운 예가 등에 무게를 조금씩 올리면서(개선) 웨이트 운동의 원칙을 고수하는 것이다. 그러나 등의 바벨 플레이트를 올리는 것은 무게가 어느 이상 되면 자세가 나오기 힘들기 때문에, 무게를 점진적으로 올릴 수 있는 중량조끼를 사용해서 더욱 더 안정적으로 운동한다. 그런 도구가 없다면 어떤 방법이든 창조적인 아이디어를 이용해서 무게를 올려나가도록 한다.

그리고 확실한 무게 올림은 기대하기 힘들지만 모티베이션 향상 차원에서, 간단한 목표를 수립하고 정진하는 것도 괜찮다. 예를 들어 등에 가족 중 한 명을 태우고 팔굽혀펴기를 몇 차례 성공시키는 걸 목표로 삼는 것이다. (이는 밑의 다른 운동에도 다 적용 가능하다.)

처음에는 무게가 가벼운 아기가 될 수 있겠고, 더 큰 목표로는 가족 전부를 등에 태우거나 턱걸이 할 때는 매달리게 해서 운동을 한다. 이러면 내 가족은 어떤 상황에서든 내가 다 지켜낼 수 있다는 가장으로서의 자신감도 생기게 된다.

2. 무게 턱걸이

턱걸이만으로는 근력과 근육 형성에 제한적이라고 말하는 사람들이 있는데, 당연히 본인 몸무게 그대로만 가지고 계속 하니까 한계를 지니는 것이다.

모든 운동은 어느 횟수 이상으로 반복수가 올라가면 근지구력 운동으로 변모하기 때문에 근력과 근육 형성이 정체된다. 그러나 거기다 무게만 계속 올려나간다면 힘은 당연히 상승하고 근육도 유전적 한계는 있지만 계속 자라나게 된다.

속도 조절을 통한 자극이라든지 한 팔에 더 힘을 주는 것과 같은 힘의 분배를 통해서 자극을 늘릴 수도 있지만, 시행하기에 가장 쉽고도 발달을 측정하기에 손쉬운 것이, 무게를 더 올려나가는 방법이다. 위에서와 같이 중량조끼를 이용하거나 허리에 벨트를 차고 무게를 올려나가면 된다. 배낭에 웨이트를 넣는 것도 괜찮으나 무게 중심이 뒤로 쏠리기 때문에 앞의 방법이 더 선호된다. (배낭을 앞으로 메면 괜찮다는 피드백을 받았다.)

3. 무게 딥

딥 또한 마찬가지로 무게를 다는 무게 딥을 하면 벤치 프레스 이상의 상체 근육을 키울 수 있는데, 아직까지 벤치 프레스 같은 주목을 받지 못하는 것이 안타깝다.

꼭 링에서 하는 어려운 딥이 아니라 평행봉에서 하는 딥만 하더라도 무게를 올리기만 하면 근육 성장 효과는 다 볼 수 있다. 근육 형성에서 2개의 운동을 조합을 한다고 했을 때 필자는 '스콰트와 무게 턱걸이' 조합을 선호하나, 과거 근육맨들은 '스콰트와 무게 딥'을 많이 결합했다. 즉 스콰트가 몸 전체 운동이기는 하나 하체 쪽이 강조되는 운동이므로, 나머지 상체 근육은 무게 딥으로 확실하게 보충하는 것이다.

전설적인 보디빌더 모리스 존슨만 하더라도 무게 딥을 애용해서 52인치의 가슴과 19인치 팔을 키웠다고 한다. 당근 무게를 많이 올렸을 경우에만 가능하다. 허리에 벨트를 차고 한다고 가정했을 때 처음에는 50kg을 목표로 하고 나중에 100kg까지 달고 운동하게 되면 정말이지 근육 성장에 많은 효과를 볼 수 있다.

힙벨트 스콰트

4. 힙벨트 스콰트

맨몸 스콰트에 바벨을 지고 하는 기본적인 바벨 스콰트는 많이 언급했으므로, 여기서는 무게를 다른 방식으로 달고 하는 힙벨트 스콰트에 대해 알아보겠다.

힙벨트 스콰트는 허리에 벨트를 달고 거기에 무게를 달아 올리면서 스콰트를 하는 것이다. 상체의 압박이 없기 때문에 바벨 스쾃트보다 근육이 덜 쓰이기는 하나, 그 때문에 허리에 부담도 없고, 그야말로 순수하게 다리 힘과 근육에 집중할 수 있는 스쾃트다.

바벨 스쾃트를 완벽히 대체할 수는 없으나, 스쾃트 랙이 없어 바벨 스쾃트가 불가능한 상황에서는 한번 시도해볼 수 있는 운동이다. 특히나 시행 도중 무게를 아무렇게나 내려놓을 수 있어 참으로 안전하며, 또한 마음 편안하게 최대 무게까지 올릴 수 있는 운동이다.

다만 가동 범위가 풀 스쾃트를 못 따라가기 때문에 진정한 성장을 원한다면, 견고한 박스 또는 의자 위로 올라가서 양쪽 박스 사이로 웨이트가 내려가게끔, 변을 누는 듯한 자세로 앉았다 일어서면 된다.

5. 윗몸일으키기

간단하다. 디클라인 벤치의 각도 조절로 강도를 높이고, 나중에는 가슴에 웨이트를 안아서 더 힘들게 만들고, 궁극에는 레슬링 선수들이 하듯 파트너가 웨이트를 대신해서 위에서 눌러주면 끝없는 근력 및 근육 성장이 가능하다.

추가하면 좋은 물구나무 팔굽혀펴기

여기다 하나 붙이고 싶은 것이 있다. 군대 특성상 시행하기 힘들어 목봉 체조로 대체하고 있기에 MPT 5에서는 빠졌지만, 전반적인 상체 발달과 힘에 아주 좋은 물구나무 팔굽혀펴기이다.

인간이 거꾸로 서서 다녔다면 아마 이것이 스쾃트를 대신하는 운동이 되었을 것이다. 물구나무서기는 체조에서 가장 기본적이고 중요한 운동이며, 이것을 제대로 해야 몸의 근육 형성뿐만 아니라, 상체의 힘을 완성시킬 수 있다.

옛날 장사들 중 웨이트를 사용하지 않고 아이소메트릭(정지의 힘 394p 참조)과 맨몸 운동만으로 근육을 키웠던 사람들은 이 물구나무 팔굽혀펴기를 아주 중요하게 여겼다. 의자 두 개를 놓고 거기에 각각의 팔을 올려서 물구나무 팔굽혀펴기의 가동 범위만 늘어나게 시행해도, 따로 외부 무게 없이 탁월한 효과를 누릴 수 있다. 폴 앤더슨의 책을 보면 역도 챔피언인 만큼 밀리터리 프레스 무게가 엄청났음에도 다리를 벽에 대고 물구나무 팔굽혀펴기를 하는 사진이 있다. 밀리터리 프레스와는 또 다른 장점을 주는 운동인 것이다. 몸무게가 아주 가볍지 않은 이상 특별히 외부 무게가 필요하진 않지만 만약 몸에 무게를 더하게 되면 스쿼트가 하체에 실전적인 힘을 길러주는 것과 같이 물구나무 팔굽혀펴기는 상체에 실전적인 힘을 길러준다.

순수하게 외부의 웨이트로 하는 운동은 역도 하나면 끝난다. 웨이트로 할 수 있는 운동들은 수도 없이 많지만, 역도 빼고는 굳이 하지 않아도 문제가 되지 않는 것들이다. 그 변형된 형태만도 너무나 많을뿐더러, 굳이 변형 형태 없이 클린 앤 저크와 스내치만 해도 온몸을 자극한다. 어차피 외부 웨이트의 존재 근거는 바닥에서 위로 들어올려지는 것이다. 이 단순성에서 나온 역도이기에 그 파워는 더더욱 빛을 발한다. 누가 억지로 머리를 써서 근육을 자극하기 위해 고안한 운동이 아니라, 그냥 인간의 자연스러운 습성과 움직임의 단순성을 따랐는데도, 역도가 최고의 파워 운동이자 몸 구석구석을 전부 자극하는 운동이 된 것을 보면 참으로 오묘하다. 그와 동시에 그런 단순한 동작의 역도가 마스터하기는 너무도 어려운걸 보면 정말 세상 모든 일처럼 아이러니하기도 하다. 다만 추상(프레스가 포함된 역도 동작)이 역도 경기 종목에서 사라진 이후 역도가 가슴 근육을 충분히 자극하지 못한다는 소리를 듣고 있는데, 경기가 목적이 아닌 우리들은 역도의 한 종류로서 추상을 훈련 종목으로 끼워넣도록 한다.

횟수와 세트에도 적용하는 **단순함의 원리**

횟수와 세트를 결정하는 데는 다양한 요소가 존재하지만, 여기서는 '단순함의 원리'를 이용해서 간단하게만 살펴보자.

단순한 숫자는 모티베이션을 잃지 않고 계속 정진하게끔 만들어준다. 슈퍼 스쿼트를 19회나 21회가 아닌 20회로 하는 것은 그 효과의 차이 때문이라기보다는, 20으로 숫자가 딱 떨어지니 거기에 매진하고자 하는 의지가 솟아나게 만들기 때문이다.

마찬가지로 횟수와 세트를 정하기 위해서 누구나 간단하게 생각할 수 있는 숫자로 단순하게 접근하는 것이 중요하다. 즉 횟수와 세트를 합한 총합의 개념으로 살펴본다. 먼저 100이라는 숫자를 생각하고, 그리고 그 반인 50 또 그 반인 25와 마지막 10 미만으로 크게 나누어보도록 한다.

100회라는 숫자는 근지구력 운동을 위해 많이 사용된다. 최대한 적은 수의 세트를 이용해서 연속적으로 하거나, 아니면 40회-30회-20회-10회처럼 역피라미드 방식을 이용할 수 있다. 특히 100은 첫 3자리 숫자인 만큼 누구나 도전하고픈 욕망이 일게 만드는 마력이 있다. 그리고 100은 굳이 근지구력뿐만 아니라 근육 형성을 위해서도 많이 사용하는, 독일 볼륨 훈련 10세트×10회를 반영하는 숫자이기도 함으로, 정체기 타파 수단으로 가끔 이용할 수도 있다.

50이라는 숫자는 어느 정도 무거운 무게를 사용하고 중간에 휴식을 취하면서 시행하면 근육 형성에 좋고, 무게를 낮추고 빨리 시행하게 되면 컨디셔닝 향상에 좋다. 근육을 키우기 위해 많이 사용하는 피라미드 방식인 15회-12회-10회-8회-6회를 다 합하면 약50회 정도가 된다. 컨디셔닝 동작의 콤비네이션에 많이 이용하는 20회-15회-10회-5회도 횟수를 다 합하게 되면 50회가 된다. 그리고 기억하기도 쉽고 도전하고픈 모티베이션을 자극하는 10회-

9회–8회–7회–6회–5회–4회–3회–2회–1회도 다 합하면 약 50회 정도가 된다.

힘과 근육을 같이 키우고자 할 때 많이 사용하는 5세트×5회 같은 경우는 전체 횟수가 25회다. 5세트 5회만 고집할 필요 없이 25회로 전체 개수가 나오는 방식으로 다양한 조합을 만들 수 있다. 근육 형성에 좋은 3세트×8회라든지 힘 쪽으로 관심을 돌려, 반대로 파워 운동으로 많이 사용하는 저반복 세트인 8세트×3회 등과 같은 방식으로 다양한 응용이 가능하다.

또 더더욱 힘과 파워 면에 집중하고 싶다면 10 미만으로 전체 횟수를 생각할 수 있다. 3세트 ×3회로 약 10이라는 숫자가 나오게 조합을 만들어볼 수 있고, 3회–2회–2회–1회–1회–1회 같은 저반복 조합을 하거나 아예 싱글만 10번 할 수도 있다.

움직임 없는 운동
아이소메트릭 정지의 힘

有보다 無가 쓸모가 많다. _노자

지금껏 스피드와 파워에 대해서 많은 이야기를 해왔다. 모두가 빨리빨리를 외치는 세상에 차라리 모든 걸 느리게 하면 어떨까? 아니면 아예 정지한다면?

무술에 관심이 많은 친구와 오래 전 펀치에 관한 얘기를 하던 중에, 그로부터 다음과 같은 일화를 들은 적이 있었다. 어떤 무림의 고수가 펀치를 빨리 치기 위해, 아주 천천히 펀치를 치는 연습을 계속했더니 어느 순간 손이 보이지 않을 정도로 빨라졌다고 한다. 원래 세상 이치가 극과 극은 통하기 마련인지라 상당히 흥미로운 이야기라 생각했더랬다.

느림의 미학을 보여주는 또 다른 사례가 있다.

실제 존재하는 게임인지는 정확하지 않으나, 인도에서는 10m를 최대한 느리게 들어오는 사람이 1등 하는 달리기가 있다고 한다. 문제는 멈춰 서서는 안 되고 무조건 움직여야 한다는 원칙인데, 이거 조금만 해봐도 굉장히 힘들다는 걸 알게 된다. 즉 체력 좋은 사람이 빨리도 들어오지만, 늦게 들어오려고 해도 좋은 체력이 필요하다는 것이다.

이런 저런 것 필요 없이 우리의 군대생활을 한번 회상해보면 쉽게 이해할 수 있다. 훈련을 나가기 전 군장 검열의 고통을 다들 한 번쯤은 경험했을 것이다. 농담반 진담반 100km 행군보다 행군하기 전 군장 검열이 더 힘들다는 말들을 하곤 했는데, 이는 지겨움에서 오는 힘듦과 더불어 몸을 움직이지 않기 위해 소모되는 체력 또한 너무나 크기 때문이다. 그래서 이번엔 움직임 없이 힘을 기르는 방법을 준비했다.

근육 수축만으로 하는 운동, 아이소메트릭

영어로는 '아이소메트릭(isometric)'이라 불리는 운동으로, 어떠한 관절의 움직임 없이 오로지 근육의 수축만으로 이루어지는 모든 저항운동이다. 용어가 어렵다고 좌절할 필요 없다. 간단하게 생각하자. 팔굽혀펴기를 하든 바벨을 들었다 놨다 하든 우리가 힘을 쓸 때는 보통 다 관절을 통한 움직임이 있다. 이런 건 전문용어로 '아이소토닉(isotonic)'이라고 한다.

그러나 팔굽혀펴기의 탑자세에서 움직이지 않고 버티든, 움직이지 않는 물체를 밀어서 힘을 주든, 자기 몸과 외부 물체의 움직임 없이 일어나는 모든 운동이 아이소메트릭이라고 보면 된다.

어원을 따지면 아이소메트릭과 아이소토닉보다는 '스태틱'(static, 고정된)과 '다이내믹'(dynamic, 역동적인)이 더 적당한 말일 수 있다. 아이소메트릭은 '같은 길이'라는 뜻인데, 움직임은 없더라도 근육은 수축이 일어나기 때문에 같은 길이가 될 수 없다. 단지 관절이 움직이지 않는 걸로 생각하면 틀린 말은 아니니 넘어갈 수 있다. 그러나 같은 텐션을 유지한다는 아이소토닉이란 용어는 깊게 들어가면 문제가 생긴다. 따지고 보면 움직임 운동을 모두 대변하는 다이내믹 운동의 일부분밖에 되지 않는다. 하지만 움직임을 대표하는 단어로서 아이소토닉을 쓰는 데도 심심찮게 볼 수 있고 이제 소개할 아주 파워풀한 운동의 이름과도 연관이 있으므로 여기서는 깊게 따질 것 없이 그냥 넘어가겠다.

아이소메트릭은 1900년대 초 전설적인 스트롱맨인 알렉산더 재스에 의해 그 유용성이 입증되었다. 1차 세계대전 중 포로로 있던 재스는 감옥에서 바(bar)와 체인을 밀고 당기는 것만 가지고 엄청난 힘을 길렀다. 이 이후로 널리 퍼져 1950~1960년대 리프터들 사이에서 선풍적인 인기를 끌었다. 그 이후 많은 장점에도 불구하고 여러 가지 이유로 주류에서 사라져갔다. 신경시스템의 과다한 자극으로 인한 오버트레이닝 발생 가능성, 스트렝스 상승 측정의 어려움, 그리고 모든 가동 범위에서의 적용 능력의 한계 등…… 그러다 머신이 나왔다. 헬스 기구를 팔아먹을 수 없게 만드는 이 운동 방식은, 상업적 농간에 의해 여기저기서 비판을 받게 되었고 이후 자연스럽게 잊혀져갔다. 그러나 이 운동 방식은 만병통치약으로서의 높은 기대에 비해 만족감이 덜했던 것이지, 절대 우습게 볼 게 아니다. 그 영역은 동전의 양면과 같이 '움직임이 있는 운동'만큼 중요한 것이다.

노자가 유가 아닌 무의 쓰임새에 주목했듯 이것 또한 장점만 살린다면 너무나 강력한 무기가 되며, 움직임 운동과 같이 결합했을 때는 단기간에 가장 큰 힘과 근육의 성장을 가져오기도 한다.

움직임으로만 힘과 근육을 키우는 데 익숙한 우리들에게는 아이소메트릭이 생소하게 다가올 수 있지만, 사실상 일상생활에서 흔히 볼 수 있는 운동 방식이다. 과거에 비틀기의 중요성을 언급한 레슬링만 하더라도 서로 힘겨루기를 하는 중에 생기는 정지 동작은 경기 전체에서 상당 부분을 차지한다. 씨름에서 샅바를 쥐고 양 선수가 멈춰 있어도 그 정지된 동안 발생하는 힘의 크기는 아주 크다. 씨름 선수들의 큰 배가 각종 웨이브를 그리며 숨을 몰아쉬는 것은 움직임 없이도 너무나 큰 힘이 오고 가기 때문이다. 팔 레슬링이라 부르는 팔씨름만 하더라도 아이소메트릭이 아주 중요한 부분을 차지하는 운동이다.

뿐만 아니라 미식축구에서 스프린트 도중 갑자기 멈추고 동작을 바꾸거나 상대방과 몸싸움을 할 때도 아이소메트릭은 필수적으로 일어난다. 더 쉬운 예는 복근이다. 모든 사람들은 식스팩을 가지고 있다. 배에 지방이 있어서 모를 뿐이다. 사람은 걸어 다니면서 몸이 직립하기 위해 복근에 자연스럽게 힘을 주기 때문에 누구나 왕(王)자를 가지고 있다. 운동이라곤 숨 쉬기밖에 해본 적이 없는 필자의 후배도 너무나 말라 체지방이 없어 식스팩이 보였다.

몸통 근육은 단순히 미용적으로 멋지게 보이는 식스팩 이상의 파워를 간직한 아주 중요한 부분이다. 일례로 아픈 사람이 걷지 않고 병상에만 누워 있으면 십중팔구 시름시름 앓다가 힘을 잃고 죽고 마는데, 그 이유 중 하나도 복근을 잃음으로써 몸의 모든 힘을 잃게 되기 때문이라고 생각한다.

고중량의 스쾃으로 길러진 복근이면 다른 복근 운동은 필요 없다고 말하는 피트니스 전문가가 있다. 완벽하게 동의하진 않지만 고중량 웨이트를 어깨에 걸치는 것만으로 복부에서 일어나는 복근의 수축력 즉, 아이소메트릭을 통한 복부 힘 증가를 알 수 있는 대목이다.

데드리프트가 가져다주는 등의 발달도 결국은 아이소메트릭을 통한 발달이다. 바벨 로우처럼 팔을 몸쪽으로 당기는 운동으로 등을 발달시킬 수도 있지만, 데드리프트처럼 팔꿈치를 굽힘 없이 움직임 없는 상태로 더 무거운 무게를 다룸으로써 등을 발달시킬 수도 있다. 즉 아이소메트릭은 특별한 방법이라기보다는 이미 우리가 일상적인 생활이나 운동에서 사용해 그 효과가 인정되어온 것들이다.

그럼 좀더 상세하고 체계적으로 아이소메트릭 운동을 시행하는 방법을 알아보자. 아이소메트릭 훈련 방법은 너무 많아서 구분하기가 쉽지 않지만, 필자가 기준으로 삼는 '자기 몸을 이용한 방법'과 '외부 웨이트를 이용한 방법'으로 크게 나누어보겠다.

1. 자기 몸을 이용한 방법

크게 3가지로 나눌 수 있다.

① 팔굽혀펴기 자세, 턱걸이 바에 매달려 있기, 물구나무 서서 버티기 등의, 외부 웨이트 없이 오로지 자기 몸만을 이용한 버티기성 정적 운동이다. ② 고정된 물체를 밀거나 당기기 ③ 자기 몸의 일부로 스스로 저항 만들어내기이다.

1) 버티기성 정적 운동

복근 운동을 위해 팔굽혀펴기를 탑자세로 버틴다든지, 옛날부터 무술하는 사람들이 하체 단련을 위해 주로 이용한 기마 자세를 오랫동안 유지하는 것 등이 이에 포함된다. 단순하면서도 아무 데서나 아무런 기구 없이 여럿이 같이 할 수 있어서 참으로 좋은 운동이다.

다만 위의 두 가지 운동처럼 자기 몸만 사용하게 되면, 무게가 한정되어 있기 때문에 근지구력 위주가 되기 쉬우며, 근력 상승에는 한계가 생긴다. 그러나 이 경우에도 움직임 동작에서 적용한 것처럼 더 고난도의 동작으로 바꿔주면 문제

될 게 없다.

한 팔 팔굽혀펴기 자세를 한다거나 팔뿐만 아니라 한 다리까지 올리는 동작을 곁들일 수 있으며, 심하게는 플렌체 동작을 취한다. 아예 십자버티기 같은 고난도의 자세로 넘어가게 되려면 몇 년으로도 모자라는 연습 시간이 필요하다.

턱걸이나 물구나무서기는 그 자체로 힘든 운동이라 어느 순간까지는 특별히 더 어려운 동작을 취하지 않더라도 많은 이득을 볼 수 있는 자세다. 턱걸이 매달리기(내려온 자세든 올라간 자세든지)를 해보면 굳이 아인슈타인 같은 천재가 아니더라도 시간의 상대성에 대해 절감하게 된다. 믿기 힘들겠지만 턱걸이를 잘하는 사람이 아니고는 1분을 버티기가 힘들다.

특수부대 체력 테스트에서 다른 종목과 달리 턱걸이만 정해진 시간이 없는 것은 다 이유가 있다. 어차피 얼마 있지 않아 바에서 떨어지기 때문이다. 해서 여성들의 체력장에서 이용되는 매달리기가 절대 우스운 테스트가 아니다.

어떤 전문가는 악력의 버티는 힘과 등 근육의 힘 신경이 서로 연결되어 있어 등 근육이 견디지 못할 때 악력이 저절로 풀린다는 이론을 제기하기도 한다. 해서 매달리는 것 자체가 등의 근력 또한 키울 수 있다는 얘긴데…… 악력 자체가 전체 몸의 파워와 관련이 있으므로 완전히 틀린 말은 아니지만, 그보다는 정적인 수축만으로도 충분히 몸에 충격을 가할 수 있고, 또한 변화를 줌으로써 좀더 새로운 자극을 줄 수 있다고 보면 된다.

물구나무서기도 마찬가지. 다리를 벽에 걸치지 않으면 짧은 시간 안에 무너지는 어려운 동작이다. 그래서 한동안은 굳이 한 팔로 버티지 않고 두 팔을 다 사용해도 오랜 기간 근력 향상에 효과를 볼 수 있는 운동이다.

위에서 말한 동작이 힘든 건 알겠는데 도대체 이게 움직임 있는 동작에 무슨 이득이 있냐고 생각하시는 분들이 있을 줄로 안다. 이 운동들의 묘미는 정적인 운동을 잘하게 되면 당근 동적인 운동도 잘하게 된다는 데 있다. 즉 물구나무서기 시간이 길어지면 물구나무서기 팔굽혀펴기가 저절로 되고, 이미 할 수 있던 사람도 개수가 늘어나게 된다.

턱걸이

필자는 턱걸이 못 하는 사람에겐 매달리는 것부터 시키는데, 어느 정도 매달리는 시간이 늘어나면, 여러 각도에서 매달리기를 시켜보고 그러다보면 자연히 턱걸이를 쉽게 하게 된다. (이것만 하면 지겨움이 따르므로 다른 걸 약간 병행하기도 한다.)

이미 잘하는 사람도 매달리는 시간을 늘리면 개수가 늘어난다. 자기 몸만으로 여러 각도에서 매달리는 방법과 더불어, 몸에 웨이트를 달아서 매달리는 방법을 병행해주면 더욱 효과가 뛰어나다.

행잉 레그 레이즈(hanging leg raise)의 아이소메트릭

다리를 앞으로 올린 상태로 유지하는 L자 버티기가 바로 행잉 레그 레이즈의 정적 운동이다. 다만 악력이 떨어지는 사람은 평행봉에서 딥 자세로 해도 되는데, 정자세로 1분을 버티기가 힘들다. 이 동작을 3분 이상 하면, 힘든 복근 운동을 하지 않아도 될 만큼 아주 파워풀한 운동이니 동적인 복근 운동과 더불어 열심히하길 바란다.

2) 고정된 물체를 밀거나 당기기

이 운동의 가장 간단한 예는 벽을 밀거나, 들 수 없을 만큼의 큰 돌을 들려고

행잉 레그 레이즈

노력하는 것이다. 잘만 하면 웨이트가 없는 상황에서 근력을 키우는 데 아주 좋은 운동이다. 측정이 불가능하다는 단점 때문에 한계가 있지만 조금만 익숙해지면 자기가 감을 잡을 수 있게 된다.

헬스클럽이 아닌 야외에서 할 수 있는 많은 실전적인 운동들이 있다. 그 중 웨이트 끄는 것과 더불어 가장 좋은 운동 중 하나가 있으니 바로 웨이트를 미는 운동이다. 이 운동을 더 쉽게 이해하기 위해 먼저 '자동차 밀기'를 살펴보자. 이런 운동을 하다보면 팔만 미는 운동으로는 실전에 별 도움이 되지 않으며, 다리 힘과 몸통 힘이 유기적으로 받쳐줘야 한다는 것을 알 수 있다. 럭비와 레슬링에서도 자주 쓰이는 이 같은 동작을 연습하고자 한다면 특별히 만든 기구가 없는 한 자동차 밀기가 제일 좋다. 자동차 밀기는 스트렝스도 있어야 하지만, 일정 시간 이상 밀다보면 컨디셔닝에서도 아주 탁월한 효과를 발휘하기 때문에, 운동선수들은 이와 비슷한 운동을 꼭 넣어서 훈련하는 것이 좋다.

이 같이 좋은 운동 효과를 비슷하게 낼 수 있는 것이 바로 고정된 물체를 미는 것이다. 벽이나 기둥을 몇 초 동안 미는 것으로 시행할 수 있는데, 처음부터 한꺼번에 힘을 다 쏟아부으면 금방 지치기 때문에 걸리는 시간을 중심으로 횟수와 세트를 정하고 그에 맞게 힘을 배분해야 한다.

고정된 물체를 미는 것의 즉각적인 효과를 일상생활에서 가장 간단하게 할 수 있는 방법은 문지방 위에 서서 팔을 올리고 문틀을 위로 미는 것이다. 팔은 물론 몸통에서 다리까지 몸 전체를 타이트하게 자극할 수 있는 아주 좋은 운동이라는 것을 바로 알게 된다.

평소 움직임의 동작, 즉 아이소토닉을 연습한 사람들은 동작의 모양에 따라 어디가 어떻게 자극되는지 잘 알고 있으므로 고정된 물체를 이용해서도 똑같이, 아이소토닉과 비슷한 동작이 나오는 자세를 취하고 각각의 근육을 자극하는 운동을 하면 된다.

자기 몸을 이용한 운동 세 번째, 자기 몸 일부로 스스로 저항을 만들어 내는 방법은 뒤에서 자세히 알아 보겠다.

2. 외부 웨이트를 이용한 방법

웨이트를 이용하면 좀더 체계적으로 할 수 있다. 아이소메트릭이 인기를 얻기 힘들었던 주요한 이유 중 하나는, 정확한 측정이 어렵다는 사실 때문이었다.

아이소메트릭은 최대 무게로 들고 있지 않거나 움직이지 않는 물체에 최대한 힘을 쏟다보면 기록 측정이 애매해진다. 즉, 역도 경기처럼 드는 무게가 100 kg 이면 바로 답이 나오지만, 단순히 움직이지 않는 물체를 누가 얼마의 힘으로 미느냐, 그리고 누가 오래 들고 서 있느냐로 힘을 따지기는 복잡하기 때문이다.

1) 자기 몸으로 하는 운동에 웨이트 포함시키기

또다시 물구나무서기를 예로 들어보자. 맨몸만을 이용한 정적인 운동을 도입시킴으로써 물구나무 팔굽혀펴기가 가능하다고 했다. 그런 식으로만 물구나무서기 시간을 계속적으로 늘릴 수도 있겠지만, 일정 시간 이후에 '시간만 더 늘리는 것'으로는 주로 근지구력이 키워진다. 그러나 여기서 우리가 필요한 건 스트렝스지 지구력이 아니다. 더 강도를 높일 수 있는 운동으로 갈아타야 한다. 물구나무서기에서는 한팔 물구나무서기가 그 답이다.

그럼 이 단계 이후 스트렝스를 쌓으려면 어떻게 해야 할까? 한 팔 물구나무서기를 할 때 사용하지 않는 빈손으로 웨이트를 잡되 그 무게를 점점 무게를 올려나가는 것이다. 이렇게 해야 운동하고 있는 한 팔에 '몸무게 + 쉬고 있는 손에 든 외부 웨이트 무게'가 결합되어 더 큰 스트렝스 향상으로 나아가게 된다. 물론 처음부터 너무 무리하면 부상당하기 쉬우므로 아주 서서히 강도(무게)를 올릴 필요가 있다.

외부 웨이트를 이용한 경우, 단 1kg이라도 지속적인 성장을 측정할 수 있으므로 편리하다. 해당 무게에서 1분이 가능해지는 시간을 기준으로 그 이상 버틸 수 있으면 조금씩 무게를 올린다. 자기 몸무게의 30%만 넘게 돼도 두 팔로 하는 일반 물구나무서기는 장난처럼 느껴지게 될 것이다. 똑같은 방식으로 다른 맨몸 아이소메트릭 운동에도 그대로 적용할 수 있으며, 기존 방식에서 정체를 느끼는 사람들은 색다른 자극으로 새롭게 성장할 수 있다.

2) 웨이트를 이용한 아이소메트릭

웨이트를 이용한 아이소메트릭 훈련이 일반적인 움직임 운동과 비교해서 가장 두드러지는 장점은, 바로 더 무거운 무게를 다룰 수 있다는 것이다. 당근 최대 무게에서 근육 긴장의 시간도 길게 만들 수가 있다.

벤치 프레스를 한다고 가정할 때, 1RM 이상의 무게일지라도, 팔을 완전히 펴고 웨이트를 버티는 것은 누구나 할 수 있다. 팔을 굽히지 않는 데드리프트가 팔을 굽혀서 자기 몸 쪽으로 당겨야 하는 바벨 로우보다 더 무거운 무게를 다룰 수 있는 것과 같은 이치다. 즉 1회 최대한 들 수 있는 무게보다 더 무거운 무게를 들고 버팀으로써, 무거운 무게에 대한 적응력을 키우고, 건과 인대를 강화시킬 수 있다.

전설적인 장사 폴 앤더슨이 스쾃트를 연습할 때 1RM보다 더 무거운 무게로 부분 반복을 하면서 몸의 적응력을 키우고, 조금씩 가동 범위를 늘려가면서 종국에는 그 무게로 풀 스쾃트를 해낸 것도 비슷한 원리를 이용한 경우라고 볼 수 있다. 그리고 스쾃트 1RM 이상의 무거운 바벨을 등에 지고 걷는 '밀로 걷기'라는 운동 또한 비슷한 원리가 적용된 것이다.

고중량 스쾃트 운동을 계속 해온 사람들은 알겠지만, 스쾃트 랙에서 무게를 뽑아 들고 서서 스쾃트 준비자세를 취하는 순간 '이건 되겠다', 혹은 '이 무게로는 힘들겠다' 하는 느낌이 바로 온다. 바벨을 들고 섰을 때 몸에서 느끼는 압박감으로 성공여부를 미리 판가름하는 것인데, 이 말은 결국 바벨을 메고 있는 스쾃트의 선 자세가 편안해지게 되면 그만큼의 스트렝스 발달이 완성되었다는 의미이며, 또한 그 편안함으로 인해 정신적인 자신감까지 얻을 수 있다는 말이다.

엘리트 실력에 가까울수록, 리프팅에서 자신감이 차지하는 역할은 지대하다. 이렇게 아이소메트릭을 통해 무거운 무게를 다루는 데서 오는 신체적 강함과 자신감은 리프팅에서의 성공여부에 결정적인 역할을 하게 되는 것이다.

지금껏 잘 성장해왔는데, 정체기를 오랫동안 겪을 때라든지 혹은 '마의 벽'처럼 특정 무게만 되면 자신감을 잃고 리프팅에 계속 실패했을 때, 이 방법을 사용하면 좋은 결과를 얻을 수 있다.

웨이트를 이용한 아이소메트릭 시행 방법은 다양하지만, 우선은 본인의 아이소토닉 최고 무게에서 20% 이상 초과되는 무게를 들고 10초 미만으로 버티는 운동을 몇 세트 하는 것부터 시작한다.

주로 다중관절 운동에 사용되며, 벤치 프레스 같은 팔 운동에서는 팔을 편 자세, 그리고 스쿼트, 데드리프트 같은 하체 운동에서는 다리를 편 상태로 하면 된다. 힘들고 강력한 운동이나 결과도 그만큼 탁월하므로, 믿을 만한 서포터들이 있을 때 꼭 시도해보길 바란다.

다만 이 기술은 고급인지라, 어느 정도 웨이트에 익숙해진 사람들이 주로 이용하는 것이 좋으며, 특히 신경에 걸리는 부하가 크기 때문에 운동할 때 제일 먼저 시작하고, 과용하면 좋지 않다.

3. 매우 중요하고 파워풀한 '아이소메트로닉'

아이소메트릭과 아이소토닉을 합친 아이소메트로닉이라는 운동이다. (용어는 조금씩 다르게 표현되기 때문에 별 의미는 없고, 중요한 건 움직이는 동작과 움직임이 없는 동작을 같이 묶어 실행하는 운동이라고 생각하면 된다.)

말 그대로 1회 반복 안에 움직이는 운동인 아이소토닉과 움직이지 않는 운동인 아이소메트릭을 한꺼번에 해치우는 것으로, 옛날 장사들 사이에서 가장 빠른 시간 안에 힘과 사이즈를 키울 수 있는 비급으로 알려져왔던 방법이다.

아이소메트릭이 받았던 비판 중 가장 큰 것 중 하나는 고정된 자세에서만 훈련하게 되면 그 위치에서 약 15~20도 정도의 가동 범위 안에서만 그 힘이 통용된다는 것이었다. (진위 여부는 논란의 여지가 있다.) 그러나 이 두 가지를 합친 방법을 쓰게 되면 모든 가동 범위에서 힘의 적용이 가능하기 때문에 그런 문제는 깨끗이 해결된다. 대신 아주 힘든 운동이므로 오버 트레이닝이 되지 않게 주의해야 하며, 반대로 처음에 익숙하지 않아 불편하더라도 익숙해질 때까지 6주 정도는 참고 지속해야 한다.

필자는 웨이트 트레이닝에서 항상 오버트레이닝에 주의하라고 강조한다. 잘 못 이해하면 운동을 대강대강 하라고 오해할 수 있겠지만 실상은 그 반대이다. 항상 활기차게, 최대한 열심히 운동할 수 있는 방법이 바로 오버트레이닝을 피하는 것이다.

그러나 이런 필자도 일 년에 몇 주는 일부러 오버트레이닝을 찾아서 하기도 한다. 예를 들어, 특수부대 훈련 중에 최고로 힘든 '지옥주'는 분명 오버트레이닝 이며, 자주 하면 몸에 좋지 않지만 가끔씩 하게 되면 체력을 급상승시킬 수 있는 좋은 충격 요법이 되기 때문이다.

부상을 입지 않도록 주의하고, 오버트레이닝 이후에는 충분한 휴식을 가진다는 전제만 충족된다면, 계획된 오버트레이닝 훈련은 더 큰 성장으로 이끌면서 정체기를 극복할 수 있는 훌륭한 도우미가 되는 것이다. 다량의 독약은 사람을 죽이나 반대로 소량의 독약은 몸을 고치는 원리를 생각하면 이해가 빠르겠다.

가끔 하면 좋은 충격요법

필자는 이런 훈련에 사용할 수 있는 여러 가지 충격 요법들을 알고 있는데, 그 중에 효과 면에서 단연코 앞자리에 있는 것 중 하나가 바로 이 아이소메트로닉 훈련이다. 너무 자주 하지 말고, 일 년에 단 몇 주만 제대로 한다면 정말 좋은 결과를 얻을 수 있다.

그럼 이제부터 이 음양조화 훈련을 자세히 살펴보도록 하자. 이 역시도 아이소메트릭 운동을 구분하던 방식을 그대로 사용해서 두 가지로 나눌 수 있다.

첫번째로 웨이트를 이용한 아이소메트로닉이며 두번째는 자기 몸의 일부로 스스로 저항을 만들어내는 아이소메트로닉이다. 두번째 방법을 아이소메트릭 방법으로만 사용한다면 앞에서 설명하지 않은 3번째 방법이 된다.

1) 웨이트를 이용한 아이소메트로닉

웨이트를 이용한 방법부터 알아보겠다. 이 운동을 하려면 우선 특별한 기구가 필요하다. 옛날 장사들은 대부분 모든 걸 스스로 제작해서 운동했기 때문에 별 문제가 없었지만, 대체로 그럴 여력이 없는 우리들에게는 큰 걸림돌이 될 수 있다. 그렇지만 필자도 파워 랙에 보조 핀을 설치하고 보조자를 옆에 둠으로써 문제 없이 운동을 했으므로 결국은 하고자 하는 의지가 중요하다고 본다. 독자 여러분들도 오리지널 방법을 보고 상상력을 동원하여 잘 응용해보길 바란다.

원래 사용되는 기구는 옆의 그림과 같다. 보다시피 세로로 된 나무판자의 중간중간에 홈을 만들어놓은 것이다.

(정확하게 그린 건 아니니 개념만 파악하자.)

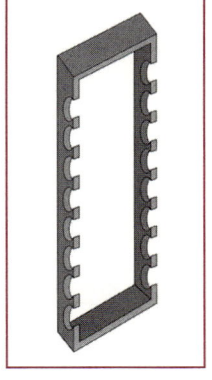

스쾃트를 예로 들어보자. 저 안에서 스쾃트를 할 때 전체 움직이는 가동 범위 중 어떤 위치에서도 홈에다 바(bar)를 찔러넣어 기구와 맞닿아 최대한 힘을 줘서 아이소메트릭 수축할 수 있게끔 만들어놨다. 다시 말해

1. 완전 풀 스쿼트 자세에서 바를 들고 일어나면서, 일단 하프 스쿼트 자세에서 멈춘다.

2. 그러고는 그 자세에서 판자 구멍 안으로 바를 집어넣어 아이소메트릭 방법을 이용하여 최대한 수축하고,

3. 다시 그 구멍에서 바를 빼서 위로 올라오다가 쿼터 스쿼트 자세에서 한 번 더 수축하고 완전히 일어서서 1회 동작을 마무리하는 것이다.

   아주 힘든 훈련이며, 중간에 아이소메트릭 수축에 가하는 힘의 강도에 따라 횟수가 달라질 수 있다. 또 아주 강하게 수축한다면 저반복만 해도 몸뿐만 아니라 뇌에까지 큰 자극을 주게 된다.

사실 오리지널 방법은 약간 다르다. 밀리터리 프레스를 예로 들어 설명해보면,

1. 팔을 완전히 펴는 '락아웃' 상태에서 약간 팔을 굽혀 부분 반복 후

2. 구멍 안으로 바를 집어넣어 최대한 아이소메트릭으로 수축하고 이 두 가지 조합을 목적에 맞게 일정 횟수로 반복하는 것으로 1세트를 마친다.

3. 그리고 다시 이마 정도 위치에서 부분 반복해서 수축하는 것을 반복해서 2세트를 하고, 마지막 어깨 부분에서도 위와 같은 방법으로 하는 것이다.

하지만 필자는 한 회에다 여러 가지 위치를 한꺼번에 적용시킴으로써 더욱 다양하게 운동에 적용하고 있다. 주기적으로 오리지널 방법과 번갈아가며 시행할 수 있다. 가동 범위 중에서 수축하는 위치는 다양하게 할수록 좋겠지만, 제일 많이 사용하는 것이 시작 자세, 중간 자세, 마지막 자세로 3등분 해서 세 가지 가동 범위를 기본으로 하는 것이고, 거기다가 본인이 가장 취약하다고 생각되는 자세

를 하나 더 추가해서 연습하면 좋다.

일주일에 4일 정도 소화할 수 있는 사람도 있으나 아주 소수이며 대부분은 3일 정도만 해도 충분하다. 강도에 따라선 이틀만 하는 것이 더 좋은 사람도 있다. (많이 한다고 더 좋은 결과를 가져오는 것은 아니다.)

횟수나 세트는 지금껏 배운 웨이트 트레이닝 방법을 그대로 적용한다. 힘을 위해선 저반복을 하고, 근육 사이즈에 관심이 있으면, 횟수를 조금 더 올리면 된다. 그리고 아이소메트릭에 충실하고 싶으면 상대적으로 가벼운 무게를 이용하고, 무거운 무게를 이용하면 아이소토닉에 더 충실할 수 있다. 처음 하는 사람들은 일단은 가벼운 무게로 아이소메트릭에 힘쓰면서 감을 잡고 그 다음 무게를 올리면서 저반복으로 가길 바란다.

2) 몸만 이용하는 아이소메트로닉

마지막으로 아무런 기구 없이 오로지 자기 몸만을 이용하는 아이소메트로닉 방법이다. 이 운동은 특별히 기구도 필요가 없고 언제 어디서든 시간만 나면 할 수 있기 때문에 더할 나위 없는 장점을 가지고 있다.

이 운동을 설명하기 전에 다음 사진부터 보자. 존 피터슨이라는 사람인데 두 가지 면에서 흥미로운 특징을 가지고 있다. 첫째가 사진 속 나이가 50이 넘는다는 점, 그리고 둘째가 웨이트를 전혀 사용하지 않고 근육과 힘을 길렀다는 점이다.

힌두 푸시업이나 힌두 스콰트 같은 맨몸 움직임 동작도 하긴 했지만, 힘

존 피터슨

과 근육을 키우는 데 있어서는 아이소메트릭 훈련이 대부분을 차지하며, 그 중에서도 움직임과 결합한 아이소메트로닉 방법이 결정적인 영향을 미쳤다.

이 사람을 설명하기에 앞서 그가 운동 방법의 모델로 삼은 찰리스 아틀라스라는 사람을 먼저 살펴봐야 할 것 같다. 그는 1893년 이탈리아에서 태어나 어린 나이에 미국으로 건너가 1920년에는 '세계에서 가장 완벽하게 발달된 남자' 라는 칭호를 얻게 되고, 수많은 사람들에게 영향을 미친 장사였다.

사실 그가 운동을 하게 된 이유는 그리 멋지지만은 않다. 그는 왜소했던 시절 해변에서 여친과 놀다가 깡패한테 발리고 나서는, 쪽팔림에서 탈출하기 위해 몸을 키울 수 있는 방법을 찾아 다녔다. 그러다 동물원에서 바벨 없이도 몸을 잘 발달시킨 사자와 호랑이의 모습을 보고는 맨몸으로 하는 방법을 생각해냈다는…… 어찌 보면 삼류 조폭 영화 플러스 소림 무술 영화의 합작품 정도의 스토리다. 동기야 어쨌든 간에, 자신의 방법으로 너무나 멋진 몸과 힘을 만들어냈고, 또 그것을 보여주기 위해 방방곡곡 순회공연을 펼치기도 하고, 나중에는 자기 몸 만드는 비법과 루틴을 우편을 통해 팔기도 했다.

그는 결국 엄청난 성공을 거두었다. 그의 제자 중에는 존 F. 케네디, 복서인 조 루이스와 록키 마르시아노, 그리고 뉴욕 양키스의 조 디마지오 등의 유명인사들도 포함되어 있었다. 존 피터슨이 멋진 몸을 만드는 데 결정적인 역할을 한 방법이 다름 아닌, 바로 이 아틀라스라는 사람이 고안했던 '맨몸으로 하는 아이소메트로닉 방법' 그대로를 이용한 것이다.

솔직히 말하면 필자도 이 방법을 오래 전에 책을 통해 알았지만, 별로 열심히 사용하지는 않았다. 지겹기도 했고, 웨이트를 사용하는 운동을 주로 했기 때문에 근지구력이라면 모를까 근력과 근육을 위해서 특별히 몸으로 하는 저항운동에 시간을 많이 할애할 필요를 못 느꼈기 때문이다. 그러다 이 운동의 효력을 절감하고 본격적으로 포함시킨 계기가 바로 장기 여행을 갔을 때였다. 외국선수들 중에서 웨이트에 완전히 미친 사람들은 단 며칠만 여행을 가도 머무르는 호텔 안이나 근처 피트니스 클럽을 먼저 확인하고 웨이트 운동을 계속적으로 한다.

필자는 여행을 하게 되면 정신없이 바삐 움직이는데다가, 무엇이든 중독적으로 얽매이는 것은 좋지 않다는 생각에, 보통은 쉬는 편이다. 또한 호텔이 아닌 필자가 머무르는 싸구려 백팩커스 같은 데서는 웨이트 시설을 찾기도 힘들다. 운 좋게 헬스클럽을 찾았다 해도 머신밖에 없거나, 웨이트가 있어도 무게가 얼마 되지 않는 등 입맛에 맞는 체육관을 만나는 것이 쉬운 일은 아니다.

그러나 장기여행이 되면 이야기가 좀 달라진다. 단지 불안감이라기보다는 다량의 유산소만 하다보니, 몸도 줄어들고 스트렝스도 현저히 떨어져감을 느끼기 때문이다. 그래서 시작한 것이 몸을 이용한 아이소메트로닉이었는데, 마음먹고 하루 30분씩만 하니 금방 익숙해지면서 몸이 점점 살아나기 시작하고, 기존 운동과는 또 다른 자극으로 근육에 힘을 불어넣을 수 있었다.

시행 방법은 위에서 말한 웨이트 방법과 같다. 예를 들어 양손을 합장하고 가슴 앞에서 한쪽으로 미는 운동을 한다면

1. 처음 시작 자세에서 운동하지 않는 반대 팔이 밀면서 운동하는 팔에 충분히 저항을 주고 버티면서 수축하게 한다.

2. 그리고 손바닥이 중앙에 올 때까지 팔이 쉽게 밀리지 않게끔 계속 텐션을 주고 이동하다가, 중앙에서 한 번 더 멈춰서 강한 아이소메트릭 수축을 한다.

3. 마지막으로 끝나는 부분까지 계속 힘주어 밀다가 한 번 더 수축을 해주고 끝낸다.

여기도 역시 자기가 취약하다고 생각하는 가동 범위에서 몇 번의 수축을 더 해줄 수 있다.

자기 스스로 저항을 만들어내기 때문에 최대한의 수축을 만들어낼 수 있고, 중간중간 아이소메트릭을 이용하기 때문에 움직임과 움직이지 않는 힘을 둘 다 끌어낼 수 있다. 제대로만 하면 스트롱맨에게도 정말 힘든 운동이 된다.

또한 여행지에서 만나게 되는 엉성한 피트니스 클럽에서 하는 훈련보다도, 자기 스스로 최대한 저항을 만들어내서 자극을 줄 수 있는 이 방법이 더욱 효과적이다. 아주 힘들게 10초 정도씩 한 회, 한 회 하다보면 3~5회 정도만 반복해도 충분하지만, 목적에 따라 강도를 달리하면서 반복 횟수를 다양화하면 좋다. 그리고 다양한 각도를 줘서 근육 부위별로 한 가지 이상의 동작을 취해주면 도움이 된다. 보통 가슴 발달을 위해 팔을 합장해서 힘주는 동작 정도에만 한정해 생각하기 쉬운데, 몸의 모든 부분이 단련 가능하다.

그래도 머릿속에 떠오르는 자세가 없다는 사람을 위해 몇 가지 예를 사진으로 보자. 이것 말고도 수많은 자세가 있으니, 맘껏 상상력을 펼쳐보길 바란다.

[가슴 어깨]

[등]

[이두근]

● 참고 | 일단 가슴과 어깨, 등, 이두 훈련 사진만 실었다. 사진을 근육 부위별로 나누긴 했지만, 한 동작이 특정 한 근육만 자극하기보다는 여러 가지 근육 부위를 함께 자극하기도 한다.

(출처: Pushing Yourself to Power)

대리 운동

우리가 원하는 대로 아무것도 안 하기에는

시간이 넉넉하지 않다. _빌 워터슨

라디오만 틀면 외쳐대는 대리운전 번호 때문에, 전화번호라면 자기 번호밖에 모르는 필자마저도 생소한 전화번호가 외워지는 세상이다. 이에 착안, 대리 운동이라는 것이 있어서 우리 체력을 대신 쌓아줄 수 있는 사람들이 있다면 얼마나 좋을까 싶다만, 요원한 꿈일지니. 안타까울 수도 있는 일이나, 반대로 생각해 보면 바로 이것이 운동의 가장 멋진 점이기도 하다. 아무리 돈 많은 재벌 회장이라 하더라도, 자기 스스로 땀 흘리지 않으면 운동에서 오는 활력, 즐거움 그리고 체력 향상을 즐기지 못하니, 이것만큼 평등한 게 또 어디 있겠는가.

필자는 그 어느 고급 레스토랑의 비싼 포도주와 음식보다, 산에 올라가서 먹는 막걸리와 라면이 더 맛있다고 생각한다. 그 어느 유명한 예술가의 작품보다 더 위대한 신의 작품인 자연을 감상하면서, 땀 흘린 뒤 마시는 막걸리는 산을 올라갈 때 누가 몰래 꿀을 타지 않았는지 의심이 들 정도다.

꼭 해야 하는 운동을 대신하는 대리운동

대리 운동은, 자기가 해야 할 운동을 남이 대신 해주는 것이 아니라, 꼭 해야 하는 운동을 할 수 없을 때, 그것을 대신 할 수 있는 운동이다. '그냥 쇳덩이를 들어올리는 것이 뭐 대단할까?' 라는 의심에서, 필자의 지속적인 선전으로 실전의 중심에 서게 된 역도. 역도는 그 운동 자체가 빠른 동작이다. 클린을 천천히 하면 데드리프트에서 끝나버리지, 가슴 위로 올리기는 힘들다. 즉 스피드와 파워를 쓰지 않으면 시행 자체가 힘든 것이 역도이기 때문에, 싫으나 좋으나 빨리 할 수밖에 없는 운동이다. 반대로 스쿼트, 벤치 프레스, 데드리프트 같은 경우는 천천히 할 수도 있는 운동이다. 자극을 제대로 느끼면서 동작 하나하나에 심혈을 기울이면 스트렝스를 쌓을 수 있는 굉장히 좋은 운동들이다.

중요한 것은 본래 빠른 운동은 느리게 하기 힘들어도, 느린 운동은 무게만 낮춰주면 빨리 할 수 있다는 것이다. 이 점을 잘 활용해서 운동들을 빠르게 시행한다면 원하는 목적을 달성할 수 있다. 그간 책을 읽다보니 하고 싶기는 한데, 기술적으로 배우기도 너무 어렵고, 또 마땅히 시행하게 내버려두는 체육관이 없는 현실에 좌절한 사람들을 위해, 역도 효과를 대신 할 수 있는 운동 3가지만 알아보자.

1. 점프 스쿼트

'해답이 보이지 않으면, 스쿼트에서 답을 찾으라'는 말이 있을 정도로, 해결사 역할을 하는 게 스쿼트다. 모든 운동의 해답을 스쿼트에서 찾으려고 하는 것은 경계해야 하지만, 가장 먼저 생각해봐야 하는 운동이기는 하다. 이번 경우도 마찬가지.

먼저 소개할 역도 대리 운동 그 첫 번째 주인공은 바로 '점프 스쿼트'다. 스쿼트의 무게를 현저히 낮춰, 빠르게 시행해서 점프를 하는 동작이다. 점프 스쿼트는 유럽의 트랙 앤 필드 선수들에게 상당 기간 인기 있던 종목이다. 파워가 필요한 트랙 앤 필드 선수들이기에, 바로 이러한 역할을 도와주는 점프 스쿼트가 성행했던 것.

점프 스쿼트를 할 때 가장 중요한 것은 무게 선택이다. 처음부터 의욕만 앞서 무거운 무게로 시작하면, 득보다 실이 많다. 보통 코치들이 많이 사용하는 공식으로 '스쿼트 1RM의 25% 무게'라는 것이 있는데, 이건 사람의 몸무게를 고려하지 않은 수식이다. 똑같은 스쿼트 기록이라도 그걸 드는 사람의 몸무게에 따라 가해지는 충격이 다르기 때문이다. 덩치가 큰 사람이 점프할 때는 본인의 몸무게가 그대로 플러스되기 때문에 스쿼트 무게와 몸무게를 합한 값을 같이 생각해야 한다. 그래서 나온 수식은 아래와 같다.

{(스쿼트 무게 + 몸무게) × 0.4} − 몸무게 = 점프 스쿼트 무게

이런 계산식을 이용하면 그 사람의 몸무게와 스쿼트 능력에 알맞은 점프 스쿼트 무게를 고를 수 있다. 계산하다보면 마이너스가 나오는 사람도 있는데, 그럼 맨몸으로 충분하다는 소리니 처음에는 바벨 없이 하면 된다.

꼭 점프 스쿼트만 고집할 필요는 없고 점프 런지까지 포함하면 좀더 다양하게 근육을 자극할 수 있다.

2. 하이풀

하이풀은 크게 두 가지로 나눌 수 있다. 스내치 그립을 잡고 하는 '스내치 하이풀'과 클린 그립을 잡고 하는 '클린 하이풀'이다.

하이풀

역도에서는 무릎을 지나 허벅지에서 빠르고 강하게 잡아당기는 '세컨풀'의 파워가 가장 중요하다. 이 하이풀을 잘만 이용하면, 특별한 기술이 없이도 그러한 파워풀한 동작을 구사할 수 있다.

전설적인 역도선수인 토미 코노도, 그가 만든 특별한 기구를 통해 이 하이풀을 제대로 연습할 수 있게 만들어 역도 무게를 증가시키는 데 많이 활용했다.

특히 하이풀은 랙 자세를 취할 필요가 없기 때문에, 손목의 유연성과 충격에 대한 큰 부담 없이 시행할 수 있어서 아주 유용하다. 다만 내려놓을 때 너무 큰 소리 나는 게 두려워, 천천히 내려놓다보면, 허리에 부담이 크게 갈 수 있으니, 까칠한 관장이 있는 체육관에서는 알아서 잘 판단하시라.

3. 고무밴드 사용

마지막은 그냥 고무 밴드를 이용해서 운동들을 빠르게 하는 것이다.

밴드 없이 그냥 빠르게 시행해도 되지만 밴드를 이용하면 더 효과적으로 할 수 있다. 스콰트를 하든 벤치 프레스를 하든, 바에다 운동 실력 및 목적에 따라 다양한 장력의 고무밴드를 걸어놓고 최대한 폭발적으로 리프팅한다. 푸시 프레스나 푸시 저크처럼 역도성 운동을 이용한 상체 운동이 어려운 사람은 고무밴드를 이용한 벤치 프레스를 해주면 어느 정도 그 비슷한 효과를 얻을 수 있다.

신경시스템 발달이라든지 빠른 근육을 자극하는 데 있어 고무밴드 사용은 큰 영향을 미친다. 또 정체되어 있는 리프팅의 중량 증가에도 크게 일조하니 이와 관련된 도구 및 능력 있는 코치들이 있는 체육관을 방문해서 활용해보시라.

달리기 대리운동

달리기는 아주 좋은 운동이다. 단일 종목으로 그렇게 많은 잡지를 보유하고 있는 것만으로도 잘 알 수 있다. 단지 마라톤 중심의 장거리로만 초점이 맞춰져 있어서 안타까운 것이지, 달리기 없이 실전적 체력을 논할 수는 없다.

특히 스프린트 같은 단거리 달리기는 다른 운동으로는 쉽게 흉내낼 수 없는 아주 실전적인 운동이다. 해서 필자, 몸으로 하는 '맨몸 빅3' 중 하나로 꼽는 것이 바로 '스프린트 달리기'다. 스프린트 달리기는 무산소 영역인 400m까지를 포함하긴 하지만, 주로 100m 미만의 짧은 거리를 반복하는 달리기를 말한다.

이렇게 말하면 뭔가 특별한 걸 원했던 사람은 의아해할지도 모르겠다. 맨몸 빅3 중 버피가 있는데 굳이 스프린트 달리기를 집어넣을 필요가 있느냐는 의문. 스프린트 달리기는 수직적 움직임의 버피와 달리 수평적 움직임이라는 것 외에도 뭔가 특별한 것이 있다.

종합 격투기의 타고난 천재라 불리는 BJ 펜도 자신의 저서에서, 체력 향상을 위해 사용하는 여러 프로그램 중에서도 유독 스프린트 프로그램만은 휴일을 바로 앞두고 한다고 밝혔다. 스프린트 달리기가 몸에 충격을 많이 주기 때문에 주초에 하면 전체적인 훈련에 영향을 미치기 때문이라는 것이다. 복잡한 여러 운동들을 섞어서 하는 것보다 이 스프린트 운동 하나만 제대로 하는 것이 더 힘들다는 의미다.

그만큼 스프린트 달리기는 근육뿐 아니라 중추신경(완전히 똑같은 말은 아니나, 그냥 '뇌'라고 쉽게 생각해도 된다)에까지 크게 영향을 미친다. 뿐만 아니라, 한 사람의 운동 능력을 평가할 때, 가장 많이 쓰이는 종목 중 하나가 바로 40야드 스프린트 달리기이다. 40야드 달리기는 미식축구 선발에서 주로 쓰이는데 단 0.1초 차이로 합격이냐 불합격이냐가 결정되고, 연봉 또한 몇백만 달러 차이가 나게 만드는 제일 중요한 종목 중 하나다.

이 정도 단거리 달리기를 잘하려면 타고나야 된다는 사람이 있지만, 유전적 우수성 이외도 분명 훈련으로 크게 성장시킬 수 있다. 타고난 유전자가 없으면 올림픽 금메달 수준은 힘들다는 것은 인정하나, 체계적인 훈련을 통하면 1% 안에 들 수 있는 능력은 기를 수 있다.

그 사람이 가지고 있는 근육이 실전적이냐 아니냐를 선별하는, 가장 기초적인 방법 중 하나도 달리기 기록을 살펴보는 것이다. 프로 보디빌더치고 달리기 제대로 잘하는 사람 없다. 특히 인터벌 길이가 400m 이상 늘어나면, 그냥 활동적인 일반인들보다 더 느리고 숨차 한다. 국내 정상급 보디빌더가 산을 오르기 힘들어한다고 말한 것도 이와 마찬가지다. 물론 달리기에 관심이 있어 기본적인 능력 이상을 발휘하는 보디빌더들도 있지만, 대부분은 필요 이상의 근육 크기에만 집착하고 그 과체중으로 인해 뛰는 것 자체를 힘들어한다. 이것저것 다른 실전적인 운동을 하기 힘들다면, 스프린트 달리기를 반복하는 것만큼은 끼워넣어서 최대한 약점을 보강시키길 바란다.

그런데 이렇게 좋은 달리기를 하고 싶어도 마땅한 공간이 없다고 대체 운동을 찾는 사람들이 많다. 조깅이야 어떻게든 되겠는데, 스프린트 달리기라든지, 피치를 올려 2~5km 정도를 빨리 달리려고 하면 트랙 정도는 있어야 한다고 생각하기 때문이다. 해서 특별한 공간 없이 맨몸으로 할 수 있는 것을 알려주겠다. 아주 초보자들은 힘들고 어느 정도 맨몸 운동 능력이 있어야 되는 운동이다. 이걸 잘하게 되면 스프린트까지는 아니더라도 중거리 달리기 효과 이상을 낼 수 있다.

많은 사람들이 30분이라는 시간을 적게 생각하는데, 항시 이야기하듯이 어떻게 활용하느냐의 문제다. 근실패가 오기 전 번갈아가면서 한다고 가정했을 때, 실력이 뛰어난 사람에게 30분은 턱걸이 100개, 딥 100개, 팔굽혀펴기 300개, 윗몸일으키기 300개, 맨몸 스쿼트 500개 모두가 가능한 시간이다. 우리가 가볍게 생각하는 시간 동안 얼마나 많은 운동을 할 수 있는지 알 수 있다.

그럼 밖에서 달리기 힘들어하는 사람을 위해, 필자가 컨디셔닝 발달과 온몸 근육 자극을 위해 주로 사용하는 프로그램 중 하나만 알아보자. 내용부터 살펴보면 다음과 같다.

K 특공

1. 버피 3회

2. 턱걸이 3회

3. 팔굽혀 펴기 7회

4. 행잉 레그 레이즈 7회

5. 맨몸 스쿼트 10회

위의 다섯 가지 운동을 번갈아가면서, 체력과 목적에 맞게 10~30분 동안 반복하는 것이다. 빠르게 하게 되면 중거리 달리기만큼의 컨디셔닝을 자극하고, 근육까지 단련할 수 있다. 컨디셔닝 목적이 크기 때문에, 자세에서 다소 완전한 풀 범위로 이뤄지지 않더라도 인정한다. 피라미드 훈련처럼 한 회 한 회 자세에 신경 쓰는 것이 아니라, 최대한 파워풀하게 반복하는 것이 중요한 운동이므로, 너무 심하게 깔짝거리는 수준만 아니라면 괜찮다.

전체적인 프로그램이 좀 복잡할 수도 있으나 온몸 근육을 다 자극하기 위한 의도이며, 익숙해지고 나면 별 문제 없다. 팔굽혀펴기와 턱걸이로 상체의 미는 근육, 당기는 근육, 그리고 맨몸 스쿼트로 하체 근육, 행잉 레그 레이즈로 복근 및 악력, 그리고 버피로 온몸 자극 등 무산소 능력 향상까지도 가능하게 만든다.

중간 중간 자세 바꾸는 게 힘들어 다른 운동으로 넘어가기 전에 그 운동 횟수를 좀더 많이 하고 싶기도 하겠지만, 이 운동의 목적 자체가 근실패가 오기 전 재빨리 다른 운동으로 가서 심폐능력을 향상시키는 것이므로 일부러 횟수를 적게 했다. 그래서 다음 운동으로 옮겨가는 동작도 귀찮아하기보단 운동의 일부분으로 생각하고 해야 한다.

특히 팔굽혀펴기를 하다가 다시 일어나서 바에 매달리는 행위는 버피에서 일어나는 동작처럼 그 자체로 좋은 운동이다. 버피를 3회만 하는 이유는 버피 자체가 파워풀한 운동이기 때문에 적게 하면서 최대한 점프에 신경 쓰라는 뜻이다. 체력이 부족한 사람의 경우 쉬운 버피를 해도 상관은 없다. 다만 팔굽혀펴기는 집어넣지 않더라도 점프는 실력이 되는 대로 넣어주는 게 좋다.

턱걸이 같은 경우는 사람들이 잘 못하기 때문에 3회로 잡았지만, 턱걸이 능력이 뛰어난 사람은 5회를 해도 무방하다. 하지만 행잉 레그 레이즈에서 오는 등과 악력의 피로감을 생각해서 잘 결정해야 한다. 파워풀하게 하는 게 목적인 만큼 배치기 턱걸이를 주로 사용하나, 그냥 턱걸이를 빨리 해도 문제없다.

행잉 레그 레이즈는 다리를 완전히 펴는 동작이 아니라 무릎을 굽혀서 올리는 쉬운 행잉 레그 레이즈이다. 전체적으로 빠르게 하는 동작들이기 때문에 행잉 레그 레이즈를 빨리 하기 위해서 쉬운 형태로 하는 것이다. 처음 하는 사람은 몸이 많이 흔들릴 수 있는데, 감을 잡으면 극복이 가능하고 그래도 힘들다면 행잉 레그 레이즈 대신에 바닥에서 빠르게 복근 운동을 할 수 있는 '니업'으로 대체할 수도 있다.

니업

전체적으로 스피디하게 진행하는 프로그램이기는 하지만, 조금만 시간이 지나도 많이 힘들어지는 프로그램이므로, 처음부터 너무 정신없이 빨리 하기보다는, 일정한 템포에 맞춰서 지속적으로 할 수 있게 감을 잡아나가길 바란다.

이것저것 복잡한 것 싫고 '한 놈만 팬다' 주의의 단순한 사람을 위해서는 '5분 타바타 인터벌'를 권장한다. 타바타가 4분이라는 기존 틀에서 벗어나, 필자가 만들어본 것인데, 기대 이상의 많은 효과를 가져왔다. 즉 20초 반복, 10초 휴식을 8

세트 하던 것을 10세트로 늘린 것이다. 특히 5분 타바타를 다른 프로그램과 혼합해서 만들어본 혼합 프로그램이 있는데, 이것은 마지막까지 잘 빠지지 않는 복부나 엉덩이, 허벅지 지방까지 빼주는 극적인 효과까지 있었다.

더 긴 시간을 할 수도 있겠으나, 아직 필자가 5분 이상은 실험을 많이 못 해본 고로 5분까지만 시간을 늘리고, 굳이 더 빡세게 하기를 원한다면 시간보다는 사용하는 무게를 올리길 권한다.

5분 타바타를 응용해볼 수 있는 프로그램은 많이 있으나, 그 중 한 팔로 케틀벨을 프론트 스콰트 자세로 잡고 '5분 타바타 프론트 스콰트'를 하는 것부터 시작한다. 짧은 시간에 컨디셔닝과 근지구력 그리고 하체의 최고 펌핑까지 취할 수 있는 가장 효율적인 운동 중 하나다. 단 5분만 지나도 평소 바쁜 생활로 볼 일이 없었던 푸르른 하늘을, 바닥에 누워서 저절로 감상하게 되는 로맨틱한 자기 자신을 경험하게 될 것이다.

[버피]

버피는 '힘들어서 미움을 당하지만 효과 때문에는 사랑 받는 운동', '그 누구도 이 운동의 전문가라고 자부할 수 없는 운동' 등으로 악명 높다.

종합격투기를 하는 훈련자들도 웬만한 스파링보다 버피가 들어간 루틴이 더 힘들다고 입을 모은다.

운동중독증에 걸렸다는 사람들, 펌핑된 근육만 내세우며 터프한 척하는 사람들, 마라톤 제일주의자 등…… 어떤 분야에서든 자기가 체력만은 자신 있다고 재수 없게 으스대는 사람들을 겸손하게 만들고 싶다면 이 운동을 시켜보면 딱이다.

버피의 다양한 프로그램 중 어떤 것을 해도 채 30분도 되기 전에 다들 고개를 절레절레 저을 것이다. 버피만 이용해서 단독으로 훈련한다면 처음엔 100회 빨리 하는 것부터 시작한다.

10분 안에 끝내는 것을 첫 목표로 잡고, 이를 통과하면 5분 안에 할 수 있도록 노력한다.

- 서 있다가 다리를 굽히고 손을 땅에 짚는다. 이것을 1번 자세라 하자.
- 다리를 뒤로 뻗자마자 동시에 폭발적으로 팔굽혀펴기에 들어간다.
- 팔굽혀펴기에서 파워풀하게 올라오는 힘으로 다시 1번 자세로 돌아간다.
- 그 자세에서 지체 없이 점프를 실시하고는 바로 1번 자세로 돌아간다.

힘을 잃은
그대에게
긴장, 호흡, 회전력 그리고
코디네이션

힘들어하는 모든 이에게 힘을 주기 위해 이 글을 쓴다.

긴장

필자에게 한 팔 팔굽혀펴기를 하나도 할 수 없는데 어떻게 해야 하는가를 묻는 사람들이 종종 있다. 이는 지금 벤치 프레스를 50kg을 드는 사람이 "벤치 프레스 100kg를 들려고 하면 어떻게 해요?"라고 묻는 것과 비슷하다. 웨이트로 드는 운동을 할 때는 천천히 무게 올릴 수밖에 없는 자신을 인정하면서도, 똑같은 적용이 필요한 '몸으로 하는 운동'에 있어서는 왜 다들 그렇게 마음이 급한지 모르겠다. 턱걸이 개수 올리기와 한 팔 턱걸이도 마찬가지다. 당연히 꾸준한 노력과 충분한 시간이 필요하다. 특히 몸으로 하는 운동은, 식단에도 꾸준한 관심을 가져서 필요 없는 지방을 빼는 노력도 수반되어야만 한다. 무슨 운동이든 항시 장기적인 관점에서 뚜렷한 목표의식을 가지고 정진하되, 느긋하게 가는 게 성장 및 부상예방에도 효과적이라는 걸 명심해야 한다.

그러나 훌륭한 코치는 지름길을 제시해줘야 하는 법. 지금부터 필자가 얘기하는 걸 제대로만 이해한다면, 사람에 따라서는 지금과 똑같은 힘으로도 30% 이상의 힘을 끌어올리는 마술 같은 경험을 하게 될 터이니 주의 깊게 보길 바란다.

힘을 발휘하는 데도 스킬이 필요하다. 테니스, 탁구, 태권도 등과 같은 운동만 기술이 있는 게 아니라 힘 또한 쓰는 기술이 있다. 엘리트 장사들은 그 기술을 타고났거나 혹은 부단한 노력에 의해 그 기술을 습득했다. 강조하지만 다른 스킬 운동처럼 분명히 힘을 쓰는 데도 기술이 필요하다. 초보자 혹은 중급자들도 이런 기술들을 꾸준히 연습하고 체화시켜야만, 시행착오를 적게 겪으며 지름길로 갈 수 있다.

힘＝긴장이다

'힘＝긴장'이란 말이 어떻게 응용되는지 자세히 살펴보자. 긴장, 즉 텐션(tension)을 갖는다는 말은, 곧 더 큰 힘이 가해진다는 의미다. 몸에 긴장을 주는 방법을 터득하게 되면 똑같은 근력으로도 더 큰 힘을 발휘할 수가 있다. 단순히 힘뿐 아니라, 똑같은 근육 운동을 하더라도 그 부위에 텐션을 가지고 하는 운동과 그냥 슬렁슬렁 하는 운동 사이에는, 부상의 확률은 물론 장기적으로 근육량에도 엄청난 차이를 가져오게 된다.

엘리트 선수들은 몸을 긴장시키는 것만으로도 일정량의 근육을 증가시킬 수 있다고 하는 연구 결과도 있는 만큼, 어떤 운동에서든 이 긴장을 조절하는 일은 상당히 중요한 일이 되겠다. 인간은 중요한 시합이 있는 날이라든지, 자기 아이가 차에 깔렸을 때 평소보다 상상 이상의 힘을 발휘하게 되어 있다. 이는 뇌의 잠재성과 더불어 몸을 순간적으로 긴장시키면서 순간적인 괴력을 발휘하게 되는 예를 잘 보여주고 있다.

그 긴장의 방법 중 하나로 아주 중요한 말이 바로 타이트(tight)이다. 사람에 따라 쫄쫄이 입은 강호동을 연상시킬 수 있는 이 간단한 말은, 실상 초보자와 고급자를 가르는 기준이 될 수 있을 정도로 너무나 중요한 단어이다. 술에 취해서 사람을 업을 때 우리는 일반 사람들보다 훨씬 더 무거움을 느낀다. 이는 균형이 안 잡힌 몸이 문제가 되기도 하지만, 몸이 타이트 하지 않고 풀어져 있기 때문에 힘이 분산되어 그런 것이다.

반대로 몸을 타이트하게 하되, 업은 사람과 업힌 사람이 서로 원하는 방향대로 하면 훨씬 더 몸이 가볍게 느껴지며, 그 상태로 반대로 움직이면 타이트하게 하지 않고 움직이는 것보다 훨씬 더 큰 힘을 발휘한다. (레슬링을 생각해보면 된다).

그동안 필자가 강조한 것들을 찬찬히 떠올려보자. 복근의 힘과 악력 그리고 똥꼬 조이기가 생각날 것이다. 직접 해본 독자들은 알겠지만 이를 행하다 보면 몸 전체가 타이트해짐을 느낄 수 있다. 즉, 위의 3가지는 다른 중요한 역할도 많으나, 공통적으로 몸을 좀더 타이트하게 하기 위한 장치인 것이다. 이는 상당히 중요한 원리다. 엘리트 선수들이 힘을 줄 때 알게 모르게 쓰는 방법인데, 초보자들과 중급자들은 일부러라도 위의 3가지를 강화하고 연습하는 습관을 길러야 한다. 이것만 제대로 해도 별다른 근력의 증가 없이 기존의 힘을 더욱 더 끌어올릴 수 있다.

물론 다른 방법들도 많이 있다. 이 원리는 어차피 몸에서 가지고 있는 모든 근육들이 서로 협력하면서 최대한 더 많은 수축을 일궈내게끔 하는 방법 중 하나일 뿐이고, 자기만의 특별한 노하우를 발휘해서 몸에 타이트함을 끌어내는 새로운 방법을 만들어낼 수 있다. (엘리트 선수들도 이 부분에서 각자의 노하우를 가지고 있다.)

대신 손은 몸 전체를 대변하기 때문에, 악력은 온몸 스트렝스와 직접적인 관련이 있고, 또 복근과 엉덩이는 몸 중앙에서 외부로 파워를 효과적으로 전달하는 역할을 하기 때문에 위에서 말한 3가지 긴장 주는 스킬은 여러 가지 방법 중 특히 중요한 것들이다.

한 다리 스쿼트를 한다고 가정해보자. 단순히 밑으로 내려갔다가 일어나려고 애쓰는데, 힘이 안 되니 포기해 버리는 경우가 대부분이다.

대신, 호흡을 마시고 멈춘 상태로, 발가락으로 땅을 움켜쥐며, 복근에 힘을 준 상태에서 똥꼬를 조여서 온몸을 돌처럼 타이트 하게 응축시킨다는 생각을 하고 한번 시행해보길 바란다. 물론 근력이 많이 불충분한 사람은 여전히 안 될 거다. 그러나 그간 될 듯 말 듯 했던 사람들은, 이전 보다 훨씬 강해진 몸의 힘을 느끼며 성공할 수 있다. 발가락을 움켜쥔다는 것은 손의 악력과 똑같은 원리다. 펀치를 뻗었을 때 발가락으로 땅을 움켜지니 파워가 더 상승했다는 옛날 무술인들의 일화로도 증명이 된다.

몸이 타이트해지면 긴장감이 높아지고, 결국 훨씬 더 많은 힘을 몸에서 생성해낼 수 있다.

세계적인 팔씨름 선수들의 경기 장면을 보면 그들은 시작하기도 전에 온몸을 타이트하게 수축시키고 있다. 어느 연구에 의하면 이렇게 미리 몸을 타이트하게 하는 것이 보통 때보다 약 20% 정도 힘의 상승을 가져온다고도 한다.

타이트에 있어 또 중요한 것이 부상과의 관련이다. 아무리 가벼운 무게라도 몸이 타이트 하지 않으면(정확하지 않은 자세와 함께), 부상을 입기 쉽다. 격투기 에서 몸을 타이트 하게 하고 복부를 맞는 것과 힘이 풀려 있을 때 맞는 것과의 차이라고 보면 된다. 옛날 무대에서 철인적이며 터프한 서커스를 선보이던 한 마술사에게, 갑자기 찾아온 팬들이 신호 없이 그의 터프함을 시험한다며 복부 한

대를 가격한 것이 그를 죽음으로까지 내몬 경우가 있었다. 군대 이병 때는 그렇게 위험한데 맞아도 말짱하던 사람이, 사회에서 친구의 사소한 장난에 큰 부상을 당하거나, 심지어 목숨까지 잃은 경우도 같은 이유다. 말년 병장은 떨어지는 낙엽에도 조심해야 된다는 말이 괜히 나온 게 아니다.

호흡

이제 호흡에 대해 얘기해보자. 힘과 호흡과는 아주 긴밀한 관계에 있다. 호흡은 보통, 의식과 무의식을 이어주는 통로라고 얘기한다. 사실 그렇게 고차원적인 얘기 없이도 호흡을 하는 근육은 수의근 혹은 불수의근으로 나눠지지 않고 두 가지 성격을 다 가지는 것만 봐도 아주 특별하다고 볼 수 있다. 옛날 선인들이나 무술가들이 이 호흡에 지대한 관심을 가졌던 것은 말할 필요도 없다. 알다시피 호흡은 박명수가 항시 강조하는 복식호흡(단전호흡과 약간의 차이는 있으나 같은 의미로 사용하겠다)을 해야 하며, 이는 단순히 건강을 위한 호흡일 뿐 아니라 힘 발산에서도 아주 중요한 의미를 가진다.

복식호흡이란 흉식호흡과 반대되는 말로서, 흔히 배로 숨을 쉬라고 표현하곤 한다. 배와 가슴 사이에 있는 횡경막을 이용한 호흡이라서, 가슴은 확장되지 않고 횡경막을 아래로 내림으로써 자연스럽게 호흡이 들어왔다가 나오게 만들기 때문이다. 복식호흡을 하게 되면 마음도 안정이 되고 호흡도 길어지며 수명까지 연장할 수 있다.

갓 태어난 아기들을 봐도 배로 호흡을 하는데, 나이가 들수록 호흡이 위로 올라가서 가슴으로, 그리고 종국에는 목에서 숨이 깔딱이다 죽는 걸 봐도 복식호흡이 건강에 좋으리라는 건 너무나 자연스럽다.

호흡이 절반 남았을 때가 가장 힘쓰기 좋은 상태

힘 사용의 응용으로는 쇠뿔을 맨손으로 꺾었다는 최배달의 투우와의 싸움에서도 알 수 있다. 아무리 때려도 반응이 없었던 투우와의 힘겨운 싸움에서, 투우의 거친 호흡을 지켜 보다 숨이 완전히 다 빠져 나갔을 시점에 가격함으로써 투우를 쓰러뜨린다는 일화다. 호흡을 끝까지 마셨을 때와 반대로 호흡을 완전히 비웠을 때가 가장 위험한 순간이면서, 힘도 쓸 수가 없는 상태이다. 해서 고수일수록 자기의 호흡이 드러나지 않게 조심하며, 단전호흡 할 때 빼고는 이렇게 호흡의 익스트림한 상황을 피해야 한다.

실례로 벤치 프레스에서 무거운 무게를 들 때, 처음 벤치에 걸려 있는 바를 들어올리기가 힘든 사람이 많은데, 이는 대부분 호흡을 끝까지 들어 마시고 들어올리려는 사람들이다. 옛날 무술인들은 호흡이 몸에 반 정도 남아 있을 때 가장 힘을 발휘할 수 있는 상태라고 했다. 필자의 경험으로는 반에서 2/3 사이가 가장 힘쓰기 좋은 상태인 것 같다.

그러니 처음 벤치 프레스에서 웨이트를 들 때는 숨을 마신 상태에서 약간 내뿜고, 단전에 힘을 준 상태로, 몸을 타이트 하게 하고, 웨이트를 들어 봐라. 웨이트 들기가 훨씬 쉬움을 느낄 것이다. 무거운 스쿼트를 할 때도 마찬가지다. 상황에 맞는 여러 가지 호흡법이 있으나, 아주 무거운 무게의 스쿼트를 할 때는, 서 있는 상황에서 호흡을 들이마시고, 온몸을 타이트 하게 한 후, 호흡을 참고 내려갔다 다시 올라오고, 마지막에 호흡을 강하게 내뿜으면서, 허리를 쳐내게 되면 훨씬 더 무거운 중량을 소화할 수 있다.

회전력

긴장, 호흡과 더불어 하나 더 알아 볼 것이 회전력이다. 격투기를 배워 본 사람들은 잘 알겠지만 주먹을 쓸 때 돌려 치는 걸 배운다. 빠른 잽에서는 생략할 수도 있으나, 강력한 펀치를 칠수록 주먹을 돌려 치게 된다. 이런 운용이 파워 업을 가져오기 때문이다. 쉬운 예로, 군대 갔다 온 사람들은 다 알겠지만, 총알이 나갈 때 회전하며 나가게끔 만들어서 살상력을 높일 수 있는 것과 같은 이치다. 마찬가지 원리로 힘을 쓸 때도 회전력을 이용한다.

한 팔 팔굽혀펴기를 예로 들어보자. 일단, 복근에 힘을 주고 똥꼬를 조여 온몸을 타이트하게 한 후, 땅에 맞닿은 손을 움켜쥐듯이 악력을 써서 스트렝스를 상승 시킨다. 사실 이정도만 해도 평소보다 훨씬 더 많은 힘을 가지게 되는데 여기다 플러스해서, 마지막에 힘이 부칠 경우, 바닥과 맞닿은 손을 오른쪽으로 회전 시킨다. 이상하게 힘이 더 상승되며, 평소보다 더 큰 힘을 발휘할 수 있는 걸 알게 될 것이다.

이는 벤치 프레스에서도 응용할 수 있는데, 역기의 바(bar)를 움켜쥐고 휘게 하듯이, 양손을 회전시키면서 들어올리면 평소보다 더 많은 무게를 올리는 경험을 할 수 있다.

이 밖에도 여러 스킬들이 있으나, 이것만 제대로 운용 시켜도 특히 초보자들과 중급자들은 힘의 증가를 충분히 즐길 수 있을 것이다. 경험적으로, 지금껏 한팔 팔굽혀펴기와 한 다리 스쿼트를 한 번도 성공해보지 못한 사람들을 필자가 직접 가르친 첫 날에 성공시킨 적이 많이 있었다. 물론 너무나 근력이 모자란 사람은 기술만 가지고는 힘들지만 힘을 쓰는 방법을 몰라 하던 그들이 갑자기 강해진 자기 힘에 자기가 놀라워하곤 했었다.

코디네이션

이제는 코디네이션(coordination)에 대해 알아보자. 여러 가지로 번역할 수 있으나 '몸의 전체적인 협동, 협응 능력'을 말한다고 보면 된다. 보통 쓰는 의미로는 줄넘기 같이 몸에 리듬감과 조화를 가져오는 운동만을 이야기할 수도 있는데, 필자는 좀더 넓은 의미로 해석한다.

힘 좋은 사람 둘이 물건을 들어도 완전 혼연일체가 되지 않으면 두 사람만큼의 힘이 나오지 않는다. 마찬가지다. 한 사람 몸 안에서도 몸 전체가 제대로 협동하여 움직여주지 않으면 잠재 능력을 다 발휘하기 힘들다. 필자가 항상 얘기 하듯 머신이나 단순관절 위주의 운동만 하게 되면 이러한 능력이 배양되지 않으므로 당연히 실전력이 떨어지게 된다. 역도 같은 운동만 봐도 거의 몸 전체의 근육을 사용하니 말할 필요도 없고, 스쿼트와 데드리프트도 온몸 운동이니 코디네이션 향상에 미치는 영향이 지배적이다.

펀치력만 하더라도 온몸이 제대로 코디네이션이 이루어져야 제대로 파워가 실리는 법이다. 각각의 근력이 뛰어나더라도 필자가 강조하는 실전적인 운동들을 하지 않는다면, 중간중간에서 펀치의 힘을 다 뺏기는 사태가 발생한다. 실례로 위에서 설명한 회전력을 이용해 한 팔 팔굽혀펴기를 해보면 가슴과 삼두는 물론 등 근육까지 자극을 느끼게 된다. 엘리트 선수들은 반대되는 길항근까지도 같이 협조하게끔 이끌어내는 능력을 가지고 있는데, 회전력을 이용한 한팔 팔굽혀펴기를 해보면 아마 이것이 의미하는 바를 잘 느낄 수 있을 것이다. 사실 어떤 운동에 어떠한 근육이 쓰이고 세세한 부분까지 신경 쓰는 사람들이 많이 있다. 전혀 불필요한 생각은 아니지만은, 필자 생각엔 근육에 대해선 너무 세세하게 얽매이지 말고 큰 그림만 가진 상태에서 차라리 '움직임(movement)'에 더 집중

하는 것이 맞다. 극단적으로 말하자면 텐션만 제대로 가질 줄 알면, 방해하는 근육을 반대로 힘을 올려주는 근육으로도 작용시킬 수 있다고 보기 때문이다. 그러므로 사람 몸에 자연스런 움직임을 캐치하고 프리 웨이트 중심으로 온몸 운동과 곳곳의 긴장을 잘 만들어 가는 연습을 게을리 하지 말아야 한다.

조금은 다른 이야기일 수 있으나, 위에 말한 최배달 님께서 턱을 다치고 나서 발차기에 파워가 실리지 않는다고 했는데, 몸의 구석구석은 우리가 알지 못하게 서로 연관이 있으므로 근육군보다는 움직임을 잘 살펴보고 적용해나가면서 그 효과를 보고 판단해야 한다. 운동하면서 항상 당신의 몸 움직임을 느껴보고 체크해나가는 버릇을 키워 나간다면, 힘을 향상시키는데 필수적인 코디네이션 능력을 향상시켜나갈 수 있을 것이다.

이상으로 힘을 키울 수 있는 내용들에 대해 알아봤다. 이것은 당신이 현재 가지고 있는 힘을 증폭 시켜주는 방법들이지, 없는 힘을 만들어내는 것은 아니다. 즉 기본적인 스트렝스는 따로 쌓아야 하며, 스킬만 가지고 스트렝스를 올리려고 하면 그 한계가 명확해진다. 반대로 평소 스트렝스를 많이 쌓아온 사람은, 이런 방법들을 쓰면 금세 힘이 증가한다.

결론인즉, 먼저 '몸짱이냐 힘짱이냐' 시리즈와 '맨몸 스트렝스'에서 설명한 운동을 통해 스트렝스를 쌓아라. 그리고 위의 내용들을 결합해라. 그러면 원래 당신이 가진 점프력을 훨씬 더 높이 올려주는 '도약판' 하나를 얻게 될 것이다.

운동 프로그램

!

"포스 근육에 실전체력까지 동시에 훈련하려면 '애슬릿 프로그램'을,
여건상 이도 저도 안 되는 사람은 집에서 '하루 5분 파워 프로그램'을
하거나, '동네 헬스장 프로그램'을 사용한다."

- 애슬릿 프로그램
- 동네 헬스장 최고의 근육 성장 프로그램
- 하루 5분의 파워 프로그램

애슬릿 프로그램

스포츠 퍼포먼스 향상에 역점을 둔 애슬릿 프로그램에 대해 알아보겠다. 스포츠별로 각자의 특성이 있는 고로 – 모든 걸 만족시킬 수 있는 원리 원칙은 있어도 – 모든 스포츠에서 통하는 유일무이한 단독 프로그램은 존재하지 않는다. 만약 그렇다고 말하는 자가 있다면 사기꾼이거나 무지하거나, 둘 중 하나다. '마라톤 프로그램'과 '100m 달리기 프로그램'이 어떻게 같을 수 있으랴? 오직 원칙만이 존재하며, 최선의 프로그램은 스포츠와 개인의 특성에 따라 달라져야 한다. 그러나 직접 머리 쓰기 귀찮고 하라는 대로만 따라 하고픈 사람들이 있다. 그런 사람들을 위해, 이 공통의 원칙을 잘 따르고 있는 레전드급 루틴 하나를 소개한다. 간단하지만 그 효과는 단연코 최고다.

이 프로그램을 이용하면 좋은 부류는 아래와 같다.

1. 애슬릿의 몸매와 파워를 원하는 자
2. 미식축구나 럭비처럼 파워와 스트렝스가 필요한 스포츠 선수들
3. 최소한의 운동 조합으로 최고의 체력 상승 효과를 보려는 자

복잡하고 화려한 것 찾으려 하면 안 된다. 뛰어난 효과로 인해 오랜 기간 수많은 스포츠에서 이미 검증된, 전설적인 프로그램들이 버젓이 존재하는데, 왜 그걸 쓰지 않고 돈 좀 벌어보려고 이리 꼬고 저리 꼰 최신 하이테크(라고 불리는) 루틴들을 쓰려고 하는가?

특히나 이 프로그램은 최소한의 운동만을 사용하므로 집중하기도 좋고, 체육관에서 많은 시간을 뺏기지도 않아서 필드에서 스포츠 스킬을 연습할 수 있는 시간을 많이 벌어준다. 체육관에서 여러 가지 운동들을 하고픈 사람일지라도, 이 기본 운동을 먼저 핵심에 놓고 나머지 운동들을 추가하는 전략을 써야 한다. 복잡함에서 단순함을 이끌어내기는 어려우나, 단순함에서 복잡함으로 가긴 쉬운 법이니까. 아래 프로그램만 제대로 해도 강철 같은 체력에 무쇠 팔 무쇠 다리를 득템하게 된다. 괜히 쓸데 없는 것 추가해서 회복력을 줄이기보다는, 주어진 기본에 더 충실하는 게 더 좋다는 것을 기억하자.

'빌 스타의 빅3' 프로그램

스트렝스와 컨디셔닝 코치이자, 오랜 기간 다양한 매체에서 피트니스 저자로 활동함으로써 이제는 이미 명예의 전당급 자리에 오른 빌 스타가 추천한 3개 운동을 말한다. 원래는 미식축구 선수들의 스트렝스와 파워를 위해 만든 루틴이나, 파워가 필요한 모든 운동선수들에게 적용 가능하다. 사실 제대로만 하면 웨이트 운동은 이것으로 충분하다. 웨이트를 이용해서 이 운동 저 운동 섞어놓은 여분의 컨디셔닝 운동을 더 할 필요가 없다. 회복력만 늦출 뿐이다. 단지 맨몸을 이용한 컨디셔닝만 따로 해주면 좋은데, 필드에서 하는 스포츠 모의 경기 빼고는 인터벌 달리기가 가장 좋다.

1. 파워 클린

2. 풀 스콰트

3. 벤치 프레스

빌스타는 이 3가지를 '빅3' 즉 '큰 3놈'으로 봤다. 이게 겉으로는 단순하게 보여도, 잘 따져보면 정말 오묘하고 현묘한 프로그램이 아닐 수 없다. 볼수록 '간지나는' 미니멀리즘의 극치를 보여준다. 파워 클린은 빌 스타가 친히 '애슬릿 운동'이라 칭했고, 빅3 중 하나만 해야 한다면 바로 이 운동이라고 했다. 자극되는 근육을 보려면 해부학 차트가 필요할 정도라니 그 위용은 말할 것도 없다. 이 파워 클린 하나만 제대로 해도 몸 전체 파워를 올릴 수 있다. 다만, 필자가 보는 체력 관점에선, 파워 클린도 스피드 운동이니 스트렝스 운동이 병행되어야 한다.

그래서 스트렝스 운동으로 풀 스콰트와 벤치 프레스가 포함되었다. '하체의 스트렝스' 운동으로 '풀 스콰트'를, 그리고 '상체 스트렝스' 운동으로 '벤치 프레스'를 골랐다.

이제 이 모든 것을 '파워＝스트렝스×스피드' 공식에 대입시켜봐라.(스피드는 '1/걸린 시간'로 이해하면 된다.)

상·하체 스트렝스 운동으로 몸 전체 스트렝스를 만들고, 그리고 '전체 운동'이자 '스피드 운동'인 파워 클린을 포함시켜, 온몸을 파워 덩어리로 만들어버린다. 실로 멋지지 않을 수 없다. 어느 하나 뺄 게 없이, 딱 필요한 것만 취해서 (단 3개의 운동) 파워를 생성해낸 이 혜안에 놀랄 따름이다.

그는 이 빅3만을 이용해서 자기가 가르친 미식축구 선수들을 우승으로 이끈다. (이외 보조운동도 몇 개 포함됐지만 큰 의미는 없다.) 뭐 복잡하게 몇십 가지 운동들을 섞어서 이것저것 근사한 모양의 루틴을 만들어내 선수들을 현혹하지 않고, 곧바로 애슬릿에게 꼭 필요한 운동들만 모아서 최고의 성적을 이끌어낸 것이다. 단순함의 진리는 여기서도 드러난다.

진리의 5×5시스템

이 빅3를 어떻게 사용했을까? 5×5 시스템을 적용했다.

5세트를 전부 같은 무게로 하는 일반적인 방법은 아니고, 세트마다 조금씩 무게를 올려가면서 5세트를 마치는 어센딩(ascending, 상승적인) 방법이다. (예: 80kg×5회, 85kg×5회, 90kg×5회, 95kg×5회, 100kg×5회)

그럼 5×5 시스템을 가지고 처음 결합한 운동 수행 방식은? '서킷'(circuit) 방식이다.

한 운동의 모든 세트가 끝나고 그 다음 운동으로 넘어가는 '스트레이트 세트' 방식이 아니라, 3가지 운동을 1세트씩만 반복하고 그 다음 다시 2세트씩 반복하는, 라운드로 돌리는 방식을 말한다. 풀어서 보면 아래와 같다.

1라운드 : 파워 클린 5회 → 벤치 프레스 5회 → 스쿼트 5회
2라운드 : 파워 클린 5회 → 벤치 프레스 5회 → 스쿼트 5회
3라운드 : 파워 클린 5회 → 벤치 프레스 5회 → 스쿼트 5회
4라운드 : 파워 클린 5회 → 벤치 프레스 5회 → 스쿼트 5회
5라운드 : 파워 클린 5회 → 벤치 프레스 5회 → 스쿼트 5회

빌 스타가 서킷으로 표현하긴 했지만, 쉬는 시간 거의 없이 정신 못 차리도록

돌리는 일반적인 서킷 방식과는 좀 다르다. 자세와 동작에 충분히 신경 쓰되, 라운드 돌리는 형식만 빌려온 것이다. 각 라운드 후에 약간 쉬면서 조금씩 무게를 올려나간다. 이런 방법을 쓰게 되면, 몸의 근육들을 번갈아가면서 쓰기 때문에 근실패가 늦게 오고 중간에 쉬는 시간이 줄어들어서 심폐기능도 많이 자극된다. 자연스레 컨디셔닝 효과도 부수적으로 얻게 된다. '몸짱이냐 힘짱이냐'에서 말했듯 빅머슬 7을 처음 배우는 초보자들도 이 서킷 방식을 이용하면 도움이 된다.

주 3일, 워크아웃마다 개선의 원칙 담아서

그럼 훈련 빈도수는? 일주일에 3일이다.

근육 운동과 마찬가지로 애슬릿을 위한 운동에서도 휴식 시간은 꼭 필요하다. 제아무리 능력이 뛰어난 프로 선수들이라고 해도, 무거운 웨이트로 심한 자극을 주게 되면, 그 스트레스로부터의 회복 시간, 그리고 필드에서 연습해야 하는 시간 및 에너지 필요성 때문에 (특수한 경우를 제외하곤) 실제 웨이트 훈련은 3일만 하면 된다. 월, 수, 금이나 화, 목, 토를 선택해서 중간에 하루를 비우는 시스템으로 돌린다.

일주일 3일 하되 워크아웃마다 개선의 원칙을 적용하도록 노력한다. 완전 초보자인 경우는 잠재력이 많이 남아 있어서 초반에는 오버로딩 양을 좀더 늘릴 수도 있지만, 장기적 계획을 잡고 조금씩 무게를 올리면서 자세에 전념하는 게 더 나을 수도 있다. 이렇게 일주일에 3번이나 무게가 올라가다보면 어느덧 정체기를 맞이하게 된다.

이때 두 번째 방식을 적용한다. 일반적인 스트레이트 세트 방식이다. 서킷 방식은 컨디셔닝 및 카디오를 자극하는 장점은 있지만, 중간에 휴식이 적기 때문에 초보자를 제외하고는 스트렝스 및 스피드/파워 훈련으로는 적합하지 못하다.

애슬릿의 최종 목표는 '파워'다.

이 파워를 위해서는 스트렝스를 계속 올려야 하는데, 서킷으로 돌리다보니 '세트 사이에 쉬는 시간이 부족해서' 더 많은 중량을 다루지 못하는 것이다.

스트레이트 세트를 이용하면, 파워 클린을 5세트×5회 다 끝내고, 그 다음 벤치 프레스를 5세트×5회 다 끝내고, 마지막으로 스쿼트 5세트×5회를 끝내게 된다. 이런 방법은 세트 사이에 휴식을 많이 취하기 때문에 더 많은 무게를 들 수 있다. '휴식 자체가 훈련'이라는 생각이 필요하다. 워크아웃 사이의 휴식뿐만 아니라, 세트 사이의 휴식도 마찬가지다.

이런 스트레이트 세트 방식을 이용하고 한참 뒤 또 다시 정체기를 맞이하게 되면 이제 세번째 방식으로 넘어간다. 사용 중량이 일정 이상 올라가게 되면, 일주일에 3일 전부를 강하게 훈련하는 것이 힘에 부친다는 것을 느끼게 된다. (강하게 훈련한다는 말이 의미가 넓으나, 여기선 강도 - 즉 더 많은 무게 - 로 해석한다.) 즉 워크아웃마다 무게를 올리기가 힘들어진다.

이때 사용할 수 있는 방법이 일주일에 1번만 무게를 올리는 것이다. 즉 '강, 약, 중'이라는 강도 변경 방식을 등장시켜서, 일주일에 강하게 하는 날 한 번만 '무게 개선'을 하고 나머지 워크아웃은 그 '강' 훈련에 비례해서 강도를 조절해서 훈련한다.

월, 수, 금 운동에서 월요일을 가장 강하게 운동하는 날이라고 가정하자. 그럼 월요일만 항상 최고치 무게를 갱신하려고 노력하고, 수요일은 약하게 하는 날로 월요일 사용 중량의 약 70~80%, 그리고 금요일은 중간 강도로 80~90% 무게만 사용해서 훈련한다.

이렇게 일주일에 한 번만 무게를 올리게 되면 결국 '개선'이라는 원칙과도 더 잘 맞아떨어져서 다시 상승 곡선을 타게 된다. 이후에는 '3주마다 강한 훈련 2일', 그리고 '2주마다 강한 훈련 1일' 등으로 더 세분화된 개선으로 옮겨갈 수도 있다.

이렇게 하고 나서도 정체가 온다면 볼륨(세트×회수)을 낮춘 다른 시스템을 적용 하도록 한다. (예: 5세트×5회에서 세트 줄여나가기, 5-4-3-2-1시스템, 3×3시스템, 싱글즈 등)

물론 다양한 프로그램을 사용해서 주 단위로 무게를 올렸다 내렸다 할 수도 있지만, 일단 이와 같은 싱글 발달로 빼먹을 건 다 빼먹고 난 뒤, 그 다음 새로운 방법론을 찾아 나서는 게 더 낫다. 미리 약발 센 것 사용하고자 욕심 부릴 필요 없다. 그러면 나중에 진짜 필요할 때 쓸 게 없어진다. 천천히 가는 것이 더 빠른 방법이다.

빅3의 목표

무게를 계속 올려나가야 당연히 발전하고 더 강해지는 것이며, 이것을 해나가는 데는 목표를 설정하고 달려가는 것만큼 좋은 게 없다. 모티베이션을 얻기가 쉽기 때문이다. 빌 스타가 추천하는 고급 단계의 빅3 웨이트는

1. 파워 클린: 300파운드(약 135kg)

2. 벤치 프레스 : 400파운드(약 180kg)

3. 풀 스콰트 : 500파운드(약 225kg)

파워 클린

말 그대로 고급 단계 목표다.

그 전에 각각 200 - 300 - 400 파운드를 1차 목표로 설정하고, 그것을 달성하고 난 뒤에는 위의 고급자 목표를 향해 도전하면 된다.

이쯤 하고 끝낼 수 있지만, 필자가 끝내주는 루틴 하나를 더 소개하겠다. 단독으로 해도 효과 만점이고, 빅3와 번갈아가면서 해도 좋다. 필자가 빌 스타의 빅3에 대한 오마주로 만들었기 때문에, '빅3 플러스'로 이름 지었다. 그 구성은 아래와 같다.

빅3 플러스(BIG 3+)

1. 파워 스내치

2. 프론트 스쿼트

3. 인클라인 벤치 프레스

이 빅3 플러스는 다음과 같은 경우 사용하면 좋다.

1) 빅3에서 정체기가 온 경우

2) 오랜 기간 빅3만 운동만 해서, 모티베이션 향상이 필요한 경우

3) 고급 운동을 도입해서 실력을 더 높일 필요가 있을 경우

빅3와 빅3 플러스를 각각의 사이클을 이용해서 3~6개월 또는 3~6주마다 서로 번갈아가면서 반복해도 되고, 좀더 다이내믹하게 워크아웃마다 서로 번갈아가면서(월: 빅3, 수: 빅3+, 금: 빅3) 훈련할 수도 있다. 개인의 특성과 스포츠 종류에 맞게 잘 적용해라. 어떤 주기를 이용하든 이 루틴과 빌 스타 빅3를 돌아가면서 사용하게 되면, 각각의 프로그램에 상생 효과를 가져와서 정체기를 극복하는 데 도움을 준다.

빅3 플러스에 대해 자세히 살펴보자. 첫번째, 파워 스내치. 파워 스내치는 운동선수들의 능력을 미리 짐작해볼 수 있는 바로미터다. 즉 경기 결과를 가지고 친구와 내기를 하고픈데 어떤 선수에게 돈을 걸까 고민스러울 때, 딴 것 볼 필요 없이 그들의 파워 스내치 무게로만 판단해서 배팅하면 이길 확률이 아주 높아진다는 뜻이다. 이렇게 확실하고 속 시원하게 결과를 예측해주는 운동이 어디 있겠는가. 특히 트랙 앤 필드에서 파워가 필요한 경기에서는 거의 들어맞는다고 보면 된다. 이 파워 스내치 무게가 높을수록 퍼포먼스는 더 좋아진다. 여기서 아주 중요한 점. 가벼운 무게로 일정 시간 정해놓고 누가 더 많이 파워 스내치를 반복하느냐가 절대 아니다. 그런 고반복 운동은 '컨디셔닝' 능력이지 '파워'가 아니다. 누가 더 높은 무게로 파워 스내치를 하느냐가 관건이다.

그리고 두 번째 프론트 스쾃. 이 또한 역도 결과를 미리 알 수 있는 바로미

터이며 필드에서 가장 실전력을 발휘하는 스트렝스 운동이다. 한 코치는 올림픽 역도 경기에서 금, 은, 동 기록이 결국은 프론트 스쿼트 기록 순위와 동일했다고 밝혔다. 그리고 노트미어 코치는 프론트 스쿼트 3회를 할 수 있으면 그 무게로 클린 앤 저크가 가능하다고 했다. 이런 여러 사실들에서, 프론트 스쿼트의 스트렝스 실전성은 단연코 선두에 있음을 알 수 있다.

그리고 잘 알다시피 프론트 스쿼트를 해야, 백 스쿼트만 해서 오는 근육 불균형까지도 잡을 수 있다. 특히나 햄스트링을 강화시키는 역도성 운동을 열심히 한다는 전제라면, 프론트 스쿼트만 해줘도 문제될 게 없다. 파워리프터가 되길 원하면 백 스쿼트에 (주로 로우 바), 그리고 애슬릿이 되기 원하면 프론트 스쿼트에 더 신경 써라. 물론 빅3와 빅3 플러스를 번갈아 하면 프론트 스쿼트와 백 스쿼트 두 가지를 다 열심히할 수 있기에 아주 유용하다.

마지막 인클라인 벤치 프레스. 빌 스타마저도 평 벤치를 이용한 플랫 벤치 프레스보다 인클라인 벤치 프레스가 더 뛰어나다고 말했다. 인클라인 벤치를 하다가 플랫 벤치로 다시 넘어오면 플랫 벤치 무게까지 더 올라간다. 인클라인 벤치의 유일한 단점이, 기준이 되는 스탠더드가 없다는 것인데, 그래서 빅3 플러스에서는 의자 각도를 45도로 못 박았다. 훈련은 여러 각도에서 할 수 있으나, 같이 경쟁할 필요가 있을 때는 45도로 설정해서 사용한다.

인클라인 벤치를 설명하는 김에, 훈련 중에 실수하기 쉬운 버릇 하나 꼬집자면, 지금까지 열심히 훈련해온 동작과 비슷한 근육이 쓰이는 운동으로 넘어가더라도, 일정 시간 적응기간이 필요하다는 것이다. 무게 딥만 하다가 벤치 프레스로 갈아타고 나서 바로 좋은 성적을 기대하면 안 된다. 새로운 동작에 적응하기 위한 시간이 필요하다. 마찬가지로 인클라인만 몇 달 했다가, 갑자기 플랫 벤치로 다시 돌아오고 나서 처음부터 맥스를 확인하려고 해서는 안 된다. 낮은 무게부터 시작해서 서서히 무게를 올려나가다가 맥스를 경신해야 한다.

빅3 플러스의 훈련 방법도 빌 스타의 빅3와 같다.

5×5 시스템을 먼저 이용하고 나중에 5세트×5회에서 세트 수를 줄이거나, 5-4-3-2-1, 3×3 시스템, 싱글즈 등으로 볼륨을 줄이고 강도를 올려나간다. 빅3 플러스는 빅3보다 더 어려운 고급 운동이기 때문에, 저반복을 이용해서 집중도를 더 올릴 수 있도록 4×4시스템(4세트×4회)부터 사용해도 된다.

다만, 강도를 높이면서 볼륨을 줄여가는 방법을 메인에 놓더라도, 가끔씩은 볼륨을 높이는 사이클을 끼워주는 게 좋다. 새로운 변화 및 근비대를 통해 정체기를 극복하는 데 도움이 되기 때문이다. 가장 추천하고픈 건 슈퍼 스콰트 루틴이긴 하나, 너무 힘들어서 하기 어려운 사람들은 위의 스트렝스 운동 그대로를 하되, 무게를 낮추고 횟수를 10~15회 정도로 높여서 2~3세트 정도 해주는 기본적인 방법을 사용하도록 한다.

빅3 플러스도 모티베이션 향상을 위해 목표 무게를 설정해주겠다.

1. 온몸 스피드(파워) 운동인 파워 스내치: 100kg

2. 상체 스트렝스 운동인 인클라인 벤치 프레스: 150kg

3. 하체 스트렝스 운동인 프론트 스콰트: 200kg

이 목표를 달성하게 되면 상상하는 이상의 파워를 가지게 되며, 그 어떤 스포츠에 도전해도 빛을 보는 선수가 될 것이다. 너무 먼 목표이기 때문에 처음부터 욕심내지 말고, 1차 목표로는 3가지 운동을 합한 무게를 300kg, 2차 목표로는 각각 운동의 목표 무게 80%, 그리고 마지막 3차 목표로는 각각 운동의 목표 무게 90%로 해서 서서히 최종 목표에 접근한다.

정리하도록 하자. 아이팟과 아이폰을 만든 애플을 보고 전문가들은 '뺄셈 디자인'의 정수라고 말한다. 그 수많은 기능을 탑재해서 복잡해질 수밖에 없는 아이폰을, 유명한 디자이너 조나단 아이브가 아주 심플한 디자인으로 탄생시켰다. 진정한 전문가이기 때문에 가능한 일이다. 마찬가지로 프로그램을 복잡하게 만드는 것은 실력이 없다는 증거이지, 더 나은 프로그램이라는 뜻이 아니다.

쌈빡하고 원하는 결과를 가져다주는 아주 심플한 애슬릿 프로그램을 원하는가?

빌 스타의 빅3를 5×5 시스템으로 일주일에 3일 해라.

그 이후 정체기를 겪거나, 좀더 수준 높은 루틴을 경험하고픈 사람은

빅3 플러스를 5×5 시스템으로 일주일에 3일 해준다.

뭐가 더 필요하겠는가? 특화 운동 및 재활 관련 운동을 제외하고, 단지 스트렝스 및 파워를 위한 프로그램이라면 위의 운동이 전부다.

체육관에서 하는 이 빅3/빅3플러스, 그리고 필드에서 하는 각 스포츠에 특화된 달리기 및 스킬 훈련, 이 두 가지면 다른 어떤 훈련 없이도 각 스포츠의 챔피언까지 바라볼 수 있다. 두 개의 큰 놈을 잘 이용해서 진정한 애슬릿으로 거듭나길 빈다.

동네 헬스장
최고의 근육 성장
프로그램

우리나라도 빠른 시일 내 모든 헬스장이 파워 랙과 스쾃 랙으로 가득 차고, 웨이트를 바닥에 떨어뜨려도 관장 눈치 볼 필요 없는 피트니스의 선진화가 필요함은 두말 할 나위 없다. 그러나 아직 머신만 가득하고 스쾃 랙 하나 없는 동네 헬스장에서 몸만들기에 열중하는 분들이 대부분인 것이 또 작금의 현실이다.

하여, 다수의 안타까운 중생들을 그냥 보고 지나칠 수는 없어, 이런 분들을 위한 루틴 하나를 소개한다. 스쾃 랙이 없어 스쾃은 꿈도 못 꾸고, 밀리터리 프레스마저 마음 놓고 할 수 없는 사람들. 100kg 이상이란 중량만 봐도 안드로메다에서 일어나는 일인 양 바로 외면하는 사람들. 이런 사람들이 시도해보면 아주 좋은 프로그램이다.

많은 중량을 사용하지 않고도 몸에 상당한 자극을 줄 수 있는 방법이다. 고강도 훈련이라 번역되는 일종의 히트(HIT)의 응용이다. 사실 강도란 무게의 기준으로 보는 것이기 때문에 높은 무게를 사용하지 않는 히트를 고강도 훈련이라 칭하는 건 엄밀히 말해 틀렸다. 그러나 자세에 집중하면서 실패지점까지 끌고 가는 훈련이기에, 고강도이건 아니 건 힘든 훈련임에는 틀림없다.

천천히 반복하라

상대적으로 높지 않는 무게를 사용해서 훈련을 빡세게 하려면 어떻게 해야 할까? '천천히 반복하는 것'이 해답이다. 한 회 한 회를 천천히 느린 템포로 움직이게 되면, 무게가 걸리는 로드 시간도 길어지고 전체 가동 범위 내내 근육에 집중하면서 텐션을 줄 수 있기 때문에 몸에 상당한 스트레스를 가할 수 있다. 게다가, 실패지점까지 밀어붙이게 되면 일주일에 1~2일만 해도 근비대 성과를 충분히 볼 수 있다. (처음엔 일주일 3일부터 시작한다.) 한 번의 워크아웃 시간도 길지 않기 때문에 (약 30분) 집중력만 높인다면, 아주 효율적이고 효과적인 프로그램이다.

이 프로그램에도 최고의 근육들을 가져다 주는 빅머슬 7이 이용된다.

프로그램 (월수금 또는 화목토)

1. 스쿼트 (또는 레그 프레스) 1세트×10회

2. 밀리터리 프레스 1세트×10회

3. 한 팔 (원암) 덤벨 로우 1세트×10회

4. 벤치 프레스 1세트×10회

5. (의자) 보조 턱걸이 1세트×10회

6. (의자) 보조 딥 1세트×10회

프로그램 설명 들어간다.

우선 빅머슬에서 데드리프트가 빠졌다. 천천히 하기에 적당치 않은 운동이기도 하지만, 동네 헬스장에서도 고무판 깔고 하면 데드리프트는 어떻게든 시도해볼 수 있다는 사람들이 있어서다. 즉 데드리프트를 할 수 있는 환경에 있는 사람들은 '데드리프트 1세트×5회'를 위의 프로그램에서 가장 먼저 시도하고 그 다음 순차적으로 1번 스쿼트부터 시작한다. 잠재력을 최대한 이끌어내기 위해선 데드리프트 하나만이라도 스트렝스를 상승시키는 것이 아무것도 하지 않는 것보다 백 번 낫기 때문이다. 혹시 데드리프트 하는 분위기도 안 되는 체육관이면, 빼도 된다. 위의 빅머슬 6개 운동만 해도 열심히한다면 일반적인 근육잡지에 있는 루틴보다 더 많은 근육을 만들 수 있다.

1. 스쿼트

말이 필요 없다. 가장 중점에 두고 열심히해야 하는 운동이다. 느린 템포를 이용하면 적은 무게로도 자극을 줄 수 있기 때문에, 스쿼트 랙이 없으면 바벨을 직접 들어서 등에 지거나, 아니면 무거운 덤벨 혹은 케틀벨을 들고 할 수 있다. 옆에 쓰인 '레그 프레스'의 경우 스쿼트의 효과를 다 가지기는 사실 불가능하다. 가벼운 무게로도 스쿼트하기가 어려울 때만 대체 운동으로 선택한다.

2. 밀리터리 프레스

바벨을 이용하는 것이 기본이나, 20kg 빈 바로 서서히 반복하는 것도 초보자에겐 쉽지 않다. 가벼운 덤벨로 대신하다가 무게가 높아지면 바벨로 갈아탄다.

3. 한 팔 덤벨 로우

바벨 로우로 한방에 끝낼 수도 있지만, 천천히 반복하는 템포라서 허리에 부담이 갈 여지가 있다. 한 팔 덤벨 로우를 하면 쉬는 손으로 몸무게를 지탱하며 보조할 수 있기 때문에, 허리에 신경 쓸 필요 없이 강한 자극에 집중할 수 있다. 자주 쓰지 않는 팔부터 먼저 하고 난 뒤 자주 쓰는 팔을 훈련한다.

4. 벤치 프레스

벤치 프레스로는 비교적 무거운 무게를 들 수 있기 때문에 초보자라도 처음부터 빈 바를 들고 훈련할 수 있다. 그러나 개인에 따라 이것도 어려운 사람은 20kg보다 훨씬 가벼운 덤벨 2개를 들고 '덤벨 벤치 프레스'를 하다가 힘이 좋아지면 바벨 벤치 프레스로 갈아탄다.

5. 6. 의자 보조를 통한 '보조 턱걸이'와 '보조 딥'

초보자들은 무게를 단 턱걸이는 고사하고, 맨몸 턱걸이도 잘 하지 못한다. 그래서 보조를 받아야 하는데, 의자 보조가 가장 편리하다. 그리고 사실 웬만한 고급자 아니면 턱걸이를 느린 템포로 반복하는 것은 쉽지 않다. 즉 레벨을 떠나서 느린 템포로 하는 훈련에서는, 턱걸이와 딥은 의자의 보조를 받는 것이 좋다.

보조 운동 2가지의 자세를 상세히 살펴보자. 먼저 의자 위에 올라섰을 때는 그 운동의 탑 자세가 되게 한다. 보조 턱걸이 경우 의자 위에 섰을 때 턱이 철봉 위로 올라간 위치가 되어야 한다. 여기서 포인트는 다리 보조다. 다리 힘으로 팔의 모자라는 힘을 보조해야 한다. 즉 원래는 팔의 힘으로만 턱걸이를 해야 하지만, 다리 힘을 이용해서 턱걸이를 하게끔 도와준다. 느린 템포로 하되, 10회가 되었을 때는 실패지점에 도달하도록 다리 힘을 잘 조절한다. 몇 번 하다보면 자연히 알게 된다. 실력이 자라날수록 다리의 보조 힘은 서서히 줄여나간다. 이는 웨이트 무게를 올려나가는 것과 같은 효과다. 천천히 하계 되면 맨몸으로만 해도 10

회 하기가 굉장히 어렵기 때문에, 의자 보조만 받고 해도 오랜 기간 근육을 키워 나갈 수 있다.

보조 딥도 마찬가지. 의자 위에 섰을 때 자세가 팔꿈치를 완전히 편 딥의 탑 자세와 같게끔 높이를 조절한다. 운동 방식은 턱걸이와 똑같다. 혹시라도 보조 턱걸이 및 보조 딥도 못할 환경에 있는 사람이라면, 보조 턱걸이는 풀랫다운으로 그리고 보조 딥은 팔굽혀펴기로 대치한다.

느린 템포로 근육 하나하나에 집중

히트 운동의 중심이라고 할 수 있는 템포에 대해 자세히 알아보자. 최대한 가속을 없애고 근육 하나하나에 집중하기 위해 일반 운동보다 느린 템포로 운동해야 한다. 느리게 하라는데, 과연 얼마나 천천히 해야 되는 것일까? 다양한 템포가 있지만, 하나만 생각하면 된다. 5천만 명의 국민 놀이 '3-6-9'.

일명 '슬로우 3-6-9 시스템'이다. 웨이트를 '내리고/올리고', 다른 말로 '네거티브/포지티브' 템포로 3,6,9를 사용한다. 3/3이란, 말 그대로 올릴 때 3초 내릴 때 3초다. 6/6은 올릴 때 6초 내릴 때 6초. 벤치 프레스를 예로 들면, 가슴에서 팔을 펴서 올릴 때 3초에 걸쳐 올라가고, 탑 자세에서 다시 가슴으로 내릴 때 3초 걸리게 하는 식이다. 위의 빅머슬 모든 동작들을 이와 같은 방식으로 한다.

10초 이상 하는 아주 느린 동작도 있지만, 우선 이 정도로만 해도 된다. 처음에 3/3부터 했다가 서서히 6/6 그리고 9/9까지 늘려나간다. 9/9템포까지 가게 되면 10회를 다 채우지 않고 6~8회 정도만 반복해줘도 된다. 그러나 무조건 더 오래 한다고 해서 항상 더 좋은 방법은 아니다. 자기에게 맞는 템포를 찾는 것이 더 중요하다. 처음에 3/3초에서 연습하다가 익숙해지면, 6/6 또는 9/9를 해보고 자기 몸에 더 적합하다고 생각하는 템포를 골라서 그것만 한다. 그리고 정체기 타파 차원에서 가끔씩 다른 템포를 이용해주면 된다.

모든 운동은 1세트

당연히 본 세트만 말하는 걸로써, 워밍업 세트를 따로 포함시켜줘야 한다. 초보자들은 너무 느리지 않은 일반적인 템포(예: 2/1)로 10회 반복해주는 1세트를 워밍업 세트로 해주고 본 세트를 바로 시작한다. 무게가 올라가면 워밍업 세트 수는 좀더 올라간다. (워밍업 세트에 대해선 180p 참조)

처음 2주 정도는 자세 연습에만 치중하며 무게를 많이 올리지 않는다. 그리고 약 1달 정도는 본 세트를 2세트로 해줄 수 있다. 아직 1세트 안에 실패지점을 이끌 만큼 충분히 단련되지 않았기 때문이다.

자세가 익숙해지고 느린 템포로 하는 방법에 익숙해질 때쯤이면 모든 세트는 1세트만 한다. 많은 세트가 더 좋은 결과를 가져온다는 환상을 버려라. 1세트만 해도 실패지점까지 빡세게 밀어붙이면 회복하는 데 약1주일 이상이 걸리기도 한다. 초보자들은 그렇게 빡세게 밀어붙이지 못하기 때문에 일주일에 3일부터 시작하는 것이다.

매일 여러 시간 운동을 해야 근육이 제대로 자란다고 생각했던 사람들에게는 일주일 3일이 근육을 만드는 최소량으로 보이겠지만, 사실은 매 워크아웃 실패지점을 겪으면서 가는 운동으로 일주일 3일 루틴은 최대치다.

그마저도 실력이 상승해서 무게가 올라가게 되면 강도가 높아지기 때문에, 일주일 최대 빈도일는 더 줄어들게 된다.(1~2일) 최대 빈도일는 글자 그대로 최대로 훈련할 수 있는 빈도일이다. 즉, 운동수를 하루 1~2개로 줄여서 자주 하거나,

강도를 아주 낮춰서 훈련일수를 늘리지 않고, 아주 하드하게 훈련했을 때 좋은 결과를 가져다주는 최대 빈도일을 말한다. 그 이상 하게 되면, 더 이상의 성장도 없을뿐더러, 오히려 해악만 끼치게 된다.

세트도 마찬가지다. 스트렝스 훈련이 아닌, 실패지점까지 밀어붙여서 근비대를 이끌어내는 훈련에서는 1세트만 제대로 해도 된다. 만약 2세트를 해야 한다고 생각하면, 심리상 첫 세트에서 에너지를 아끼게 된다. 워밍업 세트 후에 마음을 가다듬고 본 세트 1세트를 끝까지 밀어붙이면 충분한 자극을 이끌어내게 된다. 여기까지가 하드 워크의 원칙을 담고 있다.

이제 그 다음으로 아주 중요한 개선의 원칙. 지난 워크아웃보다 항상 더 성장하려고 노력해야 한다. 횟수는 그대로 두고 약간의 무게라도 더 올리려는 '싱글 발달'을 따르든, 횟수를 15회까지 올리고 다시 10회로 내려와서 무게를 올리는 '더블 발달'을 따르든 어쨌든 '개선'을 해야 한다.

지난번보다 더 개선된 무게 및 횟수를 성공하지 못한다면, 그간의 회복에 대한 노력이 부족하진 않았는지, 아니면 워크아웃 빈도일 또는 한 워크아웃 당 운동 수를 줄여야 하지 않는지를 심각하게 고려해봐야 한다. 일주일에 단 하루만 한다고 해서 절대 걱정하지 마라. 개선만 지속해나간다면, 몸은 저절로 자라나게 된다. 오히려 적게 하는데 더 크게 자라는 신기함을 목도하게 된다.

충분히 먹고 있는가

필자가 말하는 대로 하드 워크를 했는데도 몸이 자라나지 않는다면, 훈련에서 문제를 찾지 말고 다이어트에서 찾아라. 당신은 충분한 양을 먹고 있지 않은 것이다. 남들보다 더 많이 먹는데 몸이 커지지 않는다고 우는 소리 해봐야 아무 의미 없다. 당신 몸의 대사량에 견주어 먹는 것이기 때문에 남 비교할 필요는 전혀 없다. 당신 몸이 커지는지 안 커지는지만 봐라. 그래서 자라지 않는다면 음식량을 더 늘려야 한다.

다시 요약하자면, 하드 워크하고 항상 개선하면서 꾸준히 하고 있다면 위의 루틴을 일주일에 1~2번만 하더라도 몸이 쑥쑥 자라게 된다. 그게 아니라면 뭐? 그렇다. 충분히 먹고 있지 않은 것이다. 슈퍼 스쿼트 루틴을 참고로 해서 엑스트라 칼로리로 우유를 먹어주면 좋다.

이상으로 동네 체육관에서 누구나 할 수 있는 프로그램을 알아봤다. 필자가 오랜 기간 검토해본 결과 좋은 성과를 이룬 프로그램이니 믿고 열심히 해봐도 된다. 차선의 선택으로 소개한 프로그램이라 그 결과에 대해 다소 의심이 있을 수도 있겠다. 물론 '포스 근육 + 펌핑 근육' 훈련이나 '슈퍼 스쿼트'보다 결과가 좋을 순 없다. 그러나 매일 몇 시간씩 체육관에서 펌핑만 하고 있는 루틴보다는 훨씬 더 좋은 결과를 가져온다. 그리고 그 전 어떠한 루틴으로도 별다른 성과를 보지 못했던 사람(또는 그 전 루틴에서 오랜 기간 정체기를 겪어온 사람)들은 이 프로그램으로만 성장을 볼 수도 있다. 마찬가지로 포스 근육 훈련을 주로 해온 사람일지라도, 위의 운동을 하면 새로운 자극 및 펌핑 근육이 자극되기 때문에 근비대 효과를 볼 수 있다. 누구나 사용할 수 있는 효과적인 프로그램인 것이다.

다시 강조한다. 훈련 시간이 일주일에 1시간이 되지 않는 사람, 무거운 무게에 부담이 많은 나이든 분들과 여성들, 그리고 집에서 훈련해야 하는데 보유하고 있는 중량이 많지 않은 사람들, 속는 셈 치고 최소 3개월만 해봐라. 근육잡지에 나오는 약물성 루틴과는 비교할 수도 없을 정도로 뛰어난 결과를 얻을 것이다.

하루 5분
파워 프로그램

태양 아래 새로운 것은 없다. 그러나 우리가 모르고 있는

과거의 좋은 것들은 수없이 존재한다. _암브로스 피어스

   우리는 짧은 시간을 말할 때, 5분을 거론한다. 군대에서도 5분 대기조가 있고, 한창 바빠서 시간을 더 달라고 말할 때도 5분을 말하고, 요즘 나오는 책들의 제목을 봐도 빠른 효과를 강조하기 위해, 다들 5분을 언급 하고 있다. 5분이라는 말은 실제 시간을 떠나 '찰나'의 대명사로 자리 잡았다. 이런 트렌드에 얍삽하게 편승하여 '하루 5분 파워 프로그램' 이라는 것을 만들어봤다.

   운동을 하지 않는 사람들이 대는 이유 중 제일 많은 것이 '시간이 없어서' 이다. 핑계 대는 수준이 상당하거나, 아니면 진짜 먹고 사느라 바빠서일 텐데. 그러나 아무리 시간이 없어도 '하루 5분'이란 말 앞에서는 다들 무릎을 꿇을 수밖에 없다. 그만큼 짧은 시간이니까. 하루 5분이라. 이 시간에 최대한 효과를 가지기 위해 어떤 운동이 필요할까? 정말 그 짧은 시간으로 효과나 제대로 거둘 수 있는 걸까? 그게 사실이라면 요즘같이 힘든 때, 정말로 살림에 허리가 휘어 운동할

돈도 시간도 없는 사람들이 시도해보기에 딱 좋은 프로그램 아니겠는가?

지금부터 소개할 프로그램들은 단순히 그 효과가 좋을 뿐 아니라, 단련이 되고 나면 응용력도 커지게 되는 굉장한 프로그램이다. 즉 상큼한 이성 한 명 소개시켜주는 데서 끝나는 것이 아니라, 낚는 방법까지 가르쳐준다는 의미 되겠다.

장시간 운동만이 장땡일까

본격적인 소개에 앞서, 운동 시간에 대한 편견을 깨보고 시작해보자.

영화 〈메리에겐 특별한 것이 있다〉에는 그 유명한 헤어젤 사건 말고도, 재미난 에피소드가 많이 있다. 그 중 하나가 주인공이 메리를 찾아가는 과정에서, 주인공이 차에 히치하이커를 태우고 난 뒤 그들이 나눈 대화이다. 그 히치하이커는 기막힌 아이템을 가지고 있다고 했다. 요즘 8분 복근 만들기 운동 비디오가 히트를 치고 있는데, 자기는 7분 복근 만들기 운동을 만들어서 더 큰 대박을 기대한다는 것이다. 같은 진열장에 〈8분 복근 운동 비디오〉와 〈7분 복근 운동 비디오가〉 있으면 사람들이 어떤 걸 사겠느냐고, 혼자 들떠서 떠들어댄다. 그러자 우리의 주인공은 "누가 또 6분 복근 만들기를 만들면 어떡하죠"라고 개념 없는 친절 멘트를 날림으로써, 그 띨빡한 히치 하이커가 혼란에 빠져 "6분이라는 시간으로는 절대 운동이 될 수 없다"고 소리치게 만든다.

필자도 주위 사람들에게 물어본 적이 있는데, 한결 같은 대답이 하루 6분은 복근을 만들기에 너무 짧은 시간이라고 했다. 6분은 고사하고 인기가 있었다는 〈8분 복근 운동 비디오〉(실제로 판매되었던 비디오다)도 보통 특별한 사람에게나 통하는 방법이거나 혹은 상업적 사기 정도로 생각한다. 우리는 '효과 있는 운동=장시간'이라는 확고한 생각을 가지고 있기 때문에 이러한 잘못된 결론을 먼저 내려버리고 시작한다. 이런 생각은 피트니스에 대해 그릇된 인식을 갖는 걸로 끝나는 것이 아니다. 운동 같지 않은 운동을 할 바에야 아무것도 안 하는 게 낫다는 깔끔 완벽주의자들이 아예 운동을 포기하도록 만든다. 즉 운동에 대한 잘못된 지식으로 인해 평생 운동과 결별하고 살아가는 것이다. 5분으로 일궈내는 성과가 얼마나 큰지를 안다면, 절대 쉽사리 포기하는 일은 없을 텐데 말이다.

'시간이 없어서'를 최고의 무기로 삼고 있는 사람들에게, 각종 운동 기구들을 사용하라고 하는 것은, 더할 수 없는 사치이자, 또 다른 핑계거리를 안겨준다는 걸 잘 알기에 맨몸 운동만 가지고 말해보겠다.

맨몸 운동을 우습게 보는 사람들은, 웨이트를 다루기 전 초보자만이 하는 운동 혹은 웨이트의 보조 운동 정도로만 생각하는데, 참말로 겸손할지어다. 체조 동작 같은 어려운 동작 말고 특수부대에서 자주 하는 간단한 PT 동작들도, 적용하는 프로그램에 따라 절대 쉽지가 않다.

특히 고반복으로 해서 근지구력으로 가게 되면, 그 동안 자랑스러웠던 과도한 갑빠는 애물 단지로 전락하고, "덩치 값도 못한다"라는 처절한 쪽팔림을 감수해야만 한다. 특수부대 훈련에서 과도한 근육을 가지는 것은 자살 행위나 마찬가지다. 딱 여성들이 좋아하는 정도의 근육만이 해답이다.

그리고 재밌는 건 팔굽혀펴기를 통해서 그간 정체됐던 벤치 프레스 무게를 올린다거나, 근육을 더 키우는 사람들도 종종 있다는 것이다. 펌핑 효과 말고 실제로 근비대 효과를 가져오기도 한다. 반대로 계속 맨몸 운동만 하는 것도, 근육을 지속적으로 자라게 하지는 못한다. 항상 다각적인 변화를 모색하고, 자기가 못하는 것일수록 더 즐기려는 마인드를 가져야 한다. 웨이트의 우수성을 말하는 사람들은 그것만 주로 하면서 모든 걸 판단하려는 경우가 많고, 그 반대의 경우도 마찬가지인데, 진득하게 다른 분야를 파보고 판단하시라.

하루 5분의 기적

자, 그럼 하루 5분의 기적을 바라는 우리는 무슨 운동을 해야 하나.

정답은 'MPT 5(밀리터리 PT 5대 운동) + 달리기'이다.

MPT 5에 대해서는 하루 5분 파워 프로그램과 관련해서만 얘기 하겠다.

5라는 숫자에서 느꼈겠지만 말 그대로 각각의 운동을 1분씩 최대한 많은 횟수를 하는 것이다. 왜 너무 시시한가? 이 운동을 5분 동안 하고 나면 절대 그런 소리 안 나온다.

턱걸이를 아무리 잘해도 1분간 연속으로 할 수 있는 사람은 거의 없다. 아닌 게 아니라, 쉬지 않고 1분 동안 반복하면, 50개 이상도 너끈히 할 수 있는 시간이다.

팔굽혀펴기도 마찬가지. 약간의 치팅만 동반해서 미친 듯이 하게 되면 100개 이상도 가능한 시간이 1분이다. 우리가 쉽게 생각했던 1분이 이렇게 위력적인 것이다. 이제 시간 개념이 달라 보이기 시작하는가? 최대한 많이 하는 걸 최종 목표로 하기에 약간의 치팅은 인정한다. 대신 일주일에 3일 한다고 가정했을 때, 하루만 최대 개수를 목표로 치팅을 허용하고, 나머지 2일 중 하루는 정자세로 천천히, 그리고 나머지 하루는 중간 템포로 하면 더 좋다.

이쯤 되면 또 핑계가 나오기 시작한다. 턱걸이 바가 없다. 또는 딥 할 수 있는 데가 없다 등등. 잘 알고 있다. 필자 이런 얘기 들어본 게 한두 번이 아니다. 일단 딥은 의자 2개를 놓고 그 사이에서 하면 되지만, 이것마저 힘들다면 다음과 같이 바꾸면 된다.

팔굽혀펴기, 윗몸일으키기, 맨몸 스쿼트 중 2개를 2분씩으로 늘리는 것이다.

월(화): 팔굽혀펴기 2분, 윗몸일으키기 2분, 맨몸스콰트 1분

수(목): 팔굽혀펴기 2분, 윗몸일으키기 1분, 맨몸스콰트 2분

금(토): 팔굽혀펴기 1분, 윗몸일으키기 2분, 맨몸스콰트 2분

2일마다 달라지는 게 머리 아프면 주(week) 단위로 위의 3개 중에 2개를 뽑아서 2분씩 하면 된다. 윗몸일으키기 할 때는 혼자서 그냥 하거나 고정물 어디에나 발을 걸치고 하면 되지만, 혹시나 잡아주는 사람이 없어서 못 하겠다고 불평하는 사람은 V-UP으로 대신한다.

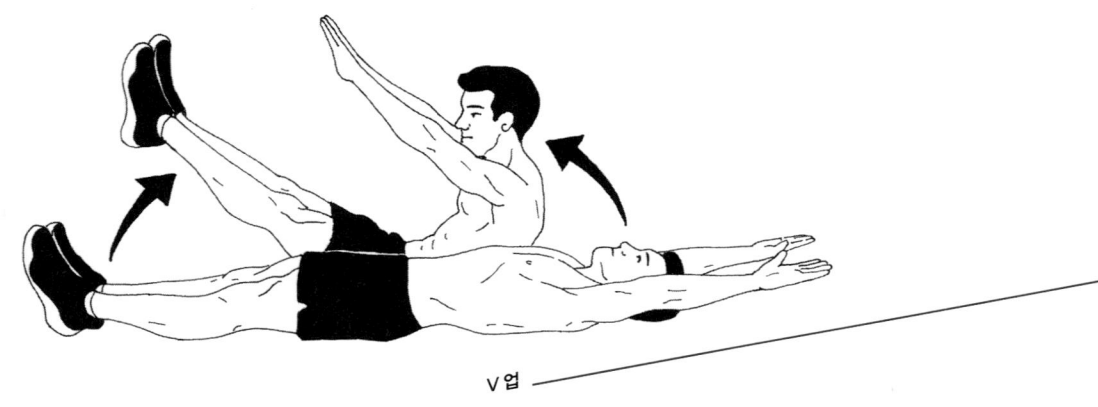

V업

팔굽혀펴기를 시킬 때 1분이 짧다고 하는 사람은 거의 없다. 혹 1분 이상 팔굽혀펴기를 하는 사람에게도 2분을 주면, 혼자서 탕수육 세트 2개 먹은 넘처럼, 더 이상의 시간에 정중히 고개 젖는다. 아주 긴 시간일뿐더러, 특히나 속도를 높이게 되면 더더욱 힘들어진다.

육군사관학교 출신을 만나 얘기할 기회가 있었는데, 그들이 받았던 체력단련도, 요약하면 딱 2가지다. 구보와 팔굽혀펴기. 턱걸이는 도구 필요상, 윗몸일으

키기는 잡아주거나 다리를 걸칠 데가 마땅찮기에 주로 팔굽혀펴기만 한다고 한다. 보통 팔굽혀펴기는 교육하러 가기 전 자기 기수 숫자만큼 시키는데, 다 마친 후에는 역피라미드로 내려가기도 한다. 탄탄한 몸을 지닌 그들의 기본 운동도 알고 보면 간단한 것이다. 이쯤 하면 결국 6분 복근 운동이라는 것도 어떻게 시행하느냐에 따라, '너무 적은 시간이 아니라 너무 많은 시간이 아니냐?' 라고 불평할 수도 있다는 것을 깨닫기 시작했을 것이다.

해서 이제는 반대로 각각의 운동을 1분 동안 다 채우지 못했을 때 대처법에 대해 이야기하겠다. 이걸 해결하는 방식은 두 가지다. 첫 번째는 1분을 채우지 못한 운동은, 나머지 시간 동안 각각의 운동 가동 범위에서 가장 쉬운 자세를 유지하면서 시간을 마저 채우는 것이다. 턱걸이는 바에 매달려 있고, 팔굽혀펴기는 팔을 펴는 탑(top)자세를 유지한다. 윗몸일으키기와 맨몸 스쾃은 약간의 휴식을 취하다, 최대한 빨리 다시 운동하도록 노력한다. 팔굽혀펴기 자세를 유지하는 것과, 턱걸이 바에 매달려 있는 것도 절대 쉽지 않다. 그러므로 상기 두 개의 운동도 쉬운 자세를 유지하지 못하면, 잠시 쉬었다가 곧바로 시간 내에 다시 매달리려고 노력한다.

또 다른 방법은 시간을 쪼개는 것이다. 이것은 심폐기능 단련 또는 근지구력이 모자라지만 심폐기능은 자신 있어서, 더 많은 운동을 하고자 하는 사람들에게 좋은 방법이다. 1분씩 하던 것을 30초씩 쪼개게 되면 MPT 5를 두 번씩 돌릴 수 있게 된다. 물론 더 다이내믹하게 하려는 사람은 15초씩으로 쪼개서 4번으로 돌릴 수도 있다. 순서는 본인이 알아서 하면 되지만, 처음에는 턱걸이, 딥, 윗몸일으키기, 팔굽혀펴기, 맨몸 스쾃 순으로 해보길 바란다.

여러 가지 변형된 템포와 변형된 시간으로 일주일에 3일(월, 수, 금 또는 화, 목, 토처럼 서로 떨어진 3일) 동안 각각 'MPT 5'를 5분씩 한다.

이제 일요일을 제외한 나머지 3일에 할 운동을 알아보자.

바로 '5분 달리기'이다. 마라톤이 유행하는 이 시점에서, 5분 달리기는 너무 우습지 않나 생각하는 사람들도 많겠다. 그러나 운동 방식에 따라 시간은 여러분이 생각하는 방식으로 흘러가지 않는다는 것을 이미 알았을 것이다. 아침 출근 시간에 버스나 지하철을 놓치지 않으려고 헐떡거리며 달리는 당신! 1시간 이상으로 느껴지는 이 시간은, 실제로 1분도 채 되지 않는다.

5분 달리기! 빨리만 달리면 절대 쉽지 않다. 그래서 처음부터 너무 무리하지는 말고, 페이스를 유지하면서 시간을 채울 수 있도록 노력한다. 몇 번의 시도로 확인해보면 알겠지만, 5분으로 뛸 수 있는 거리는 상당하다.

이쯤 되면 예상되는 또 다른 핑계. 집에서 다시 옷 갈아입고 나오기가 힘들고…… 주위에 마땅히 뛸 만한 장소도 없고…… 이런 사람들 굳이 옷 차려 입고, 신발 갈아 신고 나올 필요 없다. 그냥 퇴근하고 올 때 그 복장에 (윗옷은 벗고 손에 쥐어도 된다.) 그 구두 신고, 가방 있으면 들쳐 메고 집까지 달려 가는 것이다. 한두 번만 달리다보면 5분 정도 되는 거리를 알게 된다. 거기에 맞춰서 달리기를 시작한다. 여러분의 지겨운 집안 풍경은 너무나 잘 알고 있다만, 뛸 때는 집에 소녀시대가 기다린다 생각하고 무조건 열심히 달린다.

나중에 실력이 늘어날수록, 버스 정류장 하나 먼저 내려서 달려 갈 수도 있으며, 결국 실력이 급상승해서 5분 안에 1,500 m 이상을 뛸 수 있다면, 더 이상 체력 때문에 걱정할 이유는 없어질 것이다.

물론 하루 5분 달리기로 그 단계에 오르기는 쉽지 않다. 그러나 좀더 욕심을 내서 영양학을 통해 지방을 빼서 몸을 건강하게 만들고, 5분 달리기를 할 때도,

하루는 30초씩 인터벌로 끊어서 한다든지, 또 다른 하루는 파틀렉(자연지형을 이용한 변속 달리기)을 뛴다든지 하면서, 종국엔 스스로의 응용력으로 시간을 더 다양하게 조절한다면, 달리기 능력을 상당 이상 향상시킬 수 있을 것이다.

이제 일요일에 할 수 있는 운동을 알아보겠다. 우선 너무 피로한 사람은 일단 하루 종일 쉬어주면 된다. 처음부터 일요일까지 전부를 다 채우려고 욕심 부릴 필요는 없다. 그러나 뭔가 하고픈 활력적인 사람들은, 주중에 쌓은 체력을 바탕으로 천천히 산을 올라가면서 좋은 공기도 마시고 체력단련도 하면서 호연지기를 느껴보는 게 가장 좋겠다.

한편 주말에도 일하느라 바쁜 당신을 위해서는, 좀 다른 운동을 해준다. 물구나무서기 5분 혹은 백브릿지 5분이다. 둘 다 체력 단련 목적 이외에도, 몸 건강에 너무나 좋다. 평소 직립 보행을 하는 사람들에게 거꾸로 설 수 있게 하고, 또 머리를 자극함으로써 여러 가지 정신적인 질환도 예방할 수 있다. 또한 목을 단련하게 되면 수많은 통증 질환으로부터도 해방될 수 있다. 매일 5분 하면 더 좋지만 주말만이라도 꾸준하게 5분 동안 계속한다면, 아주 좋은 효과를 볼 수 있으니, 천천히 하나하나 단계에 맞게 정복해나가기 바란다.

이상으로 하루 5분의 파워 프로그램에 대해 알아봤다. 위의 운동을 영양학과 병행하면서 꾸준히 하게 되면 하루 5분으로도 어마어마한 효과를 보장한다. 헬스장에서 가슴과 팔둘레 키우려고 매일 1시간씩 보내는 사람보다 훨씬 균형 잡힌 멋진 몸과 체력을 가지게 될 것이다.

물론 실력이 늘게 되면 5분이라는 시간에 너무 얽매일 필요는 없다. 특히나 서두에서도 말했듯이 이 운동들을 하고 있으면, 고기를 낚는 법을 알게 되어서, 스스로 어떠한 운동으로 발전시켜나갈지도 깨우치게 될 것이다.

먼 길을 달려온 당신, 축하드린다.

이 책을 읽고 난 뒤, 지금껏 운동해온 것들과 너무 달라서 적잖은 충격을 받은 사람이 있을 것이고, '바로 이거야'라는 마음에 당장 뭐라도 해보고픈 사람도 있을 것이다. 전자의 경우는 너무 혼란스러워 말고, 기존의 운동을 해가면서 서서히 이 책의 내용들을 하나씩 적용시켜 나가시라. 얼마 있지 않아 필자가 말한 것들이 이해되는 순간을 맞이하게 될 것이다. 그리고 6개월 또는 1년에 한 번씩은 이 책을 반복해서 보길 권한다. 과거에 무심코 지나갔던 것들이 새롭게 다가오는 경험을 하게 된다. 후자의 경우, '이 많은 운동에서, 뭐부터 해야 하지?'라는 또 다른 의문에 빠질 수 있다. 뭔지 모르겠지만 스쾃트는 무조건 해야 할 것 같고, 또 역도도 배워야 할 것 같고, 간단하게 MPT 5를 이용한 맨몸 운동부터 시작하고 싶기도 하고… 등등, 온갖 생각이 난무할 거다.

괜찮다. 어렴풋이나마 이런 생각을 가졌다면 일단은 성공의 길로 접어든 셈이다.

명확한 걸 좋아하는 사람을 위해, 우선은 가장 단순한 지침부터 주겠다.

1. 평생 운동으로써, 각자의 유전자가 허락하는 최고의 스트렝스 및 근육을 키우기 위해서는 '빅머슬 7'부터 시작. (어떤 방법을 쓰든지 서서히 무게를 개선시켜 나가라.)

2. 빠른 시간 내 엄청난 근육을 키우고 싶을 때는 '슈퍼 스콰트'를 사용. (체육관 환경상 시행이 어려울 시는 '슈퍼 삽질 근육 버전 1, 2'를 이용한다.)

3. 포스 근육 상승과 동시에 실전체력까지 키우고 싶거나, 파워가 필요한 프로 스포츠 선수일 경우에는 '애슬릿 프로그램'을 추천. (역도성 운동의 성격상 이 프로그램을 시행하기 어려우면 '맛스타 스트렝스 리프트(맛스리)'를 이용한다.)

4. 위의 운동들을 할 수 있는 여건이 안 되는 사람들은 '동네 헬스장 프로그램'에 도전. (헬스장을 다닐 수도 없는 사람은 집에서 '하루 5분 파워 프로그램'부터 시작.)

위 내용에서 현재 자기에게 해당되는 것부터 시작해보고, 차차 영역을 더 넓혀가길 바란다. 그리고 어떤 운동을 하든 유연성 운동(예: 태양예배자세)을 매일 최소 10분 정도 해줘라. 언젠간 이 넘의 가치를 알게 된다.

이와 더불어 〈지금 알고 있는 걸 그때도 알았더라면〉을 패러디한 운동 시 한 편을 소개한다. 필자가 전달하고자 하는 지식의 정수만을 요약해서 담아놓았다. 열심히 운동하면서 이 내용들을 곱씹다보면 어느 순간 번쩍, 신내리듯 영감을 받는 날이 올 것이라 믿는다.

진짜 마지막 한마디다.

잊지 마라. '결국, 힘센 자가 이긴다.'는 것을.

● 이 책에서 소개한 운동 방법 및 내용에 대해 추가 질문이나 의문점이 있는 분들은 www.speedandpower.co.kr 을 방문하시라. 해결책을 찾을 수 있을 것이다.

◎

지금 알고 있는 걸
그때도 알았더라면

_맛스타드림

지금 알고 있는 걸 그때도 알았더라면

내 등과 다리가 말하는 것에 더 자주 귀 기울였으리라.

더 즐겁게 휴식하고, 덜 훈련했으리라.

금방 유산소 운동을 졸업하고 머지않아 웨이트를 들어야 한다는 걸

깨달았으리라.

아니, 그런 것들은 잊어버렸으리라.

다른 사람들이 내 운동에 대해 말하는 것에는

신경 쓰지 않았으리라.

그 대신 내가 가진 악력과 빅머슬 7으로 얻게 된 단단한 포스 근육을

더 가치 있게 여겼으리라.

더 많이 프리 웨이트 하고, 덜 머신 했으리라.

진정한 체력 향상은 맛스리를 사랑하는 데 있음을 기억했으리라.

스피드 훈련이 날 얼마나 사랑하는가를 알고

또한 수준별 맨몸 / 컨디셔닝 운동*이 내게 최선을 다하고 있음을 믿었으리라.

역도에 더 열중하고

그 결말에 대해선 덜 걱정했으리라.

설령 그것이 실패로 끝난다 해도

더 좋은 어떤 것이 기다리고 있음을 믿었으리라.

아, 나는 슈퍼 스콰트 하는 것을 두려워하지 않았으리라.

더 많은 용기를 가졌으리라.

MPT5 운동에서 좋은 면을 발견하고

그것들을 동료들과 함께 나눴으리라.

지금 알고 있는 걸 그때도 알았더라면

나는 분명코 스트롱맨 훈련법을 배웠으리라.

내 육체를 있는 그대로 좋아했으리라.

내가 배운 하드 워크를 신뢰하고

또 역시 개선과 지속/일관성을 신뢰할 만한 사람이 되었으리라.

맨몸 스트렝스를 즐겼으리라.

정말로 자주 물구나무를 섰으리라.

분명코 더 감사히 링에 매달리고, 더 빡세게 스프린트를 했으리라.

지금 알고 있는 걸 그때도 알았더라면.

＊www.speedandpower.co.kr에서 이 프로그램을 확인할 수 있음.

맛스타드림의
스포츠 강좌 출판을 축하하며

충북대학교 의과대학 교수 강종원

우리 몸은 자연스러운 동작을 원합니다. 자연스러운 동작으로 하는 운동은 온 몸을 균형 있게 발달시켜 줄 뿐 아니라 최고의 능력을 발휘할 수 있게 해줍니다. 이러한 너무도 당연한 이치를 거스르면서 이윤의 극대화만을 추구하는 국내외 헬스 업계, 그리고 그러한 잘못된 정보를 그대로 따라하는 많은 사람들, 이러한 현실을 답답하게 생각하고 있던 중에 2004년 우연히 만난 맛스타드림의 글은 저에게 가뭄 속의 단비와 같은 것이었습니다.

이 책이 지향하는 바는 단순하고 명확합니다. 자연스러운 동작을 통해서 인체의 능력을 극대화하고 그 과정에서 건강도 함께 얻자는 것입니다. 단기간에 다른 사람에게 과시하기 위한 몸을 만들고자 하는 욕망이 넘치는 요즘 정말 우리 몸에 필요한 운동이 무엇인지 쉽게 전달해주는 이 책이 많은 사람에게 도움이 될 것으로 기대합니다.

저는 약 7년 전인 30대 후반에 고혈압과 고지혈증을 진단받았습니다. 한 여인의 남편이자 두 아이의 아빠인 제게 건강은 선택이 아니라 의무였습니다. 그 때문에 이때부터 몇 달 정도 뱃살을 빼겠다는 일념으로 줄넘기만 줄기차게 했고 원하는 대로 뱃살을 빼기는 했습니다. 하지만 이러한 지속적인 유산소 운동은 뱃살만 뺄 수 있을 뿐 건강에 필요한 다른 부분을 채워주지 못한다는 것을 맛스타드림의 글을 통해 깨닫게 되었습니다. 그 이후부터 이 책에 나온 내용을 약 7년째 따라하고 있는데 지속적으로 힘과 근육량이 늘어나고 있을 뿐 아니라 마라톤과 같은 장거리 달리기 기록도 개선되고 있습니다. 그리고 무엇보다도 삶이 더 활기차고 스스로 건강해졌다고 느끼게 되었습니다.

힘을 원하시는 분들, 저같이 건강이 우선인 분들, 이러한 분들 모두에게 이 책은 직선적이고 명쾌하게 어떻게 운동하면 되는지 안내해줄 것입니다. 많은 분들이 이 책의 도움을 받아 본인의 한계를 극복하고 늘 건강하시기를 진심으로 기원합니다.

저자의 말 한마디를 인용하면서 마치겠습니다.

You can do, we can help.

감 사 의 글

나의 3명의 보물 박여사, 찬, 젠에게 먼저 감사의 말을 전한다.

그리고 삽질 관장들, 맛스타팬님, 카생 동료들, 양순, K씨, H씨, S씨, Paul, 대승님, 숯불, 맥락, 동환님, 유식님, 옥진님, 한용님에게 고마움을 전한다. 특히 어둠 속에 있을 때 내게 빛을 보여 줬던 VOB에게 감사한다.

마지막으로 씨네21북스 이성욱님과 김송은님, 그리고 이 글들을 쓸 수 있도록 언제나 응원을 마다 않고 영감을 나눠준 딴지일보 동료들(너부리님, 파토님, 신쨩님, 시포님, 쿠르세님, 충용무쌍님, 필독님)에게 심심한 감사를 표한다.

그래서 너무나 당연하게도 이 책의 모든 수익금은 딴지일보에 전하는 바이다.